Bundes-Angestelltentarifvertrag-Ost

dtv

Schnellübersicht

Ausbildungsvergütungstarifvertrag Nr. 7, 13 a
Bundes-Angestelltentarifvertrag-Ost (BAT-O) 1
– Sonderregelungen 1 a–h
Einigungsvertrag – Auszug – 20
Manteltarifvertrag für Auszubildende-O 13
Tarifvertrag Altersversorgung (ATV) 18 a
Tarifvertrag über vermögenswirksame Leistungen an
 Angestellte-O 6
Tarifvertrag über vermögenswirksame Leistungen an
 Auszubildende-O 16
Tarifvertrag über Zulagen an Angestellte-O (VKA) 7
Tarifvertrag über Zulagen an Angestellte-O (Bund, Länder) 8
Tarifvertrag zur Regelung der Altersteilzeitarbeit (TV ATZ) 19
Tarifvertrag zur sozialen Absicherung 17
Urlaubsgeldtarifvertrag/Angestellte-O 3
Urlaubsgeldtarifvertrag/Auszubildende-O 15
Vergütungstarifvertrag Nr. 7 (VKA) 4
Vergütungstarifvertrag Nr. 7 (Bund, Länder) 5
Versorgungstarifvertrag 18
Zuwendungstarifvertrag/Angestellte-O 2
Zuwendungstarifvertrag/Auszubildende-O 14

Bundes-Angestelltentarifvertrag-Ost

Tarifverträge für Angestellte und
Auszubildende des Bundes,
der Länder und der Gemeinden
mit den wichtigsten Sonderregelungen

Textausgabe mit Sachverzeichnis
und einer Einführung von
Rechtsanwalt Andreas Winter, Potsdam

10. überarbeitete Auflage
Stand 15. Juli 2003

Deutscher Taschenbuch Verlag

Im Internet:

dtv.de

beck.de

Sonderausgabe
Deutscher Taschenbuch Verlag GmbH & Co. KG,
Friedrichstraße 1a, 80801 München
© 2003. Redaktionelle Verantwortung: Verlag C. H. Beck oHG
Gesamtherstellung: Druckerei C. H. Beck, Nördlingen
(Adresse der Druckerei: Wilhelmstraße 9, 80801 München)
Umschlagtypographie auf der Grundlage
der Gestaltung von Celestino Piatti
ISBN 3 423 05565 0 (dtv)
ISBN 3 406 48952 4 (C. H. Beck)

Inhaltsverzeichnis

Abkürzungen VII
Einführung von Rechtsanwalt Andreas Winter IX

I. Angestelltentarifverträge

1. Bundes-Angestelltentarifvertrag-O (BAT-O) 1
   Tarifvertrag zur Anpassung des Tarifrechts – Manteltarifrechtliche Vorschriften –
1 a. SR 2 a BAT-O 60
   Sonderregelungen für Angestellte in Kranken-, Heil-, Pflege- und Entbindungsanstalten sowie in sonstigen Anstalten und Heimen, in denen die betreuten Personen in ärztlicher Behandlung stehen
1 b. SR 2 b BAT–O 65
   Sonderregelungen für Angestellte in Anstalten und Heimen, die nicht unter die Sonderregelungen 2 a fallen
1 c. SR 2 c BAT-O 68
   Sonderregelungen für Ärzte und Zahnärzte an den in den SR 2 a und SR 2 b genannten Anstalten und Heimen
1 d. SR 2 k BAT-O 73
   Sonderregelungen für Angestellte an Theatern und Bühnen
1 e. SR 2l I BAT-O 76
   Sonderregelungen für Angestellte als Lehrkräfte
1 f. SR 2l II BAT-O 78
   Sonderregelungen für Angestellte als Lehrkräfte an Musikschulen
1 g. SR 2 t BAT-O 79
   Sonderregelungen für Angestellte in Versorgungsbetrieben (Gas-, Wasser-, Elektrizitäts- und Fernheizwerke) und in Entsorgungseinrichtungen (Entwässerung, Müllbeseitigung, Straßenreinigung)
1 h. SR 2 u BAT-O 80
   Sonderregelungen für Angestellte in Nahverkehrsbetrieben
1 i. Änderungstarifvertrag Nr. 1 zum BAT-O 82
2. Zuwendungstarifvertrag Angestellte-O 84
3. Urlaubsgeldtarifvertrag Angestellte-O 89
4. Vergütungstarifvertrag Nr. 7 zum BAT-O (VKA) 92
5. Vergütungstarifvertrag Nr. 7 zum BAT-O (Bund und Länder) ... 117
6. Tarifvertrag über vermögenswirksame Leistungen an Angestellte .. 143
7. Tarifvertrag über Zulagen an Angestellte (VKA) 145
8. Tarifvertrag über Zulagen an Angestellte (Bund und Länder) 150

II. Auszubildendentarifverträge

13. Manteltarifvertrag für Auszubildende-O 155
13 a. Ausbildungsvergütungstarifvertrag Nr. 7 für Auszubildende-O ... 165
14. Tarifvertrag über eine Zuwendung für Auszubildende-O 168
15. Tarifvertrag über ein Urlaubsgeld für Auszubildende-O 171

Inhalt

16. Tarifvertrag über vermögenswirksame Leistungen an Auszubildende-O 173

III. Weitere Tarifverträge

17. Tarifvertrag zur sozialen Absicherung 175
18. Tarifvertrag über die Versorgung der Arbeitnehmer des Bundes und der Länder sowie von Arbeitnehmern kommunaler Verwaltungen und Betriebe 179
18 a. Tarifvertrag über die betriebliche Altersversorgung der Beschäftigten des öffentlichen Dienstes (Tarifvertrag Altersversorgung – ATV) 193
19. Tarifvertrag zur Regelung der Altersteilzeitarbeit (TV ATZ) 219

IV. Rechtsvorschriften

20. Einigungsvertrag vom 31. 8. 1990 (Auszug) 227

Sachverzeichnis 229

Abkürzungsverzeichnis

Abs.	Absatz
ADO	Allgemeine Dienstordnung für Angestellte im öffentlichen Dienst
AFG	Arbeitsförderungsgesetz
Anm.	Anmerkung
ArbZG	Arbeitszeitgesetz
ArbZRG	Arbeitszeitrechtsgesetz
Art.	Artikel
ATO	Allgemeine Tarifordnung für Arbeitnehmer im öffentlichen Dienst
ATZ	Altersteilzeit
AVG	Angestelltenversicherungsgesetz
AZO	Arbeitszeitordnung
Azubi	Auszubildende
BAG	Bundesarbeitsgericht
BAT	Bundes-Angestelltentarifvertrag
BBesG	Bundesbesoldungsgesetz
BGB	Bürgerliches Gesetzbuch
BGBl.	Bundesgesetzblatt
BhV	Beihilfevorschriften
BKGG	Bundeskindergeldgesetz
BMI	Bundesministerium des Innern
BPersVG	Bundespersonalvertretungsgesetz
BRRG	Beamtenrechtsrahmengesetz
Buchst.	Buchstabe
BUrlG	Bundesurlaubsgesetz
bzw.	beziehungsweise
dbb	beamtenbund und tarifunion
d. h.	das heißt
EFZG	Entgeltfortzahlungsgesetz
EStG	Einkommensteuergesetz
ev.	eventuell
EVertr	Einigungsvertrag
ff.	folgende
GewO	Gewerbeordnung
GG	Grundgesetz
GGVöD	Gemeinschaft von Gewerkschaften und Verbänden des öffentlichen Dienstes
GMBl.	Gemeinsames Ministerialblatt
HGB	Handelsgesetzbuch
HStruktG	Haushaltsstrukturgesetz
i. d. F.	in der Fassung
JArbSchG	Jugendarbeitsschutzgesetz
KSchG	Kündigungsschutzgesetz
LStDV	Lohnsteuerdurchführungsverordnung

Abkürzungen

MuSchG	Mutterschutzgesetz
NachwG	Nachweisgesetz
Nr.	Nummer
O	für die östlichen Bundesländer
PflegeVG	Pflegeversicherungsgesetz
RABl.	Reichsarbeitsblatt
RBB	Reichshaushalts- und Besoldungsblatt
RKG	Reisekostengesetz
RKVV	Reisekostenvergütungsverordnung
RTV	Rahmentarifvertrag
RVO	Reichsversicherungsordnung
s.	siehe
S.	Seite
sog.	sogenannte
SR	Sonderregelung
StGB	Strafgesetzbuch
TdL	Tarifgemeinschaft deutscher Länder
TV	Tarifvertrag
TVG	Tarifvertragsgesetz
u. a.	unter anderem
Unterabs.	Unterabsatz
usw.	und so weiter
u. U.	unter Umständen
VBL	Versorgungsanstalt des Bundes und der Länder
ver.di	Vereinigte Dienstleistungsgewerkschaft
Verg.Gr.	Vergütungsgruppe
vgl.	vergleiche
v. H.	vom Hundert
VkA	Vereinigung kommunaler Arbeitgeberverbände
WO	Wahlordnung
z. B.	zum Beispiel
ZPO	Zivilprozessordnung

Einführung

von Rechtsanwalt Andreas Winter, Potsdam

I. Rückblende

Bereits mit dem Staatsvertrag vom 18. Mai 1990 über die Schaffung einer Währungs-, Wirtschafts- und Sozialunion zwischen der Bundesrepublik Deutschland und der Deutschen Demokratischen Republik wurde ein neuer Rahmen und wurden neue Eckpunkte gerade für das Arbeitsleben der ehemaligen Deutschen Demokratischen Republik gesetzt:

Vertragsfreiheit, Koalitionsfreiheit, Tarifautonomie sollten an die Stelle einer staatlichen Lenkungs- und Zwangswirtschaft treten. Unternehmensmitbestimmung, Betriebsverfassung und Kündigungsschutz zielten auf sozialen Flankenschutz ab. Mit der Vereinigung Deutschlands am 3. Oktober 1990 auf der Grundlage des Einigungsvertrags vom 31. August 1990 wurden diese Ziele neu, unmittelbar und umfassend geschrieben.

Damit ist auch in den neuen Bundesländern wieder an eine Entwicklung angeknüpft worden, wie sie für ganz Deutschland bereits in der Zeit der Weimarer Verfassung, also nach dem Ersten Weltkrieg, eingeleitet worden war. Diese Entwicklung war nach der Machtergreifung durch die Nationalsozialisten unterbrochen worden. Eine staatliche Zwangsordnung ersetzte auch im Arbeitsleben die Grundsätze der Vertragsfreiheit und der Tarifautonomie.

Nach dem Ende des Zweiten Weltkriegs wurde in den früheren Grenzen der Bundesrepublik Deutschland die von den Nationalsozialisten unterbrochene Entwicklung der Weimarer Zeit wieder aufgenommen und fortgeführt. Die damalige Deutsche Demokratische Republik ging einen anderen Weg: Sie nahm zwar das nationalsozialistisch ausgeformte Arbeitsrecht und dessen Grundsätze nicht wieder auf. Doch wurde das Arbeitsrecht in den Dienst der kommunistischen Staatsideologie gestellt. Dies wurde in der Präambel des Arbeitsgesetzbuches der Deutschen Demokratischen Republik vom 16. Juni 1977 wie folgt ausgedrückt:

„Das Recht als Ausdruck der Macht der Arbeiterklasse ist in seiner Gesamtheit darauf gerichtet, den Sinn des Sozialismus, alles für das Wohl des Volkes zu tun, auf ständig höherer Stufe zu verwirklichen. Das Arbeitsrecht als Teil des einheitlichen Rechts hat die Aufgabe, die Beziehungen der Werktätigen im Arbeitsprozeß entsprechend dem sozialistischen Charakter der Arbeit und den von den Anschauungen der Arbeiterklasse bestimmten Prinzipien der sozialistischen Moral zu gestalten. . . ."

Die freiheitlichen Grundsätze des individuellen sowie des kollektiven Arbeitsrechts – mit all seinen Chancen, aber auch Risiken – blieben in der Deutschen Demokratischen Republik verschüttet. Durch die Vereinigung Deutschlands am 3. Oktober 1990 sind nun wieder die Grundrechte und Rechtsgrundsätze gültig, für die sich die Deutschen schon einmal einheitlich, nämlich in der Weimarer Zeit, ausgesprochen haben.

Einführung

II. Koalitionsfreiheit und Tarifvertragsgesetz

Nach Art. 9 Abs. 3 des Grundgesetzes ist das Recht, zur Wahrung und Förderung der Arbeits- und Wirtschaftsbedingungen Vereinigungen zu bilden, für jedermann und alle Berufe gewährleistet. Diese Koalitionsfreiheit schließt auch das Recht ein, aus solchen Vereinigungen auszutreten und ihnen fern zu bleiben (negative Koalitionsfreiheit). Gewerkschaften und Arbeitgeberverbände sind in ihrer Bildung, ihrer Existenz, ihrer organisatorischen Eigenständigkeit und ihrer koalitionsmäßigen Betätigung, also vor allem im Abschluss von Tarifverträgen, geschützt. Tariffähige Gewerkschaften und Arbeitgeberverbände müssen frei gebildet, auf überbetrieblicher Grundlage organisiert, gegnerfrei und unabhängig sein sowie das vereinbarte Tarifrecht als für sich verbindlich anerkennen. Das bedeutet andererseits, dass Löhne und sonstige Arbeitsbedingungen nicht vom Staat festgelegt werden, sondern durch freie Vereinbarungen (Tarifverträge) von Gewerkschaften und Arbeitgebern bzw. Arbeitgeberverbänden. Die Notwendigkeit der Organisation der Gewerkschaften auf überbetrieblicher Grundlage schließt die Bildung von sog. Betriebsgewerkschaften aus. Mitbestimmungsrechte auf betrieblicher Ebene werden vielmehr durch Betriebsräte und Personalräte gewährleistet, die in Dienststellen und Betrieben als Repräsentanten der Beschäftigten wirken. Tarifverträge gehen betrieblichen Regelungen jedoch vor und sind von den Betriebs- und Personalvertretungen zu beachten.

Der Grundsatz der Gegnerfreiheit bedeutet, dass Gewerkschaften und Arbeitgeber unabhängig von der Gegenseite sein müssen. Dieser als selbstverständlich erscheinende Grundsatz kann im Bereich des öffentlichen Dienstes jedoch verwischt werden, wenn Gewerkschaftsmitglieder in Organe von Körperschaften des öffentlichen Rechts gewählt werden, dort unter Umständen eine Arbeitgeberstellung einnehmen und dadurch gleichsam Zwitterfunktionen entstehen können. In solchen Fällen muss nach einer Lösung gesucht werden, die eine etwaige Interessenkollision ausschließt.

Grundlage für den Abschluss von Tarifverträgen ist das Tarifvertragsgesetz (TVG). Tarifverträge regeln Rechte und Pflichten der Tarifvertragsparteien (schuldrechtlicher Teil), also der Gewerkschaften und Arbeitgeberverbände, und enthalten Rechtsnormen, die den Inhalt, den Abschluss und die Beendigung von Arbeitsverhältnissen sowie betriebliche und betriebsverfassungsrechtliche Fragen ordnen können (normativer Teil). Tarifverträge bedürfen der Schriftform (vgl. insgesamt hierzu § 1 TVG). Für die Mitglieder der vertragsschließenden Gewerkschaften und der entsprechenden Arbeitgeberverbände gelten die Normen des Tarifvertrags über Inhalt, Abschluss und Beendigung von Arbeitsverhältnissen unmittelbar und zwingend (vgl. § 3 Abs. 1 und § 4 Abs. 1 TVG). Abweichende Abmachungen sind nur zulässig, wenn sie durch den Tarifvertrag gestattet sind oder eine Änderung der Regelungen zugunsten des Arbeitnehmers enthalten (§ 4 Abs. 3 TVG). Tarifverträge enthalten also Mindestarbeitsbedingungen, die zwar einzelvertraglich für den Arbeitnehmer verbessert, aber nicht mit rechtlicher Wirkung verschlechtert werden können.

Als Übergangsregelung ist in Anlage I Kap. VIII Sachgebiet A Abschn. III Nr. 14 des **Einigungsvertrags** (Nr. 18) festgelegt, dass bis zum Abschluss eines neuen Tarifvertrags der geltende Rahmenkollektivvertrag oder Tarifvertrag mit allen Nachträgen und Zusatzvereinbarungen weiter anzuwenden ist, soweit eine Registrierung entsprechend dem früheren Arbeitsgesetzbuch

Einführung

der DDR erfolgt ist. Der Rahmenkollektivvertrag oder Tarifvertrag tritt ganz oder teilweise außer Kraft, wenn für denselben Geltungsbereich oder Teile desselben ein neuer Tarifvertrag in Kraft tritt. Bestimmungen bisheriger Rahmenkollektivverträge oder Tarifverträge, die im neuen Tarifvertrag nicht aufgehoben oder ersetzt sind, gelten weiter.

In den Ländern Brandenburg, Mecklenburg-Vorpommern, Sachsen, Sachsen-Anhalt und Thüringen sowie im Ostteil von Berlin gelten die für den öffentlichen Dienst im übrigen Bundesgebiet bestehenden Arbeitsbedingungen erst, wenn und soweit die Tarifvertragsparteien dies vereinbaren (siehe Anlage I Kap. XIX Sachgebiet A Abschn. III Nr. 1 Abs. 1 EVertr).

III. Tarifverträge für den öffentlichen Dienst der neuen Bundesländer

Soweit Körperschaften, Anstalten und Stiftungen des öffentlichen Dienstes hoheitliche Aufgaben wahrnehmen, kommt grundsätzlich die Anstellung von Beamten durch Hoheitsakt in einem öffentlich-rechtlichen Dienst- und Treueverhältnis in Betracht. Beamte gehören nicht zu den Arbeitnehmern, ihre Dienstverhältnisse werden nicht durch Tarifverträge, sondern durch Gesetze und Verordnungen ausgestaltet.

Die gleichen juristischen Personen des öffentlichen Rechts können aber auch Arbeitnehmer (Angestellte und Arbeiter) beschäftigen und Auszubildende einstellen. Dann nehmen sie, wie jeder Arbeitgeber des privaten Rechts, am Arbeitsleben teil. Für diesen Bereich des öffentlichen Dienstes gelten dann die allgemeinen arbeitsrechtlichen und tarifrechtlichen Grundsätze: Beschäftigungsverhältnisse können auf Grund arbeitsvertraglicher Vereinbarungen eingegangen werden; der Abschluss von Tarifverträgen ist zulässig.

In den Ländern Brandenburg, Mecklenburg-Vorpommern, Sachsen, Sachsen-Anhalt und Thüringen sowie für den früheren Ostteil von Berlin haben sich kommunale Arbeitgeberverbände gebildet, die der auf Bundesebene agierenden Vereinigung der kommunalen Arbeitgeberverbände (VKA) beigetreten sind. Auch die neuen Bundesländer selbst haben sich hinsichtlich ihrer Arbeitnehmer der Tarifgemeinschaft deutscher Länder (TdL) angeschlossen. Der Bund tritt für seine Arbeitnehmer selbst als Tarifvertragspartei auf. Gewerkschaften und Arbeitgeber des öffentlichen Dienstes strebten von vornherein an, die früheren Rahmenkollektivverträge und Tarifverträge baldmöglichst durch neues Tarifrecht zu ersetzen und das Tarifrecht für den gesamten Bereich des öffentlichen Dienstes in der Bundesrepublik zu vereinheitlichen. Der Anfang wurde im Angestelltenbereich durch den **„Tarifvertrag zur Anpassung des Tarifrechts – Manteltarifliche Vorschriften – (BAT-O)"** (Nr. 1) gemacht. Für die Arbeiter des Bundes und der Länder wurde ein „Tarifvertrag zur Anpassung des Tarifrechts für Arbeiter an den MTB II und an den MTL II (MTArb-O)", für die Arbeiter des kommunalen Bereiches ein „Tarifvertrag zur Anpassung des Tarifrechts – Manteltarifliche Vorschriften für Arbeiter gemeindlicher Verwaltungen und Betriebe – (BMT-G-O)" vereinbart. Ferner sind **Tarifverträge über die Zahlung von (Weihnachts-) Zuwendungen und Urlaubsgeld** (Nr. 2, 3) abgeschlossen worden. Alle Tarifverträge tragen das Datum vom 10. Dezember 1990. Die Manteltarifverträge sind – mit Ausnahme der Bestimmungen über die Arbeitszeit – am 1. Januar 1991 wirksam geworden. Die Bestimmungen über die Arbeitszeit

Einführung

sowie die Tarifverträge über Zuwendungen und Urlaubsgeld sind am 1. April 1991 in Kraft getreten.

Ein weiterer wesentlicher Schritt zur Vereinheitlichung der tarifvertraglich geregelten Arbeitsbedingungen im gesamten öffentlichen Dienst der Bundesrepublik bedeutet der Aufbau einer zusätzlichen Alters- und Hinterbliebenenversorgung für die Arbeitnehmer in den neuen Bundesländern ab 1. Januar 1997 durch den Tarifvertrag vom 1. Februar 1996 zur Einführung der Zusatzversorgung im Tarifgebiet Ost (TV EzV-O). Näheres dazu siehe unter Abschnitt IV. Nr. 9.

Die Tarifverträge gelten für alle den vertragsschließenden Gewerkschaften angehörenden Arbeitnehmer des Bundes und der Bundesländer sowie für die entsprechenden Arbeitnehmer von kommunalen Körperschaften, die den neu gebildeten kommunalen Arbeitgeberverbänden angehören, unmittelbar und zwingend. Die bisherigen arbeitsvertraglichen Inhalte sind insofern durch die neuen Tarifverträge ersetzt.

Aber auch für nicht tarifgebundene Arbeitnehmer und Arbeitgeber des öffentlichen Dienstes sind die neuen Tarifverträge von Bedeutung. Denn, wie oben ausgeführt wurde (vgl. Abschnitt II), traten Rahmenkollektivverträge oder Tarifverträge ganz oder teilweise außer Kraft, wenn für denselben Geltungsbereich oder Teile desselben ein neuer Tarifvertrag in Kraft trat. Diese Formulierung ist mit Vorschriften des Tarifvertragsgesetzes vergleichbar, die im Jahre 1949 das Verhältnis von früheren staatlich erlassenen Tarifordnungen zu neuen Tarifverträgen regelten. Deshalb werden die damaligen Grundsätze auch gegenwärtig Maßstab bei der praktischen Umsetzung sein können. Danach endeten die alten Rahmenkollektivverträge bzw. Tarifverträge auch für Arbeitnehmer, die nicht den vertragsschließenden Gewerkschaften des öffentlichen Dienstes angehören. Die rechtlichen Auswirkungen auf die Arbeitsverhältnisse der nicht tarifgebundenen Arbeitnehmer ergaben sich vor allem aus dem einzelnen Arbeitsvertrag und aus dem Grundsatz der Gleichbehandlung sowie dem der Tarifeinheit.

IV. Einzelheiten der Tarifverträge

1. Allgemeines

Die Tarifvertragsparteien des öffentlichen Dienstes (Gewerkschaften und Arbeitgeber des öffentlichen Dienstes) verwirklichten schnell die Absicht, das in den westdeutschen Bundesländern geltende Tarifrecht für den öffentlichen Dienst auch auf die neuen Bundesländer zu übertragen. Als erster Schritt hierzu wurden die Manteltarifverträge vereinbart, die grundsätzliche Fragen des Bestands und der Ausgestaltung der Arbeitsverhältnisse betreffen. Demgemäß wurden in den ersten Anpassungstarifverträgen für Löhne und Vergütungen bedeutsame Bestimmungen noch ausgespart. Anfang März 1991 einigten sich die Tarifvertragsparteien grundsätzlich über Löhne, Vergütungen und andere Bezüge. Am 8. Mai 1991 wurden die Verhandlungen über die Ergänzungen der Manteltarifverträge, die Lohn- und Vergütungstarifverträge sowie sonstige Tarifverträge über Bezüge redaktionell abgeschlossen und ab 1. Juli 1991 in Kraft gesetzt. Zum gleichen Zeitpunkt wurden alle nach dem Einigungsvertrag noch fortgeltenden Regelungen, insbesondere der Tarifvertrag über die Erhöhung der Löhne und Gehälter vom 4. September 1990,

Einführung

sowie der Tarifvertrag über die Erhöhung des Sozialzuschlags vom 5. März 1991 aufgehoben (siehe § 4 ÄndTV Nr. 1 zum BAT-O).

Mit dem 1. Juli 1991 waren die Tarifstrukturen des öffentlichen Dienstes der alten Bundesländer auf den öffentlichen Dienst der neuen Bundesländer übertragen, wenn auch der eine oder andere Bereich (z. B. Zusatzversorgung) noch fehlte. Allerdings betrugen die Beträge für die Löhne, Vergütungen und sonstigen Entgelte lediglich 60 v. H. der vergleichbaren Beträge in den alten Bundesländern. Bewährungszeiten und andere Zeiten, die höhere Entgelte zur Folge hatten, begannen erst am 1. Juli 1991 zu laufen (vgl. hierzu § 2 des Änderungstarifvertrages Nr. 1 vom 8. Mai 1991 zum BAT-O). Anlass dafür, dass noch nicht die vollen Entgelte wie in den alten Bundesländern übertragen wurden, war der Umstand, dass zum einen die Lebenshaltungskosten in den neuen Bundesländern noch niedriger waren, zum anderen waren wegen der geringen Eigenfinanzierungsquote (sie betrug 1991 bei den kommunalen Körperschaften in den neuen Bundesländern weniger als 10 v. H. der Ausgaben) erhebliche finanzielle Transferleistungen des Bundes sowie der Länder und Kommunen der alten Bundesländer unabdingbar (in der Privatwirtschaft stand der geringen Eigenfinanzierungsquote der öffentlichen Hand eine niedrigere Produktivität als in den alten Bundesländern gegenüber.). Trotzdem erhöhten sich die Arbeitsentgelte im öffentlichen Dienst um ca. 25 bis 30 v. H., teilweise bis über 40 v. H.

Diese Lohnerhöhungen waren noch nicht umgesetzt, da flammten im Krankenhausbereich der neuen Bundesländer Demonstrationen auf. Es wurde gefordert, Tätigkeitszeiten in der ehemaligen DDR als Beschäftigungszeiten anzuerkennen und auf die Bewährungszeiten anzurechnen. Diese Forderungen wurden von den Ministerpräsidenten der fünf neuen Bundesländer und dem Regierenden Bürgermeister von Berlin übernommen. Die Tarifvertragsparteien nahmen deshalb am 11. September 1991 Tarifverhandlungen über die Anerkennung von Beschäftigungszeiten auf. Die Gewerkschaften forderten dabei die Anerkennung von Tätigkeitszeiten bis in das Jahr 1961 bzw. bis in die Jahre 1949 und 1945 zurück. Unter dem politischen Druck verschlossen die Tarifvertragsparteien die Augen vor den praktischen Schwierigkeiten und vereinbarten mit Wirkung vom 1. Dezember 1991 die Anrechnung von vor dem 1. Januar 1991 liegenden Beschäftigungszeiten und Tätigkeitszeiten als Bewährungszeiten (vgl. hierzu Änderungstarifvertrag Nr. 2 vom 12. November 1991 zum BAT-O). Damit müssen ab Dezember 1991 in der DDR-Zeit nicht existierende Tätigkeitsmerkmale auf gegenwärtig vielfach nicht mehr existierende Tätigkeiten angewendet werden. Zeiten jeglicher Tätigkeit für das Ministerium für Staatssicherheit der früheren DDR sowie andere Tätigkeitszeiten auf Grund einer besonderen persönlichen Systemnähe wurden jedoch von der Anrechenbarkeit ausgenommen.

Mit Wirkung vom 1. Mai 1992 wurde zwischen den Tarifvertragsparteien eine weitere stufenweise Angleichung der Löhne und Vergütungen im öffentlichen Dienst vereinbart: Vom 1. Mai 1992 an betrugen die Entgelte in den neuen Bundesländern 70 v.H., ab 1. Dezember 1992 74 v.H., ab 1. Juli 1993 80 v.H., ab 1. Oktober 1994 82 v.H., ab 1. Oktober 1995 84 v.H., ab 1. September 1997 85 v.H., ab 1. September 1998 86,5 v. H., ab 1. August 2000 87 v.H., ab 1. Januar 2001 88,5 v.H. und ab 1. Januar 2002 90 v.H. der vergleichbaren Beträge in den alten Bundesländern. In der Einkommensrunde 2003 haben die Tarifvertragsparteien die volle Angleichung der Löhne und

Einführung

Vergütungen bis spätestens Ende 2009 vereinbart und weitere zwei Anpassungsschritte festgelegt. Danach beträgt die Anpassung ab 1. Januar 2003 91,5 v.H. und ab 1. Januar 2004 92 v.H. Die weitere stufenweise Angleichung bleibt den nächsten Einkommensrunden vorbehalten. Jedenfalls bis Ende 2007 (Arbeiter und Angestellte der Vergütungsgruppen X bis V b sowie Kr. I bis Kr. VIII) bzw. bis Ende 2009 (übrige Angestellte) wird die Angleichung Ost an West abgeschlossen sein.

2. Geltungsbereich

Die Tarifverträge sind in solche für Angestellte und Arbeiter geteilt. Die Zuordnung zu den beiden Statusgruppen richtet sich nach dem Sozialversicherungsrecht. Angestellte sind Arbeitnehmer, die in einer der Rentenversicherung der Angestellten unterliegenden Beschäftigung tätig sind. Arbeiter sind Arbeitnehmer, die einer der Rentenversicherung der Arbeiter unterliegenden Beschäftigung nachgehen. Die wesentlichen Inhalte der Tarifverträge für beide Arbeitnehmergruppen sind indes weitgehend – vielfach wortgleich – einander angeglichen. Damit wird die Zielrichtung von einheitlichen Tarifverträgen für alle Arbeitnehmer deutlich.

Die Tarifverträge gelten für die Arbeitnehmer des Bundes (mit Ausnahme des Bundeseisenbahnvermögens; Bahn und Post zählen wegen ihrer Privatisierung nicht mehr zum „Bund") und der Länder sowie der Arbeitnehmer der kommunalen Körperschaften (Gemeinden, Städte, Landkreise usw.), die Mitglieder der kommunalen Arbeitgeberverbände sind oder es werden. Die Ausnahmen vom Geltungsbereich sind in § 3 der jeweiligen Manteltarifverträge genannt.

So gilt z.B. der BAT-O nicht für das künstlerische Theaterpersonal (§ 3 Buchst. c BAT-O), nicht ohne weiteres (allenfalls durch besondere Vereinbarung) für Angestellte in Arbeitsbeschaffungsmaßnahmen (§ 3 Buchst. d BAT-O), nicht für Auszubildende (§ 3 Buchst. f BAT-O) und im Grundsatz auch nicht für wissenschaftliches Hochschulpersonal (§ 3 Buchst. g BAT-O; vgl. aber die Übergangsvorschrift).

Für Chefärzte, Kurdirektoren, Werksdirektoren und sonstige vergleichbare leitende Angestellte des öffentlichen Dienstes gilt der BAT-O nur dann nicht, wenn abweichend von den tariflichen Bestimmungen besondere Arbeitsverträge (Dienstverträge) abgeschlossen worden sind (§ 3 Buchst. i BAT-O).

Schließlich sind auch die Arbeitnehmer der Sparkassen vom Geltungsbereich des BAT-O ausgeschlossen (§ 3 Buchst. s BAT-O). Hier wurden gesondert Tarifverträge abgeschlossen, deren Bestimmungen im Wesentlichen aber mit denen des BAT-O übereinstimmen.

Durch Streichung des § 3 Buchst. n zum 1. Januar 2002 findet der BAT-O und die den BAT-O ergänzenden Tarifverträge (z.B. Zulagentarifverträge, Zuwendungs- und Urlaubsgeld-Tarifvertrag, Tarifvertrag über vermögenswirksame Leistungen – mit Ausnahme der Versorgungstarifverträge ATV/ATV-K, siehe die dort aufgenommene Ausschlussklausel) hingegen auch Anwendung auf Arbeitnehmer, die im Sinne des § 8 SGB IV geringfügig beschäftigt sind. Dies waren bis zur Neuregelung ab 1. April 2003 insbesondere Beschäftigungen, die regelmäßig mit weniger als 15 Stunden in der Woche ausgeübt wurden und deren monatliches Arbeitsentgelt 325 € nicht überstieg. Seit 1. April 2003 beurteilt sich eine geringfügige Beschäftigung nach § 8 SGB IV allein danach, ob die regelmäßige monatliche Arbeits-

Einführung

entgeltgrenze von 400 € nicht überschritten wird. Die Anzahl der geleisteten Arbeitsstunden ist dabei unerheblich.

Der zum 1. Januar 2001 neu geschaffene § 1a BAT-O regelt einen besonderen Geltungsbereich. Am 5. Oktober 2000 wurde für den Bereich der VKA ein spezieller **Tarifvertrag Versorgungsbetriebe (TV–V)** vereinbart. Dieser ersetzt den BAT-O für die Betriebe, die in dessen § 1 aufgeführt sind. Den BAT-O ersetzen außerdem die bezirklich gültigen Spartentarifverträge Nahverkehrsbetriebe (TV-N). Erster Tarifvertrag dieser Art war der TV-N für Nordrhein-Westfalen (TV-N NW) vom 29. Juni 2001.

Für bestimmte Beschäftigungsgruppen (vgl. § 2 der Tarifverträge) sind tarifliche Sonderregelungen vereinbart worden, die als Anlagen zu den jeweiligen Manteltarifverträgen zu finden sind.

3. Abschluss von Arbeitsverträgen

Nach § 4 Abs. 1 der Manteltarifverträge wird der Arbeitsvertrag schriftlich abgeschlossen; dem Arbeitnehmer ist eine Ausfertigung auszuhändigen. Diese Vorschrift ist nicht konstitutiv. Sofern nicht in anderen Normen Formvorschriften vorhanden sind, kann ein Arbeitsvertrag auch mündlich vereinbart werden. Der Arbeitnehmer hat aber einen Anspruch darauf, dass der Arbeitsvertrag schriftlich formuliert und eine Ausfertigung ausgehändigt wird (vgl. in diesem Zusammenhang auch das Nachweisgesetz vom 20. Juli 1995, BGBl. I S. 946).

Anders ist es bei Nebenabreden. Hier ist nach § 4 Abs. 2 der Manteltarifverträge konstitutive Schriftform vorgeschrieben. Unter Nebenabreden versteht man Vereinbarungen, die vertragliche Nebenpunkte regeln: z.B. Pauschalierung von Zeitzuschlägen für wiederholt notwendige Mehrarbeit oder von Erschwerniszulagen.

4. Arbeitszeit

a) Allgemeine Regelungen. Seit dem 1. April 1991 beträgt die regelmäßige Arbeitszeit ausschließlich der Pausen durchschnittlich 40 Stunden wöchentlich (§§ 15 Abs. 1, 74 Abs. 1 BAT-O). Von den Tarifvertragsparteien ist in den §§ 15 ff. BAT-O keine tägliche Arbeitszeit, sondern eine durchschnittliche Wochenarbeitszeit festgesetzt worden. In § 3 Satz 2 Arbeitszeitgesetz ist der Ausgleichszeitraum auf 6 Monate bzw. 26 Wochen festgelegt. Innerhalb dieses Zeitraums muss die durchschnittliche tägliche Arbeitszeit 8 Stunden betragen. Unberührt bleibt die gesetzliche Vorschrift in § 3 Abs. 2 Arbeitszeitgesetz, wonach die tägliche Arbeitszeit zehn Stunden nicht überschreiten darf.

Im Rahmen der tariflichen Bestimmungen über die Arbeitszeit werden auch die Begriffe „Bereitschaftsdienst", „Rufbereitschaft" und „Überstunden" tariflich umschrieben und bestimmt.

Bereitschaftsdienst ist die Verpflichtung, sich auf Anordnung des Arbeitgebers außerhalb der regelmäßigen Arbeitszeit an einer vom Arbeitgeber bestimmten Stelle aufzuhalten, um im Bedarfsfalle die Arbeit aufzunehmen (siehe § 15 Abs. 6a BAT-O).

Rufbereitschaft beinhaltet die Verpflichtung für den Arbeitnehmer, sich auf Anordnung des Arbeitgebers außerhalb der regelmäßigen Arbeitszeit an einer dem Arbeitgeber anzuzeigenden Stelle aufzuhalten, um auf Abruf die Arbeit aufzunehmen (§ 15 Abs. 6b BAT-O).

Einführung

Bei den Überstunden ist die Definition in den einzelnen Tarifverträgen (wie auch in den westlichen Bundesländern) unterschiedlich. Während bei den Angestellten sowie den Arbeitern des Bundes und der Länder Überstunden die auf Anordnung geleisteten Arbeitsstunden sind, die über die dienstplanmäßigen bzw. betriebsüblich festgesetzten Arbeitsstunden in der Woche hinausgehen, sind dies bei Arbeitern der Kommunen die über die dienstplanmäßige oder betriebsübliche tägliche Arbeitszeit hinaus geleisteten Arbeitsstunden.

Die Freistellung der Arbeitnehmer zur Arbeitszeitverkürzung wurde durch den Änderungstarifvertrag Nr. 8 zum BAT-O von 2 Arbeitstagen im Kalenderjahr auf zunächst noch 1 Arbeitstag reduziert. Durch Streichung des § 15a BAT-O entfällt der Arbeitszeitverkürzungstag (AZV-Tag) mit Wirkung zum 1. Januar 2003.

Die gesetzlichen Arbeitszeit-Schutzvorschriften sind ab 1. Juli 1994 für alle Arbeitnehmer (auch für Ärzte und das Pflegepersonal) einheitlich durch das Arbeitszeitgesetz geregelt (siehe Art. 1 des Arbeitszeitrechtsgesetzes – ArbZRG – vom 6. Juni 1994, BGBl I S. 1170). Die bis dahin geltenden unterschiedlichen gesetzlichen Schutzvorschriften, insbesondere die Arbeitszeitordnung von 1938, sind gleichzeitig außer Kraft getreten (vgl. Art. 21 ArbZRG).

b) Besondere Regelungen. Die Tarifvertragsparteien haben am 6. Juli 1992 den **„Tarifvertrag zur sozialen Absicherung"** (Nr. 17) als Rahmenregelung für das Tarifgebiet Ost vereinbart, der durch den Änderungstarifvertrag Nr. 2 vom 5. Mai 1998 mit Wirkung zum 1. Mai 1998 um wesentliche Elemente einer sozialen Arbeitszeitverteilung erweitert wurde. Die Rahmenregelung enthält in § 3 eine Öffnungsklausel für den Abschluss bezirklicher Tarifverträge zur Absenkung der regelmäßigen Wochenarbeitszeit. Durch Tarifvertrag kann für höchstens 3 Jahre eine besondere regelmäßige Arbeitszeit von bis zu 80%, in begründeten Fällen von bis zu 75%, vereinbart werden. Ein Teillohnausgleich ist erst bei einer Absenkung auf unter 80%, d.h. unter 32 Stunden wöchentlicher Arbeitszeit, zwingend. Den vom Tarifvertrag erfassten Arbeitnehmern wird im Gegenzug Schutz vor betriebsbedingten Kündigungen gewährt. Der Abschluss bezirklicher Tarifverträge ist bis zum 31. Dezember 2007 möglich. Die Geltung bezirklicher Tarifverträge ist längstens bis zum 31. Dezember 2010 befristet.

5. Bezüge der Angestellten

a) Vergütung. Das Entgelt der Angestellten, die Vergütung, richtet sich nach der Vergütungsgruppe, in die der Angestellte eingereiht ist. Gegenwärtig bestehen außerhalb des Pflegebereichs (z.B. in der Verwaltung, im Sozial- und Erziehungsdienst) achtzehn verschiedene Vergütungsgruppen und vierzehn Vergütungsgruppen für den Pflegebereich. Die Dotation der einzelnen Vergütungsgruppen ist in den Vergütungstarifverträgen enthalten (VKA unterschiedlich zu Bund und Ländern). Aus den Tabellen zu den Vergütungstarifverträgen ist auch ersichtlich, dass in den einzelnen Vergütungsgruppen zwischen acht und zwölf Stufen, sogenannte Dienstaltersstufen, die Vergütungshöhe bestimmen. Die Vergütung setzt sich regelmäßig aus der Grundvergütung, dem Ortszuschlag und der allgemeinen Zulage zusammen. Ihr sind gegebenenfalls Zeitzuschläge, Schichtzulagen und vermögenswirksame Leistungen hinzuzufügen.

Einführung

Historisch bedingt unterscheiden sich außerhalb des Pflegebereichs die Grundvergütungen der VKA, also im kommunalen Bereich, von denen des Bundes und der Länder. Ein Ausgleich wird durch eine andere Stufenberechnung und einen zusätzlichen Aufstieg (siehe § 23 a BAT-O) geschaffen. Bei der Festlegung der Vergütung (§ 26 BAT-O) für die Angestellten sind folgende Schritte einzuschlagen:

aa) Festlegung der Vergütungsgruppe. Die Eingruppierungsgrundsätze für Angestellte sind in § 22 BAT-O festgelegt. Danach sind die Angestellten in eine bestimmte Vergütungsgruppe eingruppiert, wenn sie zeitlich mindestens zur Hälfte der Arbeitszeit Arbeitsvorgänge bearbeiten, die für sich genommen die Anforderungen eines Tätigkeitsmerkmals oder mehrerer Tätigkeitsmerkmale einer bestimmten Vergütungsgruppe erfüllen.

Die Tätigkeitsmerkmale sind für eine Vielzahl von Berufsgruppen in der Vergütungsordnung 1a bzw. für den Pflegebereich in der Vergütungsordnung 1b zum BAT-O umschrieben.

bb) Festlegung der Stufe einer Vergütungsgruppe. Die Berechnung der Stufe einer Vergütungsgruppe erfolgt nach dem Lebensalter und ist in § 27 BAT-O, unterschiedlich für den kommunalen Bereich bzw. für Bund und Länder, geregelt. Grundsätzlich erhalten die Angestellten vom Beginn des Monats, in dem sie das 20. (Pflegebereich), 21. bzw. 23. Lebensjahr vollenden, die Anfangsgrundvergütung (1. Stufe) der Vergütungsgruppe. Nach je zwei Jahren erhalten die Angestellten bis zum Erreichen der Endgrundvergütung die Grundvergütung der nächsthöheren Stufe der Vergütungsgruppe.

Ist ein Angestellter bei der Einstellung älter als 20, 21 bzw. 23 Jahre, wird die Grundvergütung gesondert berechnet. Die sich so ergebende Stufe ist aus den Überleitungstabellen der Vergütungstarifverträge zu entnehmen.

In der Zeit vom 1. Januar 2003 bis zum 31. Dezember 2004 wird bei Aufstiegen in den Lebensalterstufen (Bund und Länder) bzw. Stufen der Grundvergütung (VKA sowie Pflegebereich) für die Dauer eines Jahres der Unterschiedsbetrag zur nächsten Stufe nur zur Hälfte gezahlt.

cc) Festlegung des Ortszuschlags. Die Grundlagen des Ortszuschlags sind in § 29 BAT-O geregelt. Danach gibt es drei Tarifklassen, die bestimmten Vergütungsgruppen zugeordnet sind. Innerhalb der jeweiligen Tarifklassen ist der Ortszuschlag in Stufen gegliedert. Dabei gilt im Grundsatz: Der Stufe 1 sind die ledigen, der Stufe 2 die verheirateten Angestellten zugeordnet. Den Unterschiedsbetrag zwischen Stufe 2 und einer höheren Stufe erhalten Angestellte entsprechend der Anzahl der nach dem Kindergeldrecht (§§ 62 ff. EStG) zu berücksichtigenden Kinder.

Die Höhe der danach bemessenen Beträge ist den Tabellen in den Vergütungstarifverträgen zu entnehmen.

b) Allgemeine Zulage. Der Anspruch auf eine allgemeine Zulage ist im Tarifvertrag über Zulagen an Angestellte vom 8. Mai 1991 festgelegt. Die Zulage ist für die einzelnen Vergütungsgruppen unterschiedlich gestaltet; Techniker und Programmierer in den Vergütungsgruppen V b bis II sowie Meister erhalten neben der allgemeinen Zulage noch eine weitere (Techniker-, Programmierer-, Meister-)Zulage.

c) Krankenbezüge. Die Zahlung der Krankenbezüge ist ab 1. Juli 1991 auf eine eigenständige tarifliche Grundlage gestellt worden: Bei Arbeitsunfä-

Einführung

higkeit wird bis zur Dauer von sechs Wochen die Urlaubsvergütung (zum Begriff siehe § 47 Abs. 2 BAT-O) gezahlt. Danach setzt in der Regel das Krankengeld der gesetzlichen Krankenkassen ein. Das Krankengeld wird vom Arbeitgeber – je nach Beschäftigungszeit – bis zum Ende der 13. bzw. 26. Woche durch einen Zuschuss zum Krankengeld in Höhe des Unterschiedsbetrags zwischen den Barleistungen des Sozialversicherungsträgers und der Nettourlaubsvergütung aufgestockt.

Gesetzliche Grundlage für die Fortzahlung der Bezüge im Krankheitsfall ist seit dem 1. Juni 1994 einheitlich für alle Arbeitnehmer in der Bundesrepublik das Entgeltfortzahlungsgesetz (siehe Art. 53, 68 Abs. 4 des Pflegeversicherungsgesetzes – PflegeVG – vom 26. Mai 1994, BGBl. I S. 1014).

6. Urlaub und Arbeitsbefreiung

In der früheren Deutschen Demokratischen Republik war die Urlaubsdauer sehr unterschiedlich mit Grundurlaub und Zusatzurlaub für die einzelnen Personen- und Beschäftigtengruppen geregelt. Bis 31. Dezember 1994 galt das Bundesurlaubsgesetz für die Arbeitnehmer der neuen Bundesländer mit der Maßgabe, dass der jährliche Mindesturlaub 20 Arbeitstage auf der Grundlage von fünf Arbeitstagen je Woche betrug. Ab 1. Januar 1995 beträgt der gesetzliche Mindesturlaub für alle Arbeitnehmer in der Bundesrepublik einheitlich 24 Werktage (vgl. § 3 BUrlG).

Durch die Tarifverträge sind Urlaubsanspruch und -dauer auf eine gesonderte Grundlage gestellt worden. Danach beträgt nunmehr der Urlaub bis zum vollendeten 30. Lebensjahr 26 Arbeitstage, bis zum vollendeten 40. Lebensjahr 29 Arbeitstage und nach dem vollendeten 40. Lebensjahr 30 Arbeitstage in der Fünf-Tage-Woche. Vermindert oder erhöht sich die Anzahl der Arbeitstage pro Woche, so vermindert oder erhöht sich die Anzahl der Urlaubstage entsprechend. Darüber hinaus ist Zusatzurlaub für Wechselschichtarbeit und Nachtarbeit sowie unter besonderen Voraussetzungen ein weiterer Zusatzurlaub festgelegt. Im Einzelnen wird auf den Abschnitt in den Tarifverträgen über Urlaub verwiesen. Bei besonderen Anlässen haben die Arbeitnehmer auch grundsätzlich Anspruch auf bezahlte Arbeitsbefreiung. Die entsprechenden Anlässe (z.B. Ausübung öffentlicher Ehrenämter, Umzug) sind in den Tarifverträgen im Einzelnen aufgelistet (siehe § 52 BAT-O).

7. Urlaubsgeld und (Weihnachts-) Zuwendung

An Einmalzahlungen sehen die Tarifverträge (Nr. 2, 3) eine (Weihnachts-) Zuwendung und ein Urlaubsgeld vor.

Die (Weihnachts-) Zuwendung beträgt im Kalenderjahr 2003 62,84 v.H. und in 2004 61,60 v.H. einer Urlaubsvergütung nach dem Bezugsmonat September. Die Zuwendung bleibt jedenfalls bis zum 31. Januar 2005 weiterhin auf dem Stand von 1993 eingefroren. Für jedes Kind, für das dem Arbeitnehmer für den Monat September Kindergeld nach dem Bundeskindergeldgesetz zusteht, erhöht sich die Zuwendung um 25,56 €. Für Teilzeitarbeitnehmer erhöht sich die Zuwendung um den entsprechenden Anteil dieses Betrags. Hinsichtlich der Einzelheiten des Anspruchs wird auf die Tarifverträge über eine Zuwendung verwiesen.

Für den am 1. Juli vollbeschäftigten Arbeitnehmer wird ab 1. Juli 1992 ein Urlaubsgeld von 255,65 € gezahlt. Der an diesem Termin nicht vollbeschäf-

Einführung

tigte Arbeitnehmer erhält von dem Urlaubsgeld den Teil, der dem Maß der mit ihm vereinbarten durchschnittlichen Arbeitszeit entspricht. Der 1. Juli eines Jahres ist also Stichtag für Anspruch und Höhe des Urlaubsgeldes. Wegen der Einzelheiten wird auf die Tarifverträge über ein Urlaubsgeld Bezug genommen.

Zur Unterscheidung von Urlaubsvergütung und Urlaubsgeld: Urlaub bedeutet Freistellung von der Verpflichtung zur Arbeitsleistung unter Fortzahlung des Arbeitsentgelts, das während dieser Zeit tariflich bei den Angestellten des öffentlichen Dienstes „Urlaubsvergütung", bei den Arbeitern des öffentlichen Dienstes „Urlaubslohn" genannt wird. Urlaubsgeld ist hingegen nach den tariflichen Bestimmungen eine finanzielle Leistung, die den Arbeitnehmern aus Anlass des Urlaubs zusätzlich zur Urlaubsvergütung bzw. zum Urlaubslohn gezahlt wird.

8. Beendigung des Arbeitsverhältnisses

Ein Arbeitsverhältnis kann jederzeit einvernehmlich durch Vereinbarung zwischen Arbeitnehmer und Arbeitgeber beendet werden. Eine einseitige Beendigung des Arbeitsverhältnisses ist durch (ordentliche oder außerordentliche) Kündigung möglich. Die jeweiligen Fristen für eine ordentliche Kündigung sind in § 53 BAT-O geregelt.

Im Übrigen endet das Arbeitsverhältnis in der Regel bei Eintritt des Rentenfalles.

Das Bundesarbeitsgericht hat zwar in einer Grundsatzentscheidung vom 20. Oktober 1993 (7 AZR 135/93; ebenso in weiteren Urteilen vom 1. Dezember 1993) festgestellt, dass jedenfalls eine generelle tarifliche Altersgrenze von 65 Lebensjahren, mit deren Erreichen das Arbeitsverhältnis automatisch enden soll, gegen § 41 Abs. 4 Satz 3 SGB VI verstößt. Durch ein Änderungsgesetz zu § 41 Abs. 4 SGB VI [BGBl. 1994 I S. 1797] ist diese Rechtsprechung zwischenzeitlich überholt. Es gelten damit wieder uneingeschränkt die tariflichen Altersgrenzen für die Beendigung des Arbeitsverhältnisses.

9. Zusatzversorgung

Die Tarifvertragsparteien hatten sich am 3. Mai 1995 grundsätzlich darauf geeinigt, im Tarifgebiet Ost ab 1. Januar 1997 das im Tarifgebiet West geltende Zusatzversorgungsrecht mit bestimmten Maßgaben einzuführen. Dies ist durch den Tarifvertrag vom 1. Februar 1996 zur Einführung der Zusatzversorgung im Tarifgebiet Ost (TV EzV-O) erfolgt. Der Geltungsbereich der Versorgungstarifverträge wird auf das Tarifgebiet Ost ausgedehnt. Ab 1. Januar 1997 sind die Arbeitgeber des öffentlichen Dienstes auch in den neuen Bundesländern verpflichtet, die Arbeitnehmer nach Maßgabe der Versorgungstarifverträge bei einer Zusatzversorgungskasse zu versichern. Mit den **Tarifverträgen über die betriebliche Altersversorgung der Beschäftigten des öffentlichen Dienstes (ATV[1]/ATV-K) vom 1. März 2002** wurde das System der beamtenähnlichen Gesamtversorgung rückwirkend zum 31. Dezember 2000 geschlossen. Damit gilt seit dem 1. Januar 2002 einheitlich im öffentlichen Dienst das Punktemodell, das nunmehr in beiden Tarifgebieten für Leistungen der betrieblichen Altersversorgung maßgeblich

---

[1] Nr. 18 a.

Einführung

ist. Mit dem Punktemodell werden diejenigen Leistungen zugesagt, die sich ergeben würden, wenn eine Gesamt-Beitragsleistung von vier v. H. des zusatzversorgungspflichtigen Entgelts vollständig in ein kapitalgedecktes System eingezahlt würde. Das Jahr 2001 wird im Rahmen des Übergangsrechts berücksichtigt.

10. Altersteilzeit

Am 1. August 1996 ist das Altersteilzeitgesetz als Art. 1 des Gesetzes zur Förderung eines gleitenden Übergangs in den Ruhestand vom 23. Juli 1996 (BGBl. I S. 1078, zuletzt geändert durch das Sozialgesetzbuch – Neuntes Buch (SGB IX) vom 19. Juni 2001 – BGBl. I S. 1046) in Kraft getreten. Das Altersteilzeitgesetz hat die Möglichkeit der Verblockung von Arbeitszeiten geschaffen. Für die Zeit der Nichtarbeit wird das Fortbestehen eines sozialversicherungspflichtigen Beschäftigungsverhältnisses fingiert. Altersteilzeit ermöglicht allen Arbeitnehmern ab dem vollendeten 55. Lebensjahr, mit dem Arbeitgeber einen gleitenden Übergang in den Ruhestand zu vereinbaren. In der Rentenversicherung wurde der Rentenfall „Altersrente wegen Arbeitslosigkeit oder nach Altersteilzeit" für alle vor dem 1. Januar 1952 Geborenen geschaffen.

Die Tarifvertragsparteien des öffentlichen Dienstes haben sich im Tarifvertrag zur Regelung der Altersteilzeit vom 5. Mai 1998 (TV ATZ) auf die Ausgestaltung der Altersteilzeit im öffentlichen Dienst auf der Grundlage des Altersteilzeitgesetzes geeinigt. Der Tarifvertrag ist zum 1. Mai 1998 in Kraft getreten. Der TV ATZ ermöglicht eine Altersteilzeit von bis zu zehn Jahren Dauer bei Reduzierung der bisherigen wöchentlichen Arbeitszeit auf die Hälfte. Hierzu kann das Blockmodell mit gleichlanger Arbeits- und Freistellungsphase oder ein Teilzeitmodell gewählt werden. Arbeitnehmer ab vollendetem 60. Lebensjahr haben einen Rechtsanspruch auf Altersteilzeit. Der in Altersteilzeit beschäftigte Arbeitnehmer erhält eine monatliche Mindestnettovergütung in Höhe von 83% des pauschalierten bisherigen Nettoentgelts (§ 5 Abs. 2 TV ATZ). Entsprechende Mindestnettobeträge werden für jeweils 1 Kalenderjahr durch das Bundesministerium des Innern herausgegeben (vgl. für 2003: Rundschreiben vom 23. Dezember 2002, abgedruckt im Gemeinsamen Ministerialblatt 2003 Nr. 4–6 vom 6. Februar 2003, Seite 69ff.).

Auf Arbeitnehmer in Altersteilzeit finden uneingeschränkt die in den einzelnen Versicherungszweigen bestehenden sozialversicherungsrechtlichen Regelungen Anwendung. Bei der Rentenversicherung bzw. der betrieblichen Altersversorgung nach ATV/ATV-K werden durchgängig 90% des bisherigen Entgelts bzw. das 1,8fache der nach TV ATZ halbierten Bezüge berücksichtigt; die Zusatzbeiträge trägt allein der Arbeitgeber.

Die Altersteilzeit steht seit dem Änderungstarifvertrag Nr. 2 zum TV ATZ vom 30. Juni 2000 allen vollzeit- wie teilzeitbeschäftigten Arbeitnehmern offen, wenn sie spätestens am 31. Dezember 2009 beginnt.

V. Schlussbemerkung

Bereits der erste Schritt zur Tarifangleichung für die Arbeitnehmer des öffentlichen Dienstes hat Angestellte und Arbeiter des öffentlichen Dienstes in den ostdeutschen Bundesländern mit einer Fülle neuer Regelungen konfrontiert, die nunmehr die Rechte und Pflichten aus den Arbeitsverhältnissen

Einführung

bestimmen. Nachfolgende Schritte haben mit Wirkung vom 1. Juli und 1. Dezember 1991 ein komplexes Tarifwerk geschaffen. Es sprengt den Rahmen einer kurzen Einführung, umfassende Einblicke in das Tarifrecht des öffentlichen Dienstes zu geben. Die Einführung verfolgt vielmehr den Zweck, einen gerafften Überblick über Grundlagen und Ausgestaltung des Tarifrechts zu ermöglichen, um die Strukturen der Tarifregelungen verständlicher zu machen. Die abgedruckten Tarifvertrags- und Gesetzestexte sollen – für Arbeitnehmer und Arbeitgeber – zuverlässige Begleiter im Arbeitsleben sein.

I. Angestelltentarifverträge

1. Tarifvertrag zur Anpassung des Tarifrechts – Manteltarifrechtliche Vorschriften – (BAT-O)

Vom 10. Dezember 1990

In der Fassung des Änderungs-TV Nr. 13 vom 31. 1. 2003

Inhaltsübersicht §§

Abschnitt I. Geltungsbereich

Allgemeiner Geltungsbereich	1
Besonderer Geltungsbereich	1a
Sonderregelungen	2
Ausnahmen vom Geltungsbereich	3

Abschnitt II. Arbeitsvertrag

Schriftform, Nebenabreden	4
Probezeit	5

Abschnitt III. Allgemeine Arbeitsbedingungen

Gelöbnis	6
Ärztliche Untersuchung	7
Allgemeine Pflichten	8
Schweigepflicht	9
Belohnungen und Geschenke	10
Nebentätigkeit	11
Versetzung, Abordnung, Zuweisung	12
Personalakten	13
Haftung	14

Abschnitt IV. Arbeitszeit

Regelmäßige Arbeitszeit	15
(nicht besetzt)	15a
Teilzeitbeschäftigung	15b
Arbeitszeit an Samstagen und Vorfesttagen	16
Nichtdienstplanmäßige Arbeit	16a
Überstunden	17
Arbeitsversäumnis	18

Abschnitt V. Beschäftigungszeit

Beschäftigungszeit	19
(nicht besetzt)	20
Ausschlußfrist	21

1 BAT-O

Tarifverträge

Abschnitt VI. Eingruppierung §§

Eingruppierung	22
Eingruppierung in besonderen Fällen	23
Bewährungsaufstieg im Bereich des Bundes und im Bereich der Tarifgemeinschaft deutscher Länder	23a
Fallgruppenaufstieg	23b
Vorübergehende Ausübung einer höherwertigen Tätigkeit	24
(nicht besetzt)	25

Abschnitt VII. Vergütung

Bestandteile der Vergütung	26
Grundvergütung	27
Grundvergütung der Angestellten zwischen 18 und 21 bzw. 23 Jahren	28
Ortszuschlag	29
Gesamtvergütung der Angestellten unter 18 Jahren	30
(nicht besetzt)	31, 32
Zulagen	33
Wechselschicht- und Schichtzulage	33a
Vergütung Nichtvollbeschäftigter	34
Zeitzuschläge, Überstundenvergütung	35
Berechnung und Auszahlung der Bezüge, Vorschüsse	36

Abschnitt VIII. Sozialbezüge

Krankenbezüge	37
Anzeige- und Nachweispflichten	37a
Forderungsübergang bei Dritthaftung	38
Jubiläumszuwendungen	39
(nicht besetzt)	40
Sterbegeld	41

Abschnitt IX. Reisekostenvergütung, Umzugskostenvergütung, Trennungsentschädigung (Trennungsgeld)

Reisekostenvergütung	42
Besondere Entschädigung bei Dienstreisen an Sonn- und Feiertagen	43
Umzugskostenvergütung, Trennungsentschädigung (Trennungsgeld)	44
(nicht besetzt)	45

Abschnitt X. Zusätzliche Alters- und Hinterbliebenenversorgung

Zusätzliche Alters- und Hinterbliebenenversorgung	46

Abschnitt XI. Urlaub, Arbeitsbefreiung

Erholungsurlaub	47
Dauer des Erholungsurlaubs	48
Zusatzurlaub für Wechselschichtarbeit, Schichtarbeit und Nachtarbeit	48a
Zusatzurlaub	49
Sonderurlaub	50
Urlaubsabgeltung	51
Arbeitsbefreiung	52
Fortzahlung der Vergütung bei Arbeitsausfall in besonderen Fällen	52a

Bundes-Angestelltentarifvertrag-Ost **§ 1 BAT-O 1**

Abschnitt XII. Beendigung des Arbeitsverhältnisses §§
Ordentliche Kündigung 53
Außerordentliche Kündigung 54
(nicht besetzt) 55
Ausgleichszulage bei Arbeitsunfall und Berufskrankheit 56
Schriftform der Kündigung 57
Beendigung des Arbeitsverhältnisses durch Vereinbarung 58
Beendigung des Arbeitsverhältnisses wegen verminderter Erwerbsfähigkeit 59
Beendigung des Arbeitsverhältnisses durch Erreichung der Altersgrenze, Weiterbeschäftigung 60
Zeugnisse und Arbeitsbescheinigungen 61

Abschnitt XIII. Übergangsgeld
Voraussetzungen für die Zahlung des Übergangsgeldes 62
Bemessung des Übergangsgeldes 63
Auszahlung des Übergangsgeldes 64

Abschnitt XIV. Besondere Vorschriften
Dienstwohnungen (Werkdienstwohnungen) 65
Schutzkleidung 66
Dienstkleidung 67
Sachleistungen 68
Anwendung beamtenrechtlicher Vorschriften im Bereich der Tarifgemeinschaft deutscher Länder und im Bereich der Vereinigung der kommunalen Arbeitgeberverbände 69
Ausschlußfrist 70

Abschnitt XV. Übergangs- und Schlußvorschriften
(nicht besetzt) .... 71 bis 73
Inkrafttreten und Laufzeit des Tarifvertrages 74

Zwischen der Bundesrepublik Deutschland, vertreten durch den Bundesminister des Innern, der Tarifgemeinschaft deutscher Länder, vertreten durch die Vorsitzende des Vorstands, der Vereinigung der kommunalen Arbeitgeberverbände, vertreten durch den Vorstand, einerseits und den Gewerkschaften andererseits wird folgender Tarifvertrag geschlossen:

Abschnitt I. Geltungsbereich

§ 1 Allgemeiner Geltungsbereich. (1) Dieser Tarifvertrag gilt für Arbeitnehmer
a) des Bundes mit Ausnahme des Bundeseisenbahnvermögens,
b) der Länder und der sonstigen Mitglieder der Arbeitgeberverbände, die der Tarifgemeinschaft deutscher Länder angehören,
c) der Mitglieder der Arbeitgeberverbände, die der Vereinigung der kommunalen Arbeitgeberverbände angehören,
die in einer der Rentenversicherung der Angestellten unterliegenden Beschäftigung tätig sind (Angestellte) und deren Arbeitsverhältnisse in dem in Art. 3 des Einigungsvertrages genannten Gebiet begründet sind.

(2) Mit Arbeitnehmern in einer der Rentenversicherung der Arbeiter unterliegenden Tätigkeit kann im Arbeitsvertrag vereinbart werden, daß sie als Angestellte nach diesem Tarifvertrag beschäftigt werden, wenn ihre Tätigkeit in der Vergütungsordnung (Anlagen 1 a und 1 b) aufgeführt ist.

Protokollnotiz:
  Die in diesem Tarifvertrag verwendete Bezeichnung „Angestellte" umfaßt auch weibliche Angestellte.

§ 1 a Besonderer Geltungsbereich. Soweit in Betrieben für Arbeitnehmer
a) der Tarifvertrag Versorgungsbetriebe (TV-V),
b) ein Spartentarifvertrag Nahverkehrsbetriebe eines Arbeitgeberverbandes, der der Vereinigung der kommunalen Arbeitgeberverbände angehört,
gilt, ersetzt dieser den BAT-O.

§ 2 Sonderregelungen. Für Angestellte
a) in Kranken-, Heil-, Pflege- und Entbindungsanstalten sowie in sonstigen Anstalten und Heimen, in denen die betreuten Personen in ärztlicher Behandlung stehen,
b) in Anstalten und Heimen, die nicht unter die Sonderregelung 2a fallen,
c) als Ärzte und als Zahnärzte an den in den Sonderregelungen 2a und 2b genannten Anstalten und Heimen,
d) *(nicht besetzt)*
e) I) im Bereich des Bundesministeriums der Verteidigung,
e) II) die als Besatzungen auf See- und Binnenfahrzeugen im Bereich des Bundesministeriums der Verteidigung beschäftigt werden,
e III) in Bundeswehrkrankenhäusern,
f) auf Schiffen und schwimmenden Geräten mit Ausnahme der Angestellten auf Schiffen und schwimmenden Geräten der Bundeswehr und auf seegehenden Schiffen des Bundesamtes für Seeschiffahrt und Hydrographie
g) auf seegehenden Schiffen des Bundesamtes für Seeschiffahrt und Hydrographie,
h) *(nicht besetzt)*
i) im Wetterdienst,
k) an Theatern und Bühnen,
l) I) als Lehrkräfte,
l) II) als Lehrkräfte an Musikschulen,
m) als Bibliothekare an öffentlichen Büchereien (Volksbüchereien) und an staatlichen Büchereistellen,
n) im Justizvollzugsdienst, die im Aufsichtsdienst tätig sind,
o) in Kernforschungseinrichtungen,
p) in landwirtschaftlichen Verwaltungen und Betrieben, Weinbau- und Obstbaubetrieben,
q) im forstlichen Außendienst,
r) als Hausmeister,
s) *(nicht besetzt)*
t) in Versorgungsbetrieben (Gas-, Wasser-, Elektrizitäts- und Fernheizwerke) und in Entsorgungseinrichtungen (Entwässerung, Müllbeseitigung, Straßenreinigung),
u) in Nahverkehrsbetrieben,

v) in Flughafenbetrieben,
w) *(nicht besetzt)*
x) im kommunalen feuerwehrtechnischen Dienst,
y) *(nicht besetzt)*
z) des Bundesgrenzschutzes und des Beschaffungsamtes des Bundesministeriums des Innern
gilt dieser Tarifvertrag mit den Sonderregelungen der Anlage 2. Die Sonderregelungen sind Bestandteile des Tarifvertrages.

§ 3 Ausnahmen vom Geltungsbereich. Dieser Tarifvertrag gilt nicht für
a) Angestellte in Gaststätten und Hotels,
b) Angestellte, die als ortsansässige Kräfte von deutschen Dienststellen im Ausland angestellt werden, ohne Rücksicht auf ihre Staatsangehörigkeit,
c) künstlerisches Theaterpersonal, technisches Theaterpersonal mit überwiegend künstlerischer Tätigkeit und Orchestermusiker,
d) Angestellte,
   aa) die Arbeiten nach § 260 SGB III oder nach den §§ 19 und 20 BSHG verrichten oder
   bb) für die Eingliederungszuschüsse nach § 217 SGB III für ältere Arbeitnehmer (§ 218 Abs. 1 Nr. 3 SGB III) gewährt werden,
e) *(nicht besetzt)*
f) Personen, die für einen fest umgrenzten Zeitraum ausschließlich oder überwiegend zum Zwecke ihrer Vor- oder Ausbildung beschäftigt werden, insbesondere Auszubildende, Volontäre und Praktikanten,
g) Hochschullehrer, wissenschaftliche Assistenten, Lektoren, Verwalter von Stellen wissenschaftlicher Assistenten, wissenschaftliche Hilfskräfte und Lehrbeauftragte an Hochschulen, Akademien und wissenschaftlichen Forschungsinstituten sowie künstlerische Lehrkräfte an Kunsthochschulen, Musikhochschulen und Fachhochschulen für Musik,
h) *(nicht besetzt)*
i) leitende Ärzte (Chefärzte), Kurdirektoren, Werksdirektoren und sonstige vergleichbare Angestellte, wenn ihre Arbeitsbedingungen einzelvertraglich besonders vereinbart sind oder werden,
k) *(nicht besetzt)*
l) Angestellte in Erwerbszwecken dienenden Landwirtschafts-, Weinbau- und Obstbaubetrieben einschließlich ihrer Nebenbetriebe; Angestellte in anderen Landwirtschafts-, Weinbau- und Obstbaubetrieben einschließlich ihrer Nebenbetriebe, wenn ein Teil der Vergütung aus Sachbezügen besteht (Deputat),
m) Angestellte auf Fischereischutzbooten und Fischereiforschungsschiffen einschließlich der Ärzte und Heilgehilfen, jedoch ohne die auf diesen Fahrzeugen eingesetzten Angestellten des Deutschen Wetterdienstes,
n) *(nicht besetzt)*
o) Arbeitnehmer mit einfacheren oder mechanischen Tätigkeiten in Nahverkehrsbetrieben, denen eine der Rentenversicherung der Angestellten unterliegende Tätigkeit übertragen ist, wenn sie für die von ihnen bisher ausgeübte, der Rentenversicherung der Arbeiter unterliegende Tätigkeit nicht mehr voll leistungsfähig sind,
p) *(nicht besetzt)*
q) *(nicht besetzt)*
r) Angestellte, die

aa) in öffentlichen Schlachthöfen und in Einfuhruntersuchungsstellen als nicht vollbeschäftigte amtliche Tierärzte, Fleischkontrolleure, Hilfskräfte im Sinne des § 2 Nr. 1 Buchst. b der Hilfskräfteverordnung – Frisches Fleisch – und Geflügelfleischkontrolleure im Sinne der Verordnung der Geflügelfleischkontrolleure,
bb) außerhalb öffentlicher Schlachthöfe gegen Stückvergütung als amtliche Tierärzte und Fleischkontrolleure in der Schlachttier- und Fleischuntersuchung und in der Trichinenuntersuchung nach der mikroskopischen oder trichinoskopischen Methode,
cc) außerhalb öffentlicher Schlachthöfe gegen Stundenvergütung als nicht vollbeschäftigte
- amtliche Tierärzte und Fleischkontrolleure in der Schlachttier- und Fleischuntersuchung, in der Trichinenuntersuchung nach der Digestionsmethode und in der Überwachung der Hygiene,
- Geflügelfleischkontrolleure im Sinne der Verordnung über Geflügelfleischkontrolleure,
- Hilfskräfte im Sinne des § 2 Nr. 1 Buchst. b der Hilfskräfteverordnung – Frisches Fleisch –,
- amtliche Tierärzte in der Aufsicht in der Geflügelfleischkontrolle,
- Angestellte in EWG-zugelassenen Rotfleisch- oder Geflügelfleisch-Zerlegebetrieben in der Fleischuntersuchung oder Geflügelkontrolle
tätig sind,
s) Angestellte der Sparkassen,
t) *(nicht besetzt)*
u) *(nicht besetzt)*
v) Angestellte bei der Bundesdruckerei,
w) *(nicht besetzt)*
x) Seelsorger im Bundesgrenzschutz

Protokollnotiz zu Buchstabe c:
Ob der Angestellte überwiegend eine künstlerische Tätigkeit auszuüben hat, ist im Arbeitsvertrag zu vereinbaren.

Abschnitt II. Arbeitsvertrag

§ 4 Schriftform, Nebenabreden. (1) Der Arbeitsvertrag wird schriftlich abgeschlossen; dem Angestellten ist eine Ausfertigung auszuhändigen.

Mehrere Arbeitsverhältnisse zu demselben Arbeitgeber dürfen nur begründet werden, wenn die jeweils übertragenen Tätigkeiten nicht in einem unmittelbaren Sachzusammenhang stehen. Andernfalls gelten sie als ein Arbeitsverhältnis.

(2) Nebenabreden sind nur wirksam, wenn sie schriftlich vereinbart werden. Eine Nebenabrede kann gesondert gekündigt werden, soweit dies durch Tarifvertrag vorgesehen oder einzelvertraglich vereinbart ist.

§ 5 Probezeit. Die ersten sechs Monate der Beschäftigung gelten als Probezeit, es sei denn, daß im Arbeitsvertrag auf eine Probezeit verzichtet oder eine kürzere Probezeit vereinbart worden ist oder der Angestellte im unmittelbaren Anschluß an ein erfolgreich abgeschlossenes Ausbildungsverhältnis nach dem Manteltarifvertrag für Auszubildende bei derselben Dienststelle oder bei demselben Betrieb eingestellt wird. Hat der Angestellte in der Probezeit an insgesamt mehr als zehn Arbeitstagen nicht gearbeitet, verlängert sich die Probezeit um die Zahl von Arbeitstagen, die der Zahl der über zehn hinausgehenden Fehltage entspricht.

Abschnitt III. Allgemeine Arbeitsbedingungen

§ 6 Gelöbnis. Der Angestellte hat dem Arbeitgeber die gewissenhafte Diensterfüllung und die Wahrung der Gesetze zu geloben. Das Gelöbnis wird durch Nachsprechen der folgenden Worte abgelegt und durch Handschlag bekräftigt.:

„Ich gelobe: Ich werde meine Dienstobliegenheiten gewissenhaft erfüllen und das Grundgesetz für die Bundesrepublik Deutschland sowie die Gesetze wahren."

Über das Gelöbnis ist eine von dem Angestellten mitzuunterzeichnende Niederschrift zu fertigen.

§ 7 Ärztliche Untersuchung. (1) Der Angestellte hat auf Verlangen des Arbeitgebers vor seiner Einstellung seine körperliche Eignung (Gesundheitszustand und Arbeitsfähigkeit) durch das Zeugnis eines vom Arbeitgeber bestimmten Arztes nachzuweisen.

(2) Der Arbeitgeber kann bei gegebener Veranlassung durch einen Vertrauensarzt oder das Gesundheitsamt feststellen lassen, ob der Angestellte dienstfähig oder frei von ansteckenden Krankheiten ist. Von der Befugnis darf nicht willkürlich Gebrauch gemacht werden.

(3) Angestellte, die besonderen Ansteckungsgefahren ausgesetzt oder in gesundheitsgefährdenden Betrieben beschäftigt sind, sind in regelmäßigen Zeitabständen ärztlich zu untersuchen. Angestellte, die mit der Zubereitung von Speisen beauftragt sind, können in regelmäßigen Zeitabständen ärztlich untersucht werden.

(4) Die Kosten der Untersuchung trägt der Arbeitgeber. Das Ergebnis der ärztlichen Untersuchung ist dem Angestellten auf seinen Antrag bekanntzugeben.

§ 8 Allgemeine Pflichten. (1) Der Angestellte hat sich so zu verhalten, wie es von Angehörigen des öffentlichen Dienstes erwartet wird. Er muß sich durch sein gesamtes Verhalten zur freiheitlich demokratischen Grundordnung im Sinne des Grundgesetzes bekennen.

(2) Der Angestellte ist verpflichtet, den dienstlichen Anordnungen nachzukommen. Beim Vollzug einer dienstlichen Anordnung trifft die Verantwortung denjenigen, der die Anordnung gegeben hat. Der Angestellte hat Anordnungen, deren Ausführung – ihm erkennbar – den Strafgesetzen zuwiderlaufen würde, nicht zu befolgen.

§ 9 Schweigepflicht. (1) Der Angestellte hat über Angelegenheiten der Verwaltung oder des Betriebes, deren Geheimhaltung durch gesetzliche Vorschriften vorgesehen oder auf Weisung des Arbeitgebers angeordnet ist, Verschwiegenheit zu bewahren.

(2) Ohne Genehmigung des Arbeitgebers darf der Angestellte von dienstlichen Schriftstücken, Formeln, Zeichnungen, bildlichen Darstellungen, chemischen Stoffen oder Werkstoffen, Herstellungsverfahren, Maschinenteilen oder anderen geformten Körpern zu außerdienstlichen Zwecken weder sich noch einem anderen Kenntnis, Abschriften, Ab- oder Nachbildungen, Proben oder Probestücke verschaffen. Diesem Verbot unterliegen die Angestellten bezüglich der sie persönlich betreffenden Vorgänge nicht, es sei denn, daß deren Geheimhaltung durch Gesetz oder dienstliche Anordnung vorgeschrieben ist.

(3) Der Angestellte hat auf Verlangen des Arbeitgebers dienstliche Schriftstücke, Zeichnungen, bildliche Darstellungen usw. sowie Aufzeichnungen über Vorgänge der Verwaltung oder des Betriebes herauszugeben.

(4) Der Angestellte hat auch nach Beendigung des Arbeitsverhältnisses über Angelegenheiten, die der Schweigepflicht unterliegen, Verschwiegenheit zu bewahren.

§ 10 Belohnungen und Geschenke. (1) Der Angestellte darf Belohnungen und Geschenke in bezug auf seine dienstliche Tätigkeit nur mit Zustimmung des Arbeitgebers annehmen.

(2) Werden dem Angestellten Belohnungen oder Geschenke in bezug auf seine dienstliche Tätigkeit angeboten, so hat er dies dem Arbeitgeber unverzüglich und unaufgefordert mitzuteilen.

§ 11 Nebentätigkeit. Für die Nebentätigkeit des Angestellten finden die für die Beamten des Arbeitgebers jeweils geltenden Bestimmungen sinngemäß Anwendung. Für die Anwendung der für die Beamten des Arbeitgebers jeweils geltenden Bestimmungen sind vergleichbar

die Angestellten der Vergütungsgruppe	die Beamten der Besoldungsgruppe
X	A 1
IX, IX b, Kr. I	A 2
IX a, Kr. II	A 3
VIII	A 5
VII, Kr. III	A 6
VI b, VI a, Kr. IV, Kr. V, Kr. V a	A 7
V c, Kr. VI	A 8
V b, V a, Kr. VII, Kr. VIII	A 9
IV b, Kr. IX	A 10
IV a, Kr. X, Kr. XI	A 11
III, Kr. XII	A 12
II b, II a, II, Kr. XIII	A 13
I b	A 14
I a	A 15
I	A 16

§ 12 Versetzung, Abordnung, Zuweisung. (1) Der Angestellte kann aus dienstlichen oder betrieblichen Gründen versetzt oder abgeordnet werden. Soll der Angestellte an eine Dienststelle außerhalb des bisherigen Dienstortes versetzt oder voraussichtlich länger als drei Monate abgeordnet werden, so ist er vorher zu hören.

(2) Dem Angestellten kann im dienstlichen/betrieblichen oder öffentlichen Interesse mit seiner Zustimmung vorübergehend eine mindestens gleichbewertete Tätigkeit bei einer Einrichtung außerhalb des räumlichen Geltungsbereichs dieses Tarifvertrages oder bei einer anderen öffentlichen Einrichtung zugewiesen werden. Die Rechtsstellung des Angestellten bleibt unberührt; Bezüge aus der Verwendung nach Satz 1 werden angerechnet, sofern nicht in besonderen Fällen im Einvernehmen mit der für das Tarifrecht zuständigen Stelle des Arbeitgebers von der Anrechnung ganz oder teilweise abgesehen wird.

(3) Während der Probezeit (§ 5) darf der Angestellte ohne seine Zustimmung weder versetzt noch abgeordnet werden.

§ 13 Personalakten. (1) Der Angestellte hat ein Recht auf Einsicht in seine vollständigen Personalakten. Er kann das Recht auf Einsicht auch durch einen hierzu schriftlich Bevollmächtigten ausüben. Die Vollmacht ist zu den Personalakten zu nehmen. Der Arbeitgeber kann einen Bevollmächtigten zurückweisen, wenn es aus dienstlichen oder betrieblichen Gründen geboten ist.

(2) Der Angestellte muß über Beschwerden und Behauptungen tatsächlicher Art, die für ihn ungünstig sind oder ihm nachteilig werden können, vor Aufnahme in die Personalakten gehört werden. Seine Äußerung ist zu den Personalakten zu nehmen.

Protokollnotiz zu Absatz 1:

Das Recht auf Akteneinsicht schließt das Recht ein, Abschriften bzw. Ablichtungen aus den Personalakten zu fertigen.

§ 14 Haftung. Für die Schadenshaftung des Angestellten finden die für die Beamten des Arbeitgebers jeweils geltenden Vorschriften entsprechende Anwendung.

Abschnitt IV. Arbeitszeit

§ 15 Regelmäßige Arbeitszeit. (1) Die regelmäßige Arbeitszeit beträgt ausschließlich der Pausen durchschnittlich 40 Stunden wöchentlich. Für die Berechnung des Durchschnitts der regelmäßigen wöchentlichen Arbeitszeit ist ein Zeitraum von bis zu einem Jahr zugrunde zu legen. Bei Angestellten, die ständig Wechselschicht- oder Schichtarbeit zu leisten haben, kann ein längerer Zeitraum zugrunde gelegt werden.

(2) Die regelmäßige Arbeitszeit kann verlängert werden
a) bis zu zehn Stunden täglich (durchschnittlich 50 Stunden wöchentlich), wenn in sie regelmäßig eine Arbeitsbereitschaft von durchschnittlich mindestens zwei Stunden täglich fällt,
b) bis zu elf Stunden täglich (durchschnittlich 55 Stunden wöchentlich), wenn in sie regelmäßig eine Arbeitsbereitschaft von durchschnittlich mindestens drei Stunden täglich fällt,
c) bis zu zwölf Stunden täglich (durchschnittlich 60 Stunden wöchentlich), wenn der Angestellte lediglich an der Arbeitsstelle anwesend sein muß, um im Bedarfsfall vorkommende Arbeiten zu verrichten.

1 BAT-O § 15 Tarifverträge

(3) Die regelmäßige Arbeitszeit kann bis zu zehn Stunden täglich (durchschnittlich 50 Stunden wöchentlich) verlängert werden, wenn Vor- und Abschlußarbeiten erforderlich sind.

(4) In Verwaltungen und Betrieben, die in bestimmten Zeiten des Jahres regelmäßig zu saisonbedingt erheblich verstärkter Tätigkeit genötigt sind, kann für diese Zeiten die regelmäßige Arbeitszeit bis zu 60 Stunden wöchentlich, jedoch nicht über zehn Stunden täglich, verlängert werden, sofern die regelmäßige Arbeitszeit in den übrigen Zeiten des Jahres entsprechend verkürzt wird (Jahreszeitausgleich).

(5) Die Einführung von Kurzarbeit ist zulässig.

(6) In Verwaltungen/Verwaltungsteilen bzw. Betrieben/Betriebsteilen, deren Aufgaben Sonntags-, Feiertags-, Wechselschicht-, Schicht- oder Nachtarbeit erfordern, muß dienstplanmäßig bzw. betriebsüblich entsprechend gearbeitet werden.

Bei Sonntags- und Feiertagsarbeit sollen jedoch im Monat zwei Sonntage arbeitsfrei sein, wenn die dienstlichen oder betrieblichen Verhältnisse es zulassen. Die dienstplanmäßige bzw. betriebsübliche Arbeitszeit an einem Sonntag ist durch eine entsprechende zusammenhängende Freizeit an einem Werktag oder ausnahmsweise an einem Wochenfeiertag der nächsten oder der übernächsten Woche auszugleichen. Erfolgt der Ausgleich an einem Wochenfeiertag, wird für jede auszugleichende Arbeitsstunde die Stundenvergütung (§ 35 Abs. 3 Unterabs. 1) gezahlt.

Die dienstplanmäßige bzw. betriebsübliche Arbeitszeit an einem Wochenfeiertag soll auf Antrag des Angestellten durch eine entsprechende zusammenhängende Freizeit an einem Werktag der laufenden oder der folgenden Woche unter Fortzahlung der Vergütung (§ 26) und der in Monatsbeträgen festgelegten Zulagen ausgeglichen werden, wenn die dienstlichen oder betrieblichen Verhältnisse es zulassen.

(6 a) Der Angestellte ist verpflichtet, sich auf Anordnung des Arbeitgebers außerhalb der regelmäßigen Arbeitszeit an einer vom Arbeitgeber bestimmten Stelle aufzuhalten, um im Bedarfsfalle die Arbeit aufzunehmen (Bereitschaftsdienst). Der Arbeitgeber darf Bereitschaftsdienst nur anordnen, wenn zu erwarten ist, daß zwar Arbeit anfällt, erfahrungsgemäß aber die Zeit ohne Arbeitsleistung überwiegt.

Zum Zwecke der Vergütungsberechnung wird die Zeit des Bereitschaftsdienstes einschließlich der geleisteten Arbeit entsprechend dem Anteil der erfahrungsgemäß durchschnittlich anfallenden Zeit der Arbeitsleistung als Arbeitszeit gewertet und mit der Überstundenvergütung (§ 35 Abs. 3 Unterabs. 2) vergütet. Die Bewertung darf 15 v.H., vom 8. Bereitschaftsdienst im Kalendermonat an 25 v.H. nicht unterschreiten.

Die danach errechnete Arbeitszeit kann stattdessen bis zum Ende des dritten Kalendermonats auch durch entsprechende Freizeit abgegolten werden (Freizeitausgleich). Für den Freizeitausgleich ist eine angefangene halbe Stunde, die sich bei der Berechnung ergeben hat, auf eine halbe Stunde aufzurunden. Für die Zeit eines Freizeitausgleichs werden die Vergütung (§ 26) und die in Monatsbeträgen festgelegten Zulagen fortgezahlt.

(6 b) Der Angestellte ist verpflichtet, sich auf Anordnung des Arbeitgebers außerhalb der regelmäßigen Arbeitszeit an einer dem Arbeitgeber anzuzeigenden Stelle aufzuhalten, um auf Abruf die Arbeit aufzunehmen (Rufbereit-

schaft). Der Arbeitgeber darf Rufbereitschaft nur anordnen, wenn erfahrungsgemäß lediglich in Ausnahmefällen Arbeit anfällt.

Zum Zwecke der Vergütungsberechnung wird die Zeit der Rufbereitschaft mit 12,5 v. H., als Arbeitszeit bewertet und mit der Überstundenvergütung (§ 35 Abs. 3 Unterabs. 2) vergütet.

Für angefallene Arbeit einschließlich einer etwaigen Wegezeit wird daneben die Überstundenvergütung gezahlt. Für eine Heranziehung zur Arbeit außerhalb des Aufenthaltsortes werden mindestens drei Stunden angesetzt.

Wird der Angestellte während der Rufbereitschaft mehrmals zur Arbeit herangezogen, wird die Stundengarantie nur einmal, und zwar für die kürzeste Inanspruchnahme, angesetzt.

Die Überstundenvergütung für die sich nach Unterabs. 3 ergebenden Stunden entfällt, soweit entsprechende Arbeitsbefreiung erteilt wird (Freizeitausgleich). Für den Freizeitausgleich gilt Abs. 6a Unterabs. 3 entsprechend.

(7) Die Arbeitszeit beginnt und endet am Arbeitsplatz, bei wechselnden Arbeitsplätzen am jeweils vorgeschriebenen Arbeitsplatz oder am Sammelplatz.

(8) Woche ist der Zeitraum von Montag 0 Uhr bis Sonntag 24 Uhr.

Dienstplanmäßige Arbeit ist die Arbeit, die innerhalb der regelmäßigen Arbeitszeit an den nach dem Dienstplan festgelegten Kalendertagen regelmäßig zu leisten ist.

Arbeit an Sonntagen ist die Arbeit am Sonntag zwischen 0 Uhr und 24 Uhr, entsprechendes gilt für Arbeit an Feiertagen. Vorfesttagen (§ 16 Abs. 2) und Samstagen.

Wochenfeiertage sind die Werktage, die gesetzlich oder aufgrund gesetzlicher Vorschriften durch behördliche Anordnung zu gesetzlichen Feiertagen erklärt sind und für die Arbeitsruhe angeordnet ist.

Nachtarbeit ist die Arbeit zwischen 20 Uhr und 6 Uhr.

Wechselschichtarbeit ist die Arbeit nach einem Schichtplan (Dienstplan), der einen regelmäßigen Wechsel der täglichen Arbeitszeit in Wechselschichten vorsieht, bei denen der Angestellte durchschnittlich längstens nach Ablauf eines Monats erneut zur Nachtschicht (Nachtschichtfolge) herangezogen wird. Wechselschichten sind wechselnde Arbeitsschichten, in denen ununterbrochen bei Tag und Nacht, werktags, sonntags und feiertags gearbeitet wird.

Schichtarbeit ist die Arbeit nach einem Schichtplan (Dienstplan), der einen regelmäßigen Wechsel der täglichen Arbeitszeit in Zeitabschnitten von längstens einem Monat vorsieht.

Protokollnotiz zu Absatz 1:

Für die Durchführung sogenannter Sabbatjahrmodelle kann ein längerer Ausgleichszeitraum zugrunde gelegt werden.

§ 15 a. *(nicht besetzt)*

§ 15 b Teilzeitbeschäftigung. (1) Mit vollbeschäftigten Angestellten soll auf Antrag eine geringere als die regelmäßige Arbeitszeit (§ 15 und die Sonderregelungen hierzu) vereinbart werden, wenn sie
a) mindestens ein Kind unter 18 Jahren oder
b) einen nach ärztlichem Gutachten pflegebedürftigen sonstigen Angehörigen tatsächlich betreuen oder pflegen und dringende dienstliche bzw. betriebliche Belange nicht entgegenstehen.

Die Teilzeitbeschäftigung nach Unterabs. 1 ist auf Antrag auf bis zu fünf Jahre zu befristen. Sie kann verlängert werden; der Antrag ist spätestens sechs Monate vor Ablauf der vereinbarten Teilzeitbeschäftigung zu stellen.

(2) Vollbeschäftigte Angestellte, die in anderen als den in Abs. 1 genannten Fällen eine Teilzeitbeschäftigung vereinbaren wollen, können von ihrem Arbeitgeber verlangen, daß er mit ihnen die Möglichkeit einer Teilzeitbeschäftigung mit dem Ziel erörtert, zu einer entsprechenden Vereinbarung zu gelangen.

(3) Ist mit einem früher vollbeschäftigten Angestellten auf seinen Wunsch eine nicht befristete Teilzeitbeschäftigung vereinbart worden, soll der Angestellte bei späterer Besetzung eines Vollzeitarbeitsplatzes bei gleicher Eignung im Rahmen der dienstlichen bzw. betrieblichen Möglichkeiten bevorzugt berücksichtigt werden.

§ 16 Arbeitszeit an Samstagen und Vorfesttagen. (1) Soweit die dienstlichen oder betrieblichen Verhältnisse es zulassen, soll an Samstagen nicht gearbeitet werden.

(2) Soweit die dienstlichen oder betrieblichen Verhältnisse es zulassen, wird an dem Tage vor dem ersten Weihnachtsfeiertag und vor Neujahr jeweils ganztägig sowie an dem Tage vor Ostersonntag und vor Pfingstsonntag jeweils ab 12 Uhr Arbeitsbefreiung unter Fortzahlung der Vergütung (§ 26) und der in Monatsbeträgen festgelegten Zulagen erteilt. Dem Angestellten, dem diese Arbeitsbefreiung aus dienstlichen oder betrieblichen Gründen nicht erteilt werden kann, wird an einem anderen Tage entsprechende Freizeit unter Fortzahlung der Vergütung (§ 26) und der in Monatsbeträgen festgelegten Zulagen erteilt.

Protokollnotiz zu Absatz 2:

Die nach Satz 1 zustehende Arbeitsbefreiung an dem Tage vor dem ersten Weihnachtsfeiertag und vor Neujahr ist für Angestellte, die dienstplanmäßig an allen Tagen der Woche oder im Wechselschicht- oder Schichtdienst arbeiten und deren Dienstplan an einem oder an beiden dieser Tage für die Zeit bis 12 Uhr keine Arbeit vorsieht, im Umfang von jeweils einem Zehntel der für den Angestellten geltenden durchschnittlichen wöchentlichen Arbeitszeit zu gewähren, es sei denn, diese Tage fallen auf einen Samstag oder Sonntag, oder bei Angestellten, deren Arbeitszeit auf weniger als fünf Tage in der Woche verteilt ist, auf einen für den Angestellten regelmäßig arbeitsfreien Tag.

§ 16a Nichtdienstplanmäßige Arbeit. (1) Werden unmittelbar vor Beginn der dienstplanmäßigen bzw. betriebsüblichen täglichen Arbeitszeit oder in unmittelbarem Anschluß daran mindestens zwei Arbeitsstunden geleistet, ist eine viertelstündige, werden mehr als drei Arbeitsstunden geleistet, ist eine insgesamt halbstündige Pause zu gewähren, die als Arbeitszeit anzurechnen ist.

(2) Wird Nacht-, Sonntags- oder Feiertagsarbeit geleistet, die der dienstplanmäßigen bzw. betrieblichen täglichen Arbeitszeit nicht unmittelbar vorangeht oder folgt, werden für die Vergütungsberechnung mindestens drei Arbeitsstunden angesetzt. Bei mehreren Inanspruchnahmen bis zum nächsten dienstplanmäßigen bzw. betriebsüblichen Arbeitsbeginn wird die Stunden-

garantie nach Satz 1 nur einmal, und zwar für die kürzeste Inanspruchnahme angesetzt.

Voraussetzung für die Anwendung des Unterabs. 1 ist bei Angestellten, die innerhalb der Verwaltung oder des Betriebes wohnen, daß die Arbeitsleistung außerhalb der Verwaltung oder des Betriebes erbracht wird.

Unterabs. 1 gilt nicht für gelegentliche unwesentliche Arbeitsleistungen, die die Freizeit des Angestellten nur unerheblich (etwa 15 Minuten) in Anspruch nehmen, oder für Arbeitsleistungen während der Rufbereitschaft.

§ 17 Überstunden. (1) Überstunden sind die auf Anordnung geleisteten Arbeitsstunden, die über die im Rahmen der regelmäßigen Arbeitszeit (§ 15 Abs. 1 bis 4 und die entsprechenden Sonderregelungen hierzu) für die Woche dienstplanmäßig bzw. betriebsüblich festgesetzten Arbeitsstunden hinausgehen.

Überstunden sind auf dringende Fälle zu beschränken und möglichst gleichmäßig auf die Angestellten zu verteilen. Soweit ihre Notwendigkeit voraussehbar ist, sind sie spätestens am Vortage anzusagen.

Die im Rahmen des § 15 Abs. 3 für die Woche dienstplanmäßig bzw. betriebsüblich festgesetzten Arbeitsstunden, die über die im Rahmen der regelmäßigen Arbeitszeit des § 15 Abs. 1 festgesetzten Arbeitsstunden hinausgehen, gelten für die Vergütungsberechnung als Überstunden.

(2) Bei Dienstreisen gilt nur die Zeit der dienstlichen Inanspruchnahme am auswärtigen Geschäftsort als Arbeitszeit. Es wird jedoch für jeden Tag einschließlich der Reisetage mindestens die dienstplanmäßige bzw. betriebsübliche Arbeitszeit berücksichtigt.

Muß bei eintägigen Dienstreisen von Angestellten, die in der Regel an mindestens zehn Tagen im Monat außerhalb ihres ständigen Dienstortes arbeiten, am auswärtigen Geschäftsort mindestens die dienstplanmäßige bzw. betriebsübliche Arbeitszeit abgeleistet werden und müssen für die Hin- und Rückreise zum und vom Geschäftsort einschließlich der erforderlichen Wartezeiten mehr als zwei Stunden aufgewendet werden, wird der Arbeitszeit eine Stunde hinzugerechnet.

(3) Bei der Überstundenberechnung sind für jeden im Berechnungszeitraum liegenden Urlaubstag, Krankheitstag sowie für jeden sonstigen Tag einschließlich eines Wochenfeiertags, an dem der Angestellte von der Arbeit freigestellt war, die Stunden mitzuzählen, die der Angestellte ohne diese Ausfallgründe innerhalb der regelmäßigen Arbeitszeit dienstplanmäßig bzw. betriebsüblich geleistet hätte. Vor- oder nachgeleistete Arbeitsstunden bleiben unberücksichtigt.

(4) Gelegentliche Überstunden können für insgesamt sechs Arbeitstage innerhalb eines Kalendermonats auch von unmittelbaren Vorgesetzten angeordnet werden. Andere Überstunden sind vorher schriftlich anzuordnen.

(5) Überstunden sind grundsätzlich durch entsprechende Arbeitsbefreiung auszugleichen; die Arbeitsbefreiung ist möglichst bis zum Ende des nächsten Kalendermonats, spätestens bis zum Ende des dritten Kalendermonats nach Ableistung der Überstunden zu erteilen. Für die Zeit, in der Überstunden ausgeglichen werden, werden die Vergütung (§ 26) und die in Monatsbeträgen festgelegten Zulagen fortgezahlt. Im übrigen wird für die ausgeglichenen Überstunden nach Ablauf des Ausgleichszeitraumes lediglich der Zeitzuschlag für Überstunden (§ 35 Abs. 1 Satz 2 Buchst. a) gezahlt. Für jede

nicht ausgeglichene Überstunde wird die Überstundenvergütung (§ 35 Abs. 3 Unterabs. 2) gezahlt.

(6) Angestellte der Vergütungsgruppe Ib bis IIb bei obersten Bundesbehörden und obersten Landesbehörden mit Ausnahme des Landes Berlin erhalten nur dann Überstundenvergütung, wenn die Leistung der Überstunden für sämtliche Bedienstete ihrer Dienststelle, ggf. ihrer Verwaltungseinheit, angeordnet ist. Andere über die regelmäßige Arbeitszeit hinaus geleistete Arbeit dieser Angestellten ist durch die Vergütung (§ 26) abgegolten.

(7) Für Angestellte der Vergütungsgruppen I und Ia bei obersten Bundesbehörden und obersten Landesbehörden mit Ausnahme des Landes Berlin sind Überstunden durch die Vergütung (§ 26) abgegolten.

Protokollnotiz zu den Absätzen 6 und 7:

Die Ausnahme für die Angestellten des Landes Berlin gilt nicht für die Angestellten beim Senator für Bundesangelegenheiten, Dienststelle Bonn, beim Senator für Finanzen, Zentrale Datenstelle der Landesfinanzminister, und beim Senator für Wissenschaft.

§ 18 Arbeitsversäumnis. (1) Die Arbeitszeit ist pünktlich einzuhalten. Persönliche Angelegenheiten hat der Angestellte unbeschadet des § 52 grundsätzlich außerhalb der Arbeitszeit zu erledigen.

(2) Der Angestellte darf nur mit vorheriger Zustimmung des Arbeitgebers der Arbeit fernbleiben. Kann die Zustimmung den Umständen nach nicht vorher eingeholt werden, ist sie unverzüglich zu beantragen. Bei nicht genehmigtem Fernbleiben besteht kein Anspruch auf Bezüge.

Abschnitt V. Beschäftigungszeit

§ 19 Beschäftigungszeit. (1) Beschäftigungszeit ist die bei demselben Arbeitgeber nach Vollendung des 18. Lebensjahres in einem Arbeitsverhältnis zurückgelegte Zeit, auch wenn sie unterbrochen ist.

Ist der Angestellte aus seinem Verschulden oder auf eigenen Wunsch aus dem Arbeitsverhältnis ausgeschieden, so gilt die vor dem Ausscheiden liegende Zeit nicht als Beschäftigungszeit, es sei denn, daß er das Arbeitsverhältnis wegen eines mit Sicherheit erwarteten Personalabbaues oder wegen Unfähigkeit zur Fortsetzung der Arbeit infolge einer Körperbeschädigung oder einer in Ausübung oder infolge seiner Arbeit erlittenen Gesundheitsschädigung aufgelöst hat oder die Nichtanrechnung der Beschäftigungszeit aus sonstigen Gründen eine unbillige Härte darstellen würde.

(2) Übernimmt ein Arbeitgeber eine Dienststelle oder geschlossene Teile einer solchen von einem Arbeitgeber, der von diesem Tarifvertrag erfaßt wird oder diesen oder einen Tarifvertrag wesentlich gleichen Inhalts anwendet, so werden die bei der Dienststelle bis zur Übernahme zurückgelegten Zeiten nach Maßgabe des Abs. 1 als Beschäftigungszeit angerechnet.

(3) Die Absätze 1 und 2 gelten sinngemäß für ehemalige Beamte, jedoch nicht für Ehrenbeamte und für Beamte, die nur nebenbei beschäftigt wurden.

(4) Andere als die vorgenannten Zeiten dürfen bei Bund und Ländern nur durch die Entscheidung der obersten Dienstbehörde im Einvernehmen mit

der für das Personalwesen (Tarifrecht) zuständigen obersten Dienstbehörde als Beschäftigungszeiten angerechnet werden.
Bei den Mitgliedern im Bereich der Vereinigung der kommunalen Arbeitgeberverbände soll die Anrechnung anderer als der vorgenannten Zeiten als Beschäftigungszeiten bei einem Wechsel zwischen der Gemeinde und ihrem in privater Rechtsform geführten Betrieb erfolgen. Satz 1 dieses Unterabsatzes gilt entsprechend bei einem Wechsel zwischen dem in privater Rechtsform geführten Betrieb und der Gemeinde.

Übergangsvorschriften für Zeiten vor dem 1. Januar 1991:

1. Als Übernahme im Sinne des Abs. 2 gilt auch die Überführung von Einrichtungen nach Art. 13 des Einigungsvertrages.
2. Ist infolge des Beitritts der DDR der frühere Arbeitgeber weggefallen, ohne daß eine Überprüfung nach Art. 13 des Einigungsvertrages erfolgt, gelten als Beschäftigungszeiten nach Maßgabe des Abs. 1
    a) für Angestellte des Bundes
      Zeiten der Tätigkeit bei zentralen Staatsorganen und ihren nachgeordneten Einrichtungen oder sonstigen Einrichtungen oder Betrieben, soweit der Bund deren Aufgaben bzw. Aufgabenbereiche derselben ganz oder überwiegend übernommen hat,
    b) für Angestellte der Länder
      Zeiten der Tätigkeit bei zentralen oder örtlichen Staatsorganen und ihren nachgeordneten Einrichtungen oder sonstigen Einrichtungen oder Betrieben, soweit das Land deren Aufgaben bzw. Aufgabenbereiche derselben ganz oder überwiegend übernommen hat,
    c) für Angestellte und Mitglieder der Mitgliedverbände der Vereinigung der kommunalen Arbeitgeberverbände
  Zeiten der Tätigkeit bei zentralen oder örtlichen Staatsorganen und ihren nachgeordneten Einrichtungen oder sonstigen Einrichtungen oder Betrieben, soweit der Arbeitgeber deren Aufgaben bzw. Aufgabenbereiche derselben ganz oder überwiegend übernommen hat.
3. Für die Anwendung des § 39 werden auch die nicht unter die vorstehenden Nrn. 1 und 2 fallenden Zeiten der Tätigkeit bei zentralen oder örtlichen Staatsorganen und ihren nachgeordneten Einrichtungen oder sonstigen Einrichtungen oder Betrieben, deren Aufgaben bzw. Aufgabenbereiche derselben ein Arbeitgeber ganz oder überwiegend übernommen hat, der unter den BAT-O fällt, und Zeiten der Tätigkeit bei der Deutschen Reichsbahn und bei der Deutschen Post nach Maßgabe des Abs. 1 als Beschäftigungszeit berücksichtigt, es sei denn, daß diese Zeiten nach Nr. 4 oder einer entsprechenden Regelung nicht anzurechnen wären.
4. Von der Berücksichtigung als Beschäftigungszeit sind ausgeschlossen
    a) Zeiten jeglicher Tätigkeit für das Ministerium für Staatssicherheit/Amt für Nationale Sicherheit (einschließlich der Verpflichtung zu informeller/inoffizieller Mitarbeit),
    b) Zeiten einer Tätigkeit als Angehörige der Grenztruppen der DDR,
    c) Zeiten einer Tätigkeit, die aufgrund einer besonderen persönlichen Systemnähe übertragen worden war.
      Die Übertragung der Tätigkeit aufgrund einer besonderen persönlichen Systemnähe wird insbesondere vermutet, wenn der Angestellte

aa) vor oder bei Übertragung der Tätigkeit eine hauptamtliche oder hervorgehobene ehrenamtliche Funktion in der SED, dem FDGB, der FDJ oder einer vergleichbar systemunterstützenden Partei oder Organisation innehatte,
bb) als mittlere oder obere Führungskraft in zentralen Staatsorganen, als obere Führungskraft beim Rat eines Bezirkes, als Vorsitzender des Rates eines Kreises oder einer kreisfreien Stadt (Oberbürgermeister) oder in einer vergleichbaren Funktion tätig war,
cc) hauptamtlich Lehrender an den Bildungseinrichtungen der staatstragenden Parteien oder einer Massen- oder gesellschaftlichen Organisation war oder
dd) Absolvent der Akademie für Staat und Recht oder einer vergleichbaren Bildungseinrichtung war.

Der Angestellte kann die Vermutung widerlegen.

Von einer Berücksichtigung als Beschäftigungszeit ausgeschlossen sind auch die Zeiten, die vor einer Tätigkeit im Sinne der Buchstaben a bis c zurückgelegt worden sind.

§ 20. *(nicht besetzt)*

§ 21 Ausschlußfrist.
Der Angestellte hat die anrechnungsfähigen Beschäftigungszeiten innerhalb einer Ausschlußfrist von drei Monaten nach Aufforderung durch den Arbeitgeber nachzuweisen. Zeiten, für die der Nachweis nicht fristgemäß erbracht wird, werden nicht angerechnet. Kann der Nachweis aus einem vom Angestellten nicht zu vertretenden Grunde innerhalb der Ausschlußfrist nicht erbracht werden, so ist die Frist auf einen vor Ablauf der Ausschlußfrist zu stellenden Antrag angemessen zu verlängern.

Abschnitt VI. Eingruppierung

§ 22 Eingruppierung.
(1) Die Eingruppierung der Angestellten richtet sich nach den Tätigkeitsmerkmalen der Vergütungsordnung (Anlage 1a und 1b). Der Angestellte erhält Vergütung nach der Vergütungsgruppe, in der er eingruppiert ist.

(2) Der Angestellte ist in der Vergütungsgruppe eingruppiert, deren Tätigkeitsmerkmale die gesamte von ihm nicht nur vorübergehend auszuübende Tätigkeit entspricht.

Die gesamte auszuübende Tätigkeit entspricht den Tätigkeitsmerkmalen einer Vergütungsgruppe, wenn zeitlich mindestens zur Hälfte Arbeitsvorgänge anfallen, die für sich genommen die Anforderungen eines Tätigkeitsmerkmals oder mehrerer Tätigkeitsmerkmale dieser Vergütungsgruppe erfüllen. Kann die Erfüllung einer Anforderung in der Regel erst bei der Betrachtung mehrerer Arbeitsvorgänge festgestellt werden (z.B. vielseitige Fachkenntnisse), sind diese Arbeitsvorgänge für die Feststellung, ob diese Anforderung erfüllt ist, insoweit zusammen zu beurteilen.

Werden in einem Tätigkeitsmerkmal mehrere Anforderungen gestellt, gilt das in Unterabs. 2 Satz 1 bestimmte Maß, ebenfalls bezogen auf die gesamte auszuübende Tätigkeit, für jede Anforderung.

Ist in einem Tätigkeitsmerkmal ein von Unterabs. 2 oder 3 abweichendes zeitliches Maß bestimmt, gilt dieses.

Ist in einem Tätigkeitsmerkmal als Anforderung eine Voraussetzung in der Person des Angestellten bestimmt, muß auch diese Anforderung erfüllt sein.

(3) Die Vergütungsgruppe des Angestellten ist im Arbeitsvertrag anzugeben.

Protokollnotizen zu Absatz 2:

1. *Arbeitsvorgänge sind Arbeitsleistungen (einschließlich Zusammenhangsarbeiten), die bezogen auf den Aufgabenkreis des Angestellten, zu einem bei natürlicher Betrachtung abgrenzbaren Arbeitsergebnis führen (z. B. unterschriftsreife Bearbeitung eines Aktenvorgangs, Erstellung eines EKG, Fertigung einer Bauzeichnung, Eintragung in das Grundbuch, Konstruktion einer Brücke oder eines Brückenteils, Bearbeitung eines Antrags auf Wohngeld, Festsetzung einer Leistung nach dem Bundessozialhilfegesetz). Jeder einzelne Arbeitsvorgang ist als solcher zu bewerten und darf dabei hinsichtlich der Anforderungen zeitlich nicht aufgespalten werden.*

2. *Eine Anforderung im Sinne des Unterabsatzes 2 ist auch das in einem Tätigkeitsmerkmal geforderte Herausheben der Tätigkeit aus einer niedrigeren Vergütungsgruppe.*

§ 23 Eingruppierung in besonderen Fällen. Ist dem Angestellten eine andere, höherwertige Tätigkeit nicht übertragen worden, hat sich aber die ihn übertragene Tätigkeit (§ 22 Abs. 2 Unterabs. 1) nicht nur vorübergehend derart geändert, daß sie den Tätigkeitsmerkmalen einer höheren als seiner bisherigen Vergütungsgruppe entspricht (§ 22 Abs. 2 Unterabs. 2 bis 5), und hat der Angestellte die höherwertige Tätigkeit ununterbrochen sechs Monate lang ausgeübt, ist er mit Beginn des darauffolgenden Kalendermonats in der höheren Vergütungsgruppe eingruppiert. Für die zurückliegenden sechs Kalendermonate gilt § 24 Abs. 1 sinngemäß.

Ist die Zeit der Ausübung der höherwertigen Tätigkeit durch Urlaub, Arbeitsbefreiung, Arbeitsunfähigkeit, Kur- oder Heilverfahren oder Vorbereitung auf eine Fachprüfung für die Dauer von insgesamt nicht mehr als sechs Wochen unterbrochen worden, wird die Unterbrechungszeit in die Frist von sechs Monaten eingerechnet. Bei einer längeren Unterbrechung oder bei einer Unterbrechung aus anderen Gründen beginnt die Frist nach der Beendigung der Unterbrechung von neuem.

Wird dem Angestellten vor Ablauf der sechs Monate wieder eine Tätigkeit zugewiesen, die den Tätigkeitsmerkmalen seiner bisherigen Vergütungsgruppe entspricht, gilt § 24 Abs. 1 sinngemäß.

§ 23 a Bewährungsaufstieg im Bereich des Bundes und im Bereich der Tarifgemeinschaft deutscher Länder. Der Angestellte, der ein in der Anlage 1a mit dem Hinweiszeichen ★ gekennzeichnetes Tätigkeitsmerkmal erfüllt, ist nach Erfüllung der vorgeschriebenen Bewährungszeit höhergruppiert.

Für die Erfüllung der Bewährungszeit gilt folgendes:

1. Das Erfordernis der Bewährung ist erfüllt, wenn der Angestellte während der vorgeschriebenen Bewährungszeit sich den in der ihm übertragenen Tätigkeit auftretenden Anforderungen gewachsen gezeigt hat. Maßgebend ist hierbei die Tätigkeit, die der Vergütungsgruppe entspricht, in der der Angestellte eingruppiert ist.

1 BAT-O § 23a

2. In den Fällen des § 23 beginnt die Bewährungszeit in der Vergütungsgruppe, aus der der Angestellte im Wege des Bewährungsaufstiegs aufrücken kann, an dem Tage, von dem an er auf Grund dieser Vorschrift in dieser Vergütungsgruppe eingruppiert ist.
3. Die vorgeschriebene Bewährungszeit braucht nicht bei demselben Arbeitgeber zurückgelegt zu sein. Sie kann auch zurückgelegt sein bei
   a) anderen Arbeitgebern, die vom BAT-O/BAT erfaßt werden,
   b) Körperschaften, Anstalten oder Stiftungen des öffentlichen Rechts, die den BAT-O/BAT oder einen Tarifvertrag wesentlich gleichen Inhalts anwenden.
   Maßgebend dafür, ob die in Buchstaben a und b genannten Arbeitgeber vom BAT-O/BAT erfaßt werden bzw. einen Tarifvertrag wesentlich gleichen Inhalts anwenden, ist der Einstellungstag des Angestellten.
4. Die Bewährungszeit muß ununterbrochen zurückgelegt sein. Unterbrechungen von jeweils bis zu sechs Monaten sind unschädlich; unabhängig hiervon sind ferner unschädlich Unterbrechungen wegen
   a) Ableistung des Grundwehrdienstes oder des Zivildienstes,
   b) Arbeitsunfähigkeit im Sinne des § 37 Abs. 1,
   c) der Schutzfristen nach dem Mutterschutzgesetz,
   d) Elternzeit nach dem Bundeserziehungsgeldgesetz und sonstiger Beurlaubung zur Kinderbetreuung bis zu insgesamt fünf Jahren,
   e) einer vom Wehrdienst befreienden Tätigkeit als Entwicklungshelfer bis zu zwei Jahren.
   Die Zeiten der Unterbrechung mit Ausnahme
   a) eines Urlaubs nach den §§ 47 bis 49 und nach dem SGB IX,
   b) eines Sonderurlaubs nach § 50 Abs. 1 in der bis zum 31. August 1995 geltenden Fassung,
   c) einer Arbeitsbefreiung nach § 52,
   d) einer Arbeitsunfähigkeit im Sinne des § 37 Abs. 1 bis zu 26 Wochen, in den Fällen des § 37 Abs. 4 Unterabs. 3 bis zu 28 Wochen,
   e) der Schutzfristen nach dem Mutterschutzgesetz
   werden auf die Bewährungszeit nicht angerechnet.
5. Auf die vorgeschriebene Bewährungszeit werden unter den Voraussetzungen der Nr. 4 die Zeiten angerechnet, während derer der Angestellte
   a) in einer höheren Vergütungsgruppe eingruppiert war,
   b) die Tätigkeitsmerkmale einer höheren Vergütungsgruppe erfüllt hatte, aber noch in der Vergütungsgruppe eingruppiert war, aus der er im Wege des Bewährungsaufstiegs aufrücken kann,
   c) noch nicht in der Vergütungsgruppe eingruppiert war, aus der er im Wege des Bewährungsaufstiegs aufrückt, während derer er aber die Tätigkeitsmerkmale dieser oder einer höheren Vergütungsgruppe erfüllt und hierfür eine Zulage nach § 24 erhalten hat.
6. Bewährungszeiten, in denen der Angestellte mit einer kürzeren als der regelmäßigen Arbeitszeit eines entsprechenden vollbeschäftigten Angestellten beschäftigt war, werden voll angerechnet.
7. Erfüllt der Angestellte, der im Wege des Bewährungsaufstiegs in der Vergütungsgruppe VII eingruppiert ist, später ein anderes Tätigkeitsmerkmal dieser Vergütungsgruppe, so beginnt die Bewährungsfrist dieser Vergütungsgruppe oder eine sonstige für eine Höhergruppierung maßgebliche Zeit zu

dem Zeitpunkt, von dem an er auf Grund der ausgeübten Tätigkeit in dieser Vergütungsgruppe eingruppiert gewesen wäre. Dieser Zeitpunkt ist auf Antrag des Angestellten festzuhalten.

8. Der Anspruch auf Eingruppierung in eine bestimmte Vergütungsgruppe im Wege des Bewährungsaufstiegs besteht auch für ein neues Arbeitsverhältnis. Dies gilt nicht, wenn die Beschäftigung bei demselben Arbeitgeber oder bei den in Nr. 3 Satz 2 genannten Arbeitgebern für den Bewährungsaufstieg
   a) in die Vergütungsgruppe VII um länger als drei zusammenhängende Jahre,
   b) in die Vergütungsgruppe VI b, IV b und I b um länger als fünf zusammenhängende Jahre
unterbrochen war.

§ 23 b Fallgruppenaufstieg. A. Für die Bereiche des Bundes und der Tarifgemeinschaft deutscher Länder.
Soweit Tätigkeitsmerkmale (Fallgruppen) der Vergütungsordnung einen Aufstieg außerhalb des § 23 a (z. B. Bewährungsaufstieg, Tätigkeitsaufstieg) oder die Zahlung einer Vergütungsgruppenzulage bzw. Zulage nach einer bestimmten Zeit einer Bewährung. Tätigkeit usw. vorsehen, gilt § 23 a Satz 2 Nr. 6 entsprechend.

B. Für den Bereich der Vereinigung der kommunalen Arbeitgeberverbände

Soweit Tätigkeitsmerkmale (Fallgruppen) der Vergütungsordnung einen Aufstieg (z. B. Bewährungsaufstieg, Tätigkeitsaufstieg) oder die Zahlung einer Vergütungsgruppenzulage bzw. Zulage nach einer bestimmten Zeit einer Bewährung, Tätigkeit usw. vorsehen, werden Zeiten, in denen der Angestellte mit einer kürzeren als der regelmäßigen wöchentlichen Arbeitszeit eines entsprechenden vollbeschäftigten Angestellten beschäftigt war, voll angerechnet.

§ 24 Vorübergehende Ausübung einer höherwertigen Tätigkeit.
(1) Wird dem Angestellten vorübergehend eine andere Tätigkeit (§ 22 Abs. 2 Unterabs. 1) übertragen, die den Tätigkeitsmerkmalen einer höheren als seiner Vergütungsgruppe entspricht (§ 22 Abs. 2 Unterabs. 2 bis 5), und hat er sie mindestens einen Monat ausgeübt, erhält er für den Kalendermonat, in dem er mit der ihm übertragenen Tätigkeit begonnen hat, und für jeden folgenden vollen Kalendermonat dieser Tätigkeit eine persönliche Zulage.

(2) Wird dem Angestellten vertretungsweise eine andere Tätigkeit (§ 22 Abs. 2 Unterabs. 1) übertragen, die den Tätigkeitsmerkmalen einer höheren als seiner Vergütungsgruppe entspricht (§ 22 Abs. 2 Unterabs. 2 bis 5), und hat die Vertretung länger als drei Monate gedauert, erhält er nach Ablauf dieser Frist eine persönliche Zulage für den letzten Kalendermonat der Frist und für jeden folgenden vollen Kalendermonat der weiteren Vertretung. Bei Berechnung der Frist sind bei mehreren Vertretungen Unterbrechungen von weniger als jeweils drei Wochen unschädlich. Auf die Frist von drei Monaten sind Zeiten der Ausübung einer höherwertigen Tätigkeit nach Abs. 1 anzurechnen, wenn die Vertretung sich unmittelbar anschließt oder zwischen der Beendigung der höherwertigen Tätigkeit und der Aufnahme der Vertretung ein Zeitraum von weniger als drei Wochen liegt.

(3) Die persönliche Zulage bemißt sich aus dem Unterschied zwischen der Vergütung, die dem Angestellten zustehen würde, wenn er in der höheren Vergütungsgruppe eingruppiert wäre, und der Vergütung der Vergütungsgruppe, in der er eingruppiert ist.
Zu den Vergütungen im Sinne des Satzes 1 gehören
a) die Grundvergütung,
b) der Ortszuschlag,
c) Zulagen mit Ausnahmen der Zulagen nach § 33.

(4) Der Angestellte, der nach Abs. 1 oder Abs. 2 Anspruch auf die persönliche Zulage hat, erhält sie auch im Falle der Arbeitsbefreiung unter Fortzahlung der Vergütung sowie bei Arbeitsunfähigkeit und Erholungsurlaub solange, bis die Übertragung widerrufen wird oder aus sonstigen Gründen endet.

§ 25. *(nicht besetzt)*

Abschnitt VII. Vergütung

§ 26 Bestandteile der Vergütung. (1) Die Vergütung des Angestellten besteht aus der Grundvergütung und dem Ortszuschlag.

(2) Angestellte, die das achtzehnte Lebensjahr noch nicht vollendet haben, erhalten anstelle der Grundvergütung und des Ortszuschlags eine Gesamtvergütung.

(3) Die Beträge der Grundvergütung und des Ortszuschlags werden in einem besonderen Tarifvertrag (Vergütungstarifvertrag) vereinbart.

§ 27 Grundvergütung.

A. Angestellte, die unter die Anlage 1a fallen

Für die Bereiche des Bundes und der Tarifgemeinschaft deutscher Länder.

(1) Im Vergütungstarifvertrag sind die Grundvergütungen in den Vergütungsgruppen nach Lebensaltersstufen zu bemessen. Die Grundvergütung der ersten Lebensaltersstufe (Anfangsgrundvergütung) wird vom Beginn des Monats an gezahlt, in dem der Angestellte in den Vergütungsgruppen III bis X das 21. Lebensjahr, in den Vergütungsgruppen I bis II b das 23. Lebensjahr vollendet. Nach je zwei Jahren erhält der Angestellte bis zum Erreichen der Grundvergütung der letzten Lebensaltersstufe (Endgrundvergütung) die Grundvergütung der folgenden Lebensaltersstufe.

(2) Wird der Angestellte in den Vergütungsgruppen III bis X spätestens am Ende des Monats eingestellt, in dem er das 31. Lebensjahr vollendet, erhält er die Grundvergütung seiner Lebensaltersstufe. Wird der Angestellte zu einem späteren Zeitpunkt eingestellt, erhält er die Grundvergütung der Lebensaltersstufe, die sich ergibt, wenn man das bei der Einstellung vollendete Lebensalter um die Hälfte der Lebensjahre vermindert wird, die der Angestellte seit Vollendung des 31. Lebensjahres zurückgelegt hat. Jeweils mit Beginn des Monats, in dem der Angestellte ein Lebensjahr mit ungerader Zahl vollendet, erhält er bis zum Erreichen der Endgrundvergütung die Grundvergütung der folgenden Lebensaltersstufen. Für Angestellte der Vergütungsgruppen I bis II b gel-

ten die Sätze 1 bis 3 entsprechend mit der Maßgabe, daß an die Stelle des 31. Lebensjahres das 35. Lebensjahr tritt.

(3) Wird der Angestellt höhergruppiert, erhält er vom Beginn des Monats an, in dem die Höhergruppierung wirksam wird, in der höheren Vergütungsgruppe die Grundvergütung, die dem für die Festsetzung der Grundvergütung in der verlassenen Vergütungsgruppe maßgebenden Lebensalter (Abs. 2 oder Abs. 6) entspricht. Abweichend hiervon erhält der Angestellte bei der Höhergruppierung aus der Vergütungsgruppe III oder einer niedrigeren Vergütungsgruppe in die Vergütungsgruppe II b oder in eine höhere Vergütungsgruppe jedoch mindestens die Grundvergütung, die ihm zustehen würde, wenn er bereits bei der Einstellung in die höhere Vergütungsgruppe eingruppiert worden wäre. Jeweils mit Beginn des Monats, in dem der Angestellte ein Lebensjahr mit ungerader Zahl vollendet, erhält er bis zum Erreichen der Endgrundvergütung die Grundvergütung der folgenden Lebensaltersstufe.

(4) Wird der Angestellte herabgruppiert, erhält er in der niedrigeren Vergütungsgruppe die Grundvergütung, die dem für die Festsetzung der Grundvergütung in der verlassenen Vergütungsgruppe maßgebenden Lebensalter (Abs. 2 oder Abs. 6) entspricht. Jeweils mit Beginn des Monats, in dem der Angestellte ein Lebensjahr mit ungerader Zahl vollendet, erhält er bis zum Erreichen der Endgrundvergütung die Grundvergütung der folgenden Lebensaltersstufe.

(5) Bei der Festsetzung der Grundvergütung ist ohne Rücksicht darauf, an welchem Monatstag der Angestellte geboren ist, die Vollendung eines Lebensjahres mit Beginn des Monats anzunehmen, in den der Geburtstag fällt.

(6) Wird der Angestellte in unmittelbarem Anschluß an eine Tätigkeit im öffentlichen Dienst als Angestellter, Arbeiter, Beamter, Soldat auf Zeit oder Berufssoldat eingestellt, gilt als Tag der Einstellung der Tag, von dem an der Angestellte ununterbrochen in einem dieser Rechtsverhältnisse im öffentlichen Dienst gestanden hat; Abs. 7 ist entsprechend anzuwenden.

Wird der Angestellte in nicht unmittelbarem Anschluß an ein Angestelltenverhältnis im öffentlichen Dienst eingestellt, erhält er mindestens die Grundvergütung nach der Lebensaltersstufe, die für die zuletzt nach diesem Tarifvertrag bezogene Grundvergütung maßgebend gewesen ist oder gewesen wäre, wenn auf sein früheres Angestelltenverhältnis die Vorschriften dieses Abschnitts angewendet worden wären.

Wird der Angestellte in unmittelbarem Anschluß an ein Angestelltenverhältnis im öffentlichen Dienst eingestellt, ist die Grundvergütung nach Satz 2 festzusetzen, wenn dies günstiger ist als nach Satz 1.

(7) Der Angestellte, der länger als sechs Monate ohne Bezüge beurlaubt gewesen ist oder dessen Arbeitsverhältnis aus einem anderen Grunde geruht hat, erhält die Grundvergütung, die sich für ihn nach Abs. 2 und Abs. 6 Unterabs. 2 ergeben würde, wenn das Arbeitsverhältnis mit Ablauf des Tages, an dem Tage des Beginns der Beurlaubung oder des Ruhens vorangegangen ist, geendet hätte. Satz 1 gilt nicht für die Zeit einer Kinderbetreuung bis zu drei Jahren für jedes Kind, für die Zeit des Grundwehrdienstes oder des Zivildienstes sowie für die Zeit einer Beurlaubung, die nach § 50 Abs. 3 Satz 2 bei der Beschäftigungszeit (§ 19) berücksichtigt wird.

(8) Anstelle der Grundvergütung aus der Lebensaltersstufe, die der Angestellte auf Grund eines in der Zeit vom 1. Januar 2003 bis 31. Dezember 2004

vollendeten Lebensjahres mit ungerader Zahl erreicht, wird ab dem Monat, in dem der Angestellte ein Lebensjahr mit ungerader Zahl vollendet, für die Dauer von zwölf Monaten die Grundvergütung aus der bisherigen Lebensaltersstufe zuzüglich des halben Unterschiedsbetrages zur nächsthöheren Lebensaltersstufe gezahlt.

Der Angestellte, dessen Arbeitsverhältnis in der Zeit vom 1. Januar 2003 bis 31. Dezember 2004 beginnt und der in der Zeit zwischen der Einstellung und dem 31. Dezember 2004 kein Lebensjahr mit ungerader Zahl mehr vollendet, erhält ab der Einstellung für die Dauer von zwölf Monaten die Grundvergütung aus der nächstniedrigeren als der nach Abs. 2 zustehenden Lebensaltersstufe zuzüglich des halben Unterschiedsbetrages zur nächsthöheren Lebensaltersstufe.

Protokollnotizen zu Absatz 6:
1. Öffentlicher Dienst ist eine Beschäftigung
   a) beim Bund, bei einem Land, bei einer Gemeinde oder bei einem Gemeindeverband oder bei einem sonstigen Mitglied eines Arbeitgeberverbandes, der der Vereinigung der kommunalen Arbeitgeberverbände oder der Tarifgemeinschaft deutscher Länder angehört,
   b) bei einer Körperschaft, Anstalt oder Stiftung der öffentlichen Rechts, die den BAT-O/BAT oder einen Tarifvertrag wesentlich gleichen Inhalts anwendet.
2. Eine Unterbrechung sowie kein unmittelbarer Anschluß liegen vor, wenn zwischen den Rechtsverhältnissen im Sinne des Absatzes 6 ein oder mehrere Werktage – mit Ausnahme allgemein arbeitsfreier Werktage – liegen, in denen das Angestelltenverhältnis oder das andere Rechtsverhältnis nicht bestand. Es ist jedoch unschädlich, wenn der Angestellte in dem zwischen diesen Rechtsverhältnissen liegenden gesamten Zeitraum arbeitsunfähig krank war oder die Zeit zur Ausführung eines Umzugs an einen anderen Ort benötigt hat..

Übergangsvorschrift:
Sind für den Angestellten Zeiten vor dem 1. Januar 1991 nach § 19 Abs. 1 und 2 und den Übergangsvorschriften hierzu als Beschäftigungszeit zu berücksichtigen, gilt
a) als Tag der Einstellung (Abs. 2) der Beginn der ununterbrochenen Beschäftigungszeit (ohne die nach Nr. 3 der Übergangsvorschriften zu § 19 berücksichtigten Zeiten),
b) als Tätigkeit im öffentlichen Dienst (Abs. 6) die berücksichtigte Beschäftigungszeit.

Für den Bereich der Vereinigung der kommunalen Arbeitgeberverbände

(1) Vom Beginn des Monats an, in dem ein Angestellter der Vergütungsgruppen X bis III das 21. Lebensjahr, der Vergütungsgruppen II bis I das 23. Lebensjahr vollendet, erhält er die Anfangsgrundvergütung (1. Stufe) seiner Vergütungsgruppe. Nach je zwei Jahren erhält der Angestellte bis zum Erreichen der Endgrundvergütung (letzte Stufe) die Grundvergütung der nächsthöheren Stufe seiner Vergütungsgruppe.

(2) Wird der Angestellte höhergruppiert, erhält er vom Beginn des Monats an, in dem die Höhergruppierung wirksam wird, in der Aufrückungsgruppe die Grundvergütung der Stufe, deren Satz mindestens um den Garantiebetrag

höher ist als seine bisherige Grundvergütung, höchstens jedoch die Endgrundvergütung (letzte Stufe) der Aufrückungsgruppe, bei einer Höhergruppierung in die Vergütungsgruppe II jedoch die Grundvergütung der nächstniedrigeren Stufe, mindestens aber die Anfangsgrundvergütung (1. Stufe). Garantiebetrag im Sinne des Satzes 1 ist der Unterschiedsbetrag zwischen den Anfangsgrundvergütungen (ersten Stufen) der bisherigen Vergütungsgruppe und der Aufrückungsgruppe.

Wird der Angestellte nicht in die nächsthöhere, sondern in eine darüber liegende Vergütungsgruppe höhergruppiert, so ist die Grundvergütung für jede dazwischen liegende Vergütungsgruppe nach Satz 1 zu berechnen.

Hat ein Angestellter bis zur Höhergruppierung eine persönliche Zulage nach § 24 bezogen und wird er in die Vergütungsgruppe höhergruppiert, nach der die Zulage berechnet war, so erhält er die Grundvergütung, die der Berechnung der Zulage zugrunde gelegt war, wenn diese höher ist als die nach Unterabs. 1 oder 2 errechnete Grundvergütung.

Würde dem Angestellten als Neueingestelltem nach Abs. 3 Unterabs. 1 eine höhere als die nach Unterabs. 1 oder 2 errechnete Grundvergütung zustehen, so erhält er die Grundvergütung nach Abs. 3 Unterabs. 1.

Fällt der Zeitpunkt einer Steigerung (Abs. 1 Satz 2) mit dem einer Höhergruppierung zusammen, ist zunächst die Steigerung in der bisherigen Vergütungsgruppe und danach die Höhergruppierung durchzuführen.

Nach der Höhergruppierung erhält der Angestellte erstmals vom Beginn des Monats an, in dem er ein mit ungerader Zahl bezeichnetes Lebensjahr vollendet, und weiterhin nach je zwei Jahren bis zum Erreichen der Endgrundvergütung (letzte Stufe) die Grundvergütung der nächsthöheren Stufe seiner Vergütungsgruppe.

(3) Der Angestellte, der bei der Einstellung das 21. bzw. das 23. Lebensjahr überschritten hat, erhält die Grundvergütung der nächstniedrigeren Stufe als der Stufe, die er zu erhalten hätte, wenn er seit Vollendung des 21. bzw. 23. Lebensjahres in der unmittelbar unter der Anstellungsgruppe liegenden Vergütungsgruppe beschäftigt und am Tage der Einstellung höhergruppiert worden wäre, mindestens jedoch die Anfangsgrundvergütung (1. Stufe) der Angestellungsgruppe. Bei Einstellung in die Vergütungsgruppe X erhält der Angestellte die Grundvergütung der Stufe, die er erreicht hätte, wenn er seit Vollendung des 21. Lebensjahres in dieser Vergütungsgruppe beschäftigt worden wäre.

Wird der Angestellte in unmittelbarem Anschluß an ein Arbeitsverhältnis, auf das dieser Tarifvertrag oder der BAT angewendet worden ist, eingestellt, so erhält er
a) bei Einstellung in derselben Vergütungsgruppe,
 aa) wenn seine bisherige Grundvergütung nach diesem Abschnitt oder nach § 27 Abschn. A BAT in den jeweils für den Bereich der VkA geltenden Fassung bemessen war, die Grundvergütung der Stufe, die er beim Fortbestehen des Arbeitsverhältnisses am Einstellungstag vom bisherigen Arbeitgeber erhalten hätte,
 bb) wenn seine bisherige Grundvergütung nach § 27 Abschn. A dieses Tarifvertrages oder des BAT in der jeweils für den Bereich des Bundes und für den Bereich der Tarifgemeinschaft deutscher Länder geltenden Fassung bemessen war, die Grundvergütung der Stufe, deren Satz mindestens der Grundvergütung entspricht, die er beim Fortbestehen des

1 BAT-O § 27 Tarifverträge

Arbeitsverhältnisses am Einstellungstag vom bisherigen Arbeitgeber erhalten hätte, mindestens jedoch die nach Unterabs. 1 zustehende Grundvergütung;
b) bei Einstellung in einer höheren Vergütungsgruppe die Grundvergütung der Stufe, die ihm zustünde, wenn er in der bisherigen Vergütungsgruppe eingestellt, seine Grundvergütung nach Buchstabe a berechnet und er gleichzeitig höhergruppiert worden wäre;
c) bei Einstellung in einer niedrigeren Vergütungsgruppe die Grundvergütung der Stufe, die ihm zustünde, wenn er in der bisherigen Vergütungsgruppe eingestellt, seine Grundvergütung nach Buchstabe a berechnet und er gleichzeitig herabgruppiert worden wäre.

Wird ein Meister in unmittelbarem Anschluß an ein Arbeitsverhältnis, auf das der BMT-G-O/BMT-G angewendet worden ist, eingestellt, kann ihm abweichend von Unterabs. 1 die Grundvergütung der Stufe gewährt werden, die er zu erhalten hätte, wenn er seit Beginn des Arbeitsverhältnisses, auf das der BMT-Go-O/BMT-G angewendet worden ist, frühestens jedoch seit Vollendung des 21. Lebensjahres in der Anstellungsgruppe beschäftigt worden wäre.

Nach der Einstellung erhält der Angestellte erstmals vom Beginn des Monats an, in dem er ein mit ungerader Zahl bezeichnetes Lebensjahr vollendet, und weiterhin nach je zwei Jahren bis zum Erreichen der Endgrundvergütung (letzte Stufe) die Grundvergütung der nächsthöheren Stufe seiner Vergütungsgruppe.

Der Angestellte, der länger als sechs Monate ohne Bezüge beurlaubt gewesen ist oder dessen Arbeitsverhältnis aus einem anderen Grunde geruht hat, erhält die Grundvergütung der Stufe, die für ihn vor der Beurlaubung oder dem Ruhen des Arbeitsverhältnisses maßgebend war, mindestens jedoch die nach Unterabs. 1 zustehende Grundvergütung. Satz 1 dieses Unterabsatzes gilt nicht für die Zeit einer Kinderbetreuung bis zu drei Jahren für jedes Kind, für die Zeit des Grundwehrdienstes oder des Zivildienstes sowie für die Zeit einer Beurlaubung, die nach § 50 Abs. 3 Satz 2 bei der Beschäftigungszeit (§ 19) berücksichtigt wird. Unterabs. 4 gilt entsprechend.

Die Unterabsätze 2, 4 und 5 gelten entsprechend bei der Wiedereinstellung von Angestellten, die für eine jahreszeitlich begrenzte, regelmäßig wiederkehrende Tätigkeit eingestellt werden (Saisonangestellte).

(4) Wird der Angestellte herabgruppiert, erhält er in der Herabgruppierungsgruppe die Grundvergütung der Stufe, deren Satz mindestens um den Unterschiedsbetrag, zwischen den Anfangsgrundvergütungen (ersten Stufen) der Herabgruppierungsgruppe und der bisherigen Vergütungsgruppe niedriger ist als seine bisherige Grundvergütung, bei einer Herabgruppierung in die Vergütungsgruppe III jedoch die Grundvergütung der nächsthöheren Stufe, höchstens jedoch die Endgrundvergütung (letzte Stufe). Wird der Angestellte nicht in die nächstniedrigere, sondern in eine darunter liegende Vergütungsgruppe herabgruppiert, so ist die Grundvergütung für jede dazwischen liegende Vergütungsgruppe nach Satz 1 zu berechnen.

Würde dem Angestellten als Neueingestelltem nach Abs. 3 Unterabs. 1 eine höhere als die nach Unterabs. 1 errechnete Grundvergütung zustehen, so erhält er die Grundvergütung nach Absatz 3 Unterabs. 1.

Nach der Herabgruppierung erhält der Angestellte erstmals vom Beginn des Monats an, in dem er ein mit ungerader Zahl bezeichnetes Lebensjahr vollendet, und weiterhin nach je zwei Jahren bis zum Erreichen der Endgrundvergütung (letzte Stufe) die Grundvergütung der nächsthöheren Stufe seiner Vergütungsgruppe.

(5) Bei der Festsetzung der Grundvergütung ist ohne Rücksicht darauf, an welchem Monatstage der Angestellte geboren ist, die Vollendung eines Lebensjahres mit Beginn des Monats anzunehmen, in den der Geburtstag fällt.

(6) Anstelle der Grundvergütung aus der Stufe, die der Angestellte auf Grund eines in der Zeit vom 1. Januar 2003 bis 31. Dezember 2004 vollendeten Lebensjahres mit ungerader Zahl erreicht, wird ab dem Monat, in dem der Angestellte ein Lebensjahr mit ungerader Zahl vollendet, für die Dauer von zwölf Monaten die Grundvergütung aus der bisherigen Lebensaltersstufe zuzüglich des halben Unterschiedsbetrages zur nächsthöheren Lebensaltersstufe gezahlt.

Der Angestellte, dessen Arbeitsverhältnis in der Zeit vom 1. Januar 2003 bis 31. Dezember 2004 beginnt und der in der Zeit zwischen der Einstellung und dem 31. Dezember 2004 kein Lebensjahr mit ungerader Zahl mehr vollendet, erhält ab der Einstellung für die Dauer von zwölf Monaten die Grundvergütung aus der nächstniedrigeren als der nach Abs. 3 zustehenden Stufe zuzüglich des halben Unterschiedsbetrages zur nächsthöheren Stufe.

Die Unterabsätze 1 und 2 gelten sinngemäß, wenn der Angestellte höher- oder herabgruppiert wird.

Protokollerklärungen zu Absatz 3:

1. Kein unmittelbarer Anschluß liegt vor, wenn zwischen den Arbeitsverhältnissen im Sinne des Absatzes 3 Unterabs. 2 und 3 ein oder mehrere Werktage – mit Ausnahme allgemein arbeitsfreier Werktage – liegen, in denen das Arbeitsverhältnis nicht bestand. Es ist jedoch unschädlich, wenn der Angestellte in dem zwischen den Arbeitsverhältnissen liegenden gesamten Zeitraum arbeitsunfähig krank war oder die Zeit zur Ausführung eines Umzugs an einen anderen Ort benötigt hat.

2. Meister im Sinne des Unterabsatzes 3 sind die
   a) nach den Tätigkeitsmerkmalen des § 2 des Tarifvertrages zur Änderung und Ergänzung der Anlage 1a zum BAT (Meister, technische Angestellte mit besonderen Aufgaben) vom 18. April 1980,
   b) nach den Tätigkeitsmerkmalen für Verkehrsmeister und Fahrmeister des § 2 des Tarifvertrages zur Änderung und Ergänzung der Anlage 1a zum BAT (Angestellte in Nahverkehrsbetrieben) vom 11. Juni 1981 und
   c) nach den Tätigkeitsmerkmalen für Beleuchtungsmeister, Beleuchtungsobermeister, Gewandmeister, Requisitenmeister, Rüstmeister, Theatermeister (Bühnenmeister), Theaterobermeister (Bühnenobermeister), Theaterschuhmachermeister und Theatertapeziermeister des § 2 des Tarifvertrages zur Änderung der Anlage 1a zum BAT (Angestellte an Theatern und Bühnen) vom 17. Mai 1982
eingruppierten Angestellten.

Übergangsvorschrift zu Absatz 3 Unterabs. 1:

Sind für den Angestellten, der am 30. November 1991 schon und am 1. Dezember 1991 noch im Arbeitsverhältnis zu demselben Arbeitgeber steht, Zeiten vor dem 1. Januar 1991 nach § 19 Abs. 1 und 2 und den Übergangsvorschriften hierzu als Beschäftigungszeit zu berücksichtigen, erhält der Angestellte die Grundvergütung der Stufe, die er zu erhalten hätte, wenn er seit

Beginn der ununterbrochenen Beschäftigungszeit (ohne die nach Nr. 3 der Übergangsvorschrift zu § 19 berücksichtigten Zeiten), frühestens jedoch seit Vollendung des 21. bzw. 23. Lebensjahres in der für ihn am 1. Dezember 1991 maßgebenden Vergütungsgruppe beschäftigt worden wäre.

Falls der Angestellte ab 1. Dezember 1991 höhergruppiert oder herabgruppiert wird, ist Satz 1 vor der Höhergruppierung bzw. Herabgruppierung durchzuführen.

B. Angestellte, die unter die Anlage 1 b fallen

(1) Vom Beginn des Monats an, in dem der Angestellte das 20. Lebensjahr vollendet, erhält er die Anfangsgrundvergütung (erste Stufe) seiner Vergütungsgruppe. Nach je zwei Jahren erhält der Angestellte bis zum Erreichen der Endgrundvergütung (letzte Stufe) die Grundvergütung der nächsthöheren Stufe seiner Vergütungsgruppe.

(2) Wird der Angestellte höhergruppiert, erhält er vom Beginn des Monats an, in dem die Höhergruppierung wirksam wird, in der Aufrückungsgruppe die Grundvergütung der Stufe, in der er sich in der bisherigen Vergütungsgruppe befand.

(3) Der Angestellte, der bei der Einstellung das 20. Lebensjahr überschritten hat, erhält die Grundvergütung der nächstniedrigeren Stufe als der Stufe, die er zu erhalten hätte, wenn er seit Vollendung des 20. Lebensjahres in seiner Anstellungsgruppe beschäftigt gewesen wäre, mindestens jedoch die Anfangsgrundvergütung (erste Stufe).

Wird der Angestellte in unmittelbarem Anschluß an ein Arbeitsverhältnis, auf das dieser Tarifvertrag oder der BAT mit der Anlage 1 b angewendet worden ist, eingestellt, so erhält er
a) bei Einstellung in derselben Vergütungsgruppe die Grundvergütung der Stufe, die er beim Fortbestehen des Arbeitsverhältnisses am Einstellungstag vom bisherigen Arbeitgeber erhalten hätte, mindestens jedoch die nach Unterabs. 1 zustehende Grundvergütung;
b) bei Einstellung in einer höheren Vergütungsgruppe die Grundvergütung der Stufe, die ihm zustünde, wenn er in der bisherigen Vergütungsgruppe eingestellt, seine Grundvergütung nach Buchstabe a berechnet und er gleichzeitig höhergruppiert worden wäre;
c) bei Einstellung in einer niedrigeren Vergütungsgruppe die Grundvergütung der Stufe, die ihm zustünde, wenn er in der bisherigen Vergütungsgruppe eingestellt, seine Grundvergütung nach Buchstabe a berechnet und er gleichzeitig herabgruppiert worden wäre.

Der Angestellte, der länger als sechs Monate ohne Bezüge beurlaubt gewesen ist oder dessen Arbeitsverhältnis aus einem anderen Grunde geruht hat, erhält die Grundvergütung der Stufe, die für ihn vor der Beurlaubung oder dem Ruhen des Arbeitsverhältnisses maßgebend war, mindestens jedoch die nach Unterabs. 1 zustehende Grundvergütung. Satz 1 dieses Unterabsatzes gilt nicht für die Zeit einer Kinderbetreuung bis zu drei Jahren für jedes Kind, für die Zeit des Grundwehrdienstes oder des Zivildienstes sowie für die Zeit einer Beurlaubung, die nach § 50 Abs. 3 Satz 2 bei der Beschäftigungszeit (§ 19) berücksichtigt wird.

Der Angestellte, der von einem Arbeitgeber in unmittelbarem Anschluß an eine bei ihm aufgrund eines Gestellungsvertrages ausgeübte Tätigkeit eingestellt wird, erhält die Grundvergütung, die er zu erhalten hätte, wenn sein Arbeitsverhältnis bereits bei Beginn der auf dem Gestellungsvertrag beruhende Tätigkeit begründet worden wäre.

(4) Wird der Angestellte herabgruppiert, erhält er in der Herabgruppierungsgruppe die Grundvergütung der Stufe, in der er sich in der bisherigen Vergütungsgruppe befand.

(5) In den Fällen der Absätze 2 bis 4 erhält der Angestellte erstmals vom Beginn des Monats an, in dem er ein mit gerader Zahl bezeichnetes Lebensjahr vollendet, und weiterhin nach je zwei Jahren bis zum Erreichen der Endgrundvergütung (letzte Stufe) die Grundvergütung der nächsthöheren Stufe seiner Vergütungsgruppe.

(6) Bei der Festsetzung der Grundvergütung ist ohne Rücksicht darauf, an welchem Monatstage der Angestellte geboren ist, die Vollendung eines Lebensjahres mit Beginn des Monats anzunehmen, in den der Geburtstag fällt.

(7) Anstelle der Grundvergütung aus der Stufe, die der Angestellte auf Grund eines in der Zeit vom 1. Januar 2003 bis 31. Dezember 2004 vollendeten Lebensjahres mit gerader Zahl erreicht, wird ab dem Monat, in dem der Angestellte ein Lebensjahr mit gerader Zahl vollendet, für die Dauer von zwölf Monaten die Grundvergütung aus der bisherigen Stufe zuzüglich des halben Unterschiedsbetrages zur nächsthöheren Stufe gezahlt.

Der Angestellte, dessen Arbeitsverhältnis in der Zeit vom 1. Januar 2003 bis 31. Dezember 2004 beginnt und der in der Zeit zwischen der Einstellung und dem 31. Dezember 2004 kein Lebensjahr mit gerader Zahl mehr vollendet, erhält ab der Einstellung für die Dauer von zwölf Monaten die Grundvergütung aus der nächstniedrigeren als der nach Abs. 3 zustehenden Lebensaltersstufe zuzüglich des halben Unterschiedsbetrages zur nächsthöheren Stufe.

Protokollerklärung zu Absatz 3:

Kein unmittelbarer Anschluß liegt vor, wenn zwischen den Rechtsverhältnissen im Sinne dieser Vorschriften ein oder mehrere Werktage – mit Ausnahme allgemein arbeitsfreier Werktage – liegen, in denen das Angestelltenverhältnis oder das andere Rechtsverhältnis nicht bestand. Es ist jedoch unschädlich, wenn der Angestellte in dem zwischen diesen Rechtsverhältnissen liegenden gesamten Zeitraum arbeitsunfähig krank war oder die Zeit zur Ausführung eines Umzugs an einen anderen Ort benötigt hat.

Übergangsvorschrift zu Absatz 3 Unterabs. 1:

Sind für den Angestellten der am 30. November 1991 schon und am 1. Dezember 1991 noch im Arbeitsverhältnis zu demselben Arbeitgeber steht, Zeiten vor dem 1. Januar 1991 nach § 19 Abs. 1 und 2 und den Übergangsvorschriften hierzu als Beschäftigungszeit zu berücksichtigen, erhält der Angestellte die Grundvergütung der Stufe, die er zu erhalten hätte, wenn er seit Beginn der ununterbrochenen Beschäftigungszeit (ohne die nach Nr. 3 der Übergangsvorschrift zu § 19 berücksichtigten Zeiten), frühestens jedoch seit Vollendung des 20. Lebensjahres in der für ihn am 1. Dezember 1991 maßgebenden Vergütungsgruppe beschäftigt worden wäre.

Falls der Angestellte ab 1. Dezember 1991 höhergruppiert oder herabgruppiert wird, ist Satz 1 vor der Höhergruppierung bzw. Heragruppierung durchzuführen.

C. Vorweggewährung von Lebensaltersstufen/Stufen

Soweit es zur Deckung des Personalbedarfs erforderlich ist, kann dem Angestellten im Rahmen der dafür verfügbaren Mittel anstelle der ihm nach Abschnitt A oder B zustehenden Lebensaltersstufe/Stufe der Grundvergütung eine um bis zu höchstens vier – in der Regel nicht mehr als zwei – Lebensaltersstufen/Stufen höhere Grundvergütung vorweg gewährt werden; die Endgrundvergütung darf nicht überschritten werden. Die Grundvergütung einer höheren Lebensaltersstufe/Stufe erhält der Angestellte erst, wenn ihm nach Abschnitt A oder B die Grundvergütung einer höheren als der vorweg gewährten Lebensaltersstufe/Stufe zusteht, soweit nicht unter den Voraussetzungen des Satzes 1 erneut über eine Vorweggewährung entschieden wird. Bei einer Höhergruppierung ist für die Festsetzung der Grundvergütung die Vorweggewährung von Lebensaltersstufen/Stufen unberücksichtigt zu lassen. Unterschreitet die Grundvergütung nach der Höhergruppierung den bisherigen Betrag, ist als Vorweggewährung die Grundvergütung der Lebensaltersstufe/Stufe zu gewähren, die mindestens den bisherigen Betrag erreicht, soweit nicht unter den Voraussetzungen des Satzes 1 erneut über eine Vorweggewährung entschieden wird. Grundsätze für die Vorweggewährung werden durch die für das Tarifrecht zuständige Stelle des Arbeitgebers festgelegt.

§ 28 Grundvergütung der Angestellten zwischen 18 und 21 bzw. 23 Jahren.

Angestellte, die das 18. Lebensjahr, jedoch nicht das in § 27 Abschn. A Abs. 1 bzw. Abschn. B Abs. 1 bezeichnete Lebensjahr vollendet haben, erhalten bis zum Beginn des Monats, in dem sie dieses Lebensjahr vollenden, 100 v. H. der Anfangsgrundvergütung (§ 27 Abschn. A Abs. 1 bzw. Abschn. B Abs. 1). § 27 Abschn. A Abs. 5 bzw. Abschn. B Abs. 6 gilt entsprechend.

§ 29 Ortszuschlag.

A. Grundlage des Ortszuschlages

(1) Die Höhe des Ortszuschlages richtet sich nach der Tarifklasse, der die Vergütungsgruppe des Angestellten zugeteilt ist (Abs. 2), und nach der Stufe, die den Familienverhältnissen des Angestellten entspricht (Abschnitt B).

(2) Es gehören zur

Tarifklasse	die Vergütungsgruppen
I b	I bis II b bzw. II
	Kr. XIII
I c	III bis V a/b
	Kr. XII bis Kr. VII
II	V c bis X
	Kr. VI bis Kr. I.

B. Stufen des Ortszuschlages

(1) Zur Stufe 1 gehören die ledigen und die geschiedenen Angestellten sowie Angestellte, deren Ehe aufgehoben oder für nichtig erklärt ist.

(2) Zur Stufe 2 gehören

1. verheiratete Angestellte,
2. verwitwete Angestellte,
3. geschiedene Angestellte und Angestellte, deren Ehe aufgehoben oder für nichtig erklärt ist, wenn sie aus der Ehe zum Unterhalt verpflichtet sind,
4. andere Angestellte, die eine andere Person nicht nur vorübergehend in ihrer Wohnung aufgenommen haben und ihr Unterhalt gewähren, weil sie gesetzlich oder sittlich dazu verpflichtet sind oder aus beruflichen oder gesundheitlichen Gründen ihrer Hilfe bedürfen. Dies gilt bei gesetzlicher oder sittlicher Verpflichtung zur Unterhaltsgewährung nicht, wenn für den Unterhalt der aufgenommenen Person Mittel zur Verfügung stehen, die, bei einem Kind einschließlich des gewährten Kindergeldes und des kinderbezogenen Teils des Ortszuschlages, das Sechsfache des Unterschiedsbetrages zwischen der Stufe 1 und der Stufe 2 des Ortszuschlages der Tarifklasse I c übersteigen. Als in die Wohnung aufgenommen gilt ein Kind auch dann, wenn der Angestellte es auf seine Kosten anderweitig untergebracht hat, ohne daß dadurch die häusliche Verbindung mit ihm aufgehoben werden soll. Beanspruchen mehrere Angestellte im öffentlichen Dienst, Anspruchsberechtigte nach § 40 Abs. 1 Nr. 4 BBesG oder aufgrund einer Tätigkeit im öffentlichen Dienst Versorgungsberechtigte wegen der Aufnahme einer anderen Person oder mehrerer anderer Personen in die gemeinsam bewohnte Wohnung Ortszuschlag der Stufe 2, Familienzuschlag der Stufe 1 oder eine entsprechende Leistung oder einen tariflichen Verheiratetenzuschlag, wird der Unterschiedsbetrag zwischen der Stufe 1 und der Stufe 2 des für den Angestellten maßgebenden Ortszuschlages nach der Zahl der Berechtigten anteilig gewährt.

(3) Zur Stufe 3 und den folgenden Stufen gehören die Angestellten der Stufe 2, denen Kindergeld nach dem Einkommensteuergesetz (EStG) oder nach dem Bundeskindergeldgesetz (BKGG) zusteht oder ohne Berücksichtigung des § 64 oder § 65 EStG oder des § 3 oder § 4 BKGG zustehen würde. Die Stufe richtet sich nach der Anzahl der berücksichtigungsfähigen Kinder.

(4) Angestellte der Stufe 1, denen Kindergeld nach dem EStG oder nach dem BKGG zusteht oder ohne Berücksichtigung des § 64 oder § 65 EStG oder des § 3 oder § 4 BKGG zustehen würde, erhalten zusätzlich zum Ortszuschlag der Stufe 1 den Unterschiedsbetrag zwischen Stufe 2 und der Stufe, die der Anzahl der berücksichtigungsfähigen Kinder entspricht. Abs. 6 gilt entsprechend.

(5) Steht der Ehegatte eines Angestellten als Angestellter, Beamter, Richter oder Soldat im öffentlichen Dienst oder ist er auf Grund einer Tätigkeit im öffentlichen Dienst nach beamtenrechtlichen Grundsätzen versorgungsberechtigt und stünde ihm ebenfalls der Familienzuschlag der Stufe 1 oder einer der folgenden Stufen, der der Ortszuschlag der Stufe 2 oder einer der folgenden Stufen oder eine entsprechende Leistung in Höhe von mindestens der Hälfte des Unterschiedsbetrages zwischen der Stufe 1 und der Stufe 2 des Ortszuschlages der höchsten Tarifklasse zu, erhält der Angestellte den Unterschiedsbetrag zwischen der Stufe 1 und der Stufe 2 des für ihn maßgebenden Ortszuschlages zur Hälfte; dies gilt auch für die Zeit, für die der Ehegatte Mutterschaftsgeld bezieht. § 34 Abs. 1 Unterabs. 1 Satz 1 findet auf den Unterschiedsbetrag keine Anwendung, wenn einer der Ehegatten vollbeschäftigt

1 BAT-O § 29 Tarifverträge

oder nach beamtenrechtlichen Grundsätzen versorgungsberechtigt ist oder beide Ehegatten mit jeweils mindestens der Hälfte der durchschnittlichen regelmäßigen wöchentlichen Arbeitszeit beschäftigt sind.

(6) Stünde neben dem Angestellten einer anderen Person, die im öffentlichen Dienst steht oder auf Grund einer Tätigkeit im öffentlichen Dienst nach beamtenrechtlichen Grundsätzen oder nach einer Ruhelohnordnung versorgungsberechtigt ist, der Familienzuschlag der Stufe 2 oder einer der folgenden Stufe, der der Ortszuschlag nach Stufe 3 oder einer der folgenden Stufen zu, wird der auf das Kind entfallende Unterschiedsbetrag zwischen den Stufen des Ortszuschlages dem Angestellten gewährt, wenn und soweit ihm das Kindergeld nach dem EStG oder nach dem BKGG gewährt wird oder ohne Berücksichtigung des § 65 EStG oder des § 4 BKGG vorrangig zu gewähren wäre; dem Ortszuschlag nach Stufe 3 oder einer der folgenden Stufen stehen der Sozialzuschlag nach den Tarifverträgen für Arbeiter des öffentlichen Dienstes, eine sonstige entsprechende Leistung oder das Mutterschaftsgeld gleich. Auf das Kind entfällt derjenige Unterschiedsbetrag, der sich aus der für die Anwendung des EStG oder des BKGG maßgebenden Reihenfolge der Kinder ergibt. § 34 Abs. 1 Unterabs. 1 Satz 1 findet auf den Unterschiedsbetrag keine Anwendung, wenn einer der Anspruchsberechtigten im Sinne des Satzes 1 vollbeschäftigt oder nach beamtenrechtlichen Grundsätzen versorgungsberechtigt ist oder mehrere Anspruchsberechtigte mit jeweils mindestens der Hälfte der durchschnittlichen regelmäßigen wöchentlichen Arbeitszeit beschäftigt sind.

(7) Öffentlicher Dienst im Sinne der Absätze 2, 5 und 6 ist die Tätigkeit im Dienste des Bundes, eines Landes, einer Gemeinde oder anderer Körperschaften, Anstalten und Stiftungen des öffentlichen Rechts oder der Verbände von solchen; ausgenommen ist die Tätigkeit bei öffentlich-rechtlichen Religionsgesellschaften oder ihren Verbänden, sofern nicht bei organisatorisch selbständigen Einrichtungen, insbesondere bei Schulen, Hochschulen, Krankenhäusern, Kindergärten, Altersheimen, die Voraussetzungen des Satzes 3 erfüllt sind. Dem öffentlichen Dienst steht die Tätigkeit im Dienst einer zwischenstaatlichen oder überstaatlichen Einrichtung gleich, an der der Bund oder eine der in Satz 1 bezeichneten Körperschaften oder einer der dort bezeichneten Verbände durch Zahlung von Beiträgen oder Zuschüssen oder in anderer Weise beteiligt ist. Dem öffentlichen Dienst steht ferner gleich die Tätigkeit im Dienst eines sonstigen Arbeitgebers, der die für den öffentlichen Dienst geltenden Tarifverträge oder Tarifverträge wesentlich gleichen Inhalts oder die darin oder in Besoldungsgesetzen über Familienzuschläge, Ortszuschläge oder Sozialzuschläge getroffenen Regelungen oder vergleichbare Regelungen anwendet, wenn der Bund oder eine der in Satz 1 bezeichneten Körperschaften oder Verbände durch Zahlung von Beiträgen oder Zuschüssen oder in anderer Weise beteiligt ist. Die Entscheidung, ob die Voraussetzungen erfüllt sind, trifft im Bereich des Bundes und im Bereich der Tarifgemeinschaft deutscher Länder der für das Tarifrecht zuständige Minister oder die von ihm bestimmte Stelle, im Bereich der Vereinigung der kommunalen Arbeitgeberverbände der zuständige Mitgliedverband.

(8) Ledige Angestellte, die auf Grund dienstlicher Verpflichtung in Gemeinschaftsunterkunft wohnen und denen der Ortszuschlag der Stufe 1 zustehen würde, erhalten einen ermäßigten Ortszuschlag. Steht ihnen Kindergeld nach dem EStG oder nach dem BKGG zu oder würde es ihnen ohne Be-

rücksichtigung des § 64 oder § 65 EStG oder des § 3 oder § 4 BKGG zustehen, erhalten sie zusätzlich den Unterschiedsbetrag zwischen der Stufe 2 und der Stufe, die der Anzahl der Kinder entspricht. Abs. 6 gilt entsprechend.

Protokollnotiz:
Kinder, für die dem Angestellten auf Grund des Rechts der Europäischen Gemeinschaften oder auf Grund zwischenstaatlicher Abkommen in Verbindung mit dem EStG oder dem BKGG Kindergeld zusteht oder ohne Berücksichtigung des § 64 oder § 65 EStG oder des § 3 oder § 4 BKGG oder entsprechender Vorschriften zustehen würde, sind zu berücksichtigen.

C. Änderung des Ortszuschlages

(1) Der Ortszuschlag einer anderen Tarifklasse wird von demselben Tage an gezahlt wie die Grundvergütung der neuen Vergütungsgruppe.

(2) Der Ortszuschlag einer höheren Stufe wird vom Ersten des Monats an gezahlt, in den das für die Erhöhung maßgebende Ereignis fällt. Er wird nicht mehr gezahlt für den Monat, in dem die Anspruchsvoraussetzungen an keinem Tage vorgelegen haben. Die Sätze 1 und 2 gelten entsprechend für die Zahlung von Unterschiedsbeträgen oder Teilen von Unterschiedsbeträgen zwischen den Stufen des Ortszuschlages.

§ 30 Gesamtvergütung der Angestellten unter 18 Jahren.
Angestellte, die das 18. Lebensjahr noch nicht vollendet haben, erhalten von der Anfangsgrundvergütung und dem Ortszuschlag eines ledigen Angestellten der gleichen Vergütungsgruppe 85 v. H. als Gesamtvergütung.

§§ 31, 32. *(nicht besetzt)*

§ 33 Zulagen.
(1) Der Angestellte erhält für die Zeit, für die ihm Vergütung (§ 26) zusteht, eine Zulage,
a) wenn seine Tätigkeit mit Mehraufwendungen verbunden ist, die weder durch Reisekostenvergütung noch durch die Vergütung abgegolten sind, und dem entsprechenden Beamten seines Arbeitgebers unter den gleichen Voraussetzungen und Umständen eine Zulage zu gewähren ist,
b) wenn dem entsprechenden Beamten seines Arbeitgebers im Vollstreckungsdienst eine Entschädigung zu gewähren ist,
c) wenn er regelmäßig und nicht nur in unerheblichen Umfange besonders gefährliche oder gesundheitsschädliche Arbeiten auszuführen hat und hierfür kein anderweitiger Ausgleich zu gewähren ist.
In den Fällen der Buchstaben a und b erhält der Angestellte die gleiche Zulage (Entschädigung) wie der entsprechende Beamte; bei der Berechnung der Krankenbezüge, der Urlaubsvergütung und der Zuwendung wird die Zulage (Entschädigung) nur berücksichtigt, wenn und soweit sie bei den entsprechenden Bezügen der Beamten berücksichtigt wird.

(2) Soweit nicht bereits nach Abs. 1 eine entsprechende Zulage gewährt wird, können Angestellte, die auf Baustellen unter besonders ungünstigen Umständen arbeiten (z.B. unter ungenügenden wohnlichen Unterkunftsverhältnissen, großen mit außergewöhnlichem Zeitaufwand zu überwindenden Entfernungen der Baustelle von der Bauleitung), für die Dauer dieser Tätigkeit eine

Zulage
a) vom 1. Januar 2003 bis 31. Dezember 2003 bis zu 46,53 €,
b) vom 1. Januar 2004 bis 31. Dezember 2004 47,30 €
monatlich erhalten (Baustellenzulage).

(3) Mit Ablauf des Monats, in dem die Voraussetzungen für die Gewährung einer Zulage weggefallen sind, ist die Zahlung dieser Zulage einzustellen.

(4) *(nicht besetzt)*

(5) *(nicht besetzt)*

(6) Unter welchen Voraussetzungen im Falle des Abs. 1 Buchst. c eine Arbeit als besonders gefährlich oder gesundheitsschädlich anzusehen ist und in welcher Höhe die Zulage nach Abs. 1 Buchst. c zu gewähren ist, wird zwischen dem Bund, der Tarifgemeinschaft deutscher Länder, der Vereinigung der kommunalen Arbeitgeberverbände und den vertragschließenden Gewerkschaften jeweils gesondert vereinbart. In den Vereinbarungen können auch Bestimmungen über eine Pauschalierung getroffen werden.

§ 33a Wechselschicht- und Schichtzulage. (1) Der Angestellte, der ständig nach einem Schichtplan (Dienstplan) eingesetzt ist, der einen regelmäßigen Wechsel der täglichen Arbeitszeit in Wechselschichten (§ 15 Abs. 8 Unterabs. 6 Satz 2) vorsieht, und der dabei in je fünf Wochen durchschnittlich mindestens 40 Arbeitsstunden in der dienstplanmäßigen oder betriebsüblichen Nachtschicht leistet, erhält eine
Wechselschichtzulage
a) vom 1. Januar 2003 bis 31. Dezember 2003 von 93,06 €,
b) ab 1. Januar 2004 von 94,59 €
monatlich.

(2) Der Angestellte, der ständig Schichtarbeit (§ 15 Abs. 8 Unterabs. 7) zu leisten hat, erhält eine Schichtzulage, wenn
a) er nur deshalb die Voraussetzungen des Abs. 1 nicht erfüllt,
  aa) weil nach dem Schichtplan eine Unterbrechung der Arbeit am Wochenende von höchstens 48 Stunden vorgesehen ist oder
  bb) weil er durchschnittlich mindestens 40 Arbeitsstunden in der dienstplanmäßigen oder betriebsüblichen Nachtschicht nur in je sieben Wochen leistet,
b) die Schichtarbeit innerhalb einer Zeitspanne von mindestens
  aa) 18 Stunden
  bb) 13 Stunden
geleistet wird.
Die Schichtzulage beträgt in den Fällen des
a) Unterabs. 1 Buchst. a
  vom 1. Januar 2003 bis 31. Dezember 2003 55,84 €,
  ab 1. Januar 2004 56,76 €
b) Unterabs. 1 Buchst. b
  aa) Doppelbuchst. aa
    vom 1. Januar 2003 bis 31. Dezember 2003 41,88 €,
    ab 1. Januar 2004 42,57 €
  bb) Doppelbuchst. bb
    vom 1. Januar 2003 bis 31. Dezember 2003 32,57 €,
    ab 1. Januar 2004 33,11 €
monatlich.

(3) Die Absätze 1 und 2 gelten nicht für
a) Pförtner, Wächter, Feuerwehrpersonal,
b) Angestellte, in deren regelmäßige Arbeitszeit regelmäßig eine Arbeitsbereitschaft von durchschnittlich mindestens drei Stunden täglich fällt,
c) Angestellte auf Schiffen und schwimmenden Geräten,
d) *(nicht besetzt)*
e) Angestellte, die unter den Tarifvertrag betreffend Wechselschicht- und Schichtzulagen für Angestellte im Bereich des Landes Berlin vom 1. Juli 1981 in Verbindung mit § 1 Nr. 3 des TV Zulagen Ang-O vom 8. Mai 1991 und Angestellte, die unter den Tarifvertrag betreffend Wechselschicht- und Schichtzulagen für Angestellte (TV Schichtzulagen AngO) vom 8. Mai 1991 in der jeweils geltenden Fassung fallen.

Protokollnotiz zu Absatz 2 Satz 1 Buchst. b:

Zeitspanne ist die Zeit zwischen dem Beginn der frühestens und dem Ende der spätesten Schicht innerhalb von 24 Stunden. Die geforderte Stundenzahl muß im Durchschnitt an den im Schichtplan vorgesehenen Arbeitstagen erreicht werden. Sieht der Schichtplan mehr als fünf Arbeitstage wöchentlich vor, können, falls dies günstiger ist, der Berechnung des Durchschnitts fünf Arbeitstage wöchentlich zugrunde gelegt werden.

§ 34 Vergütung Nichtvollbeschäftigter.

(1) Nichtvollbeschäftigte Angestellte erhalten von der Vergütung (§ 26), die für entsprechende vollbeschäftigte Angestellte festgelegt ist, den Teil, der dem Maß der mit ihnen vereinbarten durchschnittlichen Arbeitszeit entspricht. Arbeitsstunden, die der Angestellte darüber hinaus leistet, können durch entsprechende Arbeitsbefreiung unter Fortzahlung der Vergütung (§ 26) und der in Monatsbeträgen festgelegten Zulagen ausgeglichen werden. Soweit ein Ausgleich nicht erfolgt, erhält der Angestellte für jede zusätzliche Arbeitsstunde den auf eine Stunde entfallenden Anteil der Vergütung eines entsprechenden vollbeschäftigten Angestellten; § 17 Abs. 1 bleibt unberührt.

Zur Ermittlung des auf eine Stunde entfallenden Anteils der Vergütung ist die Vergütung des entsprechenden vollbeschäftigten Angestellten durch das 4,348 fache der regelmäßigen wöchentlichen Arbeitszeit (§ 15 Abs. 1, 2 und 4 und die Sonderregelungen hierzu) des entsprechenden vollbeschäftigten Angestellten zu teilen.

(2) Abs. 1 gilt entsprechend für die in Monatsbeträgen festgelegten Zulagen, soweit diese nicht nur für vollbeschäftigte Angestellte vorgesehen sind.

§ 35 Zeitzuschläge, Überstundenvergütung.

(1) Der Angestellte erhält neben seiner Vergütung (§ 26) Zeitzuschläge. Sie betragen je Stunde
a) für Überstunden in den Vergütungsgruppen

X bis V c, Kr. I bis Kr. VI	25 v. H.,
V a und V b, Kr. VII und Kr. VIII	20 v. H.,
IV b bis I, Kr. IX bis Kr. XIII	15 v. H.,
b) für Arbeiten an Sonntagen	25 v. H.,

c) für Arbeit an
 aa) Wochenfeiertagen sowie am Ostersonntag und am Pfingstsonntag

– ohne Freizeitausgleich	135 v. H.,
– bei Freizeitausgleich	35 v. H.,

1 BAT-O § 36 Tarifverträge

bb) Wochenfeiertagen, die auf einen Sonntag fallen,
- ohne Freizeitausgleich 150 v. H.,
- bei Freizeitausgleich 50 v. H.,

d) soweit nach § 16 Abs. 2 kein Freizeitausgleich erteilt wird, für Arbeit nach 12 Uhr an dem Tage vor dem
aa) Ostersonntag, Pfingstsonntag 25 v. H.,
bb) ersten Weihnachtsfeiertag, Neujahrstag 100 v. H.,
der Stundenvergütung,

e) für Nachtarbeit
vom 1. Januar 2003 bis 31. Dezember 2003 1,16 €,
ab 1. Januar 2004 1,18 €

f) für Arbeit an Samstagen in der Zeit von 13 Uhr bis 20 Uhr
vom 1. Januar 2003 bis 31. Dezember 2003 0,58 €,
ab 1. Januar 2004 0,59 €

(2) Beim Zusammentreffen mehrerer Zeitzuschläge nach Abs. 1 Satz 2 Buchst. b bis d und f wird nur der jeweils höchste Zeitzuschlag gezahlt.

Der Zeitzuschlag nach Abs. 1 Satz 2 Buchst. e und f wird nicht gezahlt neben Zulagen, Zuschlägen und Entschädigungen, in denen bereits eine entsprechende Leistung enthalten ist.

Für die Zeit des Bereitschaftsdienstes einschließlich der geleisteten Arbeit und für die Zeit der Rufbereitschaft werden Zeitzuschläge nicht gezahlt. Für die Zeit der innerhalb der Rufbereitschaft tatsächlichen geleisteten Arbeit einschließlich einer etwaigen Wegezeit werden gegebenenfalls die Zeitzuschläge nach Abs. 1 Buchst. b bis f gezahlt. Die Unterabs. 1 und 2 bleiben unberührt.

Der Zeitzuschlag nach Abs. 1 Satz 2 Buchst. e wird nicht gezahlt für Bürodienst, der sonst üblicherweise nur in den Tagesstunden geleistet wird, und für nächtliche Dienstgeschäfte, für die, ohne daß eine Unterkunft genommen worden ist, Übernachtungsgeld gezahlt wird.

(3) Die Stundenvergütung wird für jede Vergütungsgruppe im Vergütungstarifvertrag festgelegt.

Die Stundenvergütung zuzüglich des Zeitzuschlages nach Abs. 1 Satz 2 Buchst. a ist die Überstundenvergütung.

(4) Die Zeitzuschläge können gegebenenfalls einschließlich der Stundenvergütung nach Abs. 3 Unterabs. 1 durch Nebenabrede zum Arbeitsvertrag, im Bereich der VKA auch durch bezirkliche oder betriebliche Vereinbarung, pauschaliert werden.

(5) Abs. 1 Satz 2 Buchst. b bis d und f gilt nicht für Angestellte der Vergütungsgruppen V b bis I, die eine Zulage nach dem Tarifvertrag über Zulagen an Angestellte bei obersten Bundesbehörden oder bei obersten Landesbehörden – ggf. als Ausgleichszulage – erhalten; der Zeitzuschlag nach Abs. 1 Satz 2 Buchst. e beträgt bei diesen Angestellten 0,35 Euro je Stunde. Für Angestellte der Vergütungsgruppen X bis V c, die die in Satz 1 bezeichnete Zulage erhalten, gilt Abs. 1 Satz 2 Buchst. b bis d mit der Maßgabe, dass der Zeitzuschlag jeweils 0,35 Euro je Stunde beträgt.

§ 36 Berechnung und Auszahlung der Bezüge, Vorschüsse. (1) Die Bezüge sind für den Kalendermonat zu berechnen und am 15. eines jeden Monats (Zahltag) für den laufenden Monat auf ein von dem Angestellten eingerichtetes Girokonto im Inland zu zahlen. Sie sind so rechtzeitig zu über-

Bundes-Angestelltentarifvertrag-Ost **§ 36 BAT-O 1**

weisen, daß der Angestellte am Zahltag über sie verfügen kann. Fällt der Zahltag auf einen Samstag oder auf einen Wochenfeiertag, gilt der vorhergehende Werktag, fällt er auf einen Sonntag, gilt der zweite vorhergehende Werktag als Zahltag. Die Kosten der Übermittlung der Bezüge mit Ausnahme der Kosten für die Gutschrift auf dem Konto des Empfängers trägt der Arbeitgeber, die Kontoeinrichtungs-, Kontoführungs- oder Buchungsgebühren trägt der Empfänger.

Der Teil der Bezüge, der nicht in Monatsbeträgen festgelegt ist, bemißt sich nach der Arbeitsleistung des Vorvormonats. Haben in dem Vorvormonat Urlaubsvergütung oder Krankenbezüge im Sinne des § 37 Abs. 2 zugestanden, gilt als Teil der Bezüge nach Satz 1 dieses Unterabsatzes auch der Aufschlag nach § 47 Abs. 2 für die Tage des Urlaubs und der Arbeitsunfähigkeit des Vorvormonats. Der Teil der Bezüge, der nicht in Monatsbeträgen festgelegt ist, bemißt sich auch dann nach Satz 1 und 2 dieses Unterabsatzes, wenn für den Monat nur Urlaubsvergütung oder Krankenbezüge im Sinne des § 37 Abs. 2 zustehen. Für Monate, für die weder Vergütung (§ 26) noch Urlaubsvergütung noch Krankenbezüge im Sinne des § 37 Abs. 2 zustehen, stehen auch keine Bezüge nach Satz 1 und 2 dieses Unterabsatzes zu. Diese Monate bleiben bei der Feststellung, welcher Monat Vorvormonat im Sinne des Satzes 1 dieses Unterabsatzes ist, unberücksichtigt.

Im Monat der Beendigung des Arbeitsverhältnisses bemißt sich der Teil der Bezüge, der nicht in Monatsbeträgen festgelegt ist, auch nach der Arbeitsleistung des Vormonats und des laufenden Monats. Stehen im Monat der Beendigung des Arbeitsverhältnisses weder Vergütung (§ 26) noch Urlaubsvergütung noch Krankenbezüge im Sinne des § 37 Abs. 2 zu und sind Arbeitsleistungen aus vorangegangenen Kalendermonaten noch nicht für die Bemessung des Teils der Bezüge, der nicht in Monatsbeträgen festgelegt ist, berücksichtigt worden, ist der nach diesen Arbeitsleistungen zu bemessende Teil der Bezüge nach Beendigung des Arbeitsverhältnisses zu zahlen.

Bei Beendigung des Arbeitsverhältnisses sind die Bezüge unverzüglich zu überweisen.

Im Sinne der Unterabsätze 3 und 4 stehen der Beendigung des Arbeitsverhältnisses gleich der Beginn
a) des Grundwehrdienstes oder des Zivildienstes,
b) des Ruhens des Arbeitsverhältnisses nach § 59 Abs. 1 Unterabs. 1 Satz 5,
c) der Elternzeit nach dem Bundeserziehungsgeldgesetz,
d) einer sonstigen Beurlaubung ohne Bezug von länger als zwölf Monaten; nimmt der Angestellte die Arbeit wieder auf, wird er bei der Anwendung des Unterabs. 2 wie ein neueingestellter Angestellter behandelt.

(2) Besteht der Anspruch auf Vergütung (§ 26) und auf in Monatsbeträgen festgelegte Zulagen, auf Urlaubsvergütung oder auf Krankenbezüge nicht für alle Tage eines Kalendermonats, wird nur der Teil gezahlt, der auf den Anspruchszeitraum entfällt. Besteht für einzelne Stunden kein Anspruch, werden für jede nicht geleistete dienstplanmäßige bzw. betriebsübliche Arbeitsstunde die Vergütung (§ 26) und die in Monatsbeträgen festgelegten Zulagen um den auf eine Stunde entfallenden Anteil vermindert. Zur Ermittlung des auf eine Stunde entfallenden Anteils sind die Vergütung (§ 26) und die in Monatsbeträgen festgelegten Zulagen durch das 4,348fache der regelmäßigen wöchentlichen Arbeitszeit (§ 15 Abs. 1, 2 und 4 und die Sonderregelungen hierzu) zu teilen.

1 BAT-O § 37 Tarifverträge

(3) Ändert sich im Laufe des Kalendermonats die Höhe der Vergütung (§ 26) und der in Monatsbeträgen festgelegten Zulagen, gilt Abs. 2 entsprechend.

(4) Dem Angestellten ist eine Abrechnung auszuhändigen, in der die Beträge, aus denen sich die Bezüge zusammensetzen, und die Abzüge getrennt aufzuführen sind. Ergeben sich gegenüber dem Vormonat keine Änderungen der Brutto- oder Nettobeträge, bedarf es keiner erneuten Abrechnung.

(5) § 11 Abs. 2 des Bundesurlaubsgesetzes findet keine Anwendung.

(6) Von der Rückforderung zuviel gezahlter Bezüge kann aus Billigkeitsgründen – bei Bund und Ländern mit Zustimmung der obersten Dienstbehörde – ganz oder teilweise abgesehen werden. Von der Rückforderung ist abzusehen, wenn die Bezüge nicht durch Anrechnung auf noch auszuzahlende Bezüge eingezogen werden können und das Einziehungsverfahren Kosten verursachen würde, die die zuviel gezahlten Bezüge übersteigen. Dies gilt für das Sterbegeld entsprechend.

(7) Vorschüsse können nach den bei dem Arbeitgeber jeweils geltenden Vorschußrichtlinien gewährt werden. Dem wegen Verrentung ausgeschiedenen Angestellten kann, wenn sich die Rentenzahlung verzögert, gegen Abtretung des Rentenanspruchs ein Vorschuß auf die Rente gewährt werden.

(8) Ergibt sich bei der Berechnung von Beträgen ein Bruchteil eines Pfennigs von mindestens 0,5, ist er aufzurunden, ein Bruchteil von weniger als 0,5 ist abzurunden.

Protokollnotizen:

1. Als Zulagen, die in Monatsbeträgen festgelegt sind, gelten auch Monatspauschalen der in § 47 Abs. 2 Unterabs. 2 genannten Bezüge.

2. Im Bereich der Vereinigung der kommunalen Arbeitgeberverbände kann der Arbeitgeber bei der Anwendung des Absatzes 1 Unterabs. 2 statt des Vorvormonats den Vormonat zugrunde legen.

3. Die Umstellung des Zahltages vom 15. auf den letzten Tag jeden Monats kann nur im Monat Dezember eines Jahres beginnen; die Zuwendung sollte bereits im Umstellungsjahr am letzten Tag des Monats November gezahlt werden.

Abschnitt VIII. Sozialbezüge

§ 37 Krankenbezüge. Wird der Angestellte durch Arbeitsunfähigkeit infolge Krankheit an seiner Arbeitsleistung verhindert, ohne daß ihn ein Verschulden trifft, erhält er Krankenbezüge nach Maßgabe der Absätze 2 bis 9.

Als unverschuldete Arbeitsunfähigkeit im Sinne des Unterabs. 1 gilt auch die Arbeitsverhinderung infolge einer Maßnahme der medizinischen Vorsorge oder Rehabilitation, die ein Träger der gesetzlichen Renten-, Kranken- oder Unfallversicherung, eine Verwaltungsbehörde der Kriegsopferversorgung oder ein sonstiger Sozialleistungsträger bewilligt hat und die in einer Einrichtung der medizinischen Vorsorge oder Rehabilitation durchgeführt wird. Bei Angestellten, die nicht Mitglied einer gesetzlichen Krankenkasse oder nicht in der gesetzlichen Rentenversicherung versichert sind, gilt Satz 1 dieses Unterabsatzes entsprechend, wenn eine Maßnahme der medizinischen Vorsorge oder Rehabilitation ärztlich verordnet worden ist und in einer Einrichtung der medizinischen Vorsorge oder Rehabilitation oder einer vergleichbaren Einrichtung durchgeführt wird.

Als unverschuldete Arbeitsunfähigkeit im Sinne des Unterabs. 1 gilt ferner eine Arbeitsverhinderung, die infolge einer nicht rechtswidrigen Sterilisation oder eines nicht rechtswidrigen oder nicht strafbaren Abbruchs der Schwangerschaft eintritt.

(2) Der Angestellte erhält bis zur Dauer von sechs Wochen Krankenbezüge in Höhe der Urlaubsvergütung, die ihm zustehen würde, wenn er Erholungsurlaub hätte.

Wird der Angestellte infolge derselben Krankheit (Abs. 1) erneut arbeitsunfähig, hat er wegen der erneuten Arbeitsunfähigkeit Anspruch auf Krankenbezüge nach Unterabs. 1 für einen weiteren Zeitraum von sechs Wochen, wenn

a) er vor der erneuten Arbeitsunfähigkeit mindestens sechs Monate nicht infolge derselben Krankheit arbeitsunfähig war oder
b) seit dem Beginn der ersten Arbeitsunfähigkeit infolge derselben Krankheit eine Frist von zwölf Monaten abgelaufen ist.

Der Anspruch auf die Krankenbezüge nach den Unterabsätzen 1 und 2 wird nicht dadurch berührt, daß der Arbeitgeber das Arbeitsverhältnis aus Anlaß der Arbeitsunfähigkeit kündigt. Das gleiche gilt, wenn der Angestellte das Arbeitsverhältnis aus einem vom Arbeitgeber zu vertretenden Grund kündigt, der den Angestellten zur Kündigung aus wichtigem Grund ohne Einhaltung einer Kündigungsfrist berechtigt.

Endet das Arbeitsverhältnis vor Ablauf der in den Unterabsätzen 1 oder 2 genannten Frist von sechs Wochen nach dem Beginn der Arbeitsunfähigkeit, ohne daß es einer Kündigung bedarf, oder infolge einer Kündigung aus anderen als den in Unterabs. 3 bezeichneten Gründen, endet der Anspruch mit dem Ende des Arbeitsverhältnisses.

(3) Nach Ablauf des nach Abs. 2 maßgebenden Zeitraumes erhält der Angestellte für den Zeitraum, für den ihm Krankengeld oder die entsprechenden Leistungen aus der gesetzlichen Renten- oder Unfallversicherung oder nach dem Bundesversorgungsgesetz gezahlt werden, als Krankenbezüge einen Krankengeldzuschuß.

Dies gilt nicht,
a) wenn der Angestellte Rente wegen voller Erwerbsminderung (§ 43 SGB VI) oder wegen Alters aus der gesetzlichen Rentenversicherung erhält,
b) in den Fällen des Abs. 1 Unterabs. 3,
c) für den Zeitraum, für den die Angestellte Anspruch auf Mutterschaftsgeld nach § 200 RVO oder nach § 13 Abs. 2 MuSchG hat.

(4) Der Krankengeldzuschuß wird bei einer Beschäftigungszeit (§ 19 – ohne die nach Nr. 3 der Übergangsvorschriften zu § 19 berücksichtigten Zeiten)
von mehr als einem Jahr
längstens bis zum Ende der 13. Woche,
von mehr als drei Jahren
längstens bis zum Ende der 20. Woche
seit dem Beginn der Arbeitsunfähigkeit, jedoch nicht über den Zeitpunkt der Beendigung des Arbeitsverhältnisses hinaus, gezahlt.

Vollendet der Angestellte im Laufe der Arbeitsunfähigkeit eine Beschäftigungszeit von mehr als einem Jahr bzw. von mehr als drei Jahren, wird der

Krankengeldzuschuß gezahlt, wie wenn er die maßgebende Beschäftigungszeit bei Beginn der Arbeitsunfähigkeit vollendet hätte.

In den Fällen des Abs. 1 Unterabs. 2 wird die Zeit der Maßnahme bis zu höchstens zwei Wochen nicht auf die Fristen des Unterabs. 1 angerechnet.

(5) Innerhalb eines Kalenderjahres können die Bezüge nach Abs. 2 Unterabs. 1 oder 2 und der Krankengeldzuschuß bei einer Beschäftigungszeit
von mehr als einem Jahr
längstens für die Dauer von 13 Wochen,
von mehr als drei Jahren
längstens für die Dauer von 26 Wochen
bezogen werden; Abs. 4 Unterabs. 3 gilt entsprechend.

Erstreckt sich eine Erkrankung ununterbrochen von einem Kalenderjahr in das nächste Kalenderjahr oder erleidet der Angestellte im neuen Kalenderjahr innerhalb von 13 Wochen nach Wiederaufnahme der Arbeit einen Rückfall, bewendet es bei dem Anspruch aus dem vorhergehenden Jahr.

Bei jeder neuen Arbeitsunfähigkeit besteht jedoch mindestens der sich aus Abs. 2 ergebende Anspruch.

(6) Bei der jeweils ersten Arbeitsunfähigkeit, die durch einen bei dem Arbeitgeber erlittenen Arbeitsunfall oder durch eine bei dem Arbeitgeber zugezogene Berufskrankheit verursacht ist, wird der Krankengeldzuschuß ohne Rücksicht auf die Beschäftigungszeit bis zum Ende der 26. Woche seit dem Beginn der Arbeitsunfähigkeit, jedoch nicht über den Zeitpunkt der Beendigung des Arbeitsverhältnisses hinaus, gezahlt, wenn der zuständige Unfallversicherungsträger den Arbeitsunfall oder die Berufskrankheit anerkennt.

(7) Krankengeldzuschuß wird nicht über den Zeitpunkt hinaus gezahlt, von dem an die Angestellte Bezüge aufgrund eigener Versicherung aus der gesetzlichen Rentenversicherung (einschließlich eines rentenersetzenden Übergangsgeldes im Sinne des § 20 SGB VI in Verbindung mit § 8 SGB IX), aus einer zusätzlichen Alters- und Hinterbliebenenversorgung oder aus einer sonstigen Versorgungseinrichtung erhält, zu der der Arbeitgeber oder ein anderer Arbeitgeber, der diesen Tarifvertrag, den BAT oder einen Tarifvertrag wesentlich gleichen Inhalts angewendet hat, die Mittel ganz oder teilweise beigesteuert hat.

Überzahlter Krankengeldzuschuß und sonstige überzahlte Bezüge gelten als Vorschüsse auf die zustehenden Bezüge im Sinne des Unterabs. 1. Die Ansprüche des Angestellten gehen insoweit auf den Arbeitgeber über; § 53 SGB I bleibt unberührt.

Der Arbeitgeber kann von der Rückforderung des Teils des überzahlten Betrages, der nicht durch die für den Zeitraum der Überzahlung zustehenden Bezüge im Sinne des Unterabs. 1 ausgeglichen worden ist, absehen, es sei denn, der Angestellte hat dem Arbeitgeber die Zustellung des Rentenbescheides schuldhaft verspätet mitgeteilt.

(8) Der Krankengeldzuschuß wird in Höhe des Unterschiedsbetrages zwischen den tatsächlichen Barleistungen des Sozialleistungsträgers und der Nettourlaubsvergütung gezahlt. Nettourlaubsvergütung ist die um die gesetzlichen Abzüge verminderte Urlaubsvergütung (§ 47 Abs. 2).

(9) Anspruch auf den Krankengeldzuschuß nach den Absätzen 3 bis 8 hat auch der Angestellte, der in der gesetzlichen Krankenversicherung versicherungsfrei oder von der Versicherungspflicht in der gesetzlichen Krankenversi-

cherung befreit ist. Dabei sind für die Anwendung des Abs. 8 die Leistungen zugrunde zu legen, die dem Angestellten als Pflichtversicherten in der gesetzlichen Krankenversicherung zustünden.

Protokollnotiz zu Absatz 1:

Ein Verschulden im Sinne des Absatzes 1 liegt nur dann vor, wenn die Arbeitsunfähigkeit vorsätzlich oder grob fahrlässig herbeigeführt wurde.

Protokollnotiz zu Absatz 6:

Hat der Angestellte in einem Fall des Absatzes 6 die Arbeit vor Ablauf der Bezugsfrist von 26 Wochen wieder aufgenommen und wird er vor Ablauf von sechs Monaten aufgrund desselben Arbeitsunfalls oder derselben Berufskrankheit erneut arbeitsunfähig, wird der Ablauf der Bezugsfrist, wenn dies für den Angestellten günstiger ist, um die Zeit der Arbeitsunfähigkeit hinausgeschoben.

Übergangsvorschrift zu Absatz 3 Satz 2 Buchst. a:

Einer Rente wegen voller Erwerbsminderung (§ 43 SGB VI) steht eine Rente wegen Invalidität (Art. 2 §§ 7, 45 RÜG) gleich.

§ 37a Anzeige- und Nachweispflichten. (1) In den Fällen des § 37 Abs. 1 Unterabs. 1 und 3 ist der Angestellte verpflichtet, dem Arbeitgeber die Arbeitsunfähigkeit und deren voraussichtliche Dauer unverzüglich mitzuteilen. Dauert die Arbeitsunfähigkeit länger als drei Kalendertage, hat der Angestellte eine ärztliche Bescheinigung über das Bestehen der Arbeitsunfähigkeit sowie deren voraussichtliche Dauer spätestens an dem darauffolgenden allgemeinen Arbeitstag der Dienststelle oder des Betriebes vorzulegen. Der Arbeitgeber ist berechtigt, in Einzelfällen die Vorlage der ärztlichen Bescheinigung früher zu verlangen. Dauert die Arbeitsunfähigkeit länger als in der Bescheinigung angegeben, ist der Angestellte verpflichtet, eine neue ärztliche Bescheinigung vorzulegen.

Hält sich der Angestellte bei Beginn der Arbeitsunfähigkeit im Ausland auf, ist er darüber hinaus verpflichtet, dem Arbeitgeber die Arbeitsunfähigkeit, deren voraussichtliche Dauer und die Adresse am Aufenthaltsort in der schnellstmöglichen Art der Übermittlung mitzuteilen. Die durch die Mitteilung entstehenden Kosten hat der Arbeitgeber zu tragen. Darüber hinaus ist der Angestellte, wenn er Mitglied einer gesetzlichen Krankenkasse ist, verpflichtet, auch dieser die Arbeitsunfähigkeit und deren voraussichtliche Dauer unverzüglich anzuzeigen. Kehrt ein arbeitsunfähig erkrankter Angestellter in das Inland zurück, ist er verpflichtet, dem Arbeitgeber seine Rückkehr unverzüglich anzuzeigen.

Der Arbeitgeber ist berechtigt, die Fortzahlung der Bezüge zu verweigern, solange der Angestellte die von ihm nach Unterabs. 1 vorzulegende ärztliche Bescheinigung nicht vorlegt oder den ihm nach Unterabs. 2 obliegenden Verpflichtungen nicht nachkommt, es sei denn, daß der Angestellte die Verletzung dieser ihm obliegenden Verpflichtungen nicht zu vertreten hat.

(2) In den Fällen des § 37 Abs. 1 Unterabs. 2 ist der Angestellte verpflichtet, dem Arbeitgeber den Zeitpunkt des Antritts der Maßnahme, die voraussichtliche Dauer und die Verlängerung der Maßnahme unverzüglich mitzuteilen und ihm

a) eine Bescheinigung über die Bewilligung der Maßnahme durch einen Sozialleistungsträger nach § 37 Abs. 1 Unterabs. 2 Satz 1 oder

b) eine ärztliche Bescheinigung über die Erforderlichkeit der Maßnahme im Sinne des § 37 Abs. 1 Unterabs. 2 Satz 2

unverzüglich vorzulegen. Abs. 1 Unterabs. 3 gilt entsprechend.

§ 38 Forderungsübergang bei Dritthaftung. (1) Kann der Angestellte aufgrund gesetzlicher Vorschriften von einem Dritten Schadensersatz wegen des Verdienstausfalls beanspruchen, der ihm durch die Arbeitsunfähigkeit entstanden ist, geht dieser Anspruch insoweit auf den Arbeitgeber über, als dieser dem Angestellten Krankenbezüge und sonstige Bezüge gezahlt und darauf entfallende, vom Arbeitgeber zu tragende Beiträge zur Bundesanstalt für Arbeit, Arbeitgeberanteile an Beiträgen zur Sozialversicherung und zur Pflegeversicherung sowie Umlagen (einschließlich der Pauschalsteuer) zu Einrichtungen der zusätzlichen Alters- und Hinterbliebenenversorgung abgeführt hat.

(2) Der Angestellte hat dem Arbeitgeber unverzüglich die zur Geltendmachung des Schadensersatzanspruchs erforderlichen Angaben zu machen.

(3) Der Forderungsübergang nach Abs. 1 kann nicht zum Nachteil des Angestellten geltend gemacht werden.

(4) Der Arbeitgeber ist berechtigt, die Zahlung der Krankenbezüge und sonstiger Bezüge zu verweigern, wenn der Angestellte den Übergang eines Schadensersatzanspruchs gegen einen Dritten auf den Arbeitgeber verhindert, es sei denn, daß der Angestellte die Verletzung dieser ihm obliegenden Verpflichtungen nicht zu vertreten hat.

§ 39 Jubiläumszuwendungen. (1) Der Angestellte erhält als Jubiläumszuwendung bei Vollendung einer Beschäftigungszeit (§ 19)
von 25 Jahren 306,78 Euro
von 40 Jahren 409,03 Euro
von 50 Jahren 511,29 Euro.

Zur Beschäftigungszeit im Sinne des Satzes 1 rechnen auf Antrag auch die Zeiten, die bei dem Arbeitgeber oder seinem Rechtsvorgänger in einem Beschäftigungsverhältnis vor Vollendung des 18. Lebensjahres oder in einem Ausbildungsverhältnis zurückgelegt worden sind, sofern sie nicht vor einem Ausscheiden nach § 19 Abs. 1 Unterabs. 2 liegen.

Anzurechnen sind ferner die Zeiten erfüllter Dienstpflicht in der Bundeswehr sowie Zeiten des Zivildienstes.

Zeiten in einem Beschäftigungs- oder Ausbildungsverhältnis mit weniger als der durchschnittlichen regelmäßigen wöchentlichen Arbeitszeit werden in vollem Umfang berücksichtigt.

(2) Vollendet ein Angestellter während der Zeit des Sonderurlaubs nach § 50 Abs. 2, für den der Arbeitgeber nach § 50 Abs. 3 Satz 2 vor Antritt ein dienstliches oder betriebliches Interesse an der Beurlaubung schriftlich anerkannt hat, eine Beschäftigungszeit nach Abs. 1, so wird ihm bei Wiederaufnahme der Arbeit die Jubiläumszuwendung für die zuletzt vollendete Beschäftigungszeit gewährt.

Übergangsvorschrift:

Den Zeiten erfüllter Dienstpflicht in der Bundeswehr stehen Zeiten des Grundwehrdienstes in der NVA (einschließlich Baueinheiten) sowie Zeiten in

den Kasernierten Einheiten der Volkspolizei oder der Transportpolizei, soweit sie der Ableistung des Grundwehrdienstes entsprachen, gleich.
Die Übergangsvorschrift Nr. 4 zu § 19 gilt.

§ 40. *(nicht besetzt)*

§ 41 Sterbegeld. (1) Beim Tode des Angestellten, der zur Zeit seines Todes nicht nach § 50 beurlaubt gewesen ist und dessen Arbeitsverhältnis zur Zeit seines Todes nicht nach § 59 Abs. 1 Unterabs. 1 Satz 5 geruht hat, erhalten
a) der überlebende Ehegatte,
b) die Abkömmlinge des Angestellten,
Sterbegeld.

(2) Sind Anspruchsberechtigte im Sinne des Abs. 1 nicht vorhanden, ist Sterbegeld auf Antrag zu gewähren
a) Verwandten der aufsteigenden Linie, Geschwistern, Geschwisterkindern sowie Stiefkindern, wenn sie zur Zeit des Todes des Angestellten mit diesem in häuslicher Gemeinschaft gelebt haben oder wenn der Verstorbene ganz oder überwiegend ihr Ernährer gewesen ist,
b) sonstigen Personen, die die Kosten der letzten Krankheit oder der Bestattung getragen haben, bis zur Höhe ihrer Aufwendungen.

(3) Als Sterbegeld wird für die restlichen Kalendertage des Sterbemonats und für weitere zwei Monate die Vergütung (§ 26) des Verstorbenen gewährt.
Hat der Angestellte zur Zeit seines Todes wegen Ablaufs der Bezugsfristen keine Krankenbezüge (§ 37) mehr erhalten oder hat die Angestellte zur Zeit ihres Todes Mutterschaftsgeld nach § 13 Mutterschutzgesetz bezogen, wird als Sterbegeld für den Sterbetag und die restlichen Kalendertage des Sterbemonats sowie für weitere zwei Monate die Vergütung (§ 26) des Verstorbenen gewährt.
Das Sterbegeld wird in einer Summe ausgezahlt.

(4) Sind an den Verstorbenen Bezüge oder Vorschüsse über den Sterbetag hinaus gezahlt worden, werden diese auf das Sterbegeld angerechnet.

(5) Die Zahlung an einen der nach Abs. 1 oder Abs. 2 Berechtigten bringt den Anspruch der übrigen gegenüber dem Arbeitgeber zum Erlöschen. Sind Berechtigte nach Abs. 1 oder Abs. 2 nicht vorhanden, werden über den Sterbetag hinaus gezahlte Bezüge für den Sterbemonat nicht zurückgefordert.

(6) Wer den Tod des Angestellten vorsätzlich herbeigeführt hat, hat keinen Anspruch auf das Sterbegeld.

(7) Das Sterbegeld verringert sich um den Betrag, den die Berechtigten nach Abs. 1 oder Abs. 2 als Sterbegeld aus einer zusätzlichen Alters- und Hinterbliebenenversorgung oder aus einer Ruhegeldeinrichtung erhalten.

Abschnitt IX. Reisekostenvergütung, Umzugskostenvergütung, Trennungsentschädigung (Trennungsgeld)

§ 42 Reisekostenvergütung. (1) Für die Erstattung von
a) Auslagen für Dienstreisen und Dienstgänge (Reisekostenvergütung),

b) Auslagen aus Anlaß der Abordnung (Trennungsgeld, Trennungsentschädigung),
c) Auslagen für Reisen zur Einstellung vor Begründung des Arbeitsverhältnisses,
d) Auslagen für Ausbildungs- und Fortbildungsreisen, die teilweise in dienstlichem oder betrieblichem Interesse liegen,
und
e) Fahrkosten für Fahrten zwischen Wohnung und Arbeitsstelle aus besonderem dienstlichen oder betrieblichen Anlaß

sind die für die Beamten des Arbeitgebers jeweils geltenden Bestimmungen entsprechend anzuwenden. § 11 Satz 2 gilt entsprechend.

(2) Eine rückwirkende Höhergruppierung des Angestellten bleibt unberücksichtigt.

(3) Soweit Betriebe in privater Rechtsform nach eigenen Grundsätzen verfahren, sind diese maßgebend.

§ 43 Besondere Entschädigung bei Dienstreisen an Sonn- und Feiertagen. Der Angestellte, der an einem Sonntag oder gesetzlichen Feiertag, an dem er nicht dienstplanmäßig bzw. betriebsüblich zu arbeiten hat, eine Dienstreise ausführt, erhält für den an diesem Tag zwischen dem Wohnort und dem auswärtigen Geschäftsort oder zwischen zwei auswärtigen Geschäftsorten zurückgelegten Weg eine Entschädigung. Die Entschädigung beträgt für jede volle Reisestunde die Hälfte der Stundenvergütung (§ 35 Abs. 3 Unterabs. 1), höchstens jedoch das Vierfache der Stundenvergütung. Für die Berechnung sind die für die Beamten des Arbeitgebers jeweils geltenden Vorschriften des Reisekostenrechts sinngemäß anzuwenden. Soweit Betriebe in privater Rechtsform nach eigenen Grundsätzen verfahren, sind diese maßgebend.

§ 44 Umzugskostenvergütung, Trennungsentschädigung (Trennungsgeld). (1) Für die Gewährung von Umzugskostenvergütung und Trennungsentschädigung (Trennungsgeld) sind die für die Beamten des Arbeitgebers jeweils geltenden Bestimmungen mit folgenden Maßgaben sinngemäß anzuwenden:

1. § 11 Satz 2 gilt entsprechend.
2. Eine rückwirkende Höhergruppierung des Angestellten bleibt unberücksichtigt.
3. Die Umzugskostenvergütung aus Anlaß der Einstellung an einem anderen Ort als dem bisherigen Wohnort (§ 4 Abs. 1 Nr. 1 Bundesumzugskostengesetz oder der entsprechenden Vorschriften der Umzugskostengesetze der Länder) darf nur bei Einstellung auf einem Arbeitsplatz, den der Angestellte zur Befriedigung eines dringenden dienstlichen Bedürfnisses auf die Dauer von mindestens zwei Jahren besetzen soll, zugesagt werden.

Die Umzugskostenvergütung kann unverheirateten Angestellten ohne eigene Wohnung im Sinne des § 10 Abs. 3 des Bundesumzugskostengesetzes oder der entsprechenden Vorschriften der Umzugskostengesetze der Länder nach Ablauf eines Monats auch bei Einstellung auf einem Arbeitsplatz zugesagt werden, der nicht auf die Dauer von mindestens zwei Jahren besetzt werden soll.

Bundes-Angestelltentarifvertrag-Ost §§ 45–47 BAT-O 1

4. Endet das Arbeitsverhältnis aus einem von dem Angestellten zu vertretenden Grunde vor Ablauf von zwei Jahren nach einem Umzug, für den Umzugskostenvergütung nach § 3 Abs. 1 Nr. 1, § 4 Abs. 1 Nr. 1 oder Abs. 2 Nrn. 3 und 4 des Bundesumzugskostengesetzes oder der entsprechenden Vorschriften der Umzugskostengesetze der Länder zugesagt worden war, so hat der Angestellte die Umzugskostenvergütung zurückzuzahlen. Dies gilt nicht für eine nach § 3 Abs. 1 Nr. 1 des Bundesumzugskostengesetzes oder nach den entsprechenden Vorschriften der Umzugskostengesetze der Länder zugesagte Umzugskostenvergütung,
   a) wenn sich an das Arbeitsverhältnis ein Arbeitsverhältnis unmittelbar anschließt
      aa) mit dem Bund, mit einem Land, mit einer Gemeinde oder einem Gemeindeverband oder einem sonstigen Mitglied eines Arbeitgeberverbandes, der der Vereinigung der kommunalen Arbeitgeberverbände oder der Tarifgemeinschaft deutscher Länder angehört,
      bb) mit einer Körperschaft, Anstalt oder Stiftung des öffentlichen Rechts, die den BAT-O/BAT oder einen Tarifvertrag wesentlich gleichen Inhalts anwendet,
   b) wenn das Arbeitsverhältnis aufgrund einer Kündigung durch den Angestellten endet.
5. In den Fällen des § 3 Abs. 1 Nr. 3, § 4 Abs. 2 Nr. 2 und Abs. 3 Satz 1 Nr. 1 des Bundesumzugskostengesetzes oder der entsprechenden Vorschriften der Umzugskostengesetze der Länder kann Umzugskostenvergütung zugesagt werden, wenn das Arbeitsverhältnis nicht aus einem von dem Angestellten zu vertretenden Grunde endet. Dies gilt auch für einen ausgeschiedenen Angestellten, wenn das Arbeitsverhältnis aus einem von ihm zu vertretenden Grunde geendet hat oder der Angestellte wegen Bezugs einer Altersrente aus der gesetzlichen Rentenversicherung vor Vollendung des 65. Lebensjahres oder einer entsprechenden Versorgungsrente aus der zusätzlichen Alters- und Hinterbliebenenversorgung aus dem Arbeitsverhältnis ausgeschieden ist.

(2) Soweit Betriebe in privater Rechtsform nach eigenen Grundsätzen verfahren, sind diese maßgebend.

§ 45. *(nicht besetzt)*

Abschnitt X. Zusätzliche Alters- und Hinterbliebenenversorgung

§ 46 Zusätzliche Alters- und Hinterbliebenenversorgung. Der Angestellte hat Anspruch auf Versicherung unter eigener Beteiligung zum Zwecke einer zusätzlichen Alters- und Hinterbliebenenversorgung nach Maßgabe eines besonderen Tarifvertrages.

Abschnitt XI. Urlaub. Arbeitsbefreiung

§ 47 Erholungsurlaub. (1) Der Angestellte erhält in jedem Urlaubsjahr Erholungsurlaub unter Zahlung der Urlaubsvergütung. Urlaubsjahr ist das Kalenderjahr.

(2) Als Urlaubsvergütung werden die Vergütung (§ 26) und die Zulagen, die in Monatsbeträgen festgelegt sind, weitergezahlt. Der Teil der Bezüge, der nicht in Monatsbeträgen festgelegt ist, wird nach Maßgabe des § 36 Abs. 1 Unterabs. 2 durch eine Zulage (Aufschlag) für jeden Urlaubstag nach Unterabs. 2 als Teil der Urlaubsvergütung berücksichtigt.
Der Aufschlag beträgt 108 v. H. des Tagesdurchschnitts der Zulagen, die nicht in Monatsbeträgen festgelegt sind, der Zeitzuschläge nach § 35 Abs. 1 Satz 2 Buchst. b bis f, der Überstundenvergütungen und des Zeitzuschlages nach § 35 Abs. 1 Satz 2 Buchst. a für ausgeglichene Überstunden, der Bezüge nach § 34 Abs. 1 Unterabs. 1 Satz 3 sowie der Vergütungen für Bereitschaftsdienst und Rufbereitschaft des vorangegangenen Kalenderjahres.
Hat das Arbeitsverhältnis erst nach dem 30. Juni des vorangegangenen Kalenderjahres oder erst in dem laufenden Kalenderjahr begonnen, treten als Berechnungszeitraum für den Aufschlag an die Stelle des vorangegangenen Kalenderjahres die vor dem Beginn des Urlaubs liegenden vollen Kalendermonate, in denen das Arbeitsverhältnis bestanden hat. Hat das Arbeitsverhältnis bei Beginn des Urlaubs mindestens sechs volle Kalendermonate bestanden, bleibt der danach berechnete Aufschlag für den Rest des Urlaubsjahres maßgebend.
Ändert sich die arbeitsvertraglich vereinbarte regelmäßige Arbeitszeit (§ 34) oder die regelmäßige Arbeitszeit (§ 15 Abs. 1 bis 4 und die entsprechenden Sonderregelungen hierzu) – mit Ausnahme allgemeiner Veränderungen der Arbeitszeit –, sind Berechnungszeitraum für den Aufschlag die nach der Änderung der Arbeitszeit und vor dem Beginn des Urlaubs liegenden vollen Kalendermonate. Unterabs. 3 Satz 2 gilt entsprechend.
Sind nach Ablauf des Berechnungszeitraumes allgemeine Vergütungserhöhungen eingetreten, erhöht sich der Aufschlag nach Unterabs. 2 um 80 v. H. des von den Tarifvertragsparteien festgelegten durchschnittlichen Vomhundertsatzes der allgemeinen Vergütungserhöhung.

(3) Der Urlaubsanspruch kann erst nach Ablauf von sechs Monaten, bei Jugendlichen nach Ablauf von drei Monaten, nach der Einstellung geltend gemacht werden, es sei denn, daß der Angestellte vorher ausscheidet.

(4) *(nicht besetzt)*

(5) Urlaub, der dem Angestellten in einem früheren Beschäftigungsverhältnis für Monate gewährt worden ist, die in sein jetziges Angestelltenverhältnis fallen, wird auf den Urlaub angerechnet.

(6) Der Urlaub soll grundsätzlich zusammenhängend gewährt werden. Er kann auf Wunsch des Angestellten in zwei Teilen genommen werden, dabei muß jedoch ein Urlaubsteil so bemessen sein, daß der Angestellte mindestens für zwei volle Wochen von der Arbeit befreit ist.
Erkrankt der Angestellte während des Urlaubs und zeigt er dies unverzüglich an, so werden die durch ärztliches Zeugnis nachgewiesenen Krankheitstage, an denen der Angestellte arbeitsunfähig war, auf den Urlaub nicht angerechnet; § 37a Abs. 1 gilt entsprechend. Der Angestellte hat sich nach planmäßigem Ablauf seines Urlaubs oder, falls die Krankheit länger dauert, nach Wiederherstellung der Arbeitsfähigkeit zur Arbeitsleistung zur Verfügung zu stellen. Der Antritt des restlichen Urlaubs wird erneut festgesetzt.
Der Urlaub ist zu gewähren, wenn der Angestellte dies im Anschluß an eine Maßnahme der medizinischen Vorsorge oder Rehabilitation (§ 37 Abs. 1 Unterabs. 2) verlangt.

(7) Der Urlaub ist spätestens bis zum Ende des Urlaubsjahres anzutreten. Kann der Urlaub bis zum Ende des Urlaubsjahres nicht angetreten werden, ist er bis zum 30. April des folgenden Urlaubsjahres anzutreten. Kann der Urlaub aus dienstlichen oder betrieblichen Gründen oder wegen Arbeitsunfähigkeit nicht bis zum 30. April angetreten werden, ist er bis zum 30. Juni anzutreten. War ein innerhalb des Urlaubsjahres für dieses Urlaubsjahr festgelegter Urlaub auf Veranlassung des Arbeitgebers in die Zeit nach dem 31. Dezember des Urlaubsjahres verlegt worden und konnte er wegen Arbeitsunfähigkeit nicht nach Satz 2 bis 30. Juni angetreten werden, ist er bis zum 30. September anzutreten.

Läuft die Wartezeit (Abs. 3) erst im Laufe des folgenden Urlaubsjahres ab, ist der Urlaub spätestens bis zum Ende dieses Urlaubsjahres anzutreten.

Urlaub, der nicht innerhalb der genannten Fristen angetreten ist, verfällt.

(8) Angestellte, die ohne Erlaubnis während des Urlaubs gegen Entgelt arbeiten, verlieren hierdurch den Anspruch auf die Urlaubsvergütung für die Tage der Erwerbstätigkeit.

Protokollnotizen zu Absatz 2:

1. *Zu den Zulagen im Sinne des Unterabsatzes 1 Satz 1 und des Unterabsatzes 2 gehören nicht Leistungen, die auf Grund des § 42 und der Sonderregelungen hierzu gezahlt werden.*

2. *Der Tagesdurchschnitt nach Unterabsatz 2 beträgt bei der Verteilung der durchschnittlichen regelmäßigen wöchentlichen Arbeitszeit auf fünf Tage 3/65, bei der Verteilung auf sechs Tage 1/26 des Monatsdurchschnitts aus der Summe der Zulagen, die nicht in Monatsbeträgen festgelegt sind, der Zeitzuschläge nach § 35 Abs. 1 Satz 2 Buchst. b bis f, der Überstundenvergütungen, des Zeitzuschlags nach § 35 Abs. 1 Satz 2 Buchst. a für ausgeglichene Überstunden, der Bezüge nach § 34 Abs. 1 Unterabs. 1 Satz 3, der Vergütungen für Bereitschaftsdienst und der Vergütungen für Rufbereitschaft, die für das vorangegangene Kalenderjahr zugestanden haben. Ist die durchschnittliche regelmäßige wöchentliche Arbeitszeit weder auf fünf noch auf sechs Tage verteilt, ist der Tagesdurchschnitt entsprechend zu ermitteln. Maßgebend ist die Verteilung der Arbeitszeit zu Beginn des Kalenderjahres. Bei der Berechnung des Monatsdurchschnitts bleiben die Kalendermonate unberücksichtigt, für die dem Angestellten weder Vergütung noch Urlaubsvergütung noch Krankenbezüge (§ 37) zugestanden haben. Außerdem bleibt bei der Berechnung des Monatsdurchschnitts die Zeit vor dem Beginn des dritten Kalendermonats des Bestehens des Angestelltenverhältnisses unberücksichtigt.*

   Sind nach Unterabsatz 3 oder Unterabsatz 4 Berechnungszeitraum die vor dem Beginn des Urlaubs liegenden vollen Kalendermonate, treten diese an die Stelle der Kalendermonate des vorangegangenen Kalenderjahres. Maßgebend ist die Verteilung der Arbeitszeit zu Beginn des Arbeitsverhältnisses bzw. zu Beginn des Zeitraums, von dem an die Arbeitszeit geändert worden ist.

3. *Als Zulagen, die in Monatsbeträgen festgelegt sind, gelten auch Monatspauschalen der in Unterabsatz 2 genannten Bezüge. Solange die Monatspauschale zusteht, sind die entsprechenden Bezüge bei der Errechnung des Aufschlags nicht zu berücksichtigen. Steht die Monatspauschale nicht mehr zu, sind für die bisher pauschalierten Bezüge Berechnungszeitraum für den Aufschlag die nach Wegfall der Monatspauschale und vor dem Beginn des Urlaubs liegenden vollen Kalendermonate.*

4. *Bei Anwendung der Unterabsätze 3 und 4 stehen dem Beginn des Urlaubs gleich*
   a) (nicht besetzt)

1 BAT-O § 48   Tarifverträge

b) der Zeitpunkt, von dem an nach § 37 Krankenbezüge zu zahlen sind,
c) (nicht besetzt)
d) der Erste des Kalendermonats, nach dem die Zuwendung nach dem Tarifvertrag über eine Zuwendung für Angestellte zu bemessen ist.

§ 48 Dauer des Erholungsurlaubs. (1) Der Erholungsurlaub des Angestellten, dessen durchschnittliche regelmäßige wöchentliche Arbeitszeit auf fünf Arbeitstage in der Kalenderwoche verteilt ist (Fünftagewoche), beträgt

in der Vergütungsgruppe	bis zum vollendeten 30. Lebensjahr	bis zum vollendeten 40. Lebensjahr	nach vollendetem 40. Lebensjahr
	Arbeitstage		
I und I a	26	30	30
I b bis X Kr. XIII bis Kr. I	26	29	30

(2) *(nicht besetzt)*

(3) Die Dauer des Erholungsurlaubs einschließlich eines etwaigen Zusatzurlaubs mit Ausnahme des Zusatzurlaubs nach dem SGB IX vermindert sich für jeden vollen Kalendermonat eines Sonderurlaubs nach § 50 oder eines Ruhens des Arbeitsverhältnisses nach § 59 Abs. 1 Unterabs. 1 Satz 5 um ein Zwölftel. Die Verminderung unterbleibt für drei Kalendermonate eines Sonderurlaubs zum Zwecke der beruflichen Fortbildung, wenn eine Anerkennung nach § 50 Abs. 3 Satz 2 vorliegt.

(4) Arbeitstage sind alle Kalendertage, an denen der Angestellte dienstplanmäßig oder betriebsüblich zu arbeiten hat oder zu arbeiten hätte, mit Ausnahme der auf Arbeitstage fallenden gesetzlichen Feiertage, für die kein Freizeitausgleich gewährt wird. Endet eine Arbeitsschicht nicht an dem Kalendertag, an dem sie begonnen hat, gilt als Arbeitstag der Kalendertag, an dem die Arbeitsschicht begonnen hat.

Ist die durchschnittliche regelmäßige wöchentliche Arbeitszeit regelmäßig oder dienstplanmäßig im Durchschnitt des Urlaubsjahres auf mehr als fünf Arbeitstage in der Kalenderwoche verteilt, erhöht sich der Urlaub für jeden zusätzlichen Arbeitstag im Urlaubsjahr um $1/260$ des Urlaubs nach Abs. 1 zuzüglich eines etwaigen Zusatzurlaubs. Ein Zusatzurlaub nach § 48a und den entsprechenden Sonderregelungen hierzu, nach dem SGB IX und nach Vorschriften für politisch Verfolgte bleibt dabei unberücksichtigt.

Ist die durchschnittliche regelmäßige wöchentliche Arbeitszeit regelmäßig oder dienstplanmäßig im Durchschnitt des Urlaubsjahres auf weniger als fünf Arbeitstage in der Kalenderwoche verteilt, vermindert sich der Urlaub für jeden zusätzlichen arbeitsfreien Tag im Urlaubsjahr um $1/260$ des Urlaubs nach Abs. 1 zuzüglich eines etwaigen Zusatzurlaubs. Ein Zusatzurlaub nach § 48a und den entsprechenden Sonderregelungen hierzu, nach dem SGB IX und nach Vorschriften für politisch Verfolgte bleibt dabei unberücksichtigt.

Wird die Verteilung der durchschnittlichen regelmäßigen wöchentlichen Arbeitszeit während des Urlaubsjahres auf Dauer oder jahreszeitlich bedingt vorübergehend geändert, ist die Zahl der Arbeitstage zugrunde zu legen, die sich ergeben würde, wenn die für die Urlaubszeit maßgebende Verteilung der Arbeitszeit für das ganze Urlaubsjahr gelten würde.

Verbleibt nach der Berechnung des Urlaubs nach den Unterabsätzen 2 bis 4 ein Bruchteil eines Urlaubstages von 0,5 oder mehr, wird er auf einen vollen Urlaubstag aufgerundet; ein Bruchteil von weniger als 0,5 bleibt unberücksichtigt.

(5) Beginnt oder endet das Arbeitsverhältnis im Laufe des Urlaubsjahres, so beträgt der Urlaubsanspruch ein Zwölftel für jeden vollen Beschäftigungsmonat. Scheidet der Angestellte wegen verminderter Erwerbsfähigkeit (§ 59) oder durch Erreichung der Altersgrenze (§ 60) aus dem Arbeitsverhältnis aus, so beträgt der Urlaubsanspruch sechs Zwölftel, wenn das Arbeitsverhältnis in der ersten Hälfte, und zwölf Zwölftel, wenn es in der zweiten Hälfte des Urlaubsjahres endet. Satz 2 gilt nicht, wenn der Urlaub nach Abs. 3 zu vermindern ist.

(5a) Vor Anwendung der Absätze 3 und 5 sind der Erholungsurlaub und ein etwaiger Zusatzurlaub mit Ausnahme des Zusatzurlaubs nach dem SGB IX zusammenzurechnen.

(5b) Bruchteile von Urlaubstagen werden – bei mehreren Bruchteilen nach ihrer Zusammenrechnung – einmal im Urlaubsjahr auf einen vollen Urlaubstag aufgerundet; Abs. 4 Unterabs. 5 bleibt unberührt.

(6) Maßgebend für die Berechnung der Urlaubsdauer ist das Lebensjahr, das im Laufe des Urlaubsjahres vollendet wird.

(7) Der Bemessung des Urlaubs ist die Vergütungsgruppe zugrunde zu legen, in der sich der Angestellte bei Beginn des Urlaubsjahres befunden hat, bei Einstellung während des Urlaubsjahres die Vergütungsgruppe, in die er bei der Einstellung eingruppiert worden ist. Ein Aufrücken des Angestellten während des Urlaubsjahres bleibt unberücksichtigt.

§ 48a Zusatzurlaub für Wechselschicht, Schichtarbeit und Nachtarbeit. (1) A. Für den Bereich des Bundes und für den Bereich der Tarifgemeinschaft deutscher Länder:

Der Angestellte, der ständig nach einem Schichtplan (Dienstplan) eingesetzt ist, der einen regelmäßigen Wechsel der täglichen Arbeitszeit in Wechselschichten (§ 15 Abs. 8 Unterabs. 6 Satz 2) vorsieht und dabei in einem Urlaubsjahr in je fünf Wochen durchschnittlich mindestens 40 Arbeitsstunden in der dienstplanmäßigen oder betriebsüblichen Nachtschicht leistet, erhält Zusatzurlaub.

Unterabs. 1 gilt auch, wenn Wechselschichten (§ 15 Abs. 8 Unterabs. 6 Satz 2) nur deshalb nicht vorliegen, weil der Schichtplan (Dienstplan) eine Unterbrechung der Arbeit am Wochenende von höchstens 48 Stunden vorsieht.

B. Für den Bereich der Vereinigung der kommunalen Arbeitgeberverbände:

Der Angestellte, der ständig Wechselschichtarbeit (§ 15 Abs. 8 Unterabs. 6) zu leisten hat, sowie der Angestellte, der ständig Schichtarbeit (§ 15 Abs. 8 Unterabs. 7) zu leisten hat, der nur deshalb nicht ständiger Wechselschichtangestellter ist, weil der Schichtplan eine Unterbrechung der Arbeit am Wochenende von höchstens 48 Stunden vorsieht, erhält Zusatzurlaub.

(2) Der Zusatzurlaub nach Abs. 1 beträgt bei einer entsprechenden Arbeitsleistung im Kalenderjahr

bei der Fünftagewoche an mindestens	bei der Sechstagewoche an mindestens	Urlaubsjahr
87 Arbeitstagen	104 Arbeitstagen	1 Arbeitstag
130 Arbeitstagen	156 Arbeitstagen	2 Arbeitstage
173 Arbeitstagen	208 Arbeitstagen	3 Arbeitstage
195 Arbeitstagen	243 Arbeitstagen	4 Arbeitstage

§ 48 Abs. 4 Unterabs. 1 Satz 2 gilt entsprechend.

(3) Der Angestellte, der die Voraussetzungen des Abs. 1 nicht erfüllt, jedoch seine Arbeit nach einem Schichtplan (Dienstplan) zu erheblich unterschiedlichen Zeiten (in Schichtarbeit oder im häufigen unregelmäßigen Wechsel mit Abweichungen von mindestens drei Stunden) beginnt oder beendet, erhält bei einer Leistung im Kalenderjahr von mindestens

110 Nachtarbeitsstunden 1 Arbeitstag,
220 Nachtarbeitsstunden 2 Arbeitstage,
330 Nachtarbeitsstunden 3 Arbeitstage,
450 Nachtarbeitsstunden 4 Arbeitstage
Zusatzurlaub im Urlaubsjahr.

(4) Der Angestellte, der die Voraussetzungen der Absätze 1 und 3 nicht erfüllt, erhält bei einer Leistung im Kalenderjahr von mindestens

150 Nachtarbeitsstunden 1 Arbeitstag,
300 Nachtarbeitsstunden 2 Arbeitstage,
450 Nachtarbeitsstunden 3 Arbeitstage,
600 Nachtarbeitsstunden 4 Arbeitstage
Zusatzurlaub im Urlaubsjahr.

(5) Für den Angestellten, der spätestens mit Ablauf des Urlaubsjahres, in dem der Anspruch nach Abs. 9 Satz 2 entsteht, das 50. Lebensjahr vollendet hat, erhöht sich der Zusatzurlaub um einen Arbeitstag.

(6) Bei Anwendung der Absätze 3 und 4 werden nur die im Rahmen der regelmäßigen Arbeitszeit (§ 15 Abs. 1 bis 4 und die entsprechenden Sonderregelungen hierzu) in der Zeit zwischen 20 Uhr und 6 Uhr dienstplanmäßig bzw. betriebsüblich geleisteten Arbeitsstunden berücksichtigt. Die Absätze 3 und 4 gelten nicht, wenn die regelmäßige Arbeitszeit nach § 15 Abs. 2 Buchst. c verlängert ist.

(7) Zusatzurlaub nach den Absätzen 1 bis 4 darf insgesamt vier – in den Fällen des Abs. 5 – fünf Arbeitstage für das Urlaubsjahr nicht überschreiten.

(8) Bei nichtvollbeschäftigten Angestellten ist die Zahl der in den Abs. 3 und 4 geforderten Arbeitsstunden entsprechend dem Verhältnis der vereinbarten durchschnittlichen regelmäßigen Arbeitszeit zu regelmäßigen Arbeitszeit eines entsprechenden vollbeschäftigten Angestellten zu kürzen. Ist die vereinbarte Arbeitszeit im Durchschnitt des Urlaubsjahres auf weniger als fünf Arbeitstage in der Kalenderwoche verteilt, ist der Zusatzurlaub in entsprechender Anwendung des § 48 Abs. 4 Unterabs. 3 Satz 1 und Unterabs. 5 zu ermitteln.

(9) Der Zusatzurlaub bemißt sich nach der bei demselben Arbeitgeber im vorangegangenen Kalenderjahr erbrachten Arbeitsleistung. Der Anspruch auf

Zusatzurlaub entsteht mit Beginn des auf die Arbeitsleistung folgenden Urlaubsjahres.

(10) Auf den Zusatzurlaub werden Zusatzurlaub und zusätzlich freie Tage angerechnet, die nach anderen Regelungen wegen Wechselschicht-, Schicht- oder Nachtarbeit oder wegen Arbeit an Theatern und Bühnen zustehen.

(11) Die Absätze 1 bis 10 gelten nicht für Angestellte, die nach einem Schichtplan (Dienstplan) eingesetzt sind, der für die Regelfall Schichten von 24 Stunden Dauer vorsieht. Ist die Arbeitszeit in nicht unerheblichem Umfang anders gestaltet, gelten die Absätze 3 bis 10 für Zeiten der Arbeitsleistung (nicht Arbeitsbereitschaft und Ruhezeit).

Protokollnotiz zu Absatz 2:

Bei anderweitiger Verteilung der wöchentlichen Arbeitszeit ist die Zahl der Tage der Arbeitsleistung entsprechend zu ermitteln.

§ 49 Zusatzurlaub. (1) Für die Gewährung eines Zusatzurlaubs sind hinsichtlich des Grundes und der Dauer die für die Beamten des Arbeitgebers jeweils maßgebenden Bestimmungen sinngemäß anzuwenden. Dies gilt nicht für Bestimmungen über einen Zusatzurlaub der in § 48a geregelten Art.

(2) Zusatzurlaub nach diesem Tarifvertrag, nach bezirklichen Regelungen und nach sonstigen Bestimmungen wird nur bis zu insgesamt fünf Arbeitstagen im Urlaubsjahr gewährt. Erholungsurlaub und Zusatzurlaub (Gesamturlaub) dürfen im Urlaubsjahr zusammen 34 Arbeitstage nicht überschreiten.

Unterabs. 1 ist auf Zusatzurlaub nach dem SGB IX oder nach Vorschriften für politisch Verfolgte, Unterabs. 1 Satz 2 auf Zusatzurlaub nach § 48a und den entsprechenden Sonderregelungen hierzu nicht anzuwenden.

Für die Anwendung des Unterabs. 1 gilt § 48 Abs. 3 bis 5b entsprechend.

§ 50 Sonderurlaub. (1) Angestellten soll auf Antrag Sonderurlaub ohne Fortzahlung der Bezüge gewährt werden, wenn sie
a) mindestens ein Kind unter 18 Jahren oder
b) einen nach ärztlichem Gutachten pflegebedürftigen sonstigen Angehörigen tatsächlich betreuen oder pflegen und dringende dienstliche bzw. betriebliche Belange nicht entgegenstehen.

Der Sonderurlaub ist auf bis zu fünf Jahre zu befristen. Er kann verlängert werden; der Antrag ist spätestens sechs Monate vor Ablauf des Sonderurlaubs zu stellen.

(2) Sonderurlaub ohne Fortzahlung der Bezüge aus anderen als den in Abs. 1 Unterabs. 1 genannten Gründen kann bei Vorliegen eines wichtigen Grundes gewährt werden, wenn die dienstlichen oder betrieblichen Verhältnisse es gestatten.

(3) Die Zeit des Sonderurlaubs nach den Absätzen 1 und 2 gilt nicht als Beschäftigungszeit nach § 19. In den Fällen des Abs. 2 gilt Satz 1 nicht, wenn der Arbeitgeber vor Antritt des Sonderurlaubs ein dienstliches oder betriebliches Interesse an der Beurlaubung schriftlich anerkannt hat.

Protokollnotiz:

Ein Sonderurlaub darf nicht unterbrochen werden für Zeiträume, in denen keine Arbeitsverpflichtung besteht.

§ 51 Urlaubsabgeltung. (1) Ist im Zeitpunkt der Kündigung des Arbeitsverhältnisses der Urlaubsanspruch noch nicht erfüllt, ist der Urlaub, soweit dies dienstlich oder betrieblich möglich ist, während der Kündigungsfrist zu gewähren und zu nehmen. Soweit der Urlaub nicht gewährt werden kann oder die Kündigungsfrist nicht ausreicht, ist der Urlaub abzugelten. Entsprechendes gilt, wenn das Arbeitsverhältnis durch Auflösungsvertrag (§ 58) oder wegen verminderter Erwerbsfähigkeit (§ 59) endet, oder wenn das Arbeitsverhältnis nach § 59 Abs. 1 Unterabs. 1 Satz 5 zum Ruhen kommt.

Ist dem Angestellten wegen eines vorsätzlichen schuldhaften Verhaltens außerordentlich gekündigt worden oder hat der Angestellte das Arbeitsverhältnis unberechtigterweise gelöst, wird lediglich derjenige Urlaubsanspruch abgegolten, der dem Angestellten nach gesetzlichen Vorschriften bei Anwendung des § 48 Abs. 5 Satz 1 noch zustehen würde.

(2) Für jeden abzugeltenden Urlaubstag werden bei der Fünftagewoche $^{3}/_{65}$, bei einer Sechstagewoche $1/26$ der Urlaubsvergütung gezahlt, die dem Angestellten zugestanden hätte, wenn er während des ganzen Kalendermonats, in dem er ausgeschieden ist, Erholungsurlaub gehabt hätte. In anderen Fällen ist der Bruchteil entsprechend zu ermitteln.

Protokollnotiz:

Die Abgeltung unterbleibt, wenn der Angestellte in unmittelbarem Anschluß in ein Arbeitsverhältnis zu einem anderen Arbeitgeber des öffentlichen Dienstes im Sinne des § 44 Abs. 1 Nr. 4 Satz 2 Buchst. a übertritt und dieser sich verpflichtet, den noch nicht verbrauchten Urlaub zu gewähren.

§ 52 Arbeitsbefreiung. (1) Als Fälle nach § 616 BGB, in denen der Angestellte unter Fortzahlung der Vergütung (§ 26) und der in Monatsbeträgen festgelegten Zulagen im nachstehend genannten Ausmaß von der Arbeit freigestellt wird, gelten nur die folgenden Anlässe:

a) Niederkunft der Ehefrau	1 Arbeitstag,
b) Tod des Ehegatten, eines Kinder oder Elternteils	2 Arbeitstage,
c) Umzug aus dienstlichem oder betrieblichem Grund an einen anderen Ort	1 Arbeitstag,
d) 25-, 40- und 50jähriges Arbeitsjubiläum	1 Arbeitstag,
e) schwere Erkrankung	
aa) eines Angehörigen, soweit er in demselben Haushalt lebt,	1 Arbeitstag im Kalenderjahr,
bb) eines Kindes, das das 12. Lebensjahr noch nicht vollendet hat, wenn im laufenden Kalenderjahr kein Anspruch nach § 45 SGB V besteht oder bestanden hat,	bis zu 4 Arbeitstage im Kalenderjahr,
cc) einer Betreuungsperson, wenn der Angestellte deshalb die Betreuung seines Kindes, das das 8. Lebensjahr noch nicht vollendet hat oder wegen körperlicher, geistiger oder seelischer Behinderung dauernd pflegebedürftig ist, übernehmen muß,	bis zu 4 Arbeitstage im Kalenderjahr.

Eine Freistellung erfolgt nur, soweit eine andere Person zur Pflege oder Betreuung nicht sofort zur Verfügung steht und der Arzt in den Fällen der Doppelbuchstaben aa und bb die Notwendigkeit der Anwesenheit des Angestellten zur vorläufigen Pflege bescheinigt. Die Freistellung darf insgesamt 5 Arbeitstage im Kalenderjahr nicht überschreiten.

f) Ärztliche Behandlung des Angestellten, wenn diese während der Arbeitszeit erfolgen muß, erforderliche nachgewiesene Abwesenheitszeit einschließlich erforderlicher Wegezeiten.

(2) Bei Erfüllung allgemeiner staatsbürgerlicher Pflichten nach deutschem Recht, soweit die Arbeitsbefreiung gesetzlich vorgeschrieben ist und soweit die Pflichten nicht außerhalb der Arbeitszeit, gegebenenfalls nach ihrer Verlegung, wahrgenommen werden können, besteht der Anspruch auf Fortzahlung der Vergütung (§ 26) und der in Monatsbeträgen festgelegten Zulagen nur insoweit, als der Angestellte nicht Ansprüche auf Ersatz dieser Bezüge geltend machen kann. Die fortgezahlten Bezüge gelten in Höhe des Ersatzanspruchs als Vorschuß auf die Leistungen der Kostenträger. Der Angestellte hat den Ersatzanspruch geltend zu machen und die erhaltenen Beträge an den Arbeitgeber abzuführen.

(3) Der Arbeitgeber kann in sonstigen dringenden Fällen Arbeitsbefreiung unter Fortzahlung der Vergütung (§ 26) und der in Monatsbeträgen festgelegten Zulagen bis zu drei Arbeitstagen gewähren.

In begründeten Fällen kann bei Verzicht auf die Bezüge kurzfristige Arbeitsbefreiung gewährt werden, wenn die dienstlichen oder betrieblichen Verhältnisse es gestatten.

(4) Zur Teilnahme an Tagungen kann den gewählten Vertretern der Bezirksvorstände, der Landesbezirksvorstände, der Bundesfachbereichsvorstände, der Bundesfachgruppenvorstände sowie des Gewerkschaftsrates bzw. entsprechender Gremien anderer vertragschließender Gewerkschaften auf Anfordern der Gewerkschaften Arbeitsbefreiung bis zu sechs Werktagen im Jahr unter Fortzahlung der Vergütung (§ 26) und der in Monatsbeträgen festgelegten Zulagen erteilt werden, sofern nicht dringende dienstliche oder betriebliche Interessen entgegenstehen.

Zur Teilnahme an Tarifverhandlungen mit dem Bund, der Tarifgemeinschaft deutscher Länder und der Vereinigung der kommunalen Arbeitgeberverbände oder ihrer Arbeitgeberverbände kann auf Anfordern einer der vertragschließenden Gewerkschaften Arbeitsbefreiung unter Fortzahlung der Vergütung (§ 26) und der in Monatsbeträgen festgelegten Zulagen ohne zeitliche Begrenzung erteilt werden.

(5) Zur Teilnahme an Sitzungen von Prüfungs- und von Berufsbildungsausschüssen nach dem Berufsbildungsgesetz sowie für eine Tätigkeit in Organen von Sozialversicherungsträgern kann den Mitgliedern Arbeitsbefreiung unter Fortzahlung der Vergütung (§ 26) und der in Monatsbeträgen festgelegten Zulagen gewährt werden, sofern nicht dringende dienstliche oder betriebliche Interessen entgegenstehen.

Protokollnotizen:

1. Als Zulagen, die in Monatsbeträgen festgelegt sind, gelten auch Monatspauschalen der in § 47 Abs. 2 Unterabs. 2 genannten Bezüge.

2. Zu den „begründeten Fällen" im Sinne des Absatzes 3 Unterabs. 2 können auch solche Anlässe gehören, für die nach Absatz 1 kein Anspruch auf Arbeitsbefreiung besteht (z. B. Umzug aus persönlichen Gründen).

§ 52 a Fortzahlung der Vergütung bei Arbeitsausfall in besonderen Fällen. (1) Bei Arbeitsausfall infolge vorübergehender Betriebsstörungen betriebstechnischer oder wirtschaftlicher Art, z. B. Mangel an Rohstoffen oder Betriebsstoffen, werden dem durch den Arbeitsausfall betroffenen Angestellten die Vergütung (§ 26) sowie die in Monatsbeträgen festgelegten Zulagen für die ausgefallene Arbeitszeit fortgezahlt, jedoch längstens für die Dauer von sechs aufeinanderfolgenden Arbeitstagen. Das gleiche gilt für Arbeitsausfall infolge behördlicher Maßnahmen. Die Vergütung wird nur fortgezahlt, wenn der Angestellte ordnungsgemäß zur Arbeit erschienen ist, es sei denn, daß der Arbeitgeber auf das Erscheinen des Angestellten zur Arbeit ausdrücklich oder stillschweigend verzichtet hat. Der Arbeitgeber ist berechtigt zu verlangen, daß die ausgefallene Arbeitszeit im Rahmen der gesetzlichen Vorschriften, insbesondere des Arbeitszeitgesetzes, innerhalb von zwei Wochen ohne nochmalige Bezahlung nachgeholt wird.

(2) Bei Arbeitsversäumnis, die infolge von technisch bedingten Verkehrsstörungen oder infolge von Naturereignissen am Wohn- oder Arbeitsort oder auf dem Wege zur Arbeit unvermeidbar ist und nicht durch Leistungsverschiebung ausgeglichen werden kann, werden die Vergütung (§ 26) sowie die in Monatsbeträgen festgelegten Zulagen für die ausgefallene Arbeitszeit, jedoch längstens für zwei aufeinanderfolgende Kalendertage fortgezahlt.

Protokollnotiz:

Als Zulagen, die in Monatsbeträgen festgelegt sind, gelten auch Monatspauschalen der in § 47 Abs. 2 Unterabs. 2 genannten Bezüge.

Abschnitt XII. Beendigung des Arbeitsverhältnisses

§ 53 Ordentliche Kündigung. (1) Bis zum Ende des sechsten Monats seit Beginn des Arbeitsverhältnisses und für Angestellte unter 18 Jahren beträgt die Kündigungsfrist zwei Wochen zum Monatsschluß.

(2) Im übrigen beträgt die Kündigungsfrist bei einer Beschäftigungszeit (§ 19 – ohne die nach Nr. 3 der Übergangsvorschriften zu § 19 berücksichtigten Zeiten)

bis zu 1 Jahr	1 Monat zum Monatsschluß,
nach einer Beschäftigungszeit	
von mehr als 1 Jahr	6 Wochen,
von mindestens 5 Jahren	3 Monate,
von mindestens 8 Jahren	4 Monate,
von mindestens 10 Jahren	5 Monate,
von mindestens 12 Jahren	6 Monate

zum Schluß eines Kalendervierteljahres.

§ 54 Außerordentliche Kündigung. (1) Der Arbeitgeber und der Angestellte sind berechtigt, das Arbeitsverhältnis aus einem wichtigen Grunde fristlos zu kündigen, wenn Tatsachen vorliegen, aufgrund derer dem Kündigenden unter Berücksichtigung aller Umstände des Einzelfalles und unter Abwägung der Interessen beider Vertragsteile die Fortsetzung des Arbeitsverhältnisses bis zum Ablauf der Kündigungsfrist oder bis zu der vereinbarten Beendigung des Arbeitsverhältnisses nicht zugemutet werden kann.

(2) Die Kündigung kann nur innerhalb von zwei Wochen erfolgen. Die Frist beginnt mit dem Zeitpunkt, in dem der Kündigungsberechtigte von den für die Kündigung maßgebenden Tatsachen Kenntnis erlangt. Der Kündigende muß dem anderen Teil auf Verlangen den Kündigungsgrund unverzüglich schriftlich mitteilen.

(3) Die Regelungen des Einigungsvertrages bleiben unberührt.

§ 55. *(nicht besetzt)*

§ 56 Ausgleichszulage bei Arbeitsunfall und Berufskrankheit. Ist der Angestellte infolge eines Unfalls, den er nach mindestens einjähriger ununterbrochener Beschäftigung bei demselben Arbeitgeber in Ausübung oder infolge seiner Arbeit ohne Vorsatz oder grobe Fahrlässigkeit erlitten hat, in seiner bisherigen Vergütungsgruppe nicht mehr voll leistungsfähig und wird er deshalb in einer niedrigeren Vergütungsgruppe, weiterbeschäftigt, so erhält er eine Ausgleichszulage in Höhe des Unterschiedsbetrags zwischen der ihm in der neuen Vergütungsgruppe jeweils zustehenden Grundvergütung zuzüglich der allgemeinen Zulage und der Grundvergütung zuzüglich der allgemeinen Zulage die er in der verlassenen Vergütungsgruppe zuletzt bezogen hat. Das gleiche gilt bei einer Berufskrankheit im Sinne des § 9 SGB VII nach mindestens dreijähriger ununterbrochener Beschäftigung.

§ 57 Schriftform der Kündigung. Kündigungen – auch außerordentliche – bedürfen der Schriftform. Kündigt der Arbeitgeber, so soll er den Kündigungsgrund in dem Kündigungsschreiben angeben; § 54 Abs. 2 Satz 3 bleibt unberührt.

§ 58 Beendigung des Arbeitsverhältnisses durch Vereinbarung. Das Arbeitsverhältnis kann im gegenseitigen Einvernehmen jederzeit beendet werden (Auflösungsvertrag).

§ 59 Beendigung des Arbeitsverhältnisses wegen verminderter Erwerbsfähigkeit. (1) Wird durch den Bescheid eines Rentenversicherungsträgers festgestellt, daß der Angestellte erwerbsgemindert ist, so endet das Arbeitsverhältnis des Angestellten mit Ablauf des Monats, in dem der Bescheid zugestellt wird. Der Angestellte hat den Arbeitgeber von der Zustellung des Rentenbescheides unverzüglich zu unterrichten. Beginnt die Rente wegen verminderter Erwerbsfähigkeit erst nach der Zustellung des Rentenbescheides, endet das Arbeitsverhältnis mit Ablauf des dem Rentenbeginn vorangehenden Tages. Das Arbeitsverhältnis endet nicht, wenn nach dem Bescheid des Rentenversicherungsträgers eine befristete Rente wegen verminderter Erwerbsfähigkeit gewährt wird. In diesem Fall ruht das Arbeitsverhältnis mit allen Rechten und Pflichten von dem Tage an, der auf den nach Satz 1 oder 3 maßgebenden Zeitpunkt folgt, bis zum Ablauf des Tages, bis zu dem die befristete Rente bewilligt ist, längstens jedoch bis zum Ablauf des Tages, an dem das Arbeitsverhältnis endet.

Verzögert der Angestellte schuldhaft den Rentenantrag oder bezieht er Altersrente nach § 236 oder § 236a SGB VI oder ist er nicht in der gesetzlichen Rentenversicherung versichert, so tritt an die Stelle des Bescheides des Rentenversicherungsträgers das Gutachten eines Amtsarztes. Das Arbeitsverhältnis endet in diesem Fall mit Ablauf des Monats, in dem dem Angestellten das Gutachten bekanntgegeben worden ist.

(2) Das Arbeitsverhältnis endet bzw. ruht nicht, wenn der Angestellte, der nur teilweise erwerbsgemindert ist, nach seinem vom Rentenversicherungsträger festgestellten Leistungsvermögen auf seinem bisherigen oder einem anderen geeigneten und freien Arbeitsplatz weiterbeschäftigt werden könnte, soweit dringende dienstliche bzw. betriebliche Gründe nicht entgegenstehen, und der Angestellte innerhalb von zwei Wochen nach Zugang des Rentenbescheides seine Weiterbeschäftigung schriftlich beantragt.

(3) Liegt bei einem Angestellten, der schwerbehindert im Sinne des SGB IX ist, in dem Zeitpunkt, in dem nach Abs. 1 das Arbeitsverhältnis wegen verminderter Erwerbsfähigkeit endet, die nach § 92 SGB IX erforderliche Zustimmung des Integrationsamtes noch nicht vor, endet das Arbeitsverhältnis mit Ablauf des Tages der Zustellung des Zustimmungsbescheides des Integrationsamtes.

§ 60 Beendigung des Arbeitsverhältnisses durch Erreichung der Altersgrenze, Weiterbeschäftigung. (1) Das Arbeitsverhältnis endet, ohne daß es einer Kündigung bedarf, mit Ablauf des Monats, in dem der Angestellte das fünfundsechzigste Lebensjahr vollendet hat.

(2) Soll der Angestellte, dessen Arbeitsverhältnis nach Abs. 1 geendet hat, ausnahmsweise weiterbeschäftigt werden, ist ein neuer schriftlicher Arbeitsvertrag abzuschließen. In dem Arbeitsvertrag können die Vorschriften dieses Tarifvertrages ganz oder teilweise abgedungen werden. Es darf jedoch keine niedrigere Vergütung vereinbart werden als die der Vergütungsgruppe, die der Tätigkeit des Angestellten entspricht. Das Arbeitsverhältnis kann jederzeit mit einer Frist von vier Wochen zum Monatsschluß gekündigt werden, wenn im Arbeitsvertrag nichts anderes vereinbart ist.
Sind die sachlichen Voraussetzungen für die Erlangung laufender Bezüge aus der Sozialversicherung oder einer anderweitigen Versorgung in dem in Abs. 1 bezeichneten Zeitpunkt noch nicht gegeben, so soll der Angestellte, wenn er noch voll leistungsfähig ist, bis zum Eintritt der Voraussetzungen, im allgemeinen aber nicht über drei Jahre hinaus, weiterbeschäftigt werden.

(3) Abs. 2 Unterabs. 1 Satz 2 bis 4 gilt entsprechend für Angestellte, die nach Vollendung des fünfundsechzigsten Lebensjahres eingestellt werden.

§ 61 Zeugnisse und Arbeitsbescheinigungen. (1) Bei Kündigung hat der Angestellte Anspruch auf unverzügliche Ausstellung eines vorläufigen Zeugnisses über Art und Dauer seiner Tätigkeit. Dieses Zeugnis ist bei Beendigung des Arbeitsverhältnisses sofort gegen ein endgültiges Zeugnis umzutauschen, das sich auf Antrag auch auf Führung und Leistung erstrecken muß.

(2) Der Angestellte ist berechtigt, aus triftigen Gründen auch während des Arbeitsverhältnisses ein Zeugnis zu verlangen.

(3) Auf Antrag ist dem Angestellten bei Beendigung des Arbeitsverhältnisses eine Bescheinigung über die Vergütungsgruppe und die zuletzt bezogene Vergütung auszuhändigen.

Abschnitt XIII. Übergangsgeld

§ 62 Voraussetzungen für die Zahlung des Übergangsgeldes. (1) Der Angestellte, der am Tage der Beendigung des Arbeitsverhältnisses
a) das einundzwanzigste Lebensjahr vollendet hat und
b) in einem ununterbrochenen Angestelltenverhältnis von mindestens einem Jahr bei demselben Arbeitgeber gestanden hat,
erhält beim Ausscheiden ein Übergangsgeld.

(2) Das Übergangsgeld wird nicht gewährt, wenn
a) der Angestellte das Ausscheiden verschuldet hat,
b) der Angestellte gekündigt hat,
c) das Arbeitsverhältnis durch Auflösungsvertrag (§ 58) beendet ist,
d) der Angestellte eine Abfindung aufgrund des Kündigungsschutzgesetzes erhält,
e) der Angestellte aufgrund eines Vergleichs ausscheidet, in dem vom Arbeitgeber eine Geldzahlung ohne Arbeitsleistung zugebilligt wird,
f) sich unmittelbar an das beendete Arbeitsverhältnis ein neues mit Einkommen verbundenes Beschäftigungsverhältnis anschließt,
g) der Angestellte eine ihm nachgewiesene Arbeitsstelle ausgeschlagen hat, deren Annahme ihm billigerweise zugemutet werden konnte,
h) dem Angestellten aufgrund Satzung, Gesetzes, Tarifvertrages oder sonstiger Regelung im Falle des Ausscheidens vor Eintritt eines Versicherungsfalles im Sinne der gesetzlichen Rentenversicherung eine Versorgungsrente oder vergleichbare Leistung gewährt wird oder die Anwartschaft auf eine dieser Leistungen gesichert ist,
i) der Angestellte aus eigener Erwerbstätigkeit eine Rente aus der gesetzlichen Rentenversicherung oder Leistungen aus einer Versicherung oder Versorgung erhält oder beanspruchen kann, zu der der Arbeitgeber oder ein anderer Arbeitgeber, der diesen Tarifvertrag oder einen Tarifvertrag wesentlich gleichen Inhalts anwendet, Mittel ganz oder teilweise beisteuert oder beigesteuert hat.

(3) Auch in den Fällen des Abs. 2 Buchst. b und c wird Übergangsgeld gewährt, wenn
1. der Angestellte wegen
 a) eines mit Sicherheit erwarteten Personalabbaues,
 b) einer Körperbeschädigung, die ihn zur Fortsetzung der Arbeit unfähig macht,
 c) einer in Ausübung oder infolge seiner Arbeit erlittenen Gesundheitsschädigung, die seine Arbeitsunfähigkeit für längere Zeit wesentlich herabsetzt,
2. die Angestellte außerdem wegen
 a) Schwangerschaft,
 b) Niederkunft in den letzten drei Monaten
gekündigt oder einen Auflösungsvertrag (§ 58) geschlossen hat.

(4) Tritt der Angestellte innerhalb der Zeit, während der Übergangsgeld zu zahlen ist (§ 64 Abs. 1), in ein neues mit Einkommen verbundenes Beschäftigungsverhältnis ein oder wird ihm während dieses Zeitraumes eine Arbeitsstelle nachgewiesen, deren Annahme ihm billigerweise zugemutet werden

kann, so steht ihm Übergangsgeld von dem Tage an, an dem er das neue Beschäftigungsverhältnis angetreten hat oder hätte antreten können, nicht zu.

§ 63 Bemessung des Übergangsgeldes. (1) Das Übergangsgeld wird nach der dem Angestellten am Tage vor dem Ausscheiden zustehenden Vergütung (§ 26) bemessen. Steht an diesem Tage keine Vergütung zu, so wird das Übergangsgeld nach der Vergütung bemessen, die dem Angestellten bei voller Arbeitsleistung am Tage vor dem Ausscheiden zugestanden hätte.

(2) Das Übergangsgeld beträgt für jedes volle Jahr der dem Ausscheiden vorangegangenen Zeiten, die seit der Vollendung des achtzehnten Lebensjahres in einem oder mehreren ohne Unterbrechung aneinandergereihten Beschäftigungsverhältnissen bei von diesem Tarifvertrag oder vom BAT erfaßten Arbeitgebern oder bei Körperschaften, Stiftungen oder Anstalten des öffentlichen Rechts, die diesen Tarifvertrag, den BAT oder einen Tarifvertrag wesentlich gleichen Inhalts anwenden, zurückgelegt sind, ein Viertel der letzten Monatsvergütung, mindestens aber die Hälfte und höchstens das Vierfache dieser Monatsvergütung.

(3) Als Beschäftigungsverhältnis gelten alle bei den in Abs. 2 genannten Arbeitgebern in einem Beamten-, Arbeits- oder Soldatenverhältnis zurückgelegten Zeiten ausschließlich derjenigen, für die wegen Beurlaubung keine Bezüge gezahlt wurden. Dabei bleibt eine Beschäftigung
a) als Ehrenbeamter,
b) als Beamter im Vorbereitungsdienst,
c) in einem nur nebenbei bestehenden Beamtenverhältnis,
d) in einem Ausbildungsverhältnis,
e) vor Inkrafttreten dieses Tarifvertrages
unberücksichtigt.
Als Unterbrechung im Sinne des Abs. 2 gilt jeder zwischen den Beschäftigungsverhältnissen liegende, einen oder mehrere Werktage – mit Ausnahme allgemein arbeitsfreier Werktage – umfassende Zeitraum, in dem ein Beschäftigungsverhältnis nicht bestand. Als Unterbrechung gilt es nicht, wenn der Angestellte in dem zwischen zwei Beschäftigungsverhältnissen liegenden Zeitraum arbeitsunfähig krank war oder die Zeit zur Ausführung eines Umzuges an einen anderen Ort benötigt wurde.

(4) Wurde dem Angestellten bereits Übergangsgeld oder eine Abfindung gewährt, so bleiben die davor liegenden Zeiträume bei der Berechnung des Übergangsgeldes unberücksichtigt.

(5) Werden dem Angestellten laufende Versorgungsbezüge, laufende Unterstützungen, Arbeitslosengeld, Arbeitslosenhilfe, sonstige laufende Bezüge aus öffentlichen Mitteln, Renten aus der gesetzlichen Rentenversicherung, die nicht unter § 62 Abs. 2 Buchst. i fallen, oder Renten oder vergleichbare Leistungen eines ausländischen Versicherungsträgers gezahlt oder hätte der Angestellte, der nicht unter § 62 Abs. 3 Nr. 2 fällt, bei unverzüglicher Antragstellung nach Beendigung des Arbeitsverhältnisses Anspruch auf Arbeitslosengeld oder Arbeitslosenhilfe, so erhält er ohne Rücksicht darauf, ob der Arbeitgeber dazu Mittel beigesteuert hat, das Übergangsgeld nur insoweit, als die genannten Bezüge für denselben Zeitraum hinter dem Übergangsgeld zurückbleiben.

Zu den Bezügen im Sinne des Satzes 1 gehören nicht

a) Renten nach dem Bundesversorgungsgesetz,
b) der nach dem Beamtenversorgungsrecht neben dem Ruhegehalt zu zahlenden Unfallausgleich oder Hilflosigkeitszuschlag,
c) Unfallrenten nach dem Siebten Buch Sozialgesetzbuch,
d) Renten nach den Gesetzen zur Entschädigung der Opfer der nationalsozialistischen Verfolgung (Bundesentschädigungsgesetz sowie die entsprechenden Gesetze der Länder), soweit sie an Verfolgte oder deren Hinterbliebene als Entschädigung für Schaden an Leben oder an Körper oder Gesundheit geleistet werden,
e) *(nicht besetzt)*
f) *(nicht besetzt)*
g) *(nicht besetzt)*
h) Blindenhilfe nach § 67 des Bundessozialhilfegesetzes,
i) Kindergeld nach dem Einkommensteuergesetz (EStG) oder nach dem Bundeskindergeldgesetz (BKGG) oder Leistungen im Sinne des § 65 Abs. 1 Nrn. 1 bis 3 EStG oder des § 4 Abs. 1 Nrn. 1 bis 3 BKGG sowie Kindergeld aufgrund des Rechts der Europäischen Gemeinschaften oder aufgrund zwischenstaatlicher Abkommen in Verbindung mit dem EStG oder dem BKGG.

Protokollnotiz zu Absatz 3:

Als Ausbildungszeit nach Absatz 3 Satz 2 Buchst. d gilt nicht die Zeit der Tätigkeit eines Assistenzarztes, die auf die Weiterbildung zum Facharzt angerechnet werden kann.

§ 64 Auszahlung des Übergangsgeldes. (1) Das Übergangsgeld wird in Monatsbeträgen am Zahltag (§ 36 Abs. 1) gezahlt, erstmalig in dem auf das Ausscheiden folgenden Monat. Die Auszahlung unterbleibt, bis etwaige Vorschüsse durch Aufrechnung getilgt sind. Vor der Zahlung hat der Angestellte anzugeben, ob und welche laufenden Bezüge nach § 63 Abs. 5 gewährt werden. Ferner hat er zu versichern, daß er keine andere Beschäftigung angetreten hat.

(2) Zu Siedlungszwecken oder zur Begründung oder zum Erwerb eines eigenen gewerblichen Unternehmens kann das Übergangsgeld in einer Summe ausgezahlt werden.

(3) Beim Tode des Angestellten wird der noch nicht gezahlte Betrag an den Ehegatten oder die Kinder, für die dem Angestellten Kindergeld nach dem Einkommensteuergesetz (EStG) oder nach dem Bundeskindergeldgesetz (BKGG) zugestanden hat oder ohne Berücksichtigung der §§ 64, 65 EStG oder der §§ 3, 4 BKGG zugestanden hätte, in einer Summe gezahlt. Die Zahlung an einen der nach Satz 1 Berechtigten bringt den Anspruch der übrigen gegenüber dem Arbeitgeber zum Erlöschen.

Protokollnotiz zu Absatz 3:

Die Protokollnotiz zu § 29 Abschn. B gilt entsprechend.

Abschnitt XIV. Besondere Vorschriften

§ 65 Dienstwohnungen (Werkdienstwohnungen). Für die Zuweisung von Dienstwohnungen (Werkdienstwohnungen) und für die Bemessung der

Dienstwohnungsvergütung (Werkdienstwohnungsvergütung) gelten die Bestimmungen des Arbeitgebers über Dienstwohnungen (Werkdienstwohnungen) in der jeweiligen Fassung.

§ 66 Schutzkleidung. Soweit das Tragen von Schutzkleidung gesetzlich vorgeschrieben oder vom Arbeitgeber angeordnet ist, wird sie unentgeltlich geliefert und bleibt Eigentum des Arbeitgebers. Als Schutzkleidung sind die Kleidungsstücke anzusehen, die bei bestimmten Tätigkeiten an bestimmten Arbeitsplätzen an Stelle oder über der sonstigen Kleidung zum Schutze gegen Witterungsunbilden und andere gesundheitliche Gefahren oder außergewöhnliche Beschmutzung getragen werden müssen. Die Schutzkleidung muß geeignet und ausreichend sein.

§ 67 Dienstkleidung. Die Voraussetzungen für das Tragen von Dienstkleidung und die Beteiligung des Angestellten an den Kosten richten sich nach den bei dem Arbeitgeber jeweils geltenden Bestimmungen. Als Dienstkleidung gelten Kleidungsstücke, die zur besonderen Kenntlichmachung im dienstlichen Interesse an Stelle anderer Kleidung während der Arbeit getragen werden müssen.

§ 68 Sachleistungen. Sind mit der Beschäftigung des Angestellten Nebenbezüge durch Nutzung von Dienstgrundstücken und dergleichen verbunden, so ist hierfür ein angemessener Betrag zu entrichten. Für die Vorhaltung von Gerätschaften ist eine angemessene Entschädigung zu gewähren, sofern der Arbeitgeber ihre Vorhaltung fordert.

§ 69 Anwendung beamtenrechtlicher Vorschriften im Bereich der Tarifgemeinschaft deutscher Länder und im Bereich der Vereinigung der kommunalen Arbeitgeberverbände. Wird in diesem Tarifvertrag auf die für die Beamten geltenden Bestimmungen Bezug genommen und sind Beamte bei dem Arbeitgeber nicht beschäftigt, sind die Vorschriften anzuwenden, die
a) im Bereich der Tarifgemeinschaft deutscher Länder für die Beamten des Landes,
b) im Bereich der Vereinigung der kommunalen Arbeitgeberverbände für die Beamten der Gemeinden des Landes
gelten, in dem der Arbeitgeber seinen Sitz hat.

§ 70 Ausschlußfrist. Ansprüche aus dem Arbeitsverhältnis verfallen, wenn sie nicht innerhalb einer Ausschlußfrist von sechs Monaten nach Fälligkeit vom Angestellten oder vom Arbeitgeber schriftlich geltend gemacht werden, soweit tarifvertraglich nichts anderes bestimmt ist.

Für denselben Sachverhalt reicht die einmalige Geltendmachung des Anspruchs aus, um die Ausschlußfrist auch für später fällig werdende Leistungen unwirksam zu machen.

Abschnitt XV. Übergangs- und Schlußvorschriften

§§ 71, 73. *(nicht besetzt)*

§ 74 Inkrafttreten und Laufzeit. (1) Dieser Tarifvertrag tritt am 1. Januar 1991 in Kraft; abweichend hiervon treten die §§ 15 bis 17 sowie die Sonderregelungen hierzu am 1. April 1991 in Kraft. Nach dem Einigungsvertrag fortgeltende, von diesem Tarifvertrag abweichende Bestimmungen sind von diesen Zeitpunkten an nicht mehr anzuwenden.

(2) Dieser Tarifvertrag kann jederzeit schriftlich gekündigt werden.

Abweichend von Unterabs. 1 kann § 15 Abs. 1 Satz 2 mit einer Frist von einem Monat zum Schluß eines Kalendermonats, frühestens zum 28. Februar 1998, gekündigt werden. Im Falle der Kündigung zum 28. Februar 1998 tritt die Vorschrift in der bis zum 29. Februar 1996 gültigen Fassung unmittelbar wieder in Kraft. Für laufende Dienstpläne mit einer Laufzeit von mehr als 26 Wochen gilt eine Auslauffrist bis zu deren Ende, längstens bis zum 28. Februar 1999.

1a. Sonderregelungen für Angestellte in Kranken-, Heil-, Pflege- und Entbindungsanstalten sowie in sonstigen Anstalten und Heimen, in denen die betreuten Personen in ärztlicher Behandlung stehen (SR 2a BAT-O)

Geändert durch Änderungs-TV vom 5. 5. 1998

Nr. 1 Zu §§ 1 und 2 – Geltungsbereich –

Diese Sonderregelungen gelten für die in Kranken-, Heil-, Pflege- und Entbindungsanstalten sowie in sonstigen Anstalten und Heimen, in denen die betreuten Personen in ärztlicher Behandlung stehen, beschäftigten Angestellten. Dazu gehören auch die Angestellten, die in Anstalten beschäftigt sind, in denen eine ärztliche Eingangs-, Zwischen- und Schlußuntersuchung stattfindet (Kuranstalten und Kurheime), ferner die Angestellten in Krankenanstalten und Krankenabteilungen des Justizvollzugsdienstes, die nicht im Aufsichtsdienst tätig sind, die Angestellten in medizinischen Instituten von Kranken-, Heil- oder Pflegeanstalten (z.B. pathologischen Instituten oder Röntgeninstituten) sowie die Angestellten in Alters- und Pflegeheimen mit überwiegend krankenpflegebedürftigen Insassen.

Diese Sonderregelungen gelten nicht für Angestellte, die unter die Sonderregelungen 2c oder 2e III fallen.

Nr. 2 Zu § 7 – Ärztliche Untersuchung –

Der Arbeitgeber kann den Angestellten auch bei Beendigung des Arbeitsverhältnisses untersuchen lassen. Auf Verlangen des Angestellten ist er hierzu verpflichtet.

Nr. 3. *(nicht belegt)*

Nr. 4 Zu § 9 – Schweigepflicht –

Der Angestellte, dem im Zusammenhang mit seinem Arbeitsverhältnis Geheimnisse bekannt werden, die bei Ärzten und ärztlichen Hilfspersonen der Schweigepflicht unterliegen würden, ist auch dann verpflichtet, darüber Verschwiegenheit zu wahren, wenn er nicht im Sinne des Strafrechts zu den Hilfspersonen des Arztes rechnet.

Nr. 5 Zu § 15 – Regelmäßige Arbeitszeit –

(1) Angestellte, die regelmäßig an Sonn- und Feiertagen arbeiten müssen, erhalten innerhalb von zwei Wochen zwei arbeitsfreie Tage. Hiervon soll ein freier Tag auf einen Sonntag fallen.

(2) Von der regelmäßigen Arbeitszeit darf im Jahresdurchschnitt nur ein Viertel, bei Schichtdienst ein Drittel, auf Nachtdienst entfallen. Der Angestellte darf nicht länger als vier zusammenhängende Wochen mit Nachtdienst beschäftigt werden. Diese Dauer kann nur auf eigenen Wunsch des Angestellten überschritten werden.

Sonderregelungen SR 2a BAT-O 1a

**Nr. 6 Zu § 15 Abs. 6a und 6b und zu § 17 –
Bereitschaftsdienst, Rufbereitschaft – Überstunden –**

A. Überstunden

Für die Angestellten im Pflegedienst, im Wirtschaftsdienst (z. B. im Küchenwirtschaftsdienst, Wäschereidienst und in der Materialverwaltung der Hauswirtschaft), im Diätküchendienst (z. B. Diätassistentinnen) und im Erziehungsdienst gilt § 17 mit folgenden Maßgaben:

1. Anstelle des Absatzes 1 Unterabs. 2 gilt der folgende Satz: Überstunden dürfen nur in dringenden Fällen angeordnet werden.
2. Absatz 4 ist nicht anzuwenden.
3. Bei Notständen (z. B. Epidemien) kann der Ausgleichszeitraum des Absatzes 5 Satz 1 auf sechs Monate verlängert werden.

B. Bereitschaftsdienst und Rufbereitschaft

(1) Für Angestellte im Pflegedienst, die unter Abschnitt A der Anlage 1b zum BAT fallen, Angestellte im medizinisch-technischen Dienst (z. B. medizinisch-technische Laboratoriumsassistenten, medizinisch-technische Radiologieassistenten, Arzthelferinnen, medizinisch-technische Gehilfen) und Angestellte im pharmazeutisch-technischen Dienst (z. B. pharmazeutisch-technische Assistenten, Apothekenhelfer) gilt § 15 Abs. 6a und 6b mit den Maßgaben der Absätze 2 bis 8.

(2) Zum Zwecke der Vergütungsberechnung wird die Zeit des Bereitschaftsdienstes einschließlich der geleisteten Arbeit wie folgt als Arbeitszeit gewertet:

a) Nach dem Maß der während des Bereitschaftsdienstes erfahrungsgemäß durchschnittlich anfallenden Arbeitsleistungen wird die Zeit des Bereitschaftsdienstes wie folgt als Arbeitszeit gewertet:

Stufe	Arbeitsleistung innerhalb des Bereitschaftsdienstes	Bewertung als Arbeitszeit
A	0 bis 10 v. H.	15 v. H.
B	mehr als 10 bis 25 v. H.	25 v. H.
C	mehr als 25 bis 40 v. H.	40 v. H.
D	mehr als 40 bis 49 v. H.	55 v. H.

Ein hiernach der Stufe A zugeordneter Bereitschaftsdienst wird der Stufe B zugeteilt, wenn der Angestellte während des Bereitschaftsdienstes in der Zeit von 22 bis 6 Uhr erfahrungsgemäß durchschnittlich mehr als dreimal dienstlich in Anspruch genommen wird.

b) Entsprechend der Zahl der vom Angestellten je Kalendermonat abgeleisteten Bereitschaftsdienste wird die Zeit eines jeden Bereitschaftsdienstes zusätzlich wie folgt als Arbeitszeit gewertet:

Zahl der Bereitschaftsdienste im Kalendermonat	Bewertung als Arbeitszeit
1. bis 8. Bereitschaftsdienst	25 v. H.
9. bis 12. Bereitschaftsdienst	35 v. H.
13. und folgende Bereitschaftsdienste	45 v. H.

(3) *(nicht besetzt)*
(4) *(nicht besetzt)*
(5) Die Bereitschaftsdienste werden den einzelnen Stufen aufgrund bezirklicher oder örtlicher Vereinbarung zugewiesen. Die Zuweisung gilt für alle geleisteten Bereitschaftsdienste ohne Rücksicht auf die im Einzelfalle angefallene Arbeit.

Die bezirkliche oder örtliche Vereinbarung über die Zuweisung der Bereitschaftsdienste ist mit einer Frist von drei Monaten jeweils zum Ende eines Kalenderhalbjahres kündbar.

(6) Leistet der Angestellte in der Regel nur Rufbereitschaft und nicht auch Bereitschaftsdienst, dürfen im Kalendermonat nicht mehr als zwölf Rufbereitschaften angeordnet werden. Diese Zahl darf überschritten werden, wenn sonst die Versorgung der Patienten nicht sichergestellt wäre.

Die anfallenden Rufbereitschaften sollen auf die an der Rufbereitschaft teilnehmenden Angestellten gleichmäßig verteilt werden.

Die Vergütung für Rufbereitschaft kann durch Nebenrede zum Arbeitsvertrag pauschaliert werden. Die Nebenabrede ist mit einer Frist von zwei Wochen zum Monatsende kündbar.

(7) Im Kalendermonat dürfen
in den Stufen A und B nicht mehr als sieben,
in den Stufen C und D nicht mehr als sechs
Bereitschaftsdienste angeordnet werden. Diese Zahlen dürfen vorübergehend überschritten werden, wenn sonst die Versorgung der Patienten nicht sichergestellt wäre. Leistet der Angestellte auch Rufbereitschaft, ist dies bei Anwendung des Satzes 1 in der Weise zu berücksichtigen, daß zwei Rufbereitschaften als ein Bereitschaftsdienst gelten.

Ein Wochenendbereitschaftsdienst darf in den Stufen C und D nicht zusammenhängend von demselben Angestellten abgeleistet werden. Nach einem zusammenhängenden Wochenendbereitschaftsdienst oder einem anderen entsprechend langen Bereitschaftsdienst ist eine Ruhezeit von mindestens zwölf Stunden dienstplanmäßig vorzusehen.

Wird der Angestellte an einem Kalendertag, an dem er eine Arbeitszeit – ausschließlich der Pausen – von mindestens siebeneinhalb Stunden abgeleistet hat, zu einem Bereitschaftsdienst der Stufe C oder D herangezogen, der mindestens zwölf Stunden dauert, soll ihm nach diesem Bereitschaftsdienst eine Ruhezeit von mindestens acht Stunden gewährt werden; dies gilt nicht, wenn bei Gewährung der Ruhezeit die Versorgung der Patienten nicht sichergestellt wäre.

Unterabsatz 3 gilt entsprechend nach einer mindestens 24stündigen ununterbrochenen Inanspruchnahme durch Arbeit und Bereitschaftsdienst zwischen 6 Uhr an einem Sonntag oder einem Wochenfeiertag und 9 Uhr am folgenden Tag.

Unbeschadet der Unterabsätze 3 und 4 ist, von Notfällen abgesehen, dem Angestellten nach einem Bereitschaftsdienst von mindestens zwölf Stunden in dem erforderlichen Umfang Arbeitsbefreiung zu gewähren, wenn er nachweist, daß seine Inanspruchnahme während des Bereitschaftsdienstes über 50 v. H. hinausgegangen ist. Die Zeit der Arbeitsbefreiung ist Freizeitausgleich im Sinne des § 15 Abs. 6 a Unterabs. 3.

Der Angestellte, der ständig Wechselschichtarbeit (§ 15 Abs. 8 Unterabs. 6) zu leisten hat, soll im Anschluß an eine Nachtschicht nicht zum Bereitschaftsdienst herangezogen werden.

Sonderregelungen **SR 2a BAT-O 1a**

(8) Für die Feststellung der Zahl der Bereitschaftsdienste im Sinne des Absatzes 2 Buchst. b) und des Absatzes 7 Unterabs. 1 rechnen die innerhalb von 24 Stunden vom Dienstbeginn des einen bis zum Dienstbeginn des folgenden Tages oder innerhalb eines anders eingeteilten gleichlangen Zeitraumes (24-Stunden-Wechsel) vor, zwischen oder nach der dienstplanmäßigen Arbeitszeit geleisteten Bereitschaftszeiten zusammen als ein Bereitschaftsdienst. Werden die innerhalb des 24-Stunden-Wechsels anfallenden Bereitschaftszeiten nicht von demselben Angestellten geleistet oder wird innerhalb von 24 Stunden in mehreren Schichten gearbeitet, rechnen je 16 Bereitschaftsstunden als ein Bereitschaftsdienst.

Die vom Dienstende am Samstag bis zum Dienstbeginn am Montag zusammenhängend geleisteten Bereitschaftszeiten (Wochenendbereitschaftsdienst) rechnen als zwei Bereitschaftsdienste. Das gleiche gilt für die vom Dienstende am Tage vor dem Wochenfeiertag bis zum Dienstbeginn am Tage nach dem Wochenfeiertag zusammenhängend geleisteten Bereitschaftszeiten. Unterabsatz 1 Satz 2 gilt sinngemäß.

Für die Feststellung der Zahl der Rufbereitschaften im Sinne des Absatzes 6 Unterabs. 1 und des Absatzes 7 Unterabs. 1 Satz 3 gilt Unterabsatz 2 entsprechend.

Die Ruhezeiten im Sinne des Absatzes 7 Unterabs. 2 bis 4 können auch mit dienstplanmäßig freien Tagen zusammenfallen. Sie sollen, soweit möglich, zum Freizeitausgleich nach § 15 Abs. 6a Unterabs. 3 verwendet werden.

Übergangsvorschrift zu Abschnitt B Abs. 5:

Bis zum Abschluß der bezirklichen oder örtlichen Vereinbarung richtet sich die Zuweisung zu den einzelnen Stufen nach der erfahrungsgemäß durchschnittlich anfallenden Zeit der Arbeitsleistung.

Nr. 7 Zu Abschnitt VII – Vergütung –

(1) Wird ein Angestellter im Pflegedienst auf Veranlassung und im Rahmen der Qualitätssicherung oder des Personalbedarfs des Arbeitgebers fort- oder weitergebildet, werden, sofern keine Ansprüche gegen andere Kostenträger bestehen, vom Arbeitgeber
a) dem Angestellten, soweit er freigestellt werden muß, für die notwendige Fort- oder Weiterbildungszeit die bisherige Vergütung (§ 26) fortgezahlt und
b) die Kosten der Fort- oder Weiterbildung getragen.

(2) Der Angestellte ist verpflichtet, dem Arbeitgeber die Aufwendungen für eine Fort- oder Weiterbildung im Sinne des Absatzes 1 nach Maßgabe des Unterabsatzes 2 zu ersetzen, wenn das Arbeitsverhältnis auf Wunsch des Angestellten oder aus einem von ihm zu vertretenden Grund endet. Satz 1 gilt nicht, wenn die Angestellte
a) wegen Schwangerschaft oder
b) wegen Niederkunft in den letzten drei Monaten
gekündigt oder einen Auflösungsvertrag geschlossen hat.

Zurückzuzahlen sind, wenn das Arbeitsverhältnis endet
a) im ersten Jahr nach Abschluß der Fort- oder Weiterbildung, die vollen Aufwendungen,
b) im zweiten Jahr nach Abschluß der Fort- oder Weiterbildung, zwei Drittel der Aufwendungen,

c) im dritten Jahr nach Abschluß der Fort- oder Weiterbildung, ein Drittel der Aufwendungen.

Nrn. 8–12. *(nicht belegt)*

Nr. 13 Zu § 68 – Sachleistungen –

Eine dem Angestellten gewährte Verpflegung wird mit dem nach der jeweiligen Sachbezugsverordnung geltenden Wert auf die Vergütung angerechnet. Bei Diätverpflegung können arbeitsvertraglich höhere Sätze vereinbart werden.

1b. Sonderregelungen für Angestellte in Anstalten und Heimen, die nicht unter die Sonderregelungen 2a fallen (SR 2b BAT-O)

Geändert durch Änderungs-TV vom 31. 1. 2003

Nr. 1 Zu §§ 1 und 2 – Geltungsbereich –

Diese Sonderregelungen gelten für Angestellte in Anstalten und Heimen, die nicht unter die Sonderregelungen 2a fallen, wenn sie
der Förderung der Gesundheit,
der Erziehung, Fürsorge oder Betreuung von Kindern und Jugendlichen,
der Fürsorge oder Betreuung von obdachlosen, alten, gebrechlichen, erwerbsbeschränkten oder sonstigen hilfsbedürftigen Personen
dienen.

Dazu gehören auch die Angestellten in Anstalten, in denen die betreuten Personen nicht regelmäßig ärztlich behandelt und beaufsichtigt werden (Erholungsheime).

Diese Sonderregelungen gelten nicht für Angestellte, die unter die Sonderregelungen 2c oder 2e III fallen.

Nr. 2 Zu § 7 – Ärztliche Untersuchung –

Der Arbeitgeber kann den Angestellten auch bei Beendigung des Arbeitsverhältnisses untersuchen lassen. Auf Verlangen des Angestellten ist die Untersuchung durchzuführen, wenn er besonderen Ansteckungsgefahren ausgesetzt war.

Nr. 3 Zu § 8 – Allgemeine Pflichten –

Der Angestellte kann vom Arbeitgeber verpflichtet werden, an der Anstaltsverpflegung ganz oder teilweise teilzunehmen.

Diese Verpflichtung entfällt für den Bereich des Bundes und der Vereinigung der kommunalen Arbeitgeberverbände bei rechtzeitiger Abmeldung an arbeitsfreien Tagen und während des Urlaubs.

Im Bereich der Tarifgemeinschaft deutscher Länder sind bei der Teilnahme an der Anstaltsverpflegung Abmeldungen aus der Verpflegung nur für freie Tage, Tage der Freistellung von der Arbeit sowie Urlaubs- oder Krankheitstage zulässig. Von Ausnahmefällen abgesehen, können Abmeldungen nur für volle Tage vorgenommen und nur berücksichtigt werden, wenn sie bis spätestens 9.00 Uhr des Vortages erfolgt sind.

Protokollnotiz:

Der Arbeitgeber soll von der Verpflichtung Abstand nehmen, wenn die Teilnahme an der Anstaltsverpflegung aus gesundheitlichen oder familiären Gründen unzumutbar erscheint.

Nr. 4 Zu § 15 – Regelmäßige Arbeitszeit –

(1) Angestellte, die regelmäßig an Sonn- und Feiertagen arbeiten müssen, erhalten innerhalb von zwei Wochen zwei arbeitsfreie Tage. Hiervon soll ein freier Tag auf einen Sonntag fallen.

Für Angestellte, die an Heimschulen oder Internatsschulen beschäftigt werden, kann für dienstplanmäßige bzw. betriebsübliche Arbeit an Wochenfeiertagen entsprechender Freizeitausgleich innerhalb der Schulferien erteilt werden. In diesen Fällen gilt § 15 Abs. 6 Unterabs. 3 nicht.

(2) Von der regelmäßigen Arbeitszeit darf im Jahresdurchschnitt nur ein Viertel, bei Schichtdienst ein Drittel, auf Nachtdienst entfallen. Der Angestellte darf nicht länger als vier zusammenhängende Wochen mit Nachtdienst beschäftigt werden. Diese Dauer kann nur auf eigenen Wunsch des Angestellten überschritten werden.

(3) Für die als Lehrkräfte an Heimschulen und Internatsschulen beschäftigten Angestellten gilt Nr. 3 der SR 2 1 I.

Nr. 5 Zu § 15 Abs. 6 a – Bereitschaftsdienst –

(1) Für Angestellte, denen überwiegend die Betreuung oder Erziehung der untergebrachten Personen obliegt, gilt § 15 Abs. 6 a mit den Maßgaben der Absätze 2 und 3.

(2) Bereitschaftsdienst darf höchstens zwölfmal im Monat angeordnet werden. Für Erzieher (Fürsorgeerzieher, Heimerzieher) soll er in der Regel nicht mehr als zehnmal im Monat angeordnet werden. Der Wochenendbereitschaftsdienst, d. h. die Zeit vom Dienstende am Samstag bis zum Dienstbeginn am Montag, sowie der Bereitschaftsdienst an Wochenfeiertagen, d. h. die Zeit vom Dienstende vor dem Wochenfeiertag bis zum Dienstbeginn am Tage nach dem Wochenfeiertag, gelten als zwei Bereitschaftsdienste. Der Bereitschaftsdienst über zwei aufeinanderfolgende Sonn- und Feiertage gilt als vier Bereitschaftsdienste.

(3) Zum Zwecke der Vergütungsberechnung wird die Zeit des Bereitschaftsdienstes einschließlich der geleisteten Arbeit mit 25 v. H. als Arbeitszeit gewertet.

Leistet der Angestellte in einem Kalendermonat mehr als acht Bereitschaftsdienste, wird die Zeit eines jeden über acht hinausgehenden Bereitschaftsdienstes zusätzlich mit 15 v. H. als Arbeitszeit gewertet.

Nrn. 6 und 7. *(nicht belegt)*

Nr. 8 Zu §§ 47 bis 49 – Erholungsurlaub – Zusatzurlaub –

Für die als Lehrkräfte an Heimschulen und Internatsschulen beschäftigten Angestellten gelten die Bestimmungen für die entsprechenden Beamten. Sind entsprechende Beamte nicht vorhanden, so ist der Urlaub im Arbeitsvertrag zu regeln.

Für die übrigen Angestellten an Heimschulen und Internatsschulen ist der Urlaub in der Regel während der Schulferien zu gewähren und zu nehmen.

Nr. 9 Zu § 68 – Sachleistungen –

Eine dem Angestellten gewährte Verpflegung wird mit dem nach der jeweiligen Sachbezugsverordnung geltenden Wert auf die Vergütung angerechnet. Bei Diätverpflegung können arbeitsvertraglich höhere Sätze vereinbart werden.

1 c. Sonderregelungen für Ärzte und Zahnärzte an den in den SR 2 a und SR 2 b genannten Anstalten und Heimen (SR 2 c BAT-O)

Geändert durch 1. Änderungs-TV vom 8. 5. 1991

Nr. 1 Zu §§ 1 und 2 – Geltungsbereich –

Diese Sonderregelungen gelten für die Ärzte und Zahnärzte (Ärzte), die in den Einrichtungen beschäftigt werden, die in den Sonderregelungen 2 a und 2 b genannt sind. Sie gelten nicht für Ärzte, die unter die Sonderregelungen 2 e III fallen.

Nr. 2 Zu § 7 – Ärztliche Untersuchung –

Der Arbeitgeber kann den Arzt auch bei Beendigung des Arbeitsverhältnisses untersuchen lassen. Auf Verlangen des Arztes ist er hierzu verpflichtet.

Nr. 3 Zu § 8 – Allgemeine Pflichten –

(1) Zu den dem Arzt obliegenden ärztlichen Pflichten gehört es auch, ärztliche Bescheinigungen auszustellen und Fürsorge- und Beratungsstellen zu betreuen. Der Arzt kann vom Arbeitgeber auch verpflichtet werden, im Rahmen einer zugelassenen Nebentätigkeit des leitenden Arztes oder für einen Belegarzt innerhalb des Anstaltsbereichs ärztlich tätig zu werden.

(2) Zu den dem Arzt aus seiner Haupttätigkeit obliegenden Pflichten gehört es ferner, am Rettungsdienst in Notarztwagen und Hubschraubern teilzunehmen.

Für jeden Einsatz in diesem Rettungsdienst erhält der Arzt einen Einsatzzuschlag von 24,52 DM. Dieser Betrag verändert sich zu demselben Zeitpunkt und in dem gleichen Ausmaß wie die Stundenvergütung der Vergütungsgruppe II a bzw. II.

(3) Die Erstellung von Gutachten, gutachtlichen Äußerungen und wissenschaftlichen Ausarbeitungen, die nicht von einem Dritten angefordert und vergütet werden, gehört zu den dem Arzt obliegenden Pflichten aus seiner Haupttätigkeit.

Protokollnotizen zu Absatz 2:

1. Der Arbeitgeber hat zu gewährleisten, daß die ärztliche Versorgung der Patienten im Krankenhaus auch dann gesichert ist, wenn der Arzt während der regelmäßigen Arbeitszeit, während des Bereitschaftsdienstes oder während einer Rufbereitschaft zum Einsatz im Rettungsdienst herangezogen wird.

2. Ein Arzt, der nach der Approbation noch nicht mindestens ein Jahr klinisch tätig war, ist grundsätzlich nicht zum Einsatz im Rettungsdienst heranzuziehen.

3. Ein Arzt, dem aus persönlichen oder fachlichen Gründen (z. B. Vorliegen einer anerkannten Minderung der Erwerbsfähigkeit, die dem Einsatz im Rettungsdienst entgegensteht, Flugunverträglichkeit, langjährige Tätigkeit als Bakteriologe) die Teilnahme am Rettungsdienst nicht zumutbar ist, darf grundsätzlich nicht zum Einsatz im Rettungsdienst herangezogen werden.

Sonderregelungen **SR 2 c BAT-O 1 c**

4. In Fällen, in denen kein grob fahrlässiges und kein vorsätzliches Handeln des Arztes vorliegt, ist der Arzt von etwaigen Haftungsansprüchen freizustellen.

5. Der Einsatzzuschlag steht nicht zu, wenn dem Arzt wegen der Teilnahme am Rettungsdienst außer den tariflichen Bezügen sonstige Leistungen vom Arbeitgeber oder von einem Dritten (z. B. private Unfallversicherung, für die der Arbeitgeber oder ein Träger des Rettungsdienstes die Beiträge ganz oder teilweise trägt, Liquidationsansprüche usw.) zustehen. Der Arzt kann auf die sonstigen Leistungen verzichten.

Nr. 4 Zu § 9 – Schweigepflicht –

Der Arbeitgeber darf vom Arzt nur verlangen, daß Unterlagen im Sinne von § 9 Abs. 3, die ihrem Inhalt nach von der ärztlichen Schweigepflicht erfaßt werden, an seinen ärztlichen Vorgesetzten herauszugeben sind.

Nr. 5 Zu § 11 – Nebentätigkeit –

(1) Der Arzt kann vom Arbeitgeber verpflichtet werden, als Nebentätigkeit Unterricht zu erteilen sowie Gutachten, gutachtliche Äußerungen und wissenschaftliche Ausarbeitungen, die von einem Dritten angefordert und vergütet werden, zu erstellen, und zwar auch im Rahmen einer zugelassenen Nebentätigkeit des leitenden Arztes.

Steht die Vergütung für das Gutachten, die gutachtliche Äußerung oder wissenschaftliche Ausarbeitung ausschließlich dem Arbeitgeber zu, so hat der Arzt nach Maßgabe seiner Beteiligung einen Anspruch auf einen Teil dieser Vergütung.

In allen anderen Fällen ist der Arzt berechtigt, für die Nebentätigkeit einen Anteil der von dem Dritten zu zahlenden Vergütung anzunehmen. Der Arzt kann die Übernahme der Nebentätigkeit verweigern, wenn die angebotene Vergütung offenbar nicht dem Maß seiner Beteiligung entspricht.

Im übrigen kann die Übernahme der Nebentätigkeit nur in besonders begründeten Ausnahmefällen verweigert werden.

(2) Auch die Ausübung einer unentgeltlichen Nebentätigkeit bedarf der vorherigen Genehmigung des Arbeitgebers, wenn für sie Räume, Einrichtungen, Personal oder Material des Arbeitgebers in Anspruch genommen werden.

(3) Werden für eine Nebentätigkeit Räume, Einrichtungen, Personal oder Material des Arbeitgebers in Anspruch genommen, so hat der Arzt dem Arbeitgeber die Kosten hierfür zu erstatten, soweit sie nicht von anderer Seite zu erstatten sind. Die Kosten können in einer Nebenabrede zum Arbeitsvertrag pauschaliert werden.

Nr. 6 Zu Abschnitt IV – Arbeitszeit –

Erhält der Arzt aufgrund von Nr. 5 Abs. 1 eine Vergütung, so ist die für diese Nebentätigkeit aufgewendete Zeit keine Arbeitszeit im Sinne des Abschnitts IV.

Nr. 7 Zu § 15 – Regelmäßige Arbeitszeit –

Ärzte, die regelmäßig an Sonn- und Feiertagen arbeiten müssen, erhalten innerhalb von zwei Wochen zwei arbeitsfreie Tage. Hiervon soll ein freier Tag auf einen Sonntag fallen.

Nr. 8 Zu § 15 Abs. 6a und 6b – Bereitschaftsdienst, Rufbereitschaft –

(1) *(nicht belegt)*

(2) Zum Zwecke der Vergütungsberechnung wird die Zeit des Bereitschaftsdienstes einschließlich der geleisteten Arbeit wie folgt als Arbeitszeit gewertet:
a) Nach dem Maß der während des Bereitschaftsdienstes erfahrungsgemäß durchschnittlich anfallenden Arbeitsleistungen wird die Zeit des Bereitschaftsdienstes wie folgt als Arbeitszeit gewertet:

Stufe	Arbeitsleistung innerhalb des Bereitschaftsdienstes	Bewertung als Arbeitszeit
A	0 bis 10 v. H.	15 v. H.
B	mehr als 10 bis 25 v. H.	25 v. H.
C	mehr als 25 bis 40 v. H.	40 v. H.
D	mehr als 40 bis 49 v. H.	55 v. H.

Ein hier nach der Stufe A zugeordneter Bereitschaftsdienst wird der Stufe B zugeteilt, wenn der Arzt während des Bereitschaftsdienstes in der Zeit von 22 bis 6 Uhr erfahrungsgemäß durchschnittlich mehr als dreimal dienstlich in Anspruch genommen wird.
b) Entsprechend der Zahl der vom Arzt je Kalendermonat abgeleisteten Bereitschaftsdienste wird die Zeit eines jeden Bereitschaftsdienstes zusätzlich wie folgt als Arbeitszeit gewertet:

Zahl der Bereitschaftsdienste im Kalendermonat	Bewertung als Arbeitszeit
1. bis 8. Bereitschaftsdienst	25 v. H.
9. bis 12. Bereitschaftsdienst	35 v. H.
13. und folgende Bereitschaftsdienste	45 v. H.

(3) *(nicht belegt)*

(4) *(nicht belegt)*

(5) Die Zuweisung zu den einzelnen Stufen des Bereitschaftsdienstes erfolgt als Nebenabrede (§ 4 Abs. 2) zum Arbeitsvertrag. Die Nebenabrede ist mit einer Frist von drei Monaten jeweils zum Ende eines Kalenderhalbjahres kündbar.

(6) Leistet der Arzt in der Regel nur Rufbereitschaft und nicht auch Bereitschaftsdienst, dürfen im Kalendermonat nicht mehr als zwölf Rufbereitschaften angeordnet werden. Diese Zahl darf überschritten werden, wenn sonst die Versorgung der Patienten nicht sichergestellt wäre.
Die anfallenden Rufbereitschaften sollen auf die an der Rufbereitschaft teilnehmenden Ärzte gleichmäßig verteilt werden.
Die Vergütung für Rufbereitschaft kann durch Nebenabrede zum Arbeitsvertrag pauschaliert werden. Die Nebenabrede ist mit einer Frist von zwei Wochen zum Monatsende kündbar.

(7) Im Kalendermonat dürfen
in den Stufen A und B nicht mehr als sieben,
in den Stufen C und D nicht mehr als sechs

Sonderregelungen **SR 2 c BAT-O 1 c**

Bereitschaftsdienste angeordnet werden. Diese Zahlen dürfen vorübergehend überschritten werden, wenn sonst die Versorgung der Patienten nicht sichergestellt wäre. Leistet der Arzt auch Rufbereitschaft, ist dies bei Anwendung des Satzes 1 in der Weise zu berücksichtigen, daß zwei Rufbereitschaften als ein Bereitschaftsdienst gelten.

Ein Wochenendbereitschaftsdienst darf in den Stufen C und D nicht zusammenhängend von demselben Arzt abgeleistet werden. Nach einem zusammenhängenden Wochenendbereitschaftsdienst oder einem anderen entsprechend langen Bereitschaftsdienst ist eine Ruhezeit von mindestens zwölf Stunden dienstplanmäßig vorzusehen.

Wird der Arzt an einem Kalendertag, an dem er eine Arbeitszeit – ausschließlich der Pausen – von mindestens siebeneinhalb Stunden abgeleistet hat, zu einem Bereitschaftsdienst der Stufe C oder D herangezogen, der mindestens zwölf Stunden dauert, soll ihm nach diesem Bereitschaftsdienst eine Ruhezeit von mindestens acht Stunden gewährt werden; dies gilt nicht, wenn bei Gewährung der Ruhezeit die Versorgung der Patienten nicht sichergestellt wäre.

Unterabsatz 3 gilt entsprechend nach einer mindestens 24stündigen ununterbrochenen Inanspruchnahme durch Arbeit und Bereitschaftsdienst zwischen 6 Uhr an einem Sonntag oder einem Wochenfeiertag und 9 Uhr am folgenden Tag.

Unbeschadet der Unterabsätze 3 und 4 ist, von Notfällen abgesehen, dem Arzt nach einem Bereitschaftsdienst von mindestens zwölf Stunden in dem erforderlichen Umfang Arbeitsbefreiung zu gewähren, wenn er nachweist, daß seine Inanspruchnahme während des Bereitschaftsdienstes über 50 v. H. hinausgegangen ist. Die Zeit der Arbeitsbefreiung ist Freizeitausgleich im Sinne des § 15 Abs. 6a Unterabs. 3.

Der Arzt, der ständig Wechselschichtarbeit (§ 15 Abs. 3 Unterabs. 6) zu leisten hat, soll im Anschluß an eine Nachtschicht nicht zum Bereitschaftsdienst herangezogen werden.

(8) Für die Feststellung der Zahl der Bereitschaftsdienste im Sinne des Absatzes 2 Buchst. b) und des Absatzes 7 Unterabs. 1 rechnen die innerhalb von 24 Stunden vom Dienstbeginn des einen bis zum Dienstbeginn des folgenden Tages oder innerhalb eines anders eingeteilten gleichlangen Zeitraumes (24-Stunden-Wechsel) vor, zwischen oder nach der dienstplanmäßigen Arbeitszeit geleisteten Bereitschaftszeiten zusammen als ein Bereitschaftsdienst. Werden die innerhalb des 24-Stunden-Wechsels anfallenden Bereitschaftszeiten nicht von demselben Arzt geleistet oder wird innerhalb von 24 Stunden in mehreren Schichten gearbeitet, rechnen je 16 Bereitschaftsstunden als ein Bereitschaftsdienst.

Die vom Dienstende am Samstag bis zum Dienstbeginn am Montag zusammenhängend geleisteten Bereitschaftszeiten (Wochenendbereitschaftsdienst) rechnen als zwei Bereitschaftsdienste. Das gleiche gilt für die vom Dienstende am Tage vor dem Wochenfeiertag bis zum Dienstbeginn am Tage nach dem Wochenfeiertag zusammenhängend geleisteten Bereitschaftszeiten. Unterabsatz 1 Satz 2 gilt sinngemäß.

Für die Feststellung der Zahl der Rufbereitschaften im Sinne des Absatzes 6 Unterabs. 1 und des Absatzes 7 Unterabs. 1 Satz 3 gilt Unterabs. 2 entsprechend.

Die Ruhezeiten im Sinne des Absatzes 7 Unterabs. 2 bis 4 können auch mit dienstplanmäßig freien Tagen zusammenfallen. Sie sollen, soweit möglich, zum Freizeitausgleich nach § 15 Abs. 6a Unterabs. 3 verwendet werden.

Nrn. 9–11 *(nicht belegt)*

Nr. 12 Zu § 61 – Zeugnisse und Arbeitsbescheinigungen –

Das Zeugnis wird vom leitenden Arzt und vom gesetzlichen Vertreter des Trägers der Anstalt ausgestellt.

Nr. 13 Zu § 68 – Sachleistungen –

Eine dem Angestellten gewährte Verpflegung wird mit dem nach der jeweiligen Sachbezugsverordnung geltenden Wert auf die Vergütung angerechnet. Bei Diätverpflegung können arbeitsvertraglich höhere Sätze vereinbart werden.

1 d. Sonderregelungen für Angestellte an Theatern und Bühnen (SR 2 k BAT-O)

Geändert durch Änderungs-TV vom 31. 1. 2003

Nr. 1 Zu §§ 1 und 2 – Geltungsbereich –

(1) Diese Sonderregelungen gelten für die Angestellten an Theatern und Bühnen, die nicht durch § 3 Buchst. c aus dem Geltungsbereich dieses Tarifvertrages ausgenommen sind.

Unter die Sonderregelungen fallen daher
Theaterobermeister (Bühnenobermeister),
Theatermeister (Bühnenmeister),
Beleuchtungsobermeister,
Beleuchtungsmeister,
Requisitenmeister,
Rüstmeister,
Magazinmeister,
Modellbauer,
Maschinenmeister,
Orchesterwarte,
staatlich geprüfte Techniker bzw. Techniker mit staatlicher Abschlußprüfung nach Nr. 3 der Vorbemerkungen (Bund/TdL) bzw. Nr. 6 der Bemerkung (VKA) zu allen Vergütungsgruppen sowie sonstige Angestellte, die aufgrund gleichwertiger Fähigkeiten und ihrer Erfahrungen entsprechende Tätigkeiten ausüben,
technische Angestellte mit technischer Ausbildung nach Nr. 2 der Vorbemerkungen (Bund/TdL) bzw. Nr. 2 der Bemerkung (VKA) zu allen Vergütungsgruppen sowie sonstige Angestellte, die aufgrund gleichwertiger Fähigkeiten und ihrer Erfahrungen entsprechende Tätigkeiten ausüben,
Theatertontechniker (Elektroakustiker) und technische Angestellte mit ähnlichen Tätigkeiten,
Tapeziermeister,
Theaterschuhmachermeister,
Leiter der Tischlereien (Schreinereien),
Leiter der Schlossereien,
Leiter der Schneidereien,
Verwaltungsangestellte
ferner
technische Oberinspektoren und Inspektoren, soweit nicht technische Leiter,
Theater- und Kostümmaler,
Maskenbildner,
Kascheure (Theaterplastiker),
Gewandmeister.

(2) Unter diesen Tarifvertrag einschließlich dieser Sonderregelung fallen folgende Angestellte nicht, wenn sie überwiegend künstlerisch tätig sind:
technische Oberinspektoren und Inspektoren, soweit nicht technische Leiter,
Theater- und Kostümmaler,

1d SR 2k BAT-O Tarifverträge

Maskenbildner,
Kascheure (Theaterplastiker),
Gewandmeister.
Der Angestellte gilt als überwiegend künstlerisch tätig, wenn im Arbeitsvertrag vereinbart ist, daß er überwiegend eine künstlerische Tätigkeit auszuüben hat.

Nr. 2 Zu § 5 – Probezeit –

Im Arbeitsvertrag kann eine Probezeit bis zur Dauer einer Spielzeit vereinbart werden.

Nr. 3 Zu § 8 – Allgemeine Pflichten –

Der Angestellte ist verpflichtet, an Abstechern und Gastspielreisen teilzunehmen.

Nr. 4 Zu Abschnitt IV – Arbeitszeit –

(1) Die Arbeitszeit darf nur in Ausnahmefällen, wenn es der Betrieb erfordert, auf mehr als zwei Zeitabschnitte des Tages verteilt werden.

(2) Der Angestellte ist an Sonn- und Feiertagen ebenso zu Arbeitsleistungen verpflichtet wie an Werktagen. Zum Ausgleich für die Arbeit an Sonntagen wird in jeder Woche ein ungeteilter freier Tag gewährt. Dieser soll mindestens in jeder siebenten Woche auf einen Sonn- oder Feiertag fallen.

(3) Die regelmäßige Arbeitszeit des Angestellten, der die Theaterbetriebszulage (Nr. 6 Abs. 1) erhält, kann um sechs Stunden wöchentlich verlängert werden.

Nr. 5 Zu § 17 – Überstunden –

§ 17 gilt mit folgenden Maßgaben:
1. Anstelle des Absatzes 1 Unterabs. 2 gilt der folgende Satz: Überstunden dürfen nur angeordnet werden, wenn ein außerordentliches dringendes dienstliches Bedürfnis besteht oder die besonderen Verhältnisse des Theaterbetriebes es erfordern.
2. Absatz 2 Unterabs. 2 und Absatz 4 sind nicht anzuwenden.
3. Anstelle des Absatzes 5 gilt der folgende Satz: Für jede Überstunde ist die Überstundenvergütung (§ 35 Abs. 3 Unterabs. 2) zu zahlen.

Protokollnotiz:
Bei Abstechern und Gastspielreisen ist die Zeit einer aus betrieblichen Gründen angeordneten Mitfahrt auf dem Wagen, der Geräte oder Kulissen befördert, als Arbeitszeit zu bewerten.

Nr. 6 Zu § 35 – Zeitzuschläge, Überstundenvergütung –

(1) Der Angestellte, der nicht nur gelegentlich Sonn- und Feiertagsarbeit leisten muß und üblicherweise unregelmäßige tägliche Arbeitszeiten hat, erhält eine Theaterbetriebszulage. Bei welchen Angestellten diese Voraussetzungen vorliegen und in welcher Höhe die Theaterbetriebszulage nach Absatz 2 zu zahlen ist, wird durch besonderen Tarifvertrag vereinbart.

(2) Die Theaterbetriebszulage beträgt im Bereich der Tarifgemeinschaft deutscher Länder für die Angestellten der Vergütungsgruppe

I a	bis zu 8 v. H.
I b	bis zu 9 v. H.
II a	bis zu 10 v. H.
III	bis zu 11 v. H.
IV a	bis zu 12 v. H.
IV b	bis zu 14 v. H.
V a und b	bis zu 15 v. H.
V c	bis zu 17 v. H.
VI b	bis zu 18 v. H.
VII	bis zu 19 v. H.
VIII, IX a und b	bis zu 21 v. H.
X	bis zu 22 v. H.

der jeweiligen Endgrundvergütung (§ 27 Abschn. A Abs. 1) ihrer Vergütungsgruppe.

Im Bereich der Vereinigung der kommunalen Arbeitgeberverbände wird die Theaterbetriebszulage durch besonderen Tarifvertrag vereinbart.

(3) Durch die Theaterbetriebszulage werden abgegolten
a) die mit dem Dienst im Theater verbundenen Aufwendungen und die besonderen Erschwernisse, die die nicht nur gelegentliche Sonn- und Feiertagsarbeit und die üblicherweise unregelmäßige tägliche Arbeitszeit mit sich bringen,
b) die Zulagen nach § 33a und die Zeitzuschläge nach § 35.

Der Angestellte erhält für jede Arbeitsstunde, um die die allgemeine regelmäßige Arbeitszeit (§ 15 Abs. 1 Satz 1) nach Nr. 4 Abs. 3 für ihn verlängert worden ist, die Stundenvergütung nach § 35 Abs. 3 Unterabs. 1. Sie gilt als Bestandteil der Vergütung im Sinne des § 26.

Nr. 7 Zu § 42 – Reisekostenvergütung –

Die Abfindung bei Abstechern und Gastspielen kann im Rahmen des für die Beamten des Arbeitgebers jeweils geltenden Reisekostenrechts durch besonderen Tarifvertrag vereinbart werden.

Nr. 8 Zu Abschnitt XI – Urlaub –

Der Urlaub ist in der Regel während der Theaterferien zu gewähren und zu nehmen.

1e. Sonderregelungen für Angestellte als Lehrkräfte (SR 2 l I BAT-O)

Geändert durch Änderungs-TV vom 5. 5. 1998

Nr. 1 Zu §§ 1 und 2 – Geltungsbereich –

Diese Sonderregelungen gelten für Angestellte als Lehrkräfte an allgemeinbildenden Schulen und berufsbildenden Schulen (Berufs-, Berufsfach- und Fachschulen).

Sie gelten nicht für Lehrkräfte an Schulen und Einrichtungen der Verwaltung, die der Ausbildung oder Fortbildung von Angehörigen des öffentlichen Dienstes dienen, an Krankenpflegeschulen und ähnlichen der Ausbildung dienenden Einrichtungen.

Protokollnotiz:

Lehrkräfte im Sinne dieser Sonderregelungen sind Personen, bei denen die Vermittlung von Kenntnissen und Fertigkeiten im Rahmen eines Schulbetriebes der Tätigkeit das Gepräge gibt.

Nr. 2 Zu § 7 – Ärztliche Untersuchung –

Es gelten die Bestimmungen, die zur Verhütung der Verbreitung übertragbarer Krankheiten durch die Schulen allgemein erlassen sind.

Nr. 3 Zu §§ 15, 15a, 16, 16a, 17, 34 und 35 – Arbeitszeit – Vergütung Nichtvollbeschäftigter – Zeitzuschläge, Überstundenvergütung –

Die §§ 15, 15a, 16, 16a, 17, § 34 Abs. 1 Unterabs. 1 Satz 3 und Unterabs. 2 und § 35 finden keine Anwendung. Es gelten die Bestimmungen für die entsprechenden Beamten. Sind entsprechende Beamte nicht vorhanden, so ist die Arbeitszeit im Arbeitsvertrag zu regeln.

Nr. 4. *(nicht belegt)*

Nr. 5 Zu Abschnitt XI – Urlaub –

(1) Die §§ 47 bis 49 finden keine Anwendung. Es gelten die Bestimmungen für die entsprechenden Beamten.

(2) Wird die Lehrkraft während der Schulferien durch Unfall oder Krankheit arbeitsunfähig, so hat sie dies unverzüglich anzuzeigen. Die Krankenbezugsfristen des § 37 beginnen mit dem Tage der Arbeitsunfähigkeit.

Die Lehrkraft hat sich nach Ende der Schulferien oder, wenn die Krankheit länger dauert, nach Wiederherstellung der Arbeitsfähigkeit zur Arbeitsleistung zu Verfügung zu stellen.

Übergangsvorschrift:

Solange entsprechende Beamte nicht vorhanden sind, gelten die §§ 47 bis 49 mit der Maßgabe, daß die Vergütung (§ 26) und die in Monatsbeträgen festgelegten Zulagen fortzuzahlen sind.

Der Angestellte ist verpflichtet, seinen Urlaub während der unterrichtsfreien Zeit zu nehmen; außerhalb des Urlaubs kann er während der unterrichtsfreien Zeit zur Arbeit herangezogen werden.

Nr. 6 Zu § 60 Abs. 1 – Beendigung des Arbeitsverhältnisses durch Erreichung der Altersgrenze –

Das Arbeitsverhältnis endet mit dem Ablauf des Schulhalbjahres (31. Januar bzw. 31. Juli), in dem der Angestellte das 65. Lebensjahr vollendet hat.

1f. Sonderregelungen für Angestellte als Lehrkräfte an Musikschulen (SR 2 l II BAT-O)

Geändert durch Änderungs-TV vom 31. 1. 2003

Nr. 1 Zu §§ 1 und 2 – Geltungsbereich –

Diese Sonderregelungen gelten für Angestellte als Musikschullehrer an Musikschulen. Musikschulen sind Bildungseinrichtungen, die die Aufgabe haben, ihre Schüler an die Musik heranzuführen, ihre Begabungen frühzeitig zu erkennen, sie individuell zu fördern und bei entsprechender Begabung ihnen gegebenenfalls eine studienvorbereitende Ausbildung zu erteilen.

Nr. 2 Zu § 15 – Regelmäßige Arbeitszeit –

Vollbeschäftigt ist ein Musikschullehrer, wenn die arbeitsvertraglich vereinbarte durchschnittliche regelmäßige wöchentliche Arbeitszeit 30 Unterrichtsstunden zu je 45 Minuten (= 1350 Unterrichtsminuten) beträgt. Ist die Dauer einer Unterrichtsstunde auf mehr oder weniger als 45 Minuten festgesetzt, tritt an die Stelle der 30 Unterrichtsstunden die entsprechende Zahl von Unterrichtsstunden.

Protokollerklärung:
Bei der Festlegung der Zahl der Unterrichtsstunden ist berücksichtigt worden, daß der Musikschullehrer neben der Erteilung von Unterricht insbesondere folgende Aufgaben zu erledigen hat:
a) Vor- und Nachbereitung des Unterrichts (Vorbereitungsdienst),
b) Abhaltung von Sprechstunden,
c) Teilnahme von Schulkonferenzen und Elternabenden,
d) Teilnahme am Vorspiel der Schüler, soweit dieses außerhalb des Unterrichts stattfindet,
e) Mitwirkung an Veranstaltungen der Musikschule sowie Mitwirkung im Rahmen der Beteiligung der Musikschule an musikalischen Veranstaltungen (z. B. Orchesteraufführungen, Musikwochen und ähnliche Veranstaltungen), die der Arbeitgeber, einer seiner wirtschaftlichen Träger oder ein Dritter, dessen wirtschaftlicher Träger der Arbeitgeber ist, durchführt,
f) Mitwirkung an Musikwettbewerben und ähnlichen Veranstaltungen,
g) Teilnahme an Musikschulfreizeiten an Wochenenden und in den Ferien.

Nr. 3 Zu Abschnitt XI – Urlaub –

Der Angestellte ist verpflichtet, seinen Urlaub während der unterrichtsfreien Zeit zu nehmen; außerhalb des Urlaubs kann er während der unterrichtsfreien Zeit zur Arbeit herangezogen werden.

1 g. Sonderregelungen für Angestellte in Versorgungsbetrieben (Gas-, Wasser-, Elektrizitäts- und Fernheizwerke) und in Entsorgungseinrichtungen (Entwässerung, Müllbeseitigung, Straßenreinigung) (SR 2 t BAT-O)

Geändert durch 1. Änderungs-TV vom 8. 5. 1991

Nr. 1 Zu §§ 1 und 2 – Geltungsbereich –

Diese Sonderregelungen gelten für Angestellte in Versorgungsbetrieben (Gas-, Wasser-, Elektrizitäts- und Fernheizwerke) und – für den Bereich der Vereinigung der kommunalen Arbeitgeberverbände und im Bereich der Tarifgemeinschaft deutscher Länder für das Land Berlin – in Entsorgungseinrichtungen (Entwässerung, Müllbeseitigung, Straßenreinigung). Sie gelten nicht für Angestellte in entsprechenden Betrieben der Bundeswehr.

Nr. 2 Zu § 15 – Regelmäßige Arbeitszeit –

(1) Bei Wechselschichten werden die gesetzlich vorgeschriebenen Pausen in die Arbeitszeit eingerechnet.

(2) Für die in Wechselschichten beschäftigten Angestellten gilt die regelmäßige Arbeitszeit der zu ihrer Schicht gehörenden Arbeiter. Wird dadurch die regelmäßige Arbeitszeit des § 15 Abs. 1 überschritten, wird für die darüber hinausgehenden Arbeitsstunden die Überstundenvergütung (§ 35 Abs. 3 Unterabs. 2) gezahlt, soweit nicht Freizeitausgleich gewährt wird.

(3) Die an einem Sonntag zu leistenden dienstplanmäßigen Arbeitsstunden werden im Rahmen des Dienst-(Schicht-)planes durch entsprechende zusammenhängende Freizeit ausgeglichen.

Nr. 3 Zu § 17 – Überstunden –

(1) *(nicht belegt)*

(2) Die über die regelmäßige Arbeitszeit hinaus geleisteten Arbeitsstunden sind auch dann Überstunden, wenn sie aus betrieblichen Gründen nicht vorher angeordnet wurden, aber nachträglich genehmigt werden. Die Genehmigung darf nicht willkürlich versagt werden.

Nr. 4 Zu § 33 und § 33 a – Zulagen – Wechselschicht- und Schichtzulagen –

(1) Die Zulagen, Entschädigungen und Zuschläge sowie die Überstundenvergütung einschließlich der Abgeltung der Rufbereitschaft können durch Nebenabrede zum Arbeitsvertrag ganz oder teilweise pauschaliert werden. Die Nebenabrede ist mit einer Frist von zwei Wochen zum Monatsende kündbar.

(2) Angestellte, die ständig Wechselschichtarbeit (§ 15 Abs. 8 Unterabs. 6) oder Schichtarbeit (§ 15 Abs. 8 Unterabs. 7) zu leisten haben, erhalten nach Maßgabe eines besonderen Tarifvertrages eine Wechselschicht- bzw. Schichtzulage.

1 h. Sonderregelungen für Angestellte in Nahverkehrsbetrieben (SR 2 u BAT-O)

Geändert durch 3. Änderungs-TV vom 4. 11. 1992

Nr. 1 Zu §§ 1 und 2 – Geltungsbereich –

Diese Sonderregelungen gelten für Angestellte in Nahverkehrsbetrieben.

Nr. 2 Zu § 15 – Regelmäßige Arbeitszeit –

(1) Bei Wechselschichten werden die gesetzlich vorgeschriebenen Pausen in die Arbeitszeit eingerechnet.

(2) Für die in Wechselschichten beschäftigten Angestellten gilt die regelmäßige Arbeitszeit der zu ihrer Schicht gehörenden Arbeiter. Wird dadurch die regelmäßige Arbeitszeit des § 15 Abs. 1 überschritten, wird für die darüber hinausgehenden Arbeitsstunden die Überstundenvergütung (§ 35 Abs. 3 Unterabs. 2) gezahlt, soweit nicht Freizeitausgleich gewährt wird.

(3) Die an einem Sonntag zu leistenden dienstplanmäßigen Arbeitsstunden werden im Rahmen des Dienst-(Schicht-)planes durch entsprechende zusammenhängende Freizeit ausgeglichen. Im Kalenderjahr müssen mindestens acht Sonntage arbeitsfrei bleiben.

Nr. 3 Zu § 17 – Überstunden –

(1) *(nicht belegt)*

(2) Die über die regelmäßige Arbeitszeit hinaus geleisteten Arbeitsstunden sind auch dann Überstunden, wenn sie aus betrieblichen Gründen nicht vorher angeordnet wurden, aber nachträglich genehmigt werden. Die Genehmigung darf nicht willkürlich versagt werden.

Nr. 4 Zu § 33 und § 33 a – Zulagen – Wechselschicht- und Schichtzulagen –

(1) Die Zulagen, Entschädigungen und Zuschläge sowie die Überstundenvergütung einschließlich der Abgeltung der Rufbereitschaft können durch Nebenabrede zum Arbeitsvertrag ganz oder teilweise pauschaliert werden. Die Nebenabrede ist mit einer Frist von zwei Wochen zum Monatsende kündbar.

(2) Angestellte, die ständig Wechselschichtarbeit (§ 15 Abs. 8 Unterabs. 6) oder Schichtarbeit (§ 15 Abs. 8 Unterabs. 7) zu leisten haben, erhalten nach Maßgabe eines besonderen Tarifvertrages eine Wechselschicht- bzw. Schichtzulage.

Nr. 5 Zu § 56 – Ausgleichszulage bei Arbeitsunfall und Berufskrankheit –

§ 56 ist auch anzuwenden, wenn der Angestellte, der länger als 15 Jahre bei demselben Arbeitgeber eine Tätigkeit ausgeübt hat, die Fahrdiensttauglichkeit voraussetzt, ohne sein Verschulden fahrdienstuntauglich geworden ist und deshalb diese Tätigkeit nicht mehr ausüben kann.

Sonderregelungen SR 2 u BAT-O 1 h

Nr. 6 Zur Anlage 1 a – Allgemeine Vergütungsordnung –

(1) **A. Für den Bereich der Tarifgemeinschaft deutscher Länder**

Verkehrsmeister, Fahrmeister und Stellwerksmeister erhalten eine monatliche Zulage in Höhe von 8 v. H. der Grundvergütung der Vergütungsgruppe VI b Stufe 4 nach dem jeweiligen im Bereich der VKA geltenden Vergütungstarifvertrag, wenn und solange sie wie Arbeiter im Fahrdienst dienstplanmäßig unregelmäßige Dienste (unterschiedlicher Beginn und unterschiedliches Ende der täglichen Arbeitszeit, Nacht-, Sonntags- und Feiertagsarbeit, geteilte Dienste) leisten.

Verkehrsmeister, Fahrmeister und Stellwerksmeister, die einen Anspruch auf eine Zulage nach Unterabsatz 1 haben, erhalten keine Wechselschicht- oder Schichtzulage (Nr. 4 Abs. 2).

Verkehrsmeister, Fahrmeister und Stellwerksmeister, die keinen Anspruch auf eine Zulage nach Unterabsatz 1, jedoch einen Anspruch auf eine Wechselschicht- oder Schichtzulage (Nr. 4 Abs. 2) haben, erhalten eine Zulage von 3 v. H. der Grundvergütung der Vergütungsgruppe VI b Stufe 4 nach dem jeweiligen im Bereich der VKA geltenden Vergütungstarifvertrag, solange sie Anspruch auf eine Wechselschicht- oder Schichtzulage haben.

B. Für den Bereich der Vereinigung der kommunalen Arbeitgeberverbände

Verkehrsmeister und Fahrmeister erhalten eine monatliche Zulage in Höhe von 8 v. H. der Grundvergütung der Vergütungsgruppe VI b Stufe 4, wenn und solange sie wie Arbeiter im Fahrdienst dienstplanmäßig unregelmäßige Dienste (unterschiedlicher Beginn und unterschiedliches Ende der täglichen Arbeitszeit, Nacht-, Sonntags- und Feiertagsarbeit, geteilte Dienste) leisten.

Verkehrsmeister und Fahrmeister, die einen Anspruch auf eine Zulage nach Unterabsatz 1 haben, erhalten keine Wechselschicht- oder Schichtzulage (Nr. 4 Abs. 2).

Verkehrsmeister und Fahrmeister, die keinen Anspruch auf eine Zulage nach Unterabsatz 1, jedoch einen Anspruch auf eine Wechselschicht- oder Schichtzulage (Nr. 4 Abs. 2) haben, erhalten eine Zulage von 3 v. H. der Grundvergütung der Vergütungsgruppe VI b Stufe 4, solange sie Anspruch auf eine Wechselschicht- oder Schichtzulage haben.

(2) Verkehrsmeister und Fahrmeister, deren Dienst geteilt ist, erhalten eine Entschädigung von 1,02 € bei einmaliger und von 2,05 € bei mehrmaliger Teilung.

1i. Änderungstarifvertrag Nr. 1 zum Ersten Tarifvertrag zur Anpassung des Tarifrechts – Manteltarifliche Vorschriften (BAT-O)

Vom 8. Mai 1991

Zuletzt geändert durch Änderungs-TV Nr. 9 vom 5. 5. 1998

Zwischen der Bundesrepublik Deutschland, vertreten durch den Bundesminister des Innern, der Tarifgemeinschaft deutscher Länder, vertreten durch die Vorsitzende des Vorstandes, der Vereinigung der kommunalen Arbeitgeberverbände, vertreten durch den Vorstand, einerseits und (der vertragschließenden Gewerkschaft) andererseits wird folgendes vereinbart:

§ 1. *(Änderungen des BAT-O)*

§ 2 Übernahme der Vergütungsordnung des BAT. Die Anlage 1a – für die Bereiche des Bundes und der Tarifgemeinschaft deutscher Länder mit Ausnahme der Zulagenregelungen in Teil II Abschn. N und der entsprechenden Regelungen in Teil III Abschn. L Unterabschn. VII – und die Anlage 1b zum Bundes-Angestelltentarifvertrag (BAT) sind mit folgenden Maßgaben anzuwenden:

1. Sofern in Tätigkeitsmerkmalen Bewährungszeiten, Tätigkeitszeiten, Zeiten einer Berufsausübung usw. gefordert werden, werden diejenigen vor dem 1. Juli 1991 zurückgelegten und nach § 19 Abs. 1 und 2 BAT-O und den Übergangsvorschriften hierzu als Beschäftigungszeit anerkannten Zeiten berücksichtigt, die zu berücksichtigen gewesen wären, wenn Abschnitt VI und die Vergütungsordnung des BAT-O bereits vor dem 1. Juli 1991 gegolten hätten. Satz 1 gilt entsprechend für die Berücksichtigung von vor dem 1. Juli 1991 zurückgelegten Zeiten, die aufgrund von Übergangsvorschriften in Tarifverträgen zur Änderung der Anlage 1a oder der Anlage 1b zum BAT, die nach dem 30. Juni 1991 abgeschlossen worden sind oder abgeschlossen werden, ganz oder teilweise auf die in Tätigkeitsmerkmalen geforderten Bewährungszeiten, Tätigkeitszeiten, Zeiten einer Berufsausübung usw. anzurechnen sind oder angerechnet werden können.
Soweit Tätigkeitsmerkmale die Anrechnung außerhalb des Geltungsbereichs des BAT-O zurückgelegter Zeiten zulassen, werden solche Zeiten berücksichtigt, wenn sie nach Unterabsatz 1 zu berücksichtigen wären, wenn sie im Geltungsbereich des BAT-O zurückgelegt worden wären.

2. Aufgrund des Art. 37 des Einigungsvertrages und der Vorschriften hierzu als gleichwertig festgestellte Abschlüsse, Prüfungen und Befähigungsnachweise stehen ab dem Zeitpunkt ihres Erwerbs den in Eingruppierungsvorschriften geforderten entsprechenden Anforderungen gleich.
Ist die Gleichwertigkeit erst nach Erfüllung zusätzlicher Erfordernisse festgestellt worden, gilt die Gleichstellung ab der Feststellung.

3. Die Anlage 1a ist, soweit sie keine besonderen Tätigkeitsmerkmale enthält, nicht auf Angestellte anzuwenden, die

im Polizeivollzugsdienst,
im Justizvollzugsdienst,
im Zolldienst,
als Richter oder Staatsanwälte,
als Lehrkräfte, auch wenn sie nicht unter die SR 21 I fallen,
beschäftigt sind. Diese Angestellten sind – gegebenenfalls nach näherer Maßgabe von Richtlinien – in der Vergütungsgruppe eingruppiert, die nach § 11 Satz 2 BAT-O der Besoldungsgruppe entspricht, in welcher der Angestellte eingestuft wäre, wenn er im Beamtenverhältnis stünde. Wäre er als Beamter oder Richter in einer Besoldungsgruppe der Besoldungsordnungen B oder R eingestuft, wird die Grundvergütung nach näherer Maßgabe von Richtlinien festgelegt. § 27 Abschn. A BAT-O einschließlich der Übergangsvorschrift ist anzuwenden.

4. In der Vergütungsordnung in festen Beträgen ausgebrachte Zulagen werden
vom 1. September 1997 bis 31. August 1998   in Höhe von 85 v. H.,
vom 1. September 1998 an   in Höhe von 86,5 v. H.
gezahlt.

Protokollnotiz zu Nr. 1:

Bewährungszeiten, Tätigkeitszeiten, Zeiten einer Berufsausübung usw., die vor dem 1. Juli 1991 im räumlichen Geltungsbereich des BAT zurückgelegt worden sind, sind so zu berücksichtigen, wie sie zu berücksichtigen wären, wenn Abschnitt VI und die Vergütungsordnung des BAT-O bereits vor dem 1. Juli 1991 gegolten hätten.

§ 3 Besitzstandswahrung. Verringern sich durch die am 1. Juli 1991 in Kraft tretenden tariflichen Regelungen für den Angestellten, der am 30. Juni 1991 schon und am 1. Juli 1991 noch in einem unter den BAT-O fallenden Arbeitsverhältnis steht, die am 30. Juni 1991 nach den bisher geltenden Vorschriften zustehenden ständigen monatlichen Bezüge, wird der Unterschiedsbetrag als persönliche Zulage weitergezahlt. Die persönliche Zulage vermindert sich um Höhergruppierungsgewinne, um Zulagen (mit Ausnahme der Zulagen nach § 33 und § 33a BAT-O) sowie um allgemeine Anpassungen der Bezüge.

§ 4 Außerkrafttreten von Regelungen. Alle nach dem Einigungsvertrag noch fortgeltenden Regelungen sowie der Tarifvertrag über die Erhöhung der Löhne und Gehälter für Beschäftigte im öffentlichen Dienst vom 4. September 1990 und der Tarifvertrag über die Erhöhung des Sozialzuschlags vom 5. März 1991 treten mit Ablauf des 30. Juni 1991 außer Kraft.

§ 5 Inkrafttreten. Dieser Tarifvertrag tritt am 1. Juli 1991 in Kraft, abweichend hiervon tritt § 1 Nr. 4 Buchst. e mit Wirkung vom 1. April 1991 in Kraft.

2. Tarifvertrag über eine Zuwendung für Angestellte (TV Zuwendung Ang-O)

Vom 10. Dezember 1990

Geändert durch Tarifvertrag vom 30. 6. 2000

Zwischen der Bundesrepublik Deutschland, vertreten durch den Bundesminister des Innern, der Tarifgemeinschaft deutscher Länder, vertreten durch den Vorsitzenden des Vorstandes, der Vereinigung der kommunalen Arbeitgeberverbände, vertreten durch den Vorstand, einerseits und *(der vertragschließenden Gewerkschaft)* andererseits wird für die Angestellten, die unter den Geltungsbereich des Tarifvertrages zur Anpassung des Tarifrechts – Manteltarifrechtliche Vorschriften – (BAT-O) vom 10. Dezember 1990 fallen, folgendes vereinbart:

§ 1 Anspruchsvoraussetzungen. (1) Der Angestellte erhält in jedem Kalenderjahr eine Zuwendung, wenn er

1. am 1. Dezember im Arbeitsverhältnis steht und nicht für den ganzen Monat Dezember ohne Vergütung zur Ausübung einer entgeltlichen Beschäftigung oder Erwerbstätigkeit beurlaubt ist
und
2. seit dem 1. Oktober ununterbrochen als Angestellter, Arbeiter, Beamter, Richter, Soldat auf Zeit, Berufssoldat, Arzt, im Praktikum, Auszubildender, Praktikant, Schülerin/Schüler in der Krankenpflege, Kinderkrankenpflege oder Krankenpflegegehilfe oder Hebammenschülerin/Schüler in der Entbindungspflege im öffentlichen Dienst gestanden hat
oder
im laufenden Kalenderjahr insgesamt sechs Monate bei demselben Arbeitgeber im Arbeitsverhältnis gestanden hat oder steht
und
3. nicht in der Zeit bis einschließlich 31. März des folgenden Kalenderjahres aus seinem Verschulden oder auf eigenen Wunsch ausscheidet.

(2) Der Angestellte, dessen Arbeitsverhältnis spätestens mit Ablauf des 30. November endet und der mindestens vom Beginn des Kalenderjahres an ununterbrochen in einem Rechtsverhältnis der in Absatz 1 Nr. 2 genannten Art im öffentlichen Dienst gestanden hat, erhält eine Zuwendung,

1. wenn er wegen
   a) Erreichens der Altersgrenze (§ 60 BAT-O),
   b) verminderter Erwerbsfähigkeit (§ 59 BAT-O) oder
   Erfüllung der Voraussetzungen des § 9 Abs. 2 Buchst. a oder b TV ATZ
   ausgeschieden ist oder
2. wenn er im unmittelbaren Anschluß an das Arbeitsverhältnis zu einem anderen Arbeitgeber des öffentlichen Dienstes in ein Rechtsverhältnis der in Absatz 1 Nr. 2 genannten Art übertritt und der bisherige Arbeitgeber das Ausscheiden aus diesem Grunde billigt oder
3. wenn er wegen
   a) eines mit Sicherheit erwarteten Personalabbaues,

ZuwendungsTV für Angest. **§ 1 TV Zuwendung Ang-O** 2

b) einer Körperbeschädigung, die ihn zur Fortsetzung des Arbeitsverhältnisses unfähig macht,
c) einer in Ausübung oder infolge seiner Arbeit erlittenen Gesundheitsschädigung, die seine Arbeitsfähigkeit für längere Zeit wesentlich herabsetzt, oder
d) Erfüllung der Voraussetzungen zum Bezuge der Altersrente nach § 37, § 40, § 236 oder § 236a SGB VI

gekündigt oder einen Auflösungsvertrag geschlossen hat,

4. die Angestellte außerdem, wenn sie wegen
   a) Schwangerschaft,
   b) Niederkunft in den letzten drei Monaten oder
   c) Erfüllung der Voraussetzungen zum Bezuge der Altersrente nach § 237a SGB VI

gekündigt oder einen Auflösungsvertrag geschlossen hat.
Unterabsatz 1 gilt entsprechend, wenn spätestens mit Ablauf des 30. November das Ruhen des Arbeitsverhältnisses nach § 59 Abs. 1 Unterabs. 1 Satz 5 BAT-O eintritt. Absatz 1 gilt nicht.

(3) Der Saisonangestellte erhält die Zuwendung, wenn er in dem laufenden und dem vorangegangenen Kalenderjahr insgesamt mindestens neun Monate bei demselben Arbeitgeber im Arbeitsverhältnis gestanden hat, es sei denn, daß er aus seinem Verschulden oder auf eigenen Wunsch vorzeitig ausgeschieden ist oder ausscheidet. Absätze 1 und 2 gelten nicht.

(4) In den Fällen des Absatzes 1 Nr. 3 und des Absatzes 3 Satz 1 letzter Halbsatz wird die Zuwendung auch gezahlt, wenn

1. der Angestellte im unmittelbaren Anschluß an sein Arbeitsverhältnis von demselben Arbeitgeber oder von einem anderen Arbeitgeber des öffentlichen Dienstes in ein Rechtsverhältnis der in Absatz 1 Nr. 2 genannten Art übernommen wird,

2. der Angestellte aus einem der in Absatz 2 Nr. 3 genannten Gründe gekündigt oder einen Auflösungsvertrag geschlossen hat,

3. die Angestellte aus einem der in Absatz 2 Nr. 4 genannten Gründe gekündigt oder einen Auflösungsvertrag geschlossen hat.

(5) Hat der Angestellte in den Fällen des Absatzes 1 Nr. 3 oder des Absatzes 3 Satz 1 letzter Halbsatz die Zuwendung erhalten, so hat er sie in voller Höhe zurückzuzahlen, wenn nicht eine der Voraussetzungen des Absatzes 4 vorliegt.

Protokollnotizen:
1. *Auszubildende und Praktikanten im Sinne des Absatzes 1 Nr. 2 sind nur Personen, deren Rechtsverhältnis durch Tarifvertrag geregelt ist.*
2. *Öffentlicher Dienst im Sinne des Absatzes 1 Nr. 2, des Absatzes 2 Satz 1 und des Absatzes 4 Nr. 1 ist eine Beschäftigung*
   a) *beim Bund, bei einem Land, bei einer Gemeinde oder bei einem Gemeindeverband oder bei einem sonstigen Mitglied eines Arbeitgeberverbandes, der der Vereinigung der kommunalen Arbeitgeberverbände oder Tarifgemeinschaft deutscher Länder angehört,*
   b) *bei einer Körperschaft, Stiftung oder Anstalt des öffentlichen Rechts, die den BAT, den BAT-O oder einen Tarifvertrag wesentlich gleichen Inhalts anwendet.*

2 TV Zuwendung Ang-O § 2 — Tarifverträge

3. *Eine Unterbrechung im Sinne des Absatzes 1 Nr. 2 und des Absatzes 2 Satz 1 sowie kein unmittelbarer Anschluß im Sinne des Absatzes 2 Satz 1 Nr. 2 und des Absatzes 4 Nr. 1 liegen vor, wenn zwischen den Rechtsverhältnissen im Sinne dieser Vorschriften ein oder mehrere Werktage – mit Ausnahme allgemein arbeitsfreier Werktage – liegen, an denen das Arbeitsverhältnis oder das andere Rechtsverhältnis nicht bestand. Es ist jedoch unschädlich, wenn der Angestellte in dem zwischen diesen Rechtsverhältnissen liegenden gesamten Zeitraum arbeitsunfähig krank war oder die Zeit zur Ausführung seines Umzugs an einen anderen Ort benötigt hat.*

4. *Saisongestellte im Sinne des Absatzes 3 sind Angestellte, die für eine jahreszeitlich begrenzte, regelmäßig wiederkehrende Tätigkeit eingestellt werden.*

5. *Stirbt der Angestellte nach der Auszahlung, aber vor Fälligkeit der Zuwendung, gelten die Voraussetzungen des Absatzes 1 Nr. 1 bzw. des Absatzes 2 als erfüllt.*

§ 2 Höhe der Zuwendung. (1) Die Zuwendung beträgt – unbeschadet des Absatzes 2 – 75 v. H. der Urlaubsvergütung nach § 47 Abs. 2 Unterabs. 1 Satz 2 BAT-O, die dem Angestellten zugestanden hätte, wenn er während des ganzen Monats September Erholungsurlaub gehabt hätte. Dabei sind bei der Anwendung des § 47 Abs. 2 Unterabs. 1 Satz 2 BAT-O bei der Fünftagewoche 22 Urlaubstage, bei der Sechstagewoche 26 Urlaubstage und bei anderer Verteilung der Arbeitszeit die entsprechende Zahl von Urlaubstagen zugrunde zu legen.

Für den Angestellten, dessen Arbeitsverhältnis später als am 1. September begonnen hat, tritt an die Stelle des Monats September der erste volle Kalendermonat des Arbeitsverhältnisses.

Für den Angestellten, der unter § 1 Abs. 2 oder 3 fällt und der im Monat September nicht im Arbeitsverhältnis gestanden hat, tritt an die Stelle des Monats September der letzte volle Kalendermonat, in dem das Arbeitsverhältnis vor dem Monat September bestanden hat.

Für den Angestellten, der im Ausland verwendet wird, ist die Urlaubsvergütung maßgebend, die ihm bei Verwendung im Inland zugestanden hätte.

In den Fällen, in denen im Bemessungsmonat für die Zuwendung eine erziehungsgeldunschädliche Teilzeitbeschäftigung ausgeübt wird und das Kind am ersten Tage des Bemessungsmonats den zwölften Lebensmonat noch nicht vollendet hat, bemißt sich die Zuwendung abweichend von dem Beschäftigungsumfang im Bemessungsmonat nach dem Beschäftigungsumfang am Tage vor dem Beginn der Elternzeit.

(2) Hat der Angestellte nicht während des ganzen Kalenderjahres Bezüge von demselben Arbeitgeber aus einem Rechtsverhältnis der in § 1 Abs. 1 Nr. 2 genannten Art erhalten, vermindert sich die Zuwendung um ein Zwölftel für jeden Kalendermonat, für den er keine Bezüge erhalten hat. Die Verminderung unterbleibt für die Kalendermonate,

a) für die der Angestellte keine Bezüge erhalten hat wegen der
   aa) Ableistung von Grundwehrdienst oder Zivildienst, wenn er vor dem 1. Dezember entlassen worden ist und nach der Entlassung die Arbeit unverzüglich wieder aufgenommen hat,
   bb) Beschäftigungsverbote nach § 3 Abs. 2 und § 6 Abs. 1 des Mutterschutzgesetzes,
   cc) Inanspruchnahme des Erziehungsurlaubs nach dem Bundeserziehungsgeldgesetz bis zur Vollendung des zwölften Lebensmonats des Kindes,

ZuwendungsTV für Angest. § 2 **TV Zuwendung Ang-O 2**

wenn am Tage vor dem Antritt des Erziehungsurlaubs Anspruch auf Bezüge oder auf Zuschuß zum Mutterschaftsgeld bestanden hat,
b) in denen dem Angestellten nur wegen der Höhe der Barleistungen des Sozialversicherungsträgers Krankengeldzuschuß nicht gezahlt worden ist.

(3) Der sich nach den Absätzen 1 und 2 ergebende Betrag der Zuwendung erhöht sich um 25,56 € für jedes Kind, für das dem Angestellten für den Monat September bzw. für den nach Absatz 1 Unterabs. 2 oder 3 maßgebenden Kalendermonat Kindergeld nach dem Einkommensteuergesetz (EStG) oder nach dem Bundeskindergeldgesetz (BKGG) zugestanden hat oder ohne Berücksichtigung des § 64 oder des § 65 EStG oder des § 3 oder des § 4 BKGG zugestanden hätte. § 29 Abschn. B Abs. 6 Satz 1 und Abs. 7 BAT-G-O ist entsprechend anzuwenden.

Hat die arbeitsvertraglich vereinbarte regelmäßige wöchentliche Arbeitszeit des Angestellten in dem maßgebenden Kalendermonat weniger als die regelmäßige wöchentliche Arbeitszeit eines entsprechenden vollbeschäftigten Angestellten betragen, so erhöht sich die Zuwendung statt um 25,56 € um den Anteil dieses Betrages, der dem Maß der mit ihm vereinbarten Arbeitszeit entspricht.

(4) *(weggefallen)*

(5) Hat der Angestellte nach § 1 Abs. 2 oder 3 dieses Tarifvertrages oder entsprechenden Vorschriften eines anderen Tarifvertrages bereits eine Zuwendung erhalten und erwirbt er für dasselbe Kalenderjahr einen weiteren Anspruch auf eine Zuwendung, vermindert sich diese Zuwendung um ein Zwölftel für jeden Kalendermonat, für den die Zuwendung nach § 1 Abs. 2 oder 3 dieses Tarifvertrages oder entsprechenden Vorschriften eines anderen Tarifvertrages gezahlt worden ist. Der Erhöhungsbetrag wird für das nach Absatz 3 zu berücksichtigende Kind in jedem Kalenderjahr nur einmal gezahlt.

Protokollnotizen zu Absatz 3:
Wegen der am 11. März 1994, am 20. Juni 1996 und am 2. April 1998, am 27. Februar 1999, am 13. Juni 2000 und am 9. Januar 2003 vereinbarten Festschreibung der Zuwendung beträgt abweichend von Absatz 1 Unterabs. 1 Satz 1 der Bemessungssatz für die Zuwendung vom 1. Januar bzw. für die Angestellten der Vergütungsgruppen III bis I und Kr. XII und Kr. XIII vom 1. April bis 31. Dezember 2003 62,84 v. H., vom 1. Januar bis 30. April 2004 62,22 v. H. und vom 1. Mai 2004 an 61,60 v. H.

Der vorstehende Bemessungssatz ändert sich jeweils von dem Zeitpunkt an, von dem an vor dem 1. Februar 2005 die Vergütungen der Angestellten im Tarifgebiet West allgemein erhöht werden, nach den Grundsätzen, die seiner Berechnung zugrunde liegen.

Bei Anwendung des Absatzes 3 sind Kinder, für die dem Angestellten aufgrund des Rechts der Europäischen Gemeinschaften oder aufgrund zwischenstaatlicher Abkommen in Verbindung mit dem EStG oder mit dem BKGG Kindergeld zusteht oder ohne Berücksichtigung des § 64 oder des § 65 EStG oder des § 3 oder des § 4 BKGG oder entsprechender Vorschriften zustehen würde, zu berücksichtigen.

Übergangsvorschrift zu Absatz 2 Satz 2 Buchst. b und c:
Die Vorschrift gilt auch für die Fälle des Wochenurlaubs nach § 244 AGB sowie der Freistellung von der Arbeit nach dem Wochenurlaub gemäß § 246 AGB bis zur Vollendung des zwölften Lebensmonats des Kindes.

§ 3 Anrechnung von Leistungen. Wird auf Grund anderer Bestimmungen oder Verträge oder auf Grund betrieblicher Übung oder aus einem sonstigen Grunde eine Weihnachtszuwendung oder im Zusammenhang mit dem Weihnachtsfest eine entsprechende Leistung gezahlt, so wird diese Leistung auf die Zuwendung nach diesem Tarifvertrag angerechnet. Satz 1 gilt auch für eine Zuwendung aus einer Beschäftigung während des Erziehungsurlaubs nach dem Bundeserziehungsgeldgesetz.

§ 4 Zahlung der Zuwendung. (1) Die Zuwendung soll spätestens am 1. Dezember gezahlt werden.

(2) In den Fällen des § 1 Abs. 2 und 3 soll die Zuwendung bei Beendigung des Arbeitsverhältnisses gezahlt werden.

§ 5 Aufhebung von Bestimmungen. Die bisherigen Regelungen über jährlich oder mehrmals jährlich zu zahlende Prämien, zusätzliche Belohnungen oder Vergütungen, Treuezulagen und -prämien, Jahresendprämien, Leistungsprämien und vergleichbare Leistungen (z. B. nach der Ordnung über die Planung und Verwendung des Prämienfonds und des Kultur- und Sozialfonds in den Staatsorganen, der Verordnung über eine jährliche zusätzliche Vergütung für die Mitarbeiter in Einrichtungen des Gesundheits- und Sozialwesens, des Rahmenkollektivvertrages über die Arbeits- und Lohnbedingungen für die Mitarbeiter in Einrichtungen der Volksbildung und kommunalen Einrichtungen der Berufsbildung usw.) treten mit Ablauf des 31. März 1991 außer Kraft.

§ 6 Inkrafttreten, Laufzeit. Dieser Tarifvertrag tritt am 1. April 1991 in Kraft.

Er kann, frühestens zum 31. 12. 1992, im übrigen zum 30. Juni eines jeden Jahres schriftlich gekündigt werden.

3. Tarifvertrag über ein Urlaubsgeld für Angestellte (TV Urlaubsgeld Ang-O)

Vom 10. Dezember 1990

Zuletzt geändert durch TV vom 29. 10. 2001

Zwischen der Bundesrepublik Deutschland, vertreten durch den Bundesminister des Innern, der Tarifgemeinschaft deutscher Länder, vertreten durch die Vorsitzende des Vorstandes, der Vereinigung der kommunalen Arbeitgeberverbände, vertreten durch den Vorstand, einerseits und (der vertragschließenden Gewerkschaft) andererseits wird für die Angestellten, die unter den Geltungsbereich des Tarifvertrages zur Anpassung des Tarifrechts – Manteltarifliche Vorschriften – (BAT-O) vom 10. Dezember 1990 fallen, folgendes vereinbart:

§ 1 Anspruchsvoraussetzungen. (1) Der Angestellte erhält in jedem Kalenderjahr ein Urlaubsgeld, wenn er

1. am 1. Juli im Arbeitsverhältnis steht
und
2. seit dem 1. Januar ununterbrochen als Angestellter, Arbeiter, Beamter, Richter, Soldat auf Zeit, Berufssoldat, Auszubildender, Praktikant, Schülerin/Schüler in der Krankenpflege, Kinderkrankenpflege oder Krankenpflegehilfe oder Hebammenschülerin/Schüler in der Entbindungspflege im öffentlichen Dienst gestanden hat
und
3. mindestens für einen Teil des Monats Juli Anspruch auf Vergütung, Urlaubsvergütung oder Krankenbezüge hat.

Ist die Voraussetzung des Unterabsatzes 1 Nr. 3 nur wegen Ablaufs der Bezugsfristen für die Krankenbezüge, wegen des Bezugs von Mutterschaftsgeld oder wegen der Inanspruchnahme der Elternzeit nach dem Bundeserziehungsgeldgesetz nicht erfüllt, genügt es, wenn ein Anspruch auf Bezüge für mindestens drei volle Kalendermonate des ersten Kalenderhalbjahres bestanden hat.

Ist nur wegen des Bezugs von Mutterschaftsgeld oder wegen der Inanspruchnahme der Elternzeit nach dem Bundeserziehungsgeldgesetz auch die Voraussetzung des Unterabsatzes 2 nicht erfüllt, ist dies unschädlich, wenn die Arbeit in unmittelbarem Anschluß an den Ablauf der Schutzfristen bzw. an die Elternzeit – oder lediglich wegen Arbeitsunfähigkeit oder Erholungsurlaubs später als am ersten Arbeitstag nach Ablauf der Schutzfristen bzw. der Elternzeit – in diesem Kalenderjahr wieder aufgenommen wird.

(2) Der vollbeschäftigte Saisonangestellte erhält Urlaubsgeld, wenn er die Voraussetzungen des Absatzes 1 Unterabsatz 1 Nr. 1 und Nr. 3 in Verbindung mit Unterabsatz 2 und 3 erfüllt und im vorangegangenen Kalenderjahr mindestens neun Monate bei demselben Arbeitgeber vollbeschäftigt gewesen ist.

(3) Das Urlaubsgeld ist nicht zusatzversorgungspflichtig und bei der Bemessung sonstiger Leistungen nicht zu berücksichtigen.

3 TV Urlaubsgeld Ang-O §§ 2–4 Tarifverträge

Protokollnotizen:

Nr. 1
Auszubildende und Praktikanten im Sinne des Absatzes 1 Unterabs. 1 Nr. 2 sind nur Personen, deren Rechtsverhältnis durch Tarifvertrag geregelt ist.

Nr. 2
Das Arbeits- oder sonstige Rechtsverhältnis im Sinne des Absatzes 1 Unterabs. 1 Nr. 2 gilt auch dann als am 1. Januar begründet, wenn es wegen des gesetzlichen Feiertags erst am 1. Arbeitstag nach dem 1. Januar begründet worden ist.

Nr. 3
Öffentlicher Dienst im Sinne des Absatzes 1 Unterabs. 1 Nr. 2 ist eine Beschäftigung
a) beim Bund, bei einem Land, bei einer Gemeinde, bei einem Gemeindeverband oder bei einem sonstigen Mitglied eines Arbeitgeberverbandes, der der Vereinigung der kommunalen Arbeitgeberverbände oder der Tarifgemeinschaft deutscher Länder angehört,
b) bei einer Körperschaft, Stiftung oder Anstalt des öffentlichen Rechts, die den BAT, den BAT-O oder einen Tarifvertrag wesentlich gleichen Inhalts anwendet.

Nr. 4
Eine Unterbrechung im Sinne des Absatzes 1 Unterabs. 1 Nr. 2 liegt vor, wenn zwischen den Rechtsverhältnissen im Sinne dieser Vorschrift ein oder mehrere Werktage – mit Ausnahme allgemein arbeitsfreier Werktage – liegen, an denen das Arbeitsverhältnis oder das andere Rechtsverhältnis nicht bestand. Es ist jedoch unschädlich, wenn der Angestellte in dem zwischen diesen Rechtsverhältnissen liegenden gesamten Zeitraum arbeitsunfähig krank war oder die Zeit zur Ausführung seines Umzugs an einen anderen Ort benötigt hat.

§ 2 Höhe des Urlaubsgeldes. Das Urlaubsgeld beträgt für den am 1. Juli vollbeschäftigten Angestellten 255,65 Euro.
Der am 1. Juli nicht vollbeschäftigte Angestellte erhält von dem Urlaubsgeld den Teil, der dem Maß der mit ihm vereinbarten – am 1. Juli geltenden – durchschnittlichen Arbeitszeit entspricht.

§ 3 Anrechnung von Leistungen. Wird dem Arbeitnehmer aufgrund örtlicher oder betrieblicher Regelung, aufgrund betrieblicher Übung, nach dem Arbeitsvertrag oder aus einem sonstigen Grunde ein Urlaubsgeld oder eine ihrer Art nach entsprechende Leistung vom Arbeitgeber oder aus Mitteln des Arbeitgebers gewährt, ist der dem Arbeitnehmer zustehende Betrag auf das Urlaubsgeld nach diesem Tarifvertrag anzurechnen. Satz 1 gilt auch für ein Urlaubsgeld aus einer Beschäftigung während des Erziehungsurlaubs nach dem Bundeserziehungsgeldgesetz.

§ 4 Auszahlung. (1) Das Urlaubsgeld wird mit den Bezügen für den Monat Juli ausgezahlt.
In den Fällen des § 1 Abs. 1 Unterabs. 3 wird das Urlaubsgeld mit den ersten Bezügen nach Wiederaufnahme der Arbeit ausgezahlt.

(2) Ist das Urlaubsgeld gezahlt worden, obwohl es nicht oder nicht in voller Höhe zustand, ist es in Höhe des überzahlten Betrages zurückzuzahlen.

§ 5 Inkrafttreten, Laufzeit. Dieser Tarifvertrag tritt am 1. April 1991 in Kraft. Er kann mit einer Frist von einem Monat zum Schluß eines Kalendermonats schriftlich gekündigt werden.

4. Vergütungstarifvertrag Nr. 7 zum BAT-O für den Bereich der Vereinigung der kommunalen Arbeitgeberverbände (VKA)

vom 31. Januar 2003[1)]

Zwischen der Vereinigung der kommunalen Arbeitgeberverbände, vertreten durch den Vorstand einerseits und den Gewerkschaften andererseits wird folgendes vereinbart:

§ 1 Geltungsbereich. Dieser Tarifvertrag gilt für Angestellte, die
a) in einem Arbeitsverhältnis zu einem Mitglied eines Arbeitgeberverbandes stehen, der der Vereinigung der kommunalen Arbeitgeberverbände (VKA) angehört, und
b) unter den Geltungsbereich des Tarifvertrages zur Anpassung des Tarifrechts – Manteltarifliche Vorschriften – (BAT-O) vom 10. Dezember 1990 fallen.

§ 2 Einmalzahlungen. (1) Die Angestellten, die im Monat Februar 2003 Anspruch auf Bezüge aus einem Arbeitsverhältnis haben, das am 2. Januar 2003 bereits bestanden hat, erhalten im Monat März 2003 eine Einmalzahlung. Die Einmalzahlung beträgt 7,5% der Vergütung (§ 26 BAT-O) einschließlich der allgemeinen Zulage, höchstens jedoch 166,50 €. Bei der Bemessung der Einmalzahlung ist die Vergütung des Monats Dezember 2002 zu Grunde zu legen. Hat der Angestellte im Monat Dezember 2002 keinen Anspruch oder nur für Teile des Monats Anspruch auf Vergütung gehabt, ist die Vergütung zu Grunde zu legen, die er erhalten hätte, wenn er für den gesamten Monat Dezember 2002 Anspruch auf Vergütung gehabt hätte.

(2) Die Angestellten, die im Monat November 2004 Anspruch auf Bezüge aus einem Arbeitsverhältnis haben, das im gesamten Monat November 2004 zu demselben Arbeitgeber besteht, erhalten im Monat November 2004 eine Einmalzahlung in Höhe von 46,25 €.

(3) Für den Höchstsatz der Einmalzahlung nach Abs. 1 und für die Einmalzahlung nach Abs. 2 gilt § 34 Abs. 1 Unterabs. 1 Satz 1 BAT-O entsprechend. Für die Einmalzahlung nach Absatz 2 sind die Verhältnisse am 1. November 2004 maßgebend.

(4) Die Einmalzahlung ist bei der Bemessung sonstiger Leistungen nicht zu berücksichtigen.

§ 3 Grundvergütungen, Gesamtvergütungen. (1) Die Grundvergütungen (§ 26 Abs. 3 BAT-O) für die Angestellten der Vergütungsgruppen X bis I und Kr. I bis Kr. XIII, die das 21. bzw. 23. bzw. 20. Lebensjahr vollendet haben, betragen
a) vom 1. Januar bis 31. Dezember 2003   91,0 v. H.,
b) vom 1. Januar 2004 an   92,5 v. H.

[1)] Ein inhaltsgleicher Tarifvertrag wurde abgeschlossen mit ver.di und dbb-tarifunion.

der nach dem jeweiligen Vergütungstarifvertrag zum BAT für den Bereich der Vereinigung der kommunalen Arbeitgeberverbände (VKA) geltenden Beträge.

Die Anpassung des Bemessungssatzes wird für die Angestellten der Vergütungsgruppen X bis V b und Kr I bis Kr VIII bis zum 31. Dezember 2007 und für die übrigen Angestellten bis zum 31. Dezember 2009 abgeschlossen.

(2) Die Grundvergütungen für die Angestellten der Vergütungsgruppen X bis I sind für die Zeit
a) vom 1. Januar bis 31. Dezember 2003 in den Anlagen 1 a und 1 a. 1,
b) vom 1. Januar bis 30. April 2004 in der Anlage 1 b,
c) vom 1. Mai 2004 an in der Anlage 1 c
festgelegt.

(3) Die Gesamtvergütungen für die Angestellten der Vergütungsgruppen X bis IV b, die das 18. Lebensjahr noch nicht vollendet haben (§ 30 BAT-O), ergeben sich für die Zeit
a) vom 1. Januar bis 31. Dezember 2003 aus der Anlage 2 a,
b) vom 1. Januar bis 30. April 2004 aus der Anlage 2 b,
c) vom 1. Mai 2004 an aus der Anlage 2 c.

(4) Die Grundvergütungen für die Angestellten der Vergütungsgruppen Kr. I bis Kr. XIII sind für die Zeit
a) vom 1. Januar bis 31. Dezember 203 in den Anlagen 3 a und 3 a. 1,
b) vom 1. Januar bis 30. April 2004 in der Anlage 3 b,
c) vom 1. Mai 2004 an in der Anlage 3 c
festgelegt.

(5) Die Gesamtvergütungen für die Angestellten der Vergütungsgruppen Kr. I bis Kr. III, die das 18. Lebensjahr noch nicht vollendet haben (§ 30 BAT-O), ergeben sich für die Zeit
a) vom 1. Januar bis 31. Dezember 203 aus der Anlage 4 a,
b) vom 1. Januar bis 30. April 2004 aus der Anlage 4 b,
c) vom 1. Mai 2004 an aus der Anlage 4 c.

§ 4 Ortszuschlag. (1) Die Beträge des Ortszuschlages (§ 26 Abs. 3 BAT-O) sind für die Zeit
a) vom 1. Januar bis 31. Dezember 2003 in den Anlagen 5 a und 5 a. 1,
b) vom 1. Januar bis 30. April 2004 in der Anlage 5 b,
c) vom 1. Mai 2004 an in der Anlage 5 c
festgelegt.

(2) Vom 1. Januar bis 31. Dezember 2003 erhöht sich der Ortszuschlag für Angestellte

mit Vergütung nach den Vergütungsgruppen	für das erste zu berücksichtigende Kind um	für jedes weitere zu berücksichtigende Kind um
X, IX und Kr. I	4,65 Euro	23,26 Euro,
IX a und Kr. II	4,65 Euro	18,61 Euro,
VIII	4,65 Euro	13,96 Euro.

Vom 1. Januar 2004 an beträgt die Erhöhung 4,73 Euro, 23,64 Euro, 18,92 Euro bzw. 14,19 Euro.

Dies gilt nicht für Kinder, für die das Kindergeld aufgrund über- oder zwischenstaatlicher Rechtsvorschriften abweichend von § 66 EStG bzw. § 6 BKGG bemessen wird; für die Anwendung des Unterabsatzes 1 sind diese Kinder bei der Feststellung der Zahl der zu berücksichtigen Kinder nicht mitzuzählen.

Erhält der Angestellte Vergütung aus einer höheren Vergütungsgruppe und wird dadurch der Erhöhungsbetrag geringer oder fällt er weg, wird der Unterschiedsbetrag zwischen der jeweiligen Summe aus der Grundvergütung, dem Ortszuschlag, der allgemeinen Zulage, gegebenenfalls dem Erhöhungsbetrag und einer Vergütungsgruppenzulage sowie den entsprechenden Bezügen, die am Tage vorher zugestanden haben, als Teil des Ortszuschlages zusätzlich gezahlt.

§ 5 Stundenvergütungen. Die Stundenvergütungen (§ 35 Abs. 3 Unterabs. 1 BAT-O) betragen

1. vom 1. Januar 2003 (für die Angestellten der Vergütungsgruppen III bis I und Kr. XII und Kr. XIII vom 1. April 2003) bis 31. Dezember 2003:

In Verg.-Gruppe	Euro	In Verg.-Gruppe	Euro
X	8,25	Kr. I	9,13
IX	8,69	Kr. II	9,56
IX a	8,85	Kr. III	10,05
VIII	9,19	Kr. IV	10,60
VII	9,79	Kr. V	11,16
VI b	10,43	Kr. V a	11,47
V c	11,23	Kr. VI	11,91
V b	12,30	Kr. VII	12,79
IV b	13,31	Kr. VIII	13,55
IV a	14,46	Kr. IX	14,39
III	15,71	Kr. X	15,29
II	17,40	Kr. XI	16,27
I b	19,00	Kr. XII	17,24
I a	20,66	Kr. XIII	18,71
I	22,54		

2. vom 1. Januar bis 31. März 2003 für die Angestellten der Vergütungsgruppen III bis I und Kr. XII bis Kr. XIII:

In Verg.-Gruppe	Euro	In Verg.-Gruppe	Euro
III	15,34	Kr. XII	16,84
II	16,99	Kr. XIII	18,27
I b	18,56		
I a	20,17		
I	22,01		

3. vom 1. Januar bis 30. April 2004:

In Verg.-Gruppe	Euro	In Verg.-Gruppe	Euro
X	8,47	Kr. I	9,37
IX	8,92	Kr. II	9,82
IX a	9,09	Kr. III	10,32
VIII	9,43	Kr. IV	10,88
VII	10,05	Kr. V	11,46
VI b	10,70	Kr. V a	11,77
V c	11,53	Kr. VI	12,22
V b	12,63	Kr. VII	13,13
IV b	13,67	Kr. VIII	13,91
IV a	15,84	Kr. IX	14,77
III	16,13	Kr. X	15,70
II	17,87	Kr. XI	16,70
I b	19,51	Kr. XII	17,70
I a	21,21	Kr. XIII	19,21
I	23,14		

4. vom 1. Mai 2004 an:

In Verg.-Gruppe	Euro	In Verg.-Gruppe	Euro
X	8,55	Kr. I	9,47
IX	9,01	Kr. II	9,92
IX a	9,18	Kr. III	10,42
VIII	9,53	Kr. IV	10,99
VII	10,15	Kr. V	11,57
VI b	10,81	Kr. V a	11,89
V c	11,65	Kr. VI	12,35
V b	12,75	Kr. VII	13,26
IV b	13,80	Kr. VIII	14,05
IV a	14,99	Kr. IX	14,92
III	16,29	Kr. X	15,85
II	18,04	Kr. XI	16,87
I b	19,71	Kr. XII	17,88
I a	21,42	Kr. XIII	19,40
I	23,37		

§ 6 Überleitung. (1) Die Angestellten erhalten ab 1. Januar 2003, ab 1. April 2003, ab 1. Januar 2004 und ab 1. Mai 2004 die Grundvergütung bzw. Gesamtvergütung, die nach der in Betracht kommenden Anlage zu diesem Tarifvertrag jeweils an die Stelle ihrer bisherigen Grundvergütung bzw. Gesamtvergütung tritt.

(2) Weist ein Angestellter der Vergütungsgruppen X bis I, der am jeweiligen Überleitungsstichtag das 21. bzw. 23. Lebensjahr vollendet hat, innerhalb einer Ausschlussfrist von vier Monaten nach dem jeweiligen Überleitungsstichtag nach, dass ihm als Neueingestellten nach § 27 Abschn. A Abs. 3 Unterabs. 1 BAT-O eine höhere Grundvergütung zustehen würde, so erhält er die höhere Grundvergütung.

(3) Falls ein Angestellter an einem der Überleitungsstichtage höhergruppiert bzw. herabgruppiert wird, ist vor Anwendung des Absatzes 1 die Höhergruppierung bzw. die Herabgruppierung durchzuführen.

§ 7 Ausnahmen vom Geltungsbereich. Dieser Tarifvertrag wird nicht angewendet auf Angestellte, die spätestens mit Ablauf des 9. Januar 2003 aus ihrem Verschulden oder auf eigenen Wunsch aus dem Arbeitsverhältnis ausgeschieden sind. Dies gilt auf Antrag nicht für Angestellte, die in unmittelbarem Anschluss an das auf eigenen Wunsch beendete Arbeitsverhältnis wieder in den öffentlichen Dienst eingetreten sind.

Öffentlicher Dienst im Sinne des Unterabsatzes 1 Satz 2 ist eine Beschäftigung
a) beim Bund, bei einem Land, bei einer Gemeinde oder bei einem Gemeindeverband oder bei einem sonstigen Mitglied eines Arbeitgeberverbandes, der der Vereinigung der kommunalen Arbeitgeberverbände oder der Tarifgemeinschaft deutscher Länder angehört,
b) bei einer Körperschaft, Anstalt oder Stiftung des öffentlichen Rechts, die den BAT, den BAT-O oder einen Tarifvertrag wesentlich gleichen Inhalts anwendet.

§ 8 In-Kraft-Treten, Laufzeit. (1) Dieser Tarifvertrag tritt am 1. Januar 2003 in Kraft. Er kann mit einer Frist von einem Monat zum Schluss eines Kalendermonats, frühestens zum 31. Januar 2005, schriftlich gekündigt werden. Die Kündigung des § 3 Abs. 1 Unterabs. 2 ist ausgeschlossen.

VergTV zum BAT-O (VkA)   Anlage 1a   VergTV-O 4

Anlage 1a

**Vergütungsgruppen
für die Angestellten der Vergütungsgruppen X bis I nach Vollendung des 21. bzw. 23. Lebensjahres**
(zu § 27 Abschn. A BAT-O)
(monatlich in Euro)

Gültig ab 1. Januar 2003 für die Vergütungsgruppen III bis I ab 1. April 2003

Verg.-Gr.	1	2	3	4	5	6	7	8	9	10	11	12
I	2613,77	2894,11	3174,43	3321,50	3468,56	3615,57	3762,62	3909,68	4056,70	4203,75	4350,80	4485,44
Ia	2376,03	2617,91	2859,76	2994,43	3129,11	3263,77	3398,48	3533,12	3667,83	3802,47	3937,14	3997,60
Ib	2160,29	2367,78	2575,31	2707,22	2839,16	2971,09	3102,99	3234,92	3366,84	3498,78	3553,74	
II	1963,78	2141,04	2318,31	2428,23	2538,18	2648,15	2758,08	2868,03	2977,94	3087,88	3158,00	
III	1785,12	1937,65	2090,19	2190,53	2290,83	2391,16	2491,45	2591,78	2692,12	2792,44	2807,55	
IVa	1622,97	1753,49	1884,05	1972,02	2059,98	2147,91	2235,85	2323,83	2411,76	2495,60		
IVb	1475,90	1585,85	1695,79	1772,75	1849,69	1926,65	2003,61	2080,58	2157,55	2218,00		
Vb	1345,32	1434,70	1528,14	1596,85	1662,82	1728,79	1794,74	1860,69	1926,65	1970,62		
Vc	1240,38	1309,78	1381,58	1441,57	1504,78	1567,98	1631,20	1694,41	1750,75			
VIb	1144,84	1202,62	1260,41	1301,12	1343,18	1385,29	1429,21	1475,90	1522,66	1556,99		
VII	1058,76	1107,12	1155,47	1189,66	1223,85	1258,04	1292,44	1328,33	1364,26	1386,55		
VIII	979,77	1019,87	1059,97	1085,91	1109,49	1133,06	1156,64	1180,23	1203,79	1227,39	1249,78	
IXa	943,20	973,45	1003,69	1027,19	1050,69	1074,21	1097,72	1121,24	1144,72			
IX	907,85	940,86	973,88	998,66	1021,05	1043,45	1065,86	1088,26				
X	843,00	870,12	897,25	922,02	944,41	966,80	989,21	1011,62	1026,95			

Anlage 1a. 1

Vergütungsgruppen
für die Angestellten der Vergütungsgruppen III bis I nach Vollendung des 21. bzw. 23. Lebensjahres
(zu § 27 Abschn. A BAT-O)
(monatlich in Euro)

Gültig vom 1. Januar bis 31. März 2003 für die Vergütungsgruppen III bis I

Verg.-Gr.	Grundvergütungssätze in Stufe											
	1	2	3	4	5	6	7	8	9	10	11	12
I	2552,50	2826,28	3100,03	3243,65	3387,27	3530,83	3674,43	3818,04	3961,62	4105,23	4248,83	4380,31
Ia	2320,34	2556,54	2792,74	2924,25	3055,77	3187,28	3318,82	3450,31	3581,86	3713,36	3844,87	3903,91
Ib	2109,65	2312,29	2514,95	2643,77	2772,62	2901,45	3030,26	3159,10	3287,93	3416,78	3470,45	
II	1917,75	2090,86	2263,97	2371,32	2478,69	2586,08	2693,44	2800,81	2908,14	3015,50	3083,98	
III	1743,28	1892,24	2041,20	2139,19	2237,14	2335,11	2433,06	2531,04	2629,02	2726,99	2741,75	

VergTV zum BAT-O (VkA) **Anlage 1b VergTV-O 4**

Anlage 1b

Vergütungsgruppen
für die Angestellten der Vergütungsgruppen X bis I nach Vollendung des 21. bzw. 23. Lebensjahres
(zu § 27 Abschn. A BAT-O)
(monatlich in Euro)

Gültig vom 1. Januar bis 30. April 2004

Verg.-Gr.	Grundvergütungssätze in Stufe											
	1	2	3	4	5	6	7	8	9	10	11	12
I	2683,42	2971,23	3259,02	3410,01	3560,99	3711,91	3862,89	4013,86	4164,80	4315,78	4466,74	4604,96
Ia	2439,35	2687,67	2935,97	3074,23	3212,50	3350,75	3489,04	3627,28	3765,57	3903,81	4042,07	4104,13
Ib	2217,85	2430,88	2643,94	2779,37	2914,82	3050,26	3185,68	3321,13	3456,56	3592,02	3648,44	
II	2016,11	2198,10	2380,09	2492,94	2605,82	2718,71	2831,58	2944,46	3057,29	3170,16	3242,15	
III	1823,69	1989,29	2145,89	2248,91	2351,88	2454,89	2557,85	2660,85	2763,85	2866,85	2882,36	
IVa	1666,21	1800,22	1934,26	2024,57	2114,87	2205,14	2295,43	2385,76	2476,03	2562,10		
IVb	1515,23	1628,11	1740,99	1819,99	1898,99	1977,99	2057,01	2136,02	2215,04	2277,10		
Vb	1381,16	1472,93	1568,86	1639,41	1707,12	1774,86	1842,56	1910,27	1977,99	2023,14		
Vc	1273,43	1344,68	1418,40	1479,98	1544,88	1609,77	1674,68	1739,56	1797,40			
VIb	1175,35	1234,67	1294,00	1335,79	1378,97	1422,21	1467,30	1515,23	1563,23	1598,48		
VII	1086,97	1136,63	1186,27	1221,36	1256,46	1291,56	1326,88	1363,73	1400,62	1423,50		
VIII	1005,88	1047,05	1088,22	1114,85	1139,05	1163,25	1187,46	1211,69	1235,87	1260,10	1283,09	
IXa	968,33	999,40	1030,44	1054,56	1078,69	1102,83	1126,97	1151,12	1175,22			
IX	932,05	965,93	999,83	1025,27	1048,26	1071,26	1094,26	1117,26				
X	865,46	893,31	921,16	946,59	969,58	992,56	1015,57	1038,58	1054,32			

Anlage 1c

Vergütungsgruppen
für die Angestellten der Vergütungsgruppen X bis I nach Vollendung des 21. bzw. 23. Lebensjahres
(zu § 27 Abschn. A BAT-O)
(monatlich in Euro)

Gültig ab 1. Mai 2004

Verg.-Gr.	1	2	3	4	5	6	7	8	9	10	11	12
					Grundvergütungssätze in Stufe							
I	2710,25	3000,94	2391,61	3444,12	3596,60	3749,03	3901,52	4054,00	4206,45	4358,94	4511,41	4651,01
Ia	2463,74	2714,55	2965,33	3104,97	3244,62	3384,25	3523,94	3663,55	3803,23	3942,84	4082,49	4145,17
Ib	2240,04	2455,19	2670,37	2807,16	2943,97	3080,77	3217,54	3354,43	3491,13	3627,93	3684,92	
II	2036,28	2220,07	2403,89	2517,87	2631,87	2745,90	2859,90	2973,90	3087,86	3201,86	3274,57	
III	1851,02	2009,18	2167,35	2271,39	2375,40	2479,43	2583,42	2687,46	2791,49	2895,52	2911,19	
IVa	1682,87	1818,22	1953,60	2044,81	2136,02	2227,20	2318,39	2409,62	2500,79	2487,72		
IVb	1530,38	1644,39	1758,40	1838,20	1917,98	1997,77	2077,58	2157,38	2237,20	2299,87		
Vb	1394,97	1487,66	1584,55	1655,80	1724,20	1792,61	1860,99	1929,37	1997,77	2043,37		
Vc	1286,17	1358,13	1432,58	1494,78	1560,33	1625,86	1691,42	1756,96	1815,38			
VIb	1187,11	1247,02	1306,94	1349,15	1392,76	1436,43	1481,97	1530,38	1578,86	1614,47		
VII	1097,84	1148,00	1198,12	1233,57	1269,03	1304,47	1340,14	1377,36	1414,62	1437,74		
VIII	1015,94	1057,52	1099,09	1125,99	1150,44	1174,89	1199,34	1223,80	1248,23	1272,70	1295,92	
IXa	978,01	1009,39	1040,75	1065,11	1089,47	1113,86	1138,24	1162,62	1186,98			
IX	941,37	975,59	1009,83	1035,52	1058,74	1081,97	1105,20	1128,44				
X	874,12	902,25	930,37	956,05	979,27	1002,49	1025,72	1048,97	1064,87			

Anlage 2a

Tabelle der Gesamtvergütungen für die Angestellten der Vergütungsgruppen X bis VI b unter 18 Jahren
(zu § 30 BAT-O)
(monatlich in Euro)
Gültig ab 1. Januar 2003

Gesamtvergütungen in Vergütungsgruppe					
VI b	VII	VIII	IX a	IX	X
1331,92	1258,76	1191,62	1160,53	1130,48	1075,36

Anlage 2b

Tabelle der Gesamtvergütungen für die Angestellten der Vergütungsgruppen X bis VI b unter 18 Jahren
(zu § 30 BAT-O)
(monatlich in Euro)
Gültig vom 1. Januar bis 30. April 2004

Gesamtvergütungen in Vergütungsgruppe					
VI b	VII	VIII	IX a	IX	X
1367,42	1292,30	1223,38	1191,45	1160,62	1104,01

Anlage 2c

Tabelle der Gesamtvergütungen für die Angestellten der Vergütungsgruppen X bis VI b unter 18 Jahren
(zu § 30 BAT-O)
(monatlich in Euro)
Gültig ab 1. Mai 2004

Gesamtvergütungen in Vergütungsgruppe					
VI b	VII	VIII	IX a	IX	X
1381,11	1305,23	1235,61	1203,37	1172,23	1115,06

Anlage 3a

Tabelle der Grundvergütungen
für die Angestellten der Vergütungsgruppen Kr. I bis Kr. XIII
nach Vollendung des 20. Lebensjahres

(zu § 27 Abschn. B BAT-O)

(monatlich in Euro)

Gültig ab 1. Januar 2003, für die Vergütungsgruppen Kr. XII und Kr. XIII ab 1. April 2003

Verg.-Gr.	Grundvergütungssätze in Stufe								
	1	2	3	4	5	6	7	8	9
Kr. XIII	2376,66	2477,11	2577,56	2655,68	2733,79	2811,93	2890,05	2968,18	3046,31
Kr. XII	2196,53	2290,09	2383,62	2456,36	2529,13	2601,87	2674,62	2747,37	2820,14
Kr. XI	2037,61	2127,39	2217,16	2286,99	2356,82	2426,64	2496,47	2566,30	2636,12
Kr. X	1885,61	1968,90	2052,20	2116,97	2181,76	2246,53	2311,31	2376,08	2440,87
Kr. IX	1746,12	1823,13	1900,16	1960,08	2019,98	2079,91	2139,82	2199,73	2259,64
Kr. VIII	1616,48	1687,83	1759,20	1814,72	1870,24	1925,75	1981,25	2036,76	2092,26
Kr. VII	1497,97	1563,90	1629,82	1681,10	1732,37	1783,64	1834,91	1886,18	1937,45
Kr. VI	1391,01	1451,42	1511,84	1558,82	1605,81	1652,81	1699,79	1746,76	1793,77
Kr. V a	1325,45	1381,94	1438,42	1482,35	1526,27	1570,21	1614,14	1658,07	1701,99
Kr. V	1280,45	1333,90	1387,33	1428,89	1470,46	1512,02	1553,57	1595,14	1636,71
Kr. IV	1199,09	1246,59	1294,09	1331,04	1367,98	1404,92	1441,88	1478,82	1515,75
Kr. III	1123,63	1163,99	1204,36	1235,75	1267,15	1298,54	1329,93	1361,32	1392,71
Kr. II	1052,89	1088,26	1123,65	1151,17	1178,67	1206,20	1233,70	1261,22	1288,74
Kr. I	988,04	1019,54	1051,01	1075,49	1099,99	1124,48	1148,96	1173,44	1197,92

Anlage 3a.1

Tabelle der Grundvergütungen
für die Angestellten der Vergütungsgruppen Kr. XII bis Kr. XIII
nach Vollendung des 20. Lebensjahres

(zu § 27 Abschn. B BAT-O)

(monatlich in Euro)

Gültig vom 1. Januar bis 31. März 2003 für die Vergütungsgruppen Kr. XII und Kr. XIII

Verg.-Gr.	Grundvergütungssätze in Stufe								
	1	2	3	4	5	6	7	8	9
Kr. XIII	2320,96	2419,05	2517,14	2593,44	2669,72	2746,03	2822,32	2898,61	2974,91
Kr. XII	2145,05	2236,42	2327,75	2398,80	2469,85	2540,89	2611,93	2682,98	2754,04

VergTV zum BAT-O (VkA)   **Anlage 3b**   **VergTV-O 4**

Anlage 3 b

**Tabelle der Grundvergütungen
für die Angestellten der Vergütungsgruppen Kr. I bis Kr. XIII nach
Vollendung des 20. Lebensjahres**

(zu § 27 Abschn. B BAT-O)

(monatlich in Euro)

Gültig vom 1. Januar bis 30. April 2004

Verg.-Gr.	Grundvergütungssätze in Stufe								
	1	2	3	4	5	6	7	8	9
Kr. XIII	2439,99	2543,12	2646,24	2726,45	2806,64	2886,86	2967,07	3047,28	3127,49
Kr. XII	2255,07	2351,12	2447,13	2521,82	2596,52	2671,21	2745,89	2820,58	2895,29
Kr. XI	2091,91	2184,08	2276,24	2347,94	2419,62	2491,31	2562,99	2634,69	2706,37
Kr. X	1935,86	2021,37	2106,89	2173,38	2239,91	2306,40	2372,90	2439,40	2505,91
Kr. IX	1792,65	1871,71	1950,80	2012,31	2073,81	2135,33	2196,84	2258,35	2319,85
Kr. VIII	1659,55	1732,81	1806,08	1863,08	1920,08	1977,07	2034,05	2091,04	2148,02
Kr. VII	1537,89	1605,58	1673,25	1725,89	1778,53	1831,17	1883,81	1936,45	1989,08
Kr. VI	1428,08	1490,10	1552,12	1600,36	1648,61	1696,85	1745,09	1793,32	1841,57
Kr. V a	1360,78	1418,77	1476,75	1521,86	1566,94	1612,05	1657,16	1702,26	1747,34
Kr. V	1314,57	1369,44	1424,31	1466,97	1509,65	1552,32	1594,97	1637,65	1680,33
Kr. IV	1231,05	1279,81	1328,58	1366,51	1404,43	1442,36	1480,30	1518,23	1556,15
Kr. III	1153,58	1195,01	1236,45	1268,68	1300,91	1333,15	1365,36	1397,60	1429,82
Kr. II	1080,95	1117,26	1153,60	1181,84	1210,08	1238,33	1266,57	1294,83	1323,08
Kr. I	1014,37	1046,70	1079,02	1104,15	1129,30	1154,45	1179,58	1204,70	1229,84

Anlage 3 c

Tabelle der Grundvergütungen
für die Angestellten der Vergütungsgruppen Kr. I bis Kr. XIII nach Vollendung des 20. Lebensjahres

(zu § 27 Abschn. B BAT-O)

(monatlich in Euro)

Gültig ab 1. Mai 2004

Verg.-Gr.	Grundvergütungssätze in Stufe								
	1	2	3	4	5	6	7	8	9
Kr. XIII	2464,39	2568,55	2672,70	2753,72	2834,71	2915,73	2996,74	3077,75	3158,76
Kr. XII	2277,62	2374,63	2471,61	2547,03	2622,49	2697,92	2773,35	2848,79	2924,24
Kr. XI	2112,83	2205,92	2299,00	2371,41	2443,82	2516,22	2588,62	2661,03	2733,44
Kr. X	1955,22	2041,59	2127,96	2195,12	2262,31	2329,46	2396,63	2463,79	2530,97
Kr. IX	1810,58	1890,42	1970,31	2032,43	2094,55	2156,68	2218,81	2280,93	2343,05
Kr. VIII	1676,15	1750,14	1824,15	1881,71	1939,28	1996,83	2054,39	2111,95	2169,50
Kr. VII	1553,27	1621,64	1689,98	1743,15	1796,32	1849,48	1902,65	1955,81	2008,97
Kr. VI	1442,36	1505,00	1567,64	1616,36	1665,09	1713,81	1762,54	1811,25	1859,99
Kr. V a	1374,38	1432,95	1491,52	1537,07	1582,61	1628,18	1673,73	1719,28	1764,82
Kr. V	1327,72	1383,13	1438,55	1481,64	1524,74	1567,84	1610,92	1654,02	1697,13
Kr. IV	1243,36	1292,61	1341,86	1380,17	1418,47	1456,78	1495,10	1533,41	1571,70
Kr. III	1165,11	1206,96	1248,81	1281,37	1313,92	1346,48	1379,02	1411,58	1444,12
Kr. II	1091,76	1128,44	1165,13	1193,67	1222,17	1250,72	1279,24	1307,78	1336,31
Kr. I	1024,52	1057,17	1089,82	1115,20	1140,60	1165,99	1191,37	1216,75	1242,15

Anlage 4a

**Tabelle der Gesamtvergütungen
für die Angestellten der Vergütungsgruppen Kr. I bis Kr. III
unter 18 Jahren**

(zu § 30 BAT-O)
(monatlich in Euro)

Gültig ab 1. Januar 2003

Gesamtvergütung in Vergütungsgruppe		
Kr. III	Kr. II	Kr. I
1313,90	1253,77	1198,64

Anlage 4b

**Tabelle der Gesamtvergütungen
für die Angestellten der Vergütungsgruppen Kr. I bis Kr. III
unter 18 Jahren**

(zu § 30 BAT-O)
(monatlich in DM)

Gültig vom 1. Januar bis 30. April 2004

Gesamtvergütung in Vergütungsgruppe		
Kr. III	Kr. II	Kr. I
1348,92	1287,18	1230,59

Anlage 4c

**Tabelle der Gesamtvergütungen
für die Angestellten der Vergütungsgruppen Kr. I bis Kr. III
unter 18 Jahren**

(zu § 30 BAT-O)
(monatlich in Euro)

Gültig ab 1. Mai 2004

Gesamtvergütung in Vergütungsgruppe		
Kr. III	Kr. II	Kr. I
1362,41	1300,06	1242,90

Anlage 5a

Ortszuschlagstabelle
(zu § 29 BAT-O)
(monatlich in Euro)

Gültig ab 1. Januar 2003, für die Vergütungsgruppen III bis I bzw. Kr. XII und Kr. XIII ab 1. April 2003

Tarif-klasse	Zu der Tarifklasse gehörende Vergütungsgruppen	Stufe 1	Stufe 2	Stufe 3
I b	II bis I Kr. XIII	504,27	599,63	680,42
I c	V b bis III Kr. VII bis Kr. XII	448,15	543,51	624,30
II	X bis V c Kr. I bis Kr. VI	422,13	512,97	593,76

Bei mehr als einem Kind erhöht sich der Ortszuschlag für jedes weitere zu berücksichtigende Kind um 80,79 Euro.

Gemäß § 5 Abs. 2 des Vergütungstarifvertrages Nr. 7 zum BAT-O erhöht sich der Ortszuschlag für Angestellte

mit Vergütung nach den Vergütungsgruppen	für das erste zu berücksichtigende Kind um	für jedes weitere zu berücksichtigende Kind um
X, IX und Kr. I	4,65 Euro	23,26 Euro
IX a und Kr. II	4,65 Euro	18,61 Euro
VIII	4,65 Euro	13,96 Euro

Dies gilt nicht für Kinder, für die das Kindergeld aufgrund über- oder zwischenstaatlicher Rechtsvorschriften abweichend von § 66 EStG bzw. § 6 BKGG bemessen wird; diese Kinder sind bei der Feststellung der Zahl der zu berücksichtigenden Kinder nicht mitzuzählen.

| Ortszuschlag nach § 29 Abschn. B Abs. 5 BAT-O: | Tarifklasse I c und I b jeweils | 47,68 Euro |
| | Tarifklasse II | 45,42 Euro |

VergTV zum BAT-O (VkA) Anlage 5a.1 VergTV-O 4

Anlage 5a.1

Ortszuschlagstabelle
(zu § 29 BAT-O)
(monatlich in Euro)

**Gültig vom 1. Januar bis 31. März 2003
für die Vergütungsgruppen III bis I bzw. Kr. XII und Kr. XIII**

Tarif-klasse	Zu der Tarifklasse gehörende Vergütungsgruppen	Stufe 1	Stufe 2	Stufe 3
I b	II bis I Kr. XIII	492,45	585,57	664,47
I c	III Kr. XII	437,65	530,77	609,67

Bei mehr als einem Kind erhöht sich der Ortszuschlag für jedes weitere zu berücksichtigende Kind um 78,90 Euro.

Ortszuschlag nach § 29 Tarifklasse I c und I b
Abschn. B Abs. 5 BAT-O: jeweils 46,56 Euro

4 VergTV-O Anlage 5b VergTV zum BAT-O (VkA)

Anlage 5 b

Ortszuschlagstabelle
(zu § 29 BAT-O)
(monatlich in Euro)
Gültig vom 1. Januar bis 30. April 2004

Tarif-klassse	Zu der Tarifklasse gehörende Vergütungsgruppen	Stufe 1	Stufe 2	Stufe 3
I b	II bis I Kr. XIII	517,70	615,60	698,54
I c	V b bis III Kr. VII bis Kr. XII	460,09	557,99	640,93
II	X bis V c Kr. I bis Kr. VI	433,38	526,64	609,58

Bei mehr als einem Kind erhöht sich der Ortszuschlag für jedes weitere zu berücksichtigende Kind um 82,94 Euro.

Gemäß § 5 Abs. 2 des Vergütungstarifvertrages Nr. 7 zum BAT-O erhöht sich der Ortszuschlag für Angestellte

mit Vergütung nach den Vergütungsgruppen	für das erste zu berücksichtigende Kind um	für jedes weitere zu berücksichtigende Kind um
X, IX und Kr. I	4,73 Euro	23,64 Euro
IX a und Kr. II	4,73 Euro	18,92 Euro
VIII	4,73 Euro	14,19 Euro

Dies gilt nicht für Kinder, für die das Kindergeld aufgrund über- oder zwischenstaatlicher Rechtsvorschriften abweichend von § 66 EStG bzw. § 6 BKGG bemessen wird; diese Kinder sind bei der Feststellung der Zahl der zu berücksichtigenden Kinder nicht mitzuzählen.

Ortszuschlag nach § 29 Abschn. B Abs. 5 BAT-O:	Tarifklasse I c und I b jeweils Tarifklasse II	48,95 Euro 46,63 Euro

VergTV zum BAT-O (VkA) Anlage 5c **VergTV-O 4**

Anlage 5 c

Ortszuschlagstabelle
(zu § 29 BAT-O)
(monatlich in Euro)
Gültig ab 1. Mai 2004

Tarif-klasse	Zu der Tarifklasse gehörende Vergütungsgruppen	Stufe 1	Stufe 2	Stufe 3
I b	II bis I Kr. XIII	522,88	621,76	705,54
I c	V b bis III Kr. VII bis Kr. XII	464,68	563,56	647,34
II	X bis V c Kr. I bis Kr. VI	437,72	531,90	615,68

Bei mehr als einem Kind erhöht sich der Ortszuschlag für jedes weitere zu berücksichtigende Kind um 83,78 Euro.

Gemäß § 5 Abs. 2 des Vergütungstarifvertrages Nr. 7 zum BAT-O erhöht sich der Ortszuschlag für Angestellte

mit Vergütung nach den Vergütungsgruppen	für das erste zu berücksichtigende Kind um	für jedes weitere zu berücksichtigende Kind um
X, IX und Kr. I	4,73 Euro	23,64 Euro
IX a und Kr. II	4,73 Euro	18,92 Euro
VIII	4,73 Euro	14,19 Euro

Dies gilt nicht für Kinder, für die das Kindergeld aufgrund über- oder zwischenstaatlicher Rechtsvorschriften abweichend von § 66 EStG bzw. § 6 BKGG bemessen wird; diese Kinder sind bei der Feststellung der Zahl der zu berücksichtigenden Kinder nicht mitzuzählen.

Ortszuschlag nach § 29 Abschn. B Abs. 5 BAT-O:	Tarifklasse I c und I b jeweils	49,44 Euro
	Tarifklasse II	47,09 Euro

Anlage 6a
zum Vergütungstarifvertrag Nr. 7 zum BAT-O

Stunden- und Überstundenvergütungen sowie Zeitzuschläge nach § 35 Abs. 1 und 3 BAT-O
(Beträge in € je Arbeitsstunde)

gültig ab 1. Januar bzw. für die Angestellten der Vergütungsgruppen III bis I sowie Kr. XII und Kr. XIII
ab 1. April bis 31. Dezember 2003

Vergütungsgruppe	Stundenvergütung (§ 35 Abs. 3 Unterabs. 1)	Überstundenvergütung (§ 35 Abs. 3 Unterabs. 2)	Zeitzuschlag für Überstunden (§ 35 Abs. 1 Buchst. a)	Zeitzuschlag für Arbeit an Sonntagen und Wochenfeiertagen (§ 35 Abs. 1 Buchst. b und c)					Zeitzuschlag für Arbeit an Vorfesttagen (§ 35 Abs. 1 Buchst. d)	
				25 v. H.	35 v. H.	50 v. H.	135 v. H.	150 v. H.	25 v. H.	100 v. H.
1	2	3	4	5	6	7	8	9	10	11
X	8,25	10,31	2,06	2,06	2,89	4,13	11,14	12,38	2,06	8,25
IX	8,69	10,86	2,17	2,17	3,04	4,35	11,73	13,04	2,17	8,69
IX a	8,85	11,06	2,21	2,21	3,10	4,43	11,95	13,28	2,21	8,85
VIII	9,19	11,49	2,30	2,30	3,22	4,60	12,41	13,79	2,30	9,19
VII	9,79	12,24	2,45	2,45	3,43	4,90	13,22	14,69	2,45	9,79
VI b	10,43	13,04	2,61	2,61	3,65	5,22	14,08	15,65	2,61	10,43
V c	11,23	14,04	2,81	2,81	3,93	5,62	15,16	16,85	2,81	11,23
V b	12,30	14,76	2,46	3,08	4,31	6,15	16,61	18,45	3,08	12,30
IV b	13,31	15,31	2,00	3,33	4,66	6,66	17,97	19,97	3,33	13,31
IV a	14,46	16,63	2,17	3,62	5,06	7,23	19,52	21,69	3,62	14,46
III	15,71	18,07	2,36	3,93	5,50	7,86	21,21	23,57	3,93	15,71
II	17,40	20,01	2,61	4,35	6,09	8,70	23,49	26,10	4,35	17,40
I b	19,00	21,85	2,85	4,75	6,65	9,50	25,65	28,50	4,75	19,00
I a	20,66	23,76	3,10	5,17	7,23	10,33	27,89	30,99	5,17	20,66
I	22,54	25,92	3,38	5,64	7,89	11,27	30,43	33,81	5,64	22,54

VergTV zum BAT-O (VkA)   **Anlage 6a**   **VergTV-O 4**

Vergütungsgruppe	Stundenvergütung (§ 35 Abs. 3 Unterabs. 1)	Überstundenvergütung (§ 35 Abs. 3 Unterabs. 2)	Zeitzuschlag für Überstunden (§ 35 Abs. 1 Buchst. a)	Zeitzuschlag für Arbeit an Sonntagen und Wochenfeiertagen (§ 35 Abs. 1 Buchst. b und c)					Zeitzuschlag für Arbeit an Vorfesttagen (§ 35 Abs. 1 Buchst. d)	
				25 v.H.	35 v.H.	50 v.H.	135 v.H.	150 v.H.	25 v.H.	100 v.H.
1	2	3	4	5	6	7	8	9	10	11
Kr. I	9,13	11,41	2,28	2,28	3,20	4,57	12,33	13,70	2,28	9,13
Kr. II	9,56	11,95	2,39	2,39	3,35	4,78	12,91	14,34	2,39	9,56
Kr. III	10,05	12,56	2,51	2,51	3,52	5,03	13,57	15,08	2,51	10,05
Kr. IV	10,60	13,25	2,65	2,65	3,71	5,30	14,31	15,90	2,65	10,60
Kr. V	11,16	13,95	2,79	2,79	3,91	5,58	15,07	16,74	2,79	11,16
Kr. Va	11,47	14,34	2,87	2,87	4,01	5,74	15,48	17,21	2,87	11,47
Kr. VI	11,91	14,89	2,98	2,98	4,17	5,96	16,08	17,87	2,98	11,91
Kr. VII	12,79	15,35	2,56	3,20	4,48	6,40	17,27	19,19	3,20	12,79
Kr. VIII	13,55	16,26	2,71	3,39	4,74	6,78	18,29	20,33	3,39	13,55
Kr. IX	14,39	16,55	2,16	3,60	5,04	7,20	19,43	21,59	3,60	14,39
Kr. X	15,29	17,58	2,29	3,82	5,35	7,65	20,64	22,94	3,82	15,29
Kr. XI	16,27	18,71	2,44	4,07	5,69	8,14	21,96	24,41	4,07	16,27
Kr. XII	17,24	19,83	2,59	4,31	6,03	8,62	23,27	25,86	4,31	17,24
Kr. XIII	18,71	21,52	2,81	4,68	6,55	9,36	25,26	28,07	4,68	18,71

4 VergTV-O   Anlage 6b

Anlage 6b
zum Vergütungstarifvertrag Nr. 7 zum BAT-O

Stunden- und Überstundenvergütungen sowie Zeitzuschläge nach § 35 Abs. 1 und 3 BAT-O
(Beträge in € je Arbeitsstunde)
gültig vom 1. Januar bis 31. März 2003 für die Angestellten der Vergütungsgruppen III bis I sowie Kr. XII und Kr. XIII

Vergütungsgruppe	Stundenvergütung (§ 35 Abs. 3 Unterabs. 1)	Überstundenvergütung (§ 35 Abs. 3 Unterabs. 2)	Zeitzuschlag für Überstunden (§ 35 Abs. 1 Buchst. a)	Zeitzuschlag für Arbeit an Sonntagen und Wochenfeiertagen (§ 35 Abs. 1 Buchst. b und c)					Zeitzuschlag für Arbeit an Vorfesttagen (§ 35 Abs. 1 Buchst. d)	
				25 v.H.	35 v.H.	50 v.H.	135 v.H.	150 v.H.	25 v.H.	100 v.H.
1	2	3	4	5	6	7	8	9	10	11
III	15,34	17,64	2,30	3,84	5,37	7,67	20,71	23,01	3,84	15,34
II	16,99	19,54	2,55	4,25	5,95	8,50	22,94	25,49	4,25	16,99
I b	18,56	21,34	2,78	4,64	6,50	9,28	25,06	27,84	4,64	18,56
I a	20,17	23,20	3,03	5,04	7,06	10,09	27,23	30,26	5,04	20,17
I	22,01	25,31	3,30	5,50	7,70	11,01	29,71	33,02	5,50	22,01
Kr. XII	16,84	19,37	2,53	4,21	5,89	8,42	22,73	25,26	4,21	16,84
Kr. XIII	18,27	21,01	2,74	4,57	6,39	9,14	24,66	27,41	4,57	18,27

VergTV zum BAT-O (VkA)

Anlage 6c VergTV-O 4

Anlage 6c
zum Vergütungstarifvertrag Nr. 7 zum BAT-O

Stunden- und Überstundenvergütungen sowie Zeitzuschläge nach § 35 Abs. 1 und 3 BAT-O
(Beträge in € je Arbeitsstunde)
gültig vom 1. Januar bis 30. April 2004

Vergütungs-gruppe	Stunden-vergütung (§ 35 Abs. 3 Unterabs. 1)	Überstunden-vergütung (§ 35 Abs. 3 Unterabs. 2)	Zeitzuschlag für Überstunden (§ 35 Abs. 1 Buchst. a)	Zeitzuschlag für Arbeit an Sonntagen und Wochenfeiertagen (§ 35 Abs. 1 Buchst. b und c)					Zeitzuschlag für Arbeit an Vorfesttagen (§ 35 Abs. 1 Buchst. d)	
				25 v.H.	35 v.H.	50 v.H.	135 v.H.	150 v.H.	25 v.H.	100 v.H.
1	2	3	4	5	6	7	8	9	10	11
X	8,47	10,59	2,12	2,12	2,96	4,24	11,43	12,71	2,12	8,47
IX	8,92	11,15	2,23	2,23	3,12	4,46	12,04	13,38	2,23	8,92
IX a	9,09	11,36	2,27	2,27	3,18	4,55	12,27	13,64	2,27	9,09
VIII	9,43	11,79	2,36	2,36	3,30	4,72	12,73	14,15	2,36	9,43
VII	10,05	12,56	2,51	2,51	3,52	5,03	13,57	15,08	2,51	10,05
VI b	10,70	13,38	2,68	2,68	3,75	5,35	14,45	16,05	2,68	10,70
V c	11,53	14,41	2,88	2,88	4,04	5,77	15,57	17,30	2,88	11,53
V b	12,63	15,16	2,53	3,16	4,42	6,32	17,05	18,95	3,16	12,63
IV b	13,67	15,72	2,05	3,42	4,78	6,84	18,45	20,51	3,42	13,67
IV a	14,84	17,07	2,23	3,71	5,19	7,42	20,03	22,26	3,71	14,84
III	16,13	18,55	2,42	4,03	5,65	8,07	21,78	24,20	4,03	16,13
II	17,87	20,55	2,68	4,47	6,25	8,94	24,12	26,81	4,47	17,87
I b	19,51	22,44	2,93	4,88	6,83	9,76	26,34	29,27	4,88	19,51
I a	21,21	24,39	3,18	5,30	7,42	10,61	28,63	31,82	5,30	21,21
I	23,14	26,61	3,47	5,79	8,10	11,57	31,24	34,71	5,79	23,14

4 VergTV-O Anlage 6c

Vergütungsgruppe	Stundenvergütung (§ 35 Abs. 3 Unterabs. 1)	Überstundenvergütung (§ 35 Abs. 3 Unterabs. 2)	Zeitzuschlag für Überstunden (§ 35 Abs. 1 Buchst. a)	Zeitzuschlag für Arbeit an Sonntagen und Wochenfeiertagen (§ 35 Abs. 1 Buchst. b und c)					Zeitzuschlag für Arbeit an Vorfesttagen (§ 35 Abs. 1 Buchst. d)	
				25 v.H.	35 v.H.	50 v.H.	135 v.H.	150 v.H.	25 v.H.	100 v.H.
1	2	3	4	5	6	7	8	9	10	11
Kr. I	9,37	11,71	2,34	2,34	3,28	4,69	12,65	14,06	2,34	9,37
Kr. II	9,82	12,28	2,46	2,46	3,44	4,91	13,26	14,73	2,46	9,82
Kr. III	10,32	12,90	2,58	2,58	3,61	5,16	13,93	15,48	2,58	10,32
Kr. IV	10,88	13,60	2,72	2,72	3,81	5,44	14,69	16,32	2,72	10,88
Kr. V	11,46	14,33	2,87	2,87	4,01	5,73	15,47	17,19	2,87	11,46
Kr. Va	11,77	14,71	2,94	2,94	4,12	5,89	15,89	17,66	2,94	11,77
Kr. VI	12,22	15,28	3,06	3,06	4,28	6,11	16,50	18,33	3,06	12,22
Kr. VII	13,13	15,76	2,63	3,28	4,60	6,57	17,73	19,70	3,28	13,13
Kr. VIII	13,91	16,69	2,78	3,48	4,87	6,96	18,78	20,87	3,48	13,91
Kr. IX	14,77	16,99	2,22	3,69	5,17	7,39	19,94	22,16	3,69	14,77
Kr. X	15,70	18,06	2,36	3,93	5,50	7,85	21,20	23,55	3,93	15,70
Kr. XI	16,70	19,21	2,51	4,18	5,85	8,35	22,55	25,05	4,18	16,70
Kr. XII	17,70	20,36	2,66	4,43	6,20	8,85	23,90	26,55	4,43	17,70
Kr. XIII	19,21	22,09	2,88	4,80	6,72	9,61	25,93	28,82	4,80	19,21

VergTV zum BAT-O (VkA) **Anlage 6d** VergTV-O 4

Anlage 6d
zum Vergütungstarifvertrag Nr. 7 zum BAT-O

Stunden- und Überstundenvergütungen sowie Zeitzuschläge nach § 35 Abs. 1 und 3 BAT-O
(Beträge in € je Arbeitsstunde)
gültig ab 1. Mai 2004

Vergütungs-gruppe	Stunden-vergütung (§ 35 Abs. 3 Unterabs. 1)	Über-stunden-vergütung (§ 35 Abs. 2 Unterabs. 2)	Zeitzuschlag für Überstunden (§ 35 Abs. 1 Buchst. a)	Zeitzuschlag für Arbeit an Sonntagen und Wochenfeiertagen (§ 35 Abs. 1 Buchst. b und c)				Zeitzuschlag für Arbeit an Vorfesttagen (§ 35 Abs. 1 Buchst. d)	
				25 v.H.	35 v.H.	50 v.H.	135 v.H.	150 v.H.	25 v.H.	100 v.H.
1	2	3	4	5	6	7	8	9	10	11
X	8,55	10,69	2,14	2,14	2,99	4,28	11,54	12,83	2,14	8,55
IX	9,01	11,26	2,25	2,25	3,15	4,51	12,16	13,52	2,25	9,01
IX a	9,18	11,48	2,30	2,30	3,21	4,59	12,39	13,77	2,30	9,18
VIII	9,53	11,91	2,38	2,38	3,34	4,77	12,87	14,30	2,38	9,53
VII	10,15	12,69	2,54	2,54	3,55	5,08	13,70	15,23	2,54	10,15
VI b	10,81	13,51	2,70	2,70	3,78	5,41	14,59	16,22	2,70	10,81
V c	11,65	14,56	2,91	2,91	4,08	5,83	15,73	17,48	2,91	11,65
V b	12,75	15,30	2,55	3,19	4,46	6,38	17,21	19,13	3,19	12,75
IV b	13,80	15,87	2,07	3,45	4,83	6,90	18,63	20,70	3,45	13,80
IV a	14,99	17,24	2,25	3,75	5,25	7,50	20,24	22,49	3,75	14,99
III	16,29	18,73	2,44	4,07	5,70	8,15	21,99	24,44	4,07	16,29
II	18,04	20,75	2,71	4,51	6,31	9,02	24,35	27,06	4,51	18,04
I b	19,71	22,67	2,96	4,93	6,90	9,86	26,61	29,57	4,93	19,71
I a	21,42	24,63	3,21	5,36	7,50	10,71	28,92	32,13	5,36	21,42
I	23,37	26,88	3,51	5,84	8,18	11,69	31,55	35,06	5,84	23,37

4 VergTV-O Anlage 6d VergTV zum BAT-O (VkA)

| Vergütungsgruppe | Stundenvergütung (§ 35 Abs. 3 Unterabs. 1) | Überstundenvergütung (§ 35 Abs. 3 Unterabs. 2) | Zeitzuschlag für Überstunden (§ 35 Abs. 1 Buchst. a) | Zeitzuschlag für Arbeit an Sonntagen und Wochenfeiertagen (§ 35 Abs. 1 Buchst. b und c) | | | | | Zeitzuschlag für Arbeit an Vorfesttagen (§ 35 Abs. 1 Buchst. d) | |
				25 v.H.	35 v.H.	50 v.H.	135 v.H.	150 v.H.	25 v.H.	100 v.H.
1	2	3	4	5	6	7	8	9	10	11
Kr. I	9,47	11,84	2,37	2,37	3,31	4,74	12,78	14,21	2,37	9,47
Kr. II	9,92	12,40	2,48	2,48	3,47	4,96	13,39	14,88	2,48	9,92
Kr. III	10,42	13,03	2,61	2,61	3,65	5,21	14,07	15,63	2,61	10,42
Kr. IV	10,99	13,74	2,75	2,75	3,85	5,50	14,84	16,49	2,75	10,99
Kr. V	11,57	14,46	2,89	2,89	4,05	5,79	15,62	17,36	2,89	11,57
Kr. V a	11,89	14,86	2,97	2,97	4,16	5,95	16,05	17,84	2,97	11,89
Kr. VI	12,35	15,44	3,09	3,09	4,32	6,18	16,67	18,53	3,09	12,35
Kr. VII	13,26	15,91	2,65	3,32	4,64	6,63	17,90	19,89	3,32	13,26
Kr. VIII	14,05	16,86	2,81	3,51	4,92	7,03	18,97	21,08	3,51	14,05
Kr. IX	14,92	17,16	2,24	3,73	5,22	7,46	20,14	22,38	3,73	14,92
Kr. X	15,85	18,23	2,38	3,96	5,55	7,93	21,40	23,78	3,96	15,85
Kr. XI	16,87	19,40	2,53	4,22	5,90	8,44	22,77	25,31	4,22	16,87
Kr. XII	17,88	20,56	2,68	4,47	6,26	8,94	24,14	26,82	4,47	17,88
Kr. XIII	19,40	22,31	2,91	4,85	6,79	9,70	26,19	29,10	4,85	19,40

5. Vergütungstarifvertrag Nr. 7 zum BAT-O für den Bereich des Bundes und für den Bereich der Tarifgemeinschaft deutscher Länder

vom 31. Januar 2003

Zwischen der Bundesrepublik Deutschland, vertreten durch das Bundesministerium des Innern, der Tarifgemeinschaft deutscher Länder, vertreten durch den Vorsitzenden des Vorstandes, einerseits und den Gewerkschaften[1] andererseits wird folgendes vereinbart:

§ 1 Geltungsbereich. Dieser Tarifvertrag gilt für die Angestellten im Bereich des Bundes und im Bereich der Tarifgemeinschaft deutscher Länder, die unter den Geltungsbereich des Tarifvertrages zur Anpassung des Tarifrechts – Manteltarifliche Vorschriften – (BAT-O) vom 10. Dezember 1990 fallen.

§ 2 Einmalzahlungen. (1) Die Angestellten, die im Monat Februar 2003 Anspruch auf Bezüge aus einem Arbeitsverhältnis haben, das am 2. Januar 2003 bereits bestanden hat, erhalten im Monat März 2003 eine Einmalzahlung. Eine Einmalzahlung beträgt 7,5% der Vergütung (§ 26 BAT-O) einschließlich der allgemeinen Zulage, höchstens jedoch 166,50 €. Bei der Bemessung der Einmalzahlung ist die Vergütung des Monats Dezember 2002 zu Grunde zu legen. Hat der Angestellte im Monat Dezember 2002 keinen Anspruch oder nur für Teile des Monats Anspruch auf Vergütung gehabt, ist die Vergütung zu Grunde zu legen, die er erhalten hätte, wenn er für den gesamten Monat Dezember 2002 Anspruch auf Vergütung gehabt hätte.

(2) Die Angestellten, die im Monat November 2004 Anspruch auf Bezüge aus einem Arbeitsverhältnis haben, das im gesamten Monat November 2004 zu demselben Arbeitgeber besteht, erhalten im Monat November 2004 eine Einmalzahlung in Höhe von 46,25 €.

(3) Für den Höchstsatz der Einmalzahlung nach Absatz 1 und für die Einmalzahlung nach Absatz 2 gilt § 34 Abs. 1 Unterabs. 1 Satz 1 BAT-O entsprechend. Für die Einmalzahlung nach Absatz 2 sind die Verhältnisse am 1. November 2004 maßgebend.

(4) Die Einmalzahlung ist bei der Bemessung sonstiger Leistungen nicht zu berücksichtigen.

§ 3 Grundvergütungen, Gesamtvergütungen. (1) Die Grundvergütungen (§ 26 Abs. 3 BAT-O) für die Angestellten der Vergütungsgruppen X bis I und Kr. I bis Kr. XIII, die das 21. bzw. 23. bzw. 20. Lebensjahr vollendet haben, betragen für die Zeit
a) vom 1. Januar 2003 bis 31. Dezember 2003   91,0 v. H.,
b) ab 1. Januar 2004   92,5 v. H.

---

[1] Inhaltsgleiche Tarifverträge wurden geschlossen mit ver.di und dbb-tarifunion.

der nach dem jeweiligen Vergütungstarifvertrag zum BAT für die Bereiche des Bundes und der Tarifgemeinschaft deutscher Länder geltenden Beträge.

Die Anpassung des Bemessungssatzes Ost wird für die Angestellten der Vergütungsgruppen X bis V b und Kr. I bis Kr. VIII bis zum 31. Dezember 2007 und für die übrigen Angestellten bis zum 31. Dezember 2009 abgeschlossen.

(2) Die Grundvergütungen für die Angestellten der Vergütungsgruppen X bis I (§ 26 Abs. 3 BAT-O) sind festgelegt für die Zeit
a) vom 1. Januar bis 31. Dezember 2003 für die Angestellten der Vergütungsgruppen X bis IV a bzw. vom 1. April bis 31. Dezember 2003 für die Angestellten der Vergütungsgruppen III bis I in der Anlage 1 a,
b) vom 1. Januar bis 31. März 2003 für die Angestellten der Vergütungsgruppen III bis I in der Anlage 1 b,
c) vom 2. Januar bis 30. April 2004 in der Anlage 1 c,
d) ab 1. Mai 2004 in der Anlage 1 d.

(3) Die Gesamtvergütungen für die Angestellten der Vergütungsgruppen X bis VI a/b, die das 18. Lebensjahr noch nicht vollendet haben (§ 30 BAT-O), ergeben sich für die Zeit
a) vom 1. Januar bis 31. Dezember 2003 aus der Anlage 2 a,
b) vom 1. Januar bis 30. April 2004 aus der Anlage 2 b,
c) ab 1. Mai 2004 aus der Anlage 2 c.

(4) Die Grundvergütungen für die Angestellten der Vergütungsgruppen Kr. I bis Kr. XIII (§ 26 Abs. 3 BAT-O) sind festgelegt für die Zeit
a) vom 1. Januar bis 31. Dezember 2003 für die Angestellten der Vergütungsgruppen Kr. I bis Kr. XI bzw. vom 1. April bis 31. Dezember 2003 für die Angestellten der Vergütungsgruppen Kr. XII und Kr. XIII in der Anlage 3 a,
b) vom 1. Januar bis 31. März 2003 für die Angestellten der Vergütungsgruppen Kr. XII und Kr. XIII in der Anlage 3 b,
c) vom 1. Januar bis 30. April 2004 in der Anlage 3 c,
d) ab 1. Mai 2004 in der Anlage 3 d.

(5) Die Gesamtvergütungen für die Angestellten der Vergütungsgruppen Kr. I bis Kr. III, die das 18. Lebensjahr noch nicht vollendet haben (§ 30 BAT-O), ergeben sich für die Zeit
a) vom 1. Januar bis 31. Dezember 2003 aus der Anlage 4 a,
b) vom 1. Januar bis 30. April 2004 aus der Anlage 4 b,
c) ab 1. Mai 2004 aus der Anlage 4 c.

§ 4 Ortszuschlag. (1) Die Beträge des Ortszuschlages (§ 26 Abs. 3 BAT-O) sind festgelegt für die Zeit
a) vom 1. Januar bis 31. Dezember 2003 für die Angestellten der Vergütungsgruppen X bis IV a und Kr. I bis Kr. XI bzw. vom 1. April bis 31. Dezember 2003 für die Angestellten der Vergütungsgruppen III bis I bis Kr. XII und Kr. XIII in der Anlage 5 a,
b) vom 1. Januar bis 31. März 2003 für die Angestellten der Vergütungsgruppen III bis I und Kr. XII und Kr. XIII in der Anlage 5 b,
c) vom 1. Januar bis 30. April 2004 in der Anlage 5 c,
d) ab 1. Mai 2004 in der Anlage 5 d.

(2) Der Ortszuschlag erhöht sich für Angestellte

mit Vergütung nach den Vergütungsgruppen	für das erste zu berücksichtigende Kind um	für jedes weitere zu berücksichtigende Kind um
a) für die Zeit vom 1. Januar bis 31. Dezember 2003:		
X, IX b und Kr. I	4,65 Euro	23,36 Euro
IX a und Kr. II	4,65 Euro	18,61 Euro
VII	4,65 Euro	13,96 Euro
b) für die Zeit ab 1. Januar 2004:		
X, IX b und Kr. I	4,73 Euro	23,64 Euro
IX a und Kr. II	4,73 Euro	18,92 Euro
VIII	4,73 Euro	14,19 Euro

Dies gilt nicht für Kinder, für die das Kindergeld aufgrund über- oder zwischenstaatlicher Rechtsvorschriften abweichend von § 66 EStG bzw. § 6 BKGG bemessen wird; für die Anwendung des Unterabsatzes 1 sind diese Kinder bei der Feststellung der Zahl der zu berücksichtigenden Kinder nicht mitzuzählen.

Erhält der Angestellte Vergütung aus einer höheren Vergütungsgruppe und wird dadurch der Erhöhungsbetrag geringer oder fällt er weg, wird der Unterschiedsbetrag zwischen der jeweiligen Summe aus der Grundvergütung, dem Ortszuschlag, der allgemeinen Zulage, gegebenenfalls dem Erhöhungsbetrag und einer Vergütungsgruppenzulage sowie den entsprechenden Bezügen, die am Tage vorher zugestanden haben, als Teil des Ortszuschlages zusätzlich gezahlt.

§ 5 Stundenvergütungen. Die Stundenvergütungen (§ 35 Abs. 3 Unterabs. 1 BAT-O) betragen:

a) vom 1. Januar bis 31. Dezember 2003 für die Angestellten der Vergütungsgruppen X bis IV a und Kr. I bis Kr. XI bzw. vom 1. April bis 31. Dezember 2003 für die Angestellten der Vergütungsgruppen III bis I und Kr. XII und Kr. XIII

In Verg.-Gruppe	Euro	In Verg.-Gruppe	Euro
X	8,25	Kr. I	9,13
IX b	8,69	Kr. II	9,56
IX a	8,85	Kr. III	10,05
VIII	9,19	Kr. IV	10,60
VII	9,79	Kr. V	11,16
VI a/b	10,43	Kr. V a	11,47
V c	11,23	Kr. VI	11,91
V a/b	12,30	Kr. VII	12,79
IV b	13,31	Kr. VIII	13,55
IV a	14,46	Kr. IX	14,39
III	15,71	Kr. X	15,29
II b	16,52	Kr. XI	16,27
II a	17,40	Kr. XII	17,24
I b	19,00	Kr. XIII	18,71
I a	20,66		
I	22,54		

5 VergTV-O § 5

b) vom 1. Januar bis 31. März 2003 für die Angestellten der Vergütungsgruppen III bis I und Kr. XII bis Kr. XIII

In Verg.-Gruppe	Euro	In Verg.-Gruppe	Euro
III	15,34	Kr. XII	16,84
II b	16,13	Kr. XIII	18,27
II a	16,99		
I b	18,56		
I a	20,17		
I	22,01		

c) vom 1. Januar bis 30. April 2004

In Verg.-Gruppe	Euro	In Verg.-Gruppe	Euro
X	8,47	Kr. I	9,37
IX b	8,92	Kr. II	9,82
IX a	9,09	Kr. III	10,32
VIII	9,43	Kr. IV	10,88
VII	10,05	Kr. V	11,46
VI a/b	10,70	Kr. V a	11,77
V c	11,53	Kr. VI	12,22
V a/b	12,63	Kr. VII	13,13
IV b	13,67	Kr. VIII	13,91
IV a	14,84	Kr. IX	14,77
III	16,13	Kr. X	15,70
II b	16,96	Kr. XI	16,70
II a	17,87	Kr. XII	17,70
I b	19,51	Kr. XIII	19,21
I a	21,21		
I	23,14		

d) ab 1. Mai 2004

In Verg.-Gruppe	Euro	In Verg.-Gruppe	Euro
X	8,55	Kr. I	9,47
IX b	9,01	Kr. II	9,92
IX a	9,18	Kr. III	10,42
VIII	9,53	Kr. IV	10,99
VII	10,15	Kr. V	11,57
VI a/b	10,81	Kr. V a	11,89
V c	11,65	Kr. VI	12,35
V a/b	12,75	Kr. VII	13,26
IV b	13,80	Kr. VIII	14,05
IV a	14,99	Kr. IX	14,92
III	16,29	Kr. X	15,85
II b	17,13	Kr. XI	16,87
II a	18,04	Kr. XII	17,88
I b	19,71	Kr. XIII	19,40
I a	21,42		
I	23,37		

§ 6 Ausnahmen vom Geltungsbereich. Dieser Tarifvertrag wird nicht angewendet auf Angestellte, die spätestens mit Ablauf des 9. Januar 2003 aus ihrem Verschulden oder auf eigenen Wunsch aus dem Arbeitsverhältnis ausgeschieden sind. Dies gilt auf Antrag nicht für Angestellte, die in unmittelbarem Anschluss an das auf eigenen Wunsch beendete Arbeitsverhältnis wieder in den öffentlichen Dienst eingetreten sind.

Öffentlicher Dienst im Sinne des Unterabsatzes 1 Satz 2 ist eine Beschäftigung
a) beim Bund, bei einem Land, bei einer Gemeinde oder bei einem Gemeindeverband oder bei einem sonstigen Mitglied eines Arbeitgeberverbandes, der der Vereinigung der kommunalen Arbeitgeberverbände oder der Tarifgemeinschaft deutscher Länder angehört,
b) bei einer Körperschaft, Anstalt oder Stiftung des öffentlichen Rechts, die den BAT, den BAT-O oder einen Tarifvertrag wesentlich gleichen Inhalts anwendet.

§ 7 In-Kraft-Treten, Laufzeit. (1) Dieser Tarifvertrag tritt mit Wirkung vom 1. Januar 2003 in Kraft.

(2) Dieser Tarifvertrag kann mit einer Frist von einem Monat zum Schluss eines Kalendermonats, frühestens zum 31. Januar 2005, schriftlich gekündigt werden.

Die Kündigung von § 3 Abs. 1 Unterabs. 2 ist ausgeschlossen.

5 VergTV-O Anlage 1a VergTV zum BAT-O (BL)

Anlage 1a
zum Vergütungstarifvertrag Nr. 7 zum BAT-O

Tabelle der Grundvergütungen
für die Angestellten der Vergütungsgruppen I bis X nach Vollendung des 21. bzw. 23. Lebensjahres
(§ 27 Abschn. A BAT-O)

Gültig vom 1. Januar bis 31. Dezember 2003 für die Vergütungsgruppen X bis IV a
Gültig vom 1. April bis 31. Dezember 2003 für die Vergütungsgruppen III bis I

Grundvergütung der Lebensaltersstufe nach vollendetem
Lebensjahr
(monatlich in Euro)

Verg. Gr.	21.	23.	25.	27.	29.	31.	33.	35.	37.	39.	41.	43.	45.	47.	49.
I							3414,94	3560,57	3706,25	3851,90	3997,57	4143,24	4288,88	4434,53	
I a							3042,29	3155,51	3268,67	3381,85	3495,05	3608,26	3721,42	3829,95	
I b							2745,57	2854,40	2963,20	3072,02	3180,82	3289,64	3398,45	3507,00	
II a		1951,39	2051,34	2151,32	2251,24	2351,19	2451,15	2551,08	2651,05	2750,98	2850,97	2950,90	3050,79		
II b		1819,50	1910,59	2001,69	2092,81	2183,94	2275,04	2366,15	2457,27	2548,37	2639,50	2730,60	2770,40		
III		1650,08	1728,04	1805,98	1883,95	1961,91	2039,87	2117,83	2195,80	2273,76	2351,73	2429,71	2506,59	2752,57	
IV a	1734,29	1499,31	1561,13	1622,99	1684,79	1746,65	1808,49	1870,34	1932,18	1994,02	2055,88	2117,72	2125,93	2506,59	
IV b	1572,10	1320,03	1369,00	1421,94	1476,28	1530,67	1585,05	1639,41	1693,79	1748,16	1802,56	1856,93	1907,44		
V a	1437,44	1320,03	1369,00	1421,94	1476,28	1530,67	1585,05	1639,41	1693,79	1748,16	1802,56	1856,93	1860,69		
V b	1271,03	1245,64	1289,84	1336,21	1382,59	1430,91	1482,35	1533,84	1585,28	1636,74	1687,53				
V c	1271,03	1171,91	1206,01	1240,15	1274,25	1309,38	1345,22	1381,04	1417,51	1457,27	1497,03	1536,81	1576,57	1616,34	1650,44
VI a	1201,47	1171,91	1206,01	1240,15	1274,25	1309,38	1345,22	1381,04	1417,51	1457,27	1497,03	1528,14			
VI b	1137,77	1081,77	1109,50	1137,20	1164,92	1192,63	1220,33	1248,07	1275,77	1304,23	1333,35	1353,34			
VII	1137,77	1000,44	1025,81	1051,14	1076,49	1101,83	1127,20	1152,53	1177,89	1196,71					
VIII	1054,07	968,41	993,61	1018,82	1044,01	1069,20	1094,39	1119,60	1144,72						
IX a	975,11	930,86	953,84	976,83	999,83	1022,83	1045,84	1068,82	1088,26						
IX b	943,20	865,98	889,01	911,98	934,99	957,98	980,98	1003,98	1026,95						
X	843,00														

VergTV zum BAT-O (BL) **Anlage 1b VergTV-O 5**

Anlage 1b
zum Vergütungstarifvertrag Nr. 7 zum BAT-O

Tabelle der Grundvergütungen
für die Angestellten der Vergütungsgruppen I bis III
(§ 27 Abschn. A BAT-O)

Gültig vom 1. Januar bis 31. März 2003

Verg. Gr.	Grundvergütung der Lebensaltersstufe nach vollendetem Lebensjahr (monatlich in Euro)													
	21.	23.	25.	27.	29.	31.	33.	35.	37.	39.	41.	43.	45.	47.	49.
I		2623,66	2765,88	2908,14	3050,38	3192,63	3334,90	3477,12	3619,38	3761,62	3903,87	4046,13	4188,37	4330,60
I a		2418,32	2528,86	2639,36	2749,90	2860,44	2970,99	3081,55	3192,05	3302,59	3413,13	3523,69	3634,19	3740,19
I b		2149,90	2256,17	2362,43	2468,69	2574,95	2681,22	2787,49	2893,75	3000,02	3106,28	3212,54	3318,80	3424,81
II a		1905,66	2003,26	2100,90	2198,48	2296,08	2393,70	2491,29	2588,91	2686,50	2784,15	2881,74	2979,29	
II b		1776,86	1865,81	1954,78	2043,76	2132,75	2221,72	2310,70	2399,68	2488,65	2577,64	2666,60	2705,48	
III	1693,64	1776,86	1860,04	1943,24	2026,46	2109,66	2192,87	2276,06	2359,27	2442,49	2525,71	2608,45	2688,06	

5 VergTV-O Anlage 1c VergTV zum BAT-O (BL)

Anlage 1c
zum Vergütungstarifvertrag Nr. 7 zum BAT-O

Tabelle der Grundvergütungen
für die Angestellten der Vergütungsgruppen I bis X nach Vollendung des 21. bzw. 23. Lebensjahres
(§ 27 Abschn. A BAT-O)

Gültig vom 1. Januar bis 30. April 2004

Grundvergütung der Lebensaltersstufe nach vollendetem Lebensjahr (monatlich in Euro)

Verg. Gr.	21.	23.	25.	27.	29.	31.	33.	35.	37.	39.	41.	43.	45.	47.	49.
I		2758,22	2907,74	3057,29	3206,84	3356,38	3505,94	3655,45	3805,02	3954,55	4104,10	4253,65	4403,18	4552,70	
I a		2542,34	2658,57	2774,73	2890,93	3007,15	3123,36	3239,60	3355,77	3471,97	3588,19	3704,41	3820,58	3932,02	
I b		2260,16	2371,89	2483,60	2595,31	2707,02	2818,73	2930,46	3042,16	3153,89	3265,58	3377,30	3489,02	3600,46	
II a		2003,39	2106,00	2208,65	2311,23	2413,84	2516,47	2619,05	2721,69	2824,28	2926,94	3029,54	3132,10		
II b		1867,98	1961,51	2055,04	2148,58	2242,14	2335,66	2429,21	2422,75	2616,28	2709,84	2803,37	2844,23		
III	1780,50	1867,98	1955,44	2042,91	2130,40	2217,86	2305,34	2392,80	2480,27	2567,75	2655,24	2742,73	2825,92		
IV a	1614,00	1694,05	1774,09	1854,11	1934,16	2014,19	2094,24	2174,27	2254,32	2334,36	2414,40	2494,46	2573,38		
IV b	1475,75	1539,26	1602,74	1666,24	1729,69	1793,20	1856,68	1920,18	1983,67	2047,15	2110,67	2174,15	2182,58		
V a	1304,91	1355,21	1405,48	1459,84	1515,62	1571,45	1627,29	1683,10	1738,93	1794,75	1850,59	1906,42	1958,27		
V b	1304,91	1355,21	1405,48	1459,84	1515,62	1571,45	1627,29	1683,10	1738,93	1794,75	1850,59	1906,42	1910,27		
V c	1233,49	1278,83	1324,21	1371,81	1419,43	1469,04	1521,86	1574,72	1627,53	1680,36	1732,50				
VI a	1168,09	1203,14	1238,15	1273,20	1308,20	1344,27	1381,06	1417,85	1455,28	1496,10	1536,92	1577,76	1618,57	1659,41	1694,42
VI b	1168,09	1203,14	1238,15	1273,20	1308,20	1344,27	1381,06	1417,85	1455,28	1496,10	1536,92	1568,86			
VII	1082,16	1110,60	1139,06	1167,51	1195,96	1224,41	1252,85	1281,33	1309,76	1338,98	1368,88	1390,43			
VIII	1001,10	1027,10	1053,14	1079,15	1105,18	1131,19	1157,24	1183,25	1209,27	1228,60					
IX a	968,33	994,22	1020,09	1045,97	1071,83	1097,70	1123,56	1149,43	1175,22						
IX b	932,05	955,66	979,26	1002,86	1026,47	1050,09	1073,70	1097,31	1117,26						
X	865,46	889,06	912,70	936,29	959,90	983,51	1007,12	1030,74	1054,32						

Anlage 1d

VergTV zum BAT-O (BL) zum Vergütungstarifvertrag Nr. 7 zum BAT-O

Tabelle der Grundvergütungen
für die Angestellten der Vergütungsgruppen I bis X nach Vollendung des 21. bzw. 23. Lebensjahres
(§ 27 Abschn. A BAT-O)

Gültig ab 1. Mai 2004

Grundvergütung der Lebensaltersstufe nach vollendetem Lebensjahr (monatlich in Euro)

Verg. Gr.	21.	23.	25.	27.	29.	31.	33.	35.	37.	39.	41.	43.	45.	47.	49.
I		2785,80	2936,82	3087,86	3238,91	3389,95	3541,00	3692,01	3843,07	3994,09	4145,14	4296,19	4447,21	4598,23	
I a		2567,76	2685,15	2802,48	2919,84	3037,22	3154,60	3271,99	3389,33	3506,68	3624,07	3741,46	3858,79	3971,34	
I b		2282,76	2395,60	2508,43	2621,27	2734,10	2846,92	2959,77	3072,58	3185,43	3298,24	3411,08	3523,91	3636,46	
II a		2003,43	2127,07	2230,74	2334,35	2437,99	2541,64	2645,24	2748,91	2852,52	2956,21	3059,84	3163,42		
II b		1886,66	1981,13	2075,59	2170,07	2264,56	2359,02	2453,50	2547,98	2642,44	2736,95	2831,41	2872,67		
III	1798,31	1886,66	1975,00	2063,34	2151,70	2240,04	2328,39	2416,73	2505,07	2593,43	2681,80	2770,15	2854,18		
IV a	1630,14	1710,98	1791,83	1872,64	1953,50	2034,33	2115,18	2196,01	2276,86	2357,70	2438,54	2519,40	2599,11		
IV b	1490,50	1554,66	1618,77	1682,90	1746,98	1811,13	1875,24	1939,38	2003,51	2067,62	2131,77	2195,89	2204,41		
V a	1317,96	1368,76	1419,53	1474,43	1530,78	1587,17	1643,56	1699,94	1756,32	1812,69	1869,10	1925,48	1977,85		
V b	1317,96	1368,76	1419,53	1474,43	1530,78	1587,17	1643,56	1699,94	1756,32	1812,69	1869,10	1925,48	1929,37		
V c	1245,83	1291,62	1337,46	1385,53	1433,63	1483,73	1537,07	1590,46	1643,80	1697,17	1749,82				
VI a	1179,77	1215,17	1250,54	1285,93	1321,28	1357,72	1394,87	1432,03	1469,83	1511,06	1552,30	1593,54	1634,76	1676,01	1711,37
VI b	1179,77	1215,17	1250,54	1285,93	1321,28	1357,72	1394,87	1432,03	1469,83	1511,06	1552,30	1584,55			
VII	1092,98	1121,71	1150,45	1179,18	1207,92	1236,66	1265,37	1294,14	1322,86	1352,38	1382,57	1404,34			
VIII	1011,11	1037,37	1063,68	1089,95	1116,23	1142,50	1168,81	1195,08	1221,36	1240,89					
IX a	978,01	1004,16	1030,29	1056,43	1082,55	1108,68	1134,80	1160,93	1186,98						
IX b	941,37	965,22	989,06	1012,88	1036,74	1060,59	1084,44	1108,28	1128,44						
X	874,12	897,95	921,83	945,65	969,50	993,34	1017,19	1041,04	1064,87						

Anlage 2 a
zum Vergütungstarifvertrag Nr. 7 zum BAT-O

**Tabelle der Gesamtvergütungen
für die Angestellten der Vergütungsgruppen VI a/b bis X
unter 18 Jahren**
(zu § 30 BAT-O)
Gültig vom 1. Januar bis 31. Dezember 2003

VI a/b	Gesamtvergütungen in den Vergütungsgruppen					
	VII	VIII	IX a	IX b	X
		(monatlich in Euro)			
1325,92	1254,77	1187,65	1160,53	1130,48	1075,36

Anlage 2 b
zum Vergütungstarifvertrag Nr. 7 zum BAT-O

**Tabelle der Gesamtvergütungen
für die Angestellten der Vergütungsgruppen VI a/b bis X
unter 18 Jahren**
(zu § 30 BAT-O)
Gültig vom 1. Januar bis 30. April 2004

VI a/b	Gesamtvergütungen in den Vergütungsgruppen					
	VII	VIII	IX a	IX b	X
		(monatlich in Euro)			
1361,25	1288,21	1219,31	1191,45	1160,62	1104,01

Anlage 2 c
zum Vergütungstarifvertrag Nr. 7 zum BAT-O

**Tabelle der Gesamtvergütungen
für die Angestellten der Vergütungsgruppen VI a/b bis X
unter 18 Jahren**
(zu § 30 BAT-O)
Gültig ab 1. Mai 2004

VI a/b	Gesamtvergütungen in den Vergütungsgruppen					
	VII	VIII	IX a	IX b	X
		(monatlich in Euro)			
1374,87	1301,10	1231,51	1203,37	1172,23	1115,06

VergTV zum BAT-O (BL) **Anlage 3a VergTV-O 5**

Anlage 3a
zum Vergütungstarifvertrag Nr. 7 zum BAT-O

Tabelle der Grundvergütungen
für die Angestellten der Vergütungsgruppen Kr. XIII bis Kr. I nach Vollendung des 20. Lebensjahres
(§ 27 Abschn. B BAT-O)

Gültig vom 1. Januar bis 31. Dezember 2003 für die Vergütungsgruppen Kr. I bis Kr. XI
Gültig vom 1. April bis 31. Dezember 2003 für die Vergütungsgruppen Kr. XII und Kr. XIII

Verg.Gr.	Grundvergütungssätze in Stufe (monatlich in Euro)								
	1	2	3	4	5	6	7	8	9
Kr. XIII	2376,66	2477,11	2577,56	2655,68	2733,79	2811,93	2890,05	2968,18	3046,31
Kr. XII	2196,53	2290,09	2383,62	2456,36	2529,13	2601,87	2674,62	2747,37	2820,14
Kr. XI	2037,61	2127,39	2217,16	2286,99	2356,82	2426,94	2496,47	2566,30	2636,12
Kr. X	1885,61	1968,90	2052,20	2116,97	2181,76	2246,53	2311,31	2376,08	2440,87
Kr. IX	1746,12	1823,13	1900,16	1960,08	2019,98	2079,91	2139,82	2199,73	2259,64
Kr. VIII	1616,48	1687,83	1759,20	1814,72	1870,24	1925,75	1981,25	2036,76	2092,26
Kr. VII	1497,97	1563,90	1629,82	1681,10	1732,37	1783,64	1834,91	1886,18	1937,45
Kr. VI	1391,01	1451,42	1511,84	1558,82	1605,81	1652,81	1699,79	1746,76	1793,77
Kr. V a	1325,45	1381,94	1438,42	1482,35	1526,27	1570,21	1614,14	1658,07	1701,99
Kr. V	1280,45	1333,90	1387,33	1428,89	1470,46	1512,02	1553,57	1595,14	1636,71
Kr. IV	1199,09	1246,59	1294,09	1331,04	1367,98	1404,92	1441,88	1478,82	1515,75
Kr. III	1123,63	1163,99	1204,36	1235,75	1267,15	1298,54	1329,93	1361,32	1392,71
Kr. II	1052,89	1088,26	1123,65	1151,17	1178,67	1206,20	1233,70	1261,22	1288,74
Kr. I	988,04	1019,54	1051,01	1075,49	1099,99	1124,48	1148,96	1173,44	1197,92

Anlage 3b
zum Vergütungstarifvertrag Nr. 7 zum BAT-O

Tabelle der Grundvergütungen
für die Angestellten der Vergütungsgruppen Kr. XIII und Kr. VII nach Vollendung des 20. Lebensjahres
(§ 27 Abschn. B BAT-O)

Gültig vom 1. Januar bis 31. März 2003

Verg.Gr.	Grundvergütungssätze in Stufe (monatlich in Euro)								
	1	2	3	4	5	6	7	8	9
Kr. XIII	2320,96	2419,05	2517,14	2593,44	2669,72	2746,03	2822,32	2898,61	2974,91
Kr. XII	2145,05	2236,42	2327,75	2398,80	2469,85	2540,89	2611,93	2682,98	2754,04

VergTV zum BAT-O (BL) **Anlage 3c VergTV-O 5**

Anlage 3c
zum Vergütungstarifvertrag Nr. 7 zum BAT-O

Tabelle der Grundvergütungen
für die Angestellten der Vergütungsgruppen Kr. XIII bis Kr. I nach Vollendung des 20. Lebensjahres
(§ 27 Abschn. B BAT-O)

Gültig vom 1. Januar bis 30. April 2004

Verg.Gr.	Grundvergütungssätze in Stufe (monatlich in Euro)								
	1	2	3	4	5	6	7	8	9
Kr. XIII	2439,99	2543,12	2646,24	2726,45	2806,64	2886,86	2967,07	3047,28	3127,49
Kr. XII	2255,07	2351,12	2447,13	2521,82	2596,52	2671,21	2745,89	2820,58	2895,29
Kr. XI	2091,91	2184,08	2276,24	2347,94	2419,62	2491,31	2562,99	2634,69	2706,37
Kr. X	1935,86	2021,37	2106,89	2173,38	2239,91	2306,40	2372,90	2439,40	2505,91
Kr. IX	1792,65	1871,71	1950,80	2012,31	2073,81	2135,33	2196,84	2258,35	2319,85
Kr. VIII	1659,55	1732,81	1806,08	1863,08	1920,08	1977,07	2034,05	2091,04	2148,02
Kr. VII	1537,89	1605,58	1673,25	1725,89	1778,53	1831,17	1883,81	1936,45	1989,08
Kr. VI	1428,08	1490,10	1552,12	1600,36	1648,61	1696,85	1745,09	1793,32	1841,57
Kr. V a	1360,78	1418,77	1476,75	1521,86	1566,94	1612,05	1657,16	1702,26	1747,34
Kr. V	1314,57	1369,44	1424,31	1466,97	1509,65	1552,32	1594,97	1637,65	1680,33
Kr. IV	1231,05	1279,81	1328,58	1366,51	1404,43	1442,36	1480,30	1518,23	1556,15
Kr. III	1153,58	1195,01	1236,45	1268,68	1300,91	1333,15	1365,36	1397,60	1429,82
Kr. II	1080,95	1117,26	1153,60	1181,84	1210,08	1238,33	1266,57	1294,83	1323,08
Kr. I	1014,37	1046,70	1079,02	1104,15	1129,30	1154,45	1179,58	1204,70	1229,84

Anlage 3 d
zum Vergütungstarifvertrag Nr. 7 zum BAT-O

Tabelle der Grundvergütungen
für die Angestellten der Vergütungsgruppen Kr. XIII bis Kr. I nach Vollendung des 20. Lebensjahres
(§ 27 Abschn. B BAT-O)

Gültig ab 1. Mai 2004

Verg.Gr.	Grundvergütungssätze in Stufe (monatlich in Euro)								
	1	2	3	4	5	6	7	8	9
Kr. XIII	2464,39	2568,55	2672,70	2753,72	2834,71	2915,73	2996,74	3077,75	3158,76
Kr. XII	2277,62	2374,63	2471,61	2547,03	2622,49	2697,92	2773,35	2848,79	2924,24
Kr. XI	2112,83	2205,92	2299,00	2371,41	2443,82	2516,22	2588,62	2661,03	2733,44
Kr. X	1955,22	2041,59	2127,96	2195,12	2262,31	2329,46	2396,63	2463,79	2530,97
Kr. IX	1810,58	1890,42	1970,31	2032,43	2094,55	2156,68	2218,81	2280,93	2343,05
Kr. VIII	1676,15	1750,14	1824,15	1881,71	1939,28	1996,83	2054,39	2111,95	2169,50
Kr. VII	1553,27	1621,64	1689,98	1743,15	1796,32	1849,48	1902,65	1955,81	2008,97
Kr. VI	1442,36	1505,00	1567,64	1616,36	1665,09	1713,81	1762,54	1811,25	1859,99
Kr. V a	1374,38	1432,95	1491,52	1537,07	1582,61	1628,18	1673,73	1719,28	1764,82
Kr. V	1327,72	1383,13	1438,55	1481,64	1524,74	1567,84	1610,92	1654,02	1697,13
Kr. IV	1243,36	1292,61	1341,86	1380,17	1418,47	1456,78	1495,10	1533,41	1571,70
Kr. III	1165,11	1206,96	1248,81	1281,37	1313,92	1346,48	1379,02	1411,58	1444,12
Kr. II	1091,76	1128,44	1165,13	1193,67	1222,17	1250,72	1279,24	1307,78	1336,31
Kr. I	1024,52	1057,17	1089,82	1115,20	1140,60	1165,99	1191,37	1216,75	1242,15

VergTV zum BAT-O (BL) Anlage 4a–4c **VergTV-O 5**

Anlage 4 a
zum Vergütungstarifvertrag Nr. 7 zum BAT-O

**Tabelle der Gesamtvergütungen
für die Angestellten der Vergütungsgruppen Kr. III bis Kr. I
unter 18 Jahren**
(zu § 30 BAT-O)

Gültig vom 1. Januar bis 31. Dezember 2003

Gesamtvergütungen in den Vergütungsgruppen		
Kr. I	Kr. II (monatlich in Euro)	Kr. III
1198,64	1253,77	1313,90

Anlage 4 b
zum Vergütungstarifvertrag Nr. 7 zum BAT-O

**Tabelle der Gesamtvergütungen
für die Angestellten der Vergütungsgruppen Kr. III bis Kr. I
unter 18 Jahren**
(zu § 30 BAT-O)

Gültig vom 1. Januar bis 30. April 2004

Gesamtvergütungen in den Vergütungsgruppen		
Kr. I	Kr. II (monatlich in Euro)	Kr. III
1230,59	1287,18	1348,92

Anlage 4 c
zum Vergütungstarifvertrag Nr. 7 zum BAT-O

**Tabelle der Gesamtvergütungen
für die Angestellten der Vergütungsgruppen Kr. III bis Kr. I
unter 18 Jahren**
(zu § 30 BAT-O)

Gültig ab 1. Mai 2004

Gesamtvergütungen in den Vergütungsgruppen		
Kr. I	Kr. II (monatlich in Euro)	Kr. III
1242,90	1300,06	1362,41

Anlage 5a
zum Vergütungstarifvertrag Nr. 7 zum BAT-O

Ortszuschlagstabelle
(zu § 29 BAT-O)

monatlich in Euro

Gültig vom 1. Januar bis 31. Dezember 2003 für die Vergütungsgruppen X bis IV a sowie Kr. I bis Kr. XI

Gültig vom 1. April bis 31. Dezember 2003 für die Vergütungsgruppen III bis I sowie Kr. XII und Kr. XIII

Tarifklasse	zu der Tarifklasse gehörende Vergütungsgruppen	Stufe 1	Stufe 2	Stufe 3 1 Kind	Halbe Differenz zw. Stufe 1 und Stufe 2 (§ 29 Abschn. B Abs. 5 BAT-O)
I b	I bis II b Kr. XIII	504,27	599,63	680,425	47,68
I c	III bis V a/b Kr. XII bis Kr. VII	448,15	543,51	624,30	47,68
II	V c bis X Kr. VI bis Kr. I	422,13	512,97	593,76	45,42

Bei mehr als einem Kind erhöht sich der Ortszuschlag für jedes weitere zu berücksichtigende Kind um 80,79 Euro.

Gemäß § 4 Abs. 2 des Vergütungstarifvertrages Nr. 7 erhöht sich der Ortszuschlag für Angestellte

mit Vergütung nach den Vergütungsgruppen	für das erste zu berücksichtigende Kind um	für jedes weitere zu berücksichtigende Kind um
X, IX b und Kr. I	4,65 Euro	23,26 Euro
IX a und Kr. II	4,65 Euro	18,61 Euro
VIII	4,65 Euro	13,96 Euro

Dies gilt nicht für Kinder, für die das Kindergeld aufgrund über- oder zwischenstaatlicher Rechtsvorschriften abweichend von § 66 EStG bzw. § 6 BKGG bemessen wird; für die Anwendung des § 4 Abs. 2 Unterabs. 1 des Vergütungstarifvertrages Nr. 7 sind diese Kinder bei der Feststellung der Zahl der zu berücksichtigenden Kinder nicht mitzuzählen.

Ortszuschlag nach § 29 Abschn. B
Abs. 8 BAT-O: Tarifklasse I c 358,51 Euro
Tarifklasse II 337,70 Euro

Anlage 5 b
zum Vergütungstarifvertrag Nr. 7 zum BAT-O

Ortszuschlagstabelle
(zu § 29 BAT-O)
monatlich in Euro

**Gültig vom 1. Januar 2003 bis 31. März 2003
für die Angestellten der Vergütungsgruppen III bis I
sowie Kr. XII und Kr. XIII**

Tarif-klasse	zu der Tarifklasse gehörende Vergütungsgruppen	Stufe 1	Stufe 2	Stufe 3 1 Kind	Halbe Differenz zw. Stufe 1 und Stufe 2 (§ 29 Abschn. B Abs. 5 BAT-O)
I b	I bis II b Kr. XIII	492,45	585,57	664,47	46,56
I c	III bis V a/b Kr. XII bis Kr. VII	437,65	530,77	609,67	46,56

Bei mehr als einem Kind erhöht sich der Ortszuschlag für jedes weitere zu berücksichtigende Kind um 78,90 Euro.

Ortszuschlag nach § 29 Abschn. B
Abs. 8 BAT-O: Tarifklasse I c   350,11 Euro

Anlage 5c
zum Vergütungstarifvertrag Nr. 7 zum BAT-O

Ortszuschlagstabelle
(zu § 29 BAT-O)

monatlich in DM

Gültig vom 1. Januar bis 30. April 2004

Tarif-klasse	zu der Tarifklasse gehörende Vergütungsgruppen	Stufe 1	Stufe 2	Stufe 3 1 Kind	Halbe Differenz zw. Stufe 1 und Stufe 2 (§ 29 Abschn. B Abs. 5 BAT-O)
I b	I bis II b Kr. XIII	517,70	615,60	698,54	48,95
I c	III bis V a/b Kr. XII bis Kr. VII	460,09	557,99	640,93	48,95
II	V c bis X Kr. VI bis Kr. I	433,38	526,64	609,58	46,63

Bei mehr als einem Kind erhöht sich der Ortszuschlag für jedes weitere zu berücksichtigende Kind um 82,94 Euro.

Gemäß § 4 Abs. 2 des Vergütungstarifvertrages Nr. 7 erhöht sich der Ortszuschlag für Angestellte

mit Vergütung nach den Vergütungsgruppen	für das erste zu berücksichtigende Kind um	für jedes weitere zu berücksichtigende Kind um
X, IX b und Kr. I	4,73 Euro	23,64 Euro
IX a und Kr. II	4,73 Euro	18,92 Euro
VIII	4,73 Euro	14,19 Euro

Dies gilt nicht für Kinder, für die das Kindergeld aufgrund über- oder zwischenstaatlicher Rechtsvorschriften abweichend von § 66 EStG bzw. § 6 BKGG bemessen wird; für die Anwendung des § 4 Abs. 2 Unterabs. 1 des Vergütungstarifvertrages Nr. 7 sind diese Kinder bei der Feststellung der Zahl der zu berücksichtigenden Kinder nicht mitzuzählen.

Ortszuschlag nach § 29 Abschn. B
Abs. 8 BAT-O: Tarifklasse I c 368,07 Euro
Tarifklasse II 346,70 Euro

Anlage 5 d
zum Vergütungstarifvertrag Nr. 7 zum BAT-O

Ortszuschlagstabelle

(zu § 29 BAT-O)

monatlich in Euro

Gültig ab 1. Mai 2004

Tarif-klasse	zu der Tarifklasse gehörende Vergütungsgruppen	Stufe 1	Stufe 2	Stufe 3 1 Kind	Halbe Differenz zw. Stufe 1 und Stufe 2 (§ 29 Abschn. B Abs. 5 BAT-O)
I b	I bis II b Kr. XIII	522,88	621,76	705,54	49,44
I c	III bis V a/b Kr. XII bis Kr. VII	464,68	563,56	647,34	49,44
II	V c bis X Kr. VI bis Kr. I	437,72	531,90	615,68	47,09

Bei mehr als einem Kind erhöht sich der Ortszuschlag für jedes weitere zu berücksichtigende Kind um 83,78 Euro.

Gemäß § 5 Abs. 2 des Vergütungstarifvertrages Nr. 7 erhöht sich der Ortszuschlag für Angestellte

mit Vergütung nach den Vergütungsgruppen	für das erste zu berücksichtigende Kind um	für jedes weitere zu berücksichtigende Kind um
X, IX b und Kr. I	4,73 Euro	23,64 Euro
IX a und Kr. II	4,73 Euro	18,92 Euro
VIII	4,73 Euro	14,19 Euro

Dies gilt nicht für Kinder, für die das Kindergeld aufgrund über- oder zwischenstaatlicher Rechtsvorschriften abweichend von § 66 EStG bzw. § 6 BKGG bemessen wird; für die Anwendung des § 6 Abs. 2 Unterabs. 1 des Vergütungstarifvertrages Nr. 5 sind diese Kinder bei der Feststellung der Zahl der zu berücksichtigenden Kinder nicht mitzuzählen.

Ortszuschlag nach § 29 Abschn. B
Abs. 8 BAT-O: Tarifklasse I c 371,75 Euro
 Tarifklasse II 350,17 Euro

5 VergTV-O Anlage 6a VergTV zum BAT-O (BL)

Anlage 6a
zum Vergütungstarifvertrag Nr. 7 zum BAT-O

Tabelle der Zeitzuschläge nach § 35 Abs. 1 Satz 2 BAT-O und der Überstundenvergütung nach § 35 Abs. 3 Unterabs. 2 BAT-O

gültig ab 1. Januar bzw. für die Angestellten der Vergütungsgruppen III bis I sowie Kr. XII und Kr. XIII ab 1. April bis 31. Dezember 2003

Vergütungsgruppe	Stundenvergütung (§ 35 Abs. 3 Unterabs. 1 BAT-O)	Zeitzuschlag für Überstunden 15/20/25 v.H.	Überstundenvergütung	Zeitzuschlag für Arbeit an Sonntagen 25 v.H.	Zeitzuschlag für Arbeit an Wochenfeiertagen		Zeitzuschlag für Arbeit an Wochenfeiertagen, die auf einen Sonntag fallen		Zeitzuschlag für Arbeit an Vorfesttagen	
					ohne Freizeitausgleich 135 v.H.	bei Freizeitausgleich 35 v.H.	ohne Freizeitausgleich 150 v.H.	bei Freizeitausgleich 50 v.H.	Ostern, Pfingsten 25 v.H.	Weihnachten, Neujahr 100 v.H.
	€	€	€	€	€	€	€	€	€	€
1	2	3	4	5	6	7	8	9	10	11
I	22,54	3,38	25,92	5,64	30,43	7,89	33,81	11,27	5,64	22,54
Ia	20,66	3,10	23,76	5,17	27,89	7,23	30,99	10,33	5,17	20,66
Ib	19,00	2,85	21,85	4,75	25,65	6,65	28,50	9,50	4,75	19,00
II/IIa	17,40	2,61	20,01	4,35	23,49	6,09	26,10	8,70	4,35	17,40
IIb	16,52	2,48	19,00	4,13	22,30	5,78	24,78	8,26	4,13	16,52
III	15,71	2,36	18,07	3,93	21,21	5,50	23,57	7,86	3,93	15,71
IVa	14,46	2,17	16,63	3,62	19,52	5,06	21,69	7,23	3,62	14,46
IVb	13,31	2,00	15,31	3,33	17,97	4,66	19,97	6,66	3,33	13,31
Va/Vb	12,30	2,46	14,76	3,08	16,61	4,31	18,45	6,15	3,08	12,30
Vc	11,23	2,81	14,04	2,81	15,16	3,93	16,85	5,62	2,81	11,23
VIa/VIb	10,43	2,61	13,04	2,61	14,08	3,65	15,65	5,22	2,61	10,43
VII	9,79	2,45	12,24	2,45	13,22	3,43	14,69	4,90	2,45	9,79
VIII	9,19	2,30	11,49	2,30	12,41	3,22	13,79	4,60	2,30	9,19
IXa	8,85	2,21	11,06	2,21	11,95	3,10	13,28	4,43	2,21	8,85
IXb	8,69	2,17	10,86	2,17	11,73	3,04	13,04	4,35	2,17	8,69
X	8,25	2,06	10,31	2,06	11,14	2,89	12,38	4,13	2,06	8,25

VergTV zum BAT-O (BL) **Anlage 6a VergTV-O 5**

Vergütungsgruppe	Stundenvergütung (§ 35 Abs. 3 Unterabs. 1 BAT-O)	Zeitzuschlag für Überstunden 15/20/25 v.H.	Überstundenvergütung	Zeitzuschlag für Arbeit an Sonntagen 25 v.H.	Zeitzuschlag für Arbeit an Wochenfeiertagen		Zeitzuschlag für Arbeit an Wochenfeiertagen, die auf einen Sonntag fallen		Zeitzuschlag für Arbeit an Vorfesttagen	
					ohne Freizeitausgleich 135 v.H.	bei Freizeitausgleich 35 v.H.	ohne Freizeitausgleich 150 v.H.	bei Freizeitausgleich 50 v.H.	Ostern, Pfingsten 25 v.H.	Weihnachten, Neujahr 100 v.H.
	€	€	€	€	€	€	€	€	€	€
1	2	3	4	5	6	7	8	9	10	11
Kr. XIII	18,71	2,81	21,52	4,68	25,26	6,55	28,07	9,36	4,68	18,71
Kr. XII	17,24	2,59	19,83	4,31	23,27	6,03	25,86	8,62	4,31	17,24
Kr. XI	16,27	2,44	18,71	4,07	21,96	5,69	24,41	8,14	4,07	16,27
Kr. X	15,29	2,29	17,58	3,82	20,64	5,35	22,94	7,65	3,82	15,29
Kr. IX	14,39	2,16	16,55	3,60	19,43	5,04	21,59	7,20	3,60	14,39
Kr. VIII	13,55	2,71	16,26	3,39	18,29	4,74	20,33	6,78	3,39	13,55
Kr. VII	12,79	2,56	15,35	3,20	17,27	4,48	19,19	6,40	3,20	12,79
Kr. VI	11,91	2,98	14,89	2,98	16,08	4,17	17,87	5,96	2,98	11,91
Kr. V a	11,47	2,87	14,34	2,87	15,48	4,01	17,21	5,74	2,87	11,47
Kr. V	11,16	2,79	13,95	2,79	15,07	3,91	16,74	5,58	2,79	11,16
Kr. IV	10,60	2,65	13,25	2,65	14,31	3,71	15,90	5,30	2,65	10,60
Kr. III	10,05	2,51	12,56	2,51	13,57	3,52	15,08	5,03	2,51	10,05
Kr. II	9,56	2,39	11,95	2,39	12,91	3,35	14,34	4,78	2,39	9,56
Kr. I	9,13	2,28	11,41	2,28	12,33	3,20	13,70	4,57	2,28	9,13

Anlage 6b
zum Vergütungstarifvertrag Nr. 7 zum BAT-O

Tabelle der Zeitzuschläge nach § 35 Abs. 1 Satz 2 BAT-O
und der Überstundenvergütung nach § 35 Abs. 3 Unterabs. 2 BAT-O
gültig vom 1. Januar bis 31. März 2003 für die Angestellten der Vergütungsgruppen III bis I
sowie Kr. XII und Kr. XIII

Vergütungsgruppe	Stundenvergütung (§ 35 Abs. 3 Unterabs. 1 BAT-O)	Zeitzuschlag für Überstunden 15/20/25 v.H.	Überstundenvergütung	Zeitzuschlag für Arbeit an Sonntagen 25 v.H.	Zeitzuschlag für Arbeit an Wochenfeiertagen		Zeitzuschlag für Arbeit an Wochenfeiertagen, die auf einen Sonntag fallen		Zeitzuschlag für Arbeit an Vorfesttagen	
					ohne Freizeitausgleich 135 v.H.	bei Freizeitausgleich 35 v.H.	ohne Freizeitausgleich 150 v.H.	bei Freizeitausgleich 50 v.H.	Ostern, Pfingsten 25 v.H.	Weihnachten, Neujahr 100 v.H.
	€	€	€	€	€	€	€	€	€	€
1	2	3	4	5	6	7	8	9	10	11
I	22,01	3,30	25,31	5,50	29,71	7,70	33,02	11,01	5,50	22,01
I a	20,17	3,03	23,20	5,04	27,23	7,06	30,26	10,09	5,04	20,17
I b	18,56	2,78	21,34	4,64	25,06	6,50	27,84	9,28	4,64	18,56
II/II a	16,99	2,55	19,54	4,25	22,94	5,95	25,49	8,50	4,25	16,99
II b	16,13	2,42	18,55	4,03	21,78	5,65	24,20	8,07	4,03	16,13
III	15,34	2,30	17,64	3,84	20,71	5,37	23,01	7,67	3,84	15,34
Kr. XIII	18,27	2,74	21,01	4,57	24,66	6,39	27,41	9,14	4,57	18,27
Kr. XII	16,84	2,53	19,37	4,21	22,73	5,89	25,26	8,42	4,21	16,84

VergTV zum BAT-O (BL) **Anlage 6c VergTV-O 5**

Anlage 6c
zum Vergütungstarifvertrag Nr. 7 zum BAT-O

Tabelle der Zeitzuschläge nach § 35 Abs. 1 Satz 2 BAT-O und der Überstundenvergütung nach § 35 Abs. 3 Unterabs. 2 BAT-O gültig vom 1. Januar bis 30. April 2004

Vergütungsgruppe	Stundenvergütung (§ 35 Abs. 3 Unterabs. 1 BAT-O)	Zeitzuschlag für Überstunden 15/20/25 v. H.	Überstundenvergütung	Zeitzuschlag für Arbeit an Sonntagen 25 v. H.	Zeitzuschlag für Arbeit an Wochenfeiertagen		Zeitzuschlag für Arbeit an Wochenfeiertagen, die auf einen Sonntag fallen		Zeitzuschlag für Arbeit an Vorfesttagen	
					ohne Freizeitausgleich 135 v. H.	bei Freizeitausgleich 35 v. H.	ohne Freizeitausgleich 150 v. H.	bei Freizeitausgleich 50 v. H.	Ostern, Pfingsten 25 v. H.	Weihnachten, Neujahr 100 v. H.
	€	€	€	€	€	€	€	€	€	€
1	2	3	4	5	6	7	8	9	10	11
I	23,14	3,47	26,61	5,79	31,24	8,10	34,71	11,57	5,79	23,14
Ia	21,21	3,18	24,39	5,30	28,63	7,42	31,82	10,61	5,30	21,21
Ib	19,51	2,93	22,44	4,88	26,34	6,83	29,27	9,76	4,88	19,51
II/IIa	17,87	2,68	20,55	4,47	24,12	6,25	26,81	8,94	4,47	17,87
II b	16,96	2,54	19,50	4,24	22,90	5,94	25,44	8,48	4,24	16,96
III	16,13	2,42	18,55	4,03	21,78	5,65	24,20	8,07	4,03	16,13
IVa	14,84	2,23	17,07	3,71	20,03	5,19	22,26	7,42	3,71	14,84
IVb	13,67	2,05	15,72	3,42	18,45	4,78	20,51	6,84	3,42	13,67
Va/Vb	12,63	2,53	15,16	3,16	17,05	4,42	18,95	6,32	3,16	12,63
Vc	11,53	2,88	14,41	2,88	15,57	4,04	17,30	5,77	2,88	11,53
VIa/VI b	10,70	2,68	13,38	2,68	14,45	3,75	16,05	5,35	2,68	10,70
VII	10,05	2,51	12,56	2,51	13,57	3,52	15,08	5,03	2,51	10,05
VIII	9,43	2,36	11,79	2,36	12,73	3,30	14,15	4,72	2,36	9,43
IXa	9,09	2,27	11,36	2,27	12,27	3,18	13,64	4,55	2,27	9,09
IXb	8,92	2,23	11,15	2,23	12,04	3,12	13,38	4,46	2,23	8,92
X	8,47	2,12	10,59	2,12	11,43	2,96	12,71	4,24	2,12	8,47

5 VergTV-O Anlage 6c — VergTV zum BAT-O (BL)

Vergütungs-gruppe	Stunden-vergütung (§ 35 Abs. 3 Unterabs. 1 BAT-O)	Zeitzuschlag für Über-stunden 15/20/25 v.H.	Über-stunden-vergütung	Zeitzuschlag für Arbeit an Sonntagen 25 v.H.	Zeitzuschlag für Arbeit an Wochenfeiertagen		Zeitzuschlag für Arbeit an Wochenfeiertagen, die auf einen Sonntag fallen		Zeitzuschlag für Arbeit an Vorfesttagen	
					ohne Frei-zeitausgleich 135 v.H.	bei Freizeit-ausgleich 35 v.H.	ohne Frei-zeitausgleich 150 v.H.	bei Freizeit-ausgleich 50 v.H.	Ostern, Pfingsten 25 v.H.	Weihnach-ten, Neujahr 100 v.H.
	€	€	€	€	€	€	€	€	€	€
1	2	3	4	5	6	7	8	9	10	11
Kr. XIII	19,21	2,88	22,09	4,80	25,93	6,72	28,82	9,61	4,80	9,21
Kr. XII	17,70	2,66	20,36	4,43	23,90	6,20	26,55	8,85	4,43	17,70
Kr. XI	16,70	2,51	19,21	4,18	22,55	5,85	25,05	8,35	4,18	16,70
Kr. X	15,70	2,36	18,06	3,93	21,20	5,50	23,55	7,85	3,93	15,70
Kr. IX	14,77	2,22	16,99	3,69	19,94	5,17	22,16	7,39	3,69	14,77
Kr. VIII	13,91	2,78	16,69	3,48	18,78	4,87	20,87	6,96	3,48	13,91
Kr. VII	13,13	2,63	15,76	3,28	17,73	4,60	19,70	6,57	3,28	13,13
Kr. VI	12,22	3,06	15,28	3,06	16,50	4,28	18,33	6,11	3,06	12,22
Kr. V a	11,77	2,94	14,71	2,94	15,89	4,12	17,66	5,89	2,94	11,77
Kr. V	11,46	2,87	14,33	2,87	15,47	4,01	17,19	5,73	2,87	11,46
Kr. IV	10,88	2,72	13,60	2,72	14,69	3,81	16,32	5,44	2,72	10,88
Kr. III	10,32	2,58	12,90	2,58	13,93	3,61	15,48	5,16	2,58	10,32
Kr. II	9,82	2,46	12,28	2,46	13,26	3,44	14,73	4,91	2,46	9,82
Kr. I	9,37	2,34	11,71	2,34	12,65	3,28	14,06	4,69	2,34	9,37

VergTV zum BAT-O (BL) **Anlage 6d VergTV-O 5**

Anlage 6d
zum Vergütungstarifvertrag Nr. 7 zum BAT-O

**Tabelle der Zeitzuschläge nach § 35 Abs. 1 Satz 2 BAT-O
und der Überstundenvergütung nach § 35 Abs. 3 Unterabs. 2 BAT-O
gültig ab 1. Mai 2004**

Vergütungsgruppe	Stundenvergütung (§ 35 Abs. 1 Unterabs. 1 BAT-O)	Zeitzuschlag für Überstunden 15/20/25 v. H.	Überstundenvergütung	Zeitzuschlag für Arbeit an Sonntagen 25 v. H.	Zeitzuschlag für Arbeit an Wochenfeiertagen		Zeitzuschlag für Arbeit an Wochenfeiertagen, die auf einen Sonntag fallen		Zeitzuschlag für Arbeit an Vorfesttagen	
					ohne Freizeitausgleich 135 v. H.	bei Freizeitausgleich 35 v. H.	ohne Freizeitausgleich 150 v. H.	bei Freizeitausgleich 50 v. H.	Ostern, Pfingsten 25 v. H.	Weihnachten, Neujahr 100 v. H.
	€	€	€	€	€	€	€	€	€	€
1	2	3	4	5	6	7	8	9	10	11
I	23,37	3,51	26,88	5,84	31,55	8,18	35,06	11,69	5,84	23,37
Ia	21,42	3,21	24,63	5,36	28,92	7,50	32,13	10,71	5,36	21,42
Ib	19,71	2,96	22,67	4,93	26,61	6,90	29,57	9,86	4,93	19,71
II/IIa	18,04	2,71	20,75	4,51	24,35	6,31	27,06	9,02	4,51	18,04
II b	17,13	2,57	19,70	4,28	23,13	6,00	25,70	8,57	4,28	17,13
III	16,29	2,44	18,73	4,07	21,99	5,70	24,44	8,15	4,07	16,29
IV a	14,99	2,25	17,24	3,75	20,24	5,25	22,49	7,50	3,75	14,99
IV b	13,80	2,07	15,87	3,45	18,63	4,83	20,70	6,90	3,45	13,80
V a/V b	12,75	2,55	15,30	3,19	17,21	4,46	19,13	6,38	3,19	12,75
V c	11,65	2,91	14,56	2,91	15,73	4,08	17,48	5,83	2,91	11,65
VI a/VI b	10,81	2,70	13,51	2,70	14,59	3,78	16,22	5,41	2,70	10,81
VII	10,15	2,54	12,69	2,54	13,70	3,55	15,23	5,08	2,54	10,15
VIII	9,53	2,38	11,91	2,38	12,87	3,34	14,30	4,77	2,38	9,53
IX a	9,18	2,30	11,48	2,30	12,39	3,21	13,77	4,59	2,30	9,18
IX b	9,01	2,25	11,26	2,25	12,16	3,15	13,52	4,51	2,25	9,01
X	8,55	2,14	10,69	2,14	11,54	2,99	12,83	4,28	2,14	8,55

5 VergTV-O Anlage 6d

VergTV zum BAT-O (BL)

Vergütungsgruppe	Stundenvergütung (§ 35 Abs. 3 Unterabs. 1 BAT-O)	Zeitzuschlag für Überstunden 15/20/25 v.H.	Überstundenvergütung	Zeitzuschlag für Arbeit an Sonntagen 25 v.H.	Zeitzuschlag für Arbeit an Wochenfeiertagen		Zeitzuschlag für Arbeit an Wochenfeiertagen, die auf einen Sonntag fallen		Zeitzuschlag für Arbeit an Vorfesttagen	
					ohne Freizeitausgleich 135 v.H.	bei Freizeitausgleich 35 v.H.	ohne Freizeitausgleich 150 v.H.	bei Freizeitausgleich 50 v.H.	Ostern, Pfingsten 25 v.H.	Weihnachten, Neujahr 100 v.H.
	€	€	€	€	€	€	€	€	€	€
1	2	3	4	5	6	7	8	9	10	11
Kr. XIII	19,40	2,91	22,31	4,85	26,19	6,79	29,10	9,70	4,85	19,40
Kr. XII	17,88	2,68	20,56	4,47	24,14	6,26	26,82	8,94	4,47	17,88
Kr. XI	16,87	2,53	19,40	4,22	22,77	5,90	25,31	8,44	4,22	16,87
Kr. X	15,85	2,38	18,23	3,96	21,40	5,55	23,78	7,93	3,96	15,85
Kr. IX	14,92	2,24	17,16	3,73	20,14	5,22	22,38	7,46	3,73	14,92
Kr. VIII	14,05	2,81	16,86	3,51	18,97	4,92	21,08	7,03	3,51	14,05
Kr. VII	13,26	2,65	15,91	3,32	17,90	4,64	19,89	6,63	3,32	13,26
Kr. VI	12,35	3,09	15,44	3,09	16,67	4,32	18,53	6,18	3,09	12,35
Kr. V a	11,89	2,97	14,86	2,97	16,05	4,16	17,84	5,95	2,97	11,89
Kr. V	11,57	2,89	14,46	2,89	15,62	4,05	17,36	5,79	2,89	11,57
Kr. IV	10,99	2,75	13,74	2,75	14,84	3,85	16,49	5,50	2,75	10,99
Kr. III	10,42	2,61	13,03	2,61	14,07	3,65	15,63	5,21	2,61	10,42
Kr. II	9,92	2,48	12,40	2,48	13,39	3,47	14,88	4,96	2,48	9,92
Kr. I	9,47	2,37	11,84	2,37	12,78	3,31	14,21	4,74	2,37	9,47

6. Tarifvertrag über vermögenswirksame Leistungen an Angestellte (TV VL Ang-O)

Vom 8. Mai 1991

Zuletzt geändert durch TV vom 1. 2. 1996

Zwischen der Bundesrepublik Deutschland, vertreten durch den Bundesminister des Innern, der Tarifgemeinschaft deutscher Länder, vertreten durch die Vorsitzende des Vorstandes, der Vereinigung der kommunalen Arbeitgeberverbände, vertreten durch den Vorstand einerseits und den Gewerkschaften[1] andererseits wird für die Angestellten, die unter den Tarifvertrag zur Anpassung des Tarifrechts – Manteltarifliche Vorschriften – (BAT-O) vom 10. Dezember 1990 fallen, folgendes vereinbart:

§ 1 Voraussetzungen und Höhe der vermögenswirksamen Leistungen. (1) Der Angestellte erhält monatlich eine vermögenswirksame Leistung im Sinne des Vermögensbildungsgesetzes.

(2) Der vorübergehend beschäftigte Angestellte erhält die vermögenswirksame Leistung nur, wenn das Arbeitsverhältnis voraussichtlich mindestens sechs Monate dauert.

(3) Für den vollbeschäftigten Angestellten beträgt die vermögenswirksame Leistung monatlich 6,65 Euro. Der nicht vollbeschäftigte Angestellte erhält von dem Betrag nach Satz 1 den Teil, der dem Maß der mit ihm vereinbarten durchschnittlichen regelmäßigen wöchentlichen Arbeitszeit entspricht.

Für die Anwendung der Sätze 1 und 2 sind die Verhältnisse am Ersten des jeweiligen Kalendermonats maßgebend. Wenn das Arbeitsverhältnis nach dem Ersten eines Kalendermonats begründet wird, ist für diesen Monat der Tag des Beginns des Arbeitsverhältnisses maßgebend.

(4) Die vermögenswirksame Leistung wird nur für Kalendermonate gewährt, für die dem Angestellten Vergütung, Urlaubsvergütung oder Krankenbezüge zustehen. Für Zeiten, für die Krankengeldzuschuß zusteht, ist die vermögenswirksame Leistung Teil des Krankengeldzuschusses.

(5) Die vermögenswirksame Leistung nach diesem Tarifvertrag ist nicht zusatzversorgungspflichtig.

§ 2 Mitteilung der Anlageart. Der Angestellte teilt dem Arbeitgeber schriftlich die Art der gewählten Anlage mit und gibt hierbei, soweit dies nach der Art der Anlage erforderlich ist, das Unternehmen oder Institut mit der Nummer des Kontos an, auf das die Leistung eingezahlt werden soll.

§ 3 Entstehung und Fälligkeit des Anspruchs. (1) Der Anspruch auf die vermögenswirksame Leistung entsteht frühestens für den Kalendermonat, in dem der Angestellte dem Arbeitgeber die nach § 2 erforderlichen Angaben

---

[1] Inhaltsgleiche Tarifverträge wurden abgeschlossen mit ver.di und dbb-tarifunion.

mitteilt, und für die beiden vorangegangenen Kalendermonate desselben Kalenderjahres. Die Ansprüche werden erstmals am Letzten des zweiten auf die Mitteilung folgenden Kalendermonats fällig.

(2) Der Anspruch entsteht nicht für einen Kalendermonat, für den dem Angestellten von seinem oder einem anderen Arbeitgeber oder Dienstherrn eine vermögenswirksame Leistung aus diesem oder aus einem früher begründeten Arbeits- oder sonstigen Rechtsverhältnis erbracht wird. Dies gilt nicht, wenn der Anspruch mit einem gegen einen anderen Arbeitgeber oder Dienstherrn bestehenden Anspruch auf eine vermögenswirksame Leistung von weniger als 13,– DM zusammentrifft.

§ 4 Änderung der vermögenswirksamen Anlage. (1) Der Angestellte kann während des Kalenderjahres die Art der vermögenswirksamen Anlage nach diesem Tarifvertrag und das Unternehmen oder Institut, bei dem sie erfolgen soll, nur mit Zustimmung des Arbeitgebers wechseln.

(2) Für die vermögenswirksame Leistung nach diesem Tarifvertrag und die vermögenswirksame Anlage von Teilen des Arbeitsentgelts nach § 11 Abs. 1 des Vermögensbildungsgesetzes soll der Angestellte möglichst dieselbe Anlageart und dasselbe Unternehmen oder Institut wählen.

(3) Die Änderung einer schon bestehenden Vereinbarung nach § 11 Abs. 1 des Vermögensbildungsgesetzes bedarf nicht der Zustimmung des Arbeitgebers, wenn der Angestellte diese Änderung aus Anlaß der erstmaligen Gewährung der vermögenswirksamen Leistung nach diesem Tarifvertrag verlangt.

(4) In den Fällen der Absätze 1 und 3 gilt § 3 Abs. 1 Satz 2 entsprechend.

§ 5 Nachweis bei Anlage nach § 2 Abs. 1 Nr. 5 des Vermögensbildungsgesetzes. Bei einer vermögenswirksamen Anlage nach § 2 Abs. 1 Nr. 5 des Vermögensbildungsgesetzes hat der Angestellte seinem Arbeitgeber die zweckentsprechende Verwendung der vermögenswirksamen Leistungen auf Verlangen nachzuweisen; das Auslaufen der Entschuldung hat er unverzüglich anzuzeigen.

§ 6 Inkrafttreten. Dieser Tarifvertrag tritt am 1. Juli 1991 in Kraft. Er kann mit einer Frist von einem Monat zum Schluß eines Kalendermonats schriftlich gekündigt werden.

7. Tarifvertrag über Zulagen für Angestellte für den Bereich der Vereinigung der kommunalen Arbeitgeberverbände (TV Zulagen Ang-O)

vom 8. Mai 1991[1)]

Zuletzt geändert durch Änderungs-TV vom 31. 1. 2003

Zwischen der Vereinigung der kommunalen Arbeitgeberverbände, vertreten durch den Vorstand, einerseits und den Gewerkschaften andererseits wird folgendes vereinbart.

§ 1 Geltungsbereich. Dieser Tarifvertrag gilt für die unter die Anlagen 1a und 1b zum Tarifvertrag zur Anpassung des Tarifrechts – Manteltarifliche Vorschriften – (BAT-O) vom 10. Dezember 1990 fallenden Angestellten der Mitglieder der Arbeitgeberverbände, die der Vereinigung der kommunalen Arbeitgeberverbände (VKA) angehören.

Für die Lehrkräfte, die nach Nr. 5 der Bemerkung zu allen Vergütungsgruppen nicht unter die Anlage 1a zum BAT-O fallen, gelten § 2 Abs. 3 und 4 sowie § 5.

§ 1a Bemessung der Zulagen nach diesem Tarifvertrag. Die Zulagen nach diesem Tarifvertrag betragen vom

a) vom 1. Januar bis 31. Dezember 2003   91,0 v. H.,
b) vom 1. Januar 2004 an   92,5 v. H.,

der jeweils nach dem Tarifvertrag über Zulagen an Angestellte vom 17. Mai 1982 (West) geltenden entsprechenden Zulagen.

§ 2 Allgemeine Zulage. (1) Die Angestellten erhalten eine allgemeine Zulage.

(2) Die allgemeine Zulage beträgt monatlich für die unter die Anlagen 1a und 1b zum BAT-O fallenden Angestellten in den Vergütungsgruppen

a) X bis IX a sowie VIII (soweit in der Protokollerklärung
Nr. 1 aufgeführt), Kr. I und Kr. II
   aa) vom 1. Januar bis 31. Dezember 2003   81,15 Euro,
   bb) vom 1. Januar bis 30. April 2004   83,31 Euro,
   cc) vom 1. Mai 2004 an   84,15 Euro,
b) VIII (soweit nicht in der Protokollerklärung Nr. 1 aufgeführt) bis Vc sowie Vb (soweit in der Protokollerklärung
Nr. 2 aufgeführt), Kr. III bis Kr. VI
   aa) vom 1. Januar bis 31. Dezember 2003   95,85 Euro,
   bb) vom 1. Januar bis 30. April 2004   98,40 Euro,
   cc) vom 1. Mai 2004 an   99,38 Euro,

[1)] Mit ver.di und dbb-tarifunion wurde ein inhaltsgleicher Tarifvertrag abgeschlossen. Der zuletzt durch den Änderungs-TV Nr. 9 v. 5. 5. 1998 geänderte TV wurde mit Wirkung v. 1. 1. 2000 wieder in Kraft gesetzt.

c) Vb (soweit nicht in der Protokollerklärung Nr. 2 aufgeführt) bis II, Kr. VII bis Kr. XIII
aa) vom 1. Januar bis 31. März 2003 (nur für die Angestellten der Vergütungsgruppen III und II und Kr. XII und Kr. XIII) 99,85 Euro,
bb) vom 1. Januar 2003 (für die Angestellten der Vergütungsgruppen III und II und Kr. XII und Kr. XIII vom 1. April 2003) bis 31. Dezember 2003 102,24 Euro,
cc) vom 1. Januar bis 30. April 2004 104,96 Euro,
dd) vom 1. Mai 2004 an 106,01 Euro,
d) I b bis I
aa) vom 1. Januar bis 31. März 2003 37,44 Euro,
bb) vom 1. April bis 31. Dezember 2003 38,34 Euro,
cc) vom 1. Januar bis 30. April 2004 39,36 Euro,
dd) vom 1. Mai 2004 an 39,76 Euro,

(3) Für die Lehrkräfte, die nach Nr. 5 der Bemerkung zu allen Vergütungsgruppen nicht unter die Anlage 1a zum BAT-O fallen, beträgt die allgemeine Zulage monatlich
a) vom 1. Januar bis 31. März 2003 (nur für Lehrkräfte ab Vergütungsgruppe III) 37,44 Euro,
b) vom 1. Januar 2003 (für Lehrkräfte ab Vergütungsgruppe III vom 1. April 2003) bis 31. Dezember 2003) 38,34 Euro,
c) vom 1. Januar bis 30. April 2004 39,36 Euro,
d) vom 1. Mai 2004 an 39,76 Euro,

Protokollerklärungen:

1. Angestellte, die nach einem der folgenden Tätigkeitsmerkmale der Vergütungsgruppe VIII der Anlage 1a zum BAT-O eingruppiert sind, erhalten die allgemeine Zulage nach Absatz 2 Buchst. a:
  a) VIII Fallgruppen 10, 12, 15, 16 und 18 des § 2 des Tarifvertrages zur Änderung und Ergänzung der Anlage 1a zum BAT (Angestellte in technischen Berufen) vom 15. Juni 1972,
  b) VIII Fallgruppen 7 und 9 des § 1 des Tarifvertrages zur Änderung der Anlage 1a zum BAT (Angestellte in Versorgungsbetrieben) vom 25. April 1991,
  c) VIII Fallgruppe 2 des § 1 des Tarifvertrages zur Änderung der Anlage 1a zum BAT (Schulhausmeister) vom 31. Oktober 1991.

2. Angestellte, die nach einem der folgenden Tätigkeitsmerkmale der Vergütungsgruppe Vb der Anlage 1a zum BAT-O eingruppiert sind, erhalten die allgemeine Zulage nach Absatz 2 Buchst. b:
  a) Vb Fallgruppe 2 des Tarifvertrages zur Änderung und Ergänzung der Anlage 1a zum BAT (vermessungs- und landkartentechnische Angestellte sowie Angestellte im Gartenbau, in der Landwirtschaft und im Weinbau) vom 23. September 1969,
  b) Vb Fallgruppen 6 bis 10, 13, 15, 17, 18 und 21 des § 2 des Tarifvertrages zur Änderung und Ergänzung der Anlage 1a zum BAT (Angestellte in technischen Berufen) vom 15. Juni 1972,
  c) Vb Fallgruppen 1c und 2 des § 2 des Tarifvertrages zur Änderung und Ergänzung der Anlage 1a zum BAT (Neufassung der Fallgruppen 1) vom 24. Juni 1975,

Zulagentarifvertrag (VkA) **§ 3 TV Zulagen Ang-O 7**

d) *Vb Fallgruppen 3 und 4 des § 2 des Tarifvertrages zur Änderung und Ergänzung der Anlage 1a zum BAT (Bezügerechner) vom 28. April 1978,*
e) *(nicht besetzt)*
f) *Vb Fallgruppen 1 bis 15 des § 2 des Tarifvertrages zur Änderung und Ergänzung der Anlage 1a zum BAT (Meister, technische Angestellte mit besonderen Aufgaben) vom 18. April 1980,*
g) *Vb Fallgruppen 1 bis 3 des § 2 des Tarifvertrages zur Änderung und Ergänzung der Anlage 1a zum BAT (Schwimmeister und Schwimmeistergehilfen) vom 18. Februar 1981,*
h) *Vb Fallgruppen 1, 2 und 6 bis 8 des § 2 des Tarifvertrages zur Änderung und Ergänzung der Anlage 1a zum BAT (Angestellte in Nahverkehrsbetrieben) vom 11. Juni 1981,*
i) *Vb Fallgruppen 1 bis 5 und 7 bis 13 und 15 des § 2 des Tarifvertrages zur Änderung der Anlage 1a zum BAT (Angestellte an Theatern und Bühnen) vom 17. März 1982,*
k) *Vb Fallgruppe 2 des Abschnitts III, Vb Fallgruppen 2, 3, 5 bis 7 des Abschnitts VI und Vb Fallgruppen 2 bis 4 des Abschnitts VII des § 2 des Tarifvertrages zur Änderung der Anlage 1a zum BAT (Angestellte in der Datenverarbeitung) vom 4. November 1983,*
l) *Vb Fallgruppe 2 des Tarifvertrages zur Änderung der Anlage 1a zum BAT (Musikschullehrer) vom 20. Februar 1987,*
m) *Vb Fallgruppen 2, 3, 5 und 6 des § 2 Abschn. B des Tarifvertrages zur Änderung der Anlage 1a zum BAT vom 24. April 1991,*
n) *Vb Fallgruppen 1c, 4 bis 16 des Tarifvertrages zur Änderung der Anlage 1a zum BAT (Angestellte in Versorgungsbetrieben) vom 25. April 1991,*
o) *Vb Fallgruppe 2 des § 2 des Tarifvertrages zur Änderung der Anlage 1a zum BAT (Rettungssanitäter, Rettungsassistenten) vom 30. September 1992,*
p) *Vb einzige Fallgruppe des § 2 des Tarifvertrages zur Änderung der Anlage 1a zum BAT (Angestellte im kommunalen feuerwehrtechnischen Dienst) vom 21. Dezember 1994.*

3. *Vom Inkrafttreten des Vergütungstarifvertrages Nr. 32 zum BAT für den Bereich der Vereinigung der kommunalen Arbeitgeberverbände (VKA) werden die Beträge der allgemeinen Zulage entsprechend § 1a Buchstabe b neu festgelegt.*

§ 3 Technikerzulage. (1) Angestellte der Vergütungsgruppen Vb bis II mit technischer Ausbildung nach Nr. 2 der Bemerkung zu allen Vergütungsgruppen und entsprechender Tätigkeit sowie sonstige Angestellte, die aufgrund gleichwertiger Fähigkeiten und ihrer Erfahrungen entsprechende Tätigkeiten ausüben, erhalten eine Technikerzulage von monatlich

a) vom 1. Januar bis 31. Dezember 2003   20,94 Euro,
b) vom 1. Januar 2004 an   21,28 Euro.

(2) Absatz 1 gilt entsprechend für
a) gartenbau-, landwirtschafts- und weinbautechnische Angestellte aller Fachrichtungen mit abgeschlossener einschlägiger Fachhochschulausbildung mit entsprechender Tätigkeit sowie sonstige Angestellte, die aufgrund gleichwertiger Fähigkeiten und ihrer Erfahrungen entsprechende Tätigkeiten ausüben,
b) in der Protokollerklärung Nr. 5a des § 2 des Tarifvertrages zur Änderung und Ergänzung der Anlage 1a zum BAT (Angestellte in technischen Berufen) vom 15. Juni 1972 genannte Angestellte,

c) in der Protokollerklärung Nr. 1 des § 2 des Tarifvertrages zur Änderung und Ergänzung der Anlage 1a zum BAT (Angestellte in technischen Berufen) vom 15. Juni 1972 genannte Angestellte.

§ 4 Programmiererzulage. Angestellte der Vergütungsgruppen Vb (soweit nicht in der Protokollerklärung Nr. 2 zu § 2 aufgeführt) bis III sowie II (mit Ausnahme der in der Protokollerklärung genannten Angestellten) erhalten für die Zeit ihrer überwiegenden Beschäftigung im Bereich der Ablaufplanung und Programmierung von Arbeitsverfahren unter Einsatz von elektronischen Datenverarbeitungsanlagen und Systemprogrammen eine Programmiererzulage von monatlich
a) vom 1. Januar bis 31. Dezember 2003   20,94 Euro,
b) vom 1. Januar 2004 an   21,28 Euro.

Protokollerklärung:

Angestellte der Vergütungsgruppe II mit abgeschlossener wissenschaftlicher Hochschulbildung und entsprechender Tätigkeit sowie sonstige Angestellte, die aufgrund gleichwertiger Fähigkeiten und ihrer Erfahrungen entsprechende Tätigkeiten ausüben, erhalten die Programmiererzulage nicht.

§ 4a Zulagen für Meister. Angestellte, die nach den Tätigkeitsmerkmalen
a) des § 2 des Tarifvertrages zur Änderung der Anlage 1a zum BAT (Meister, technische Angestellte mit besonderen Aufgaben) vom 18. April 1980,
b) der Vergütungsgruppen VIb Fallgruppe 1, Vc Fallgruppen 1 bis 3 und Vb Fallgruppen 1 bis 3 des Tarifvertrages zur Änderung und Ergänzung der Anlage 1a zum BAT (Schwimmeister und Schwimmeistergehilfen) vom 18. Februar 1981,
c) der Vergütungsgruppen VIb Fallgruppen 1 und 2, Vc Fallgruppen 1 bis 3 und Vb Fallgruppen 1 und 2 des Tarifvertrages zur Änderung und Ergänzung der Anlage 1a zum BAT (Angestellte in Nahverkehrsbetrieben) vom 11. Juni 1981,
d) der Vergütungsgruppen VII Fallgruppen 9 und 13, VIb Fallgruppen 2, 4, 9 bis 12, 15, 16 und 18 bis 20, Vc Fallgruppen 1 bis 5, 7 bis 11 und 13 bis 21 und Vb 1 bis 5 und 7 bis 13 und 15 des Tarifvertrages zur Änderung der Anlage 1a zum BAT (Angestellte an Theatern und Bühnen) vom 17. Mai 1982,
e) der Vergütungsgruppen Vc Fallgruppen 1 und 2, Vb Fallgruppen 1 bis 3 und IVb Fallgruppen 1 und 2 des § 2 Abschn. B des Tarifvertrages zur Änderung der Anlage 1a zum BAT vom 24. April 1991,
f) der Vergütungsgruppen VII Fallgruppen 10 und 11, VIb Fallgruppen 11 bis 15, Vc Fallgruppen 10 bis 16, Vb Fallgruppen 8 bis 16 und IVb Fallgruppen 5 und 6 des Tarifvertrages zur Änderung der Anlage 1a zum BAT (Angestellte in Versorgungsbetrieben) vom 25. April 1991
eingruppiert sind, erhalten eine Meisterzulage von monatlich
a) vom 1. Januar bis 31. Dezember 2003   34,90 Euro,
b) vom 1. Januar 2004 an   35,47 Euro.

§ 5 Gemeinsame Vorschriften. (1) Die Zulagen werden nur für Zeiträume gezahlt, für die Bezüge (Vergütung, Urlaubsvergütung, Krankenbezüge) zustehen.

(2) In den Fällen des § 30 BAT-O stehen die Zulagen in Höhe des nach dieser Vorschrift für den Angestellten maßgebenden Vomhundertsatzes zu.

(3) Die allgemeine Zulage ist bei der Bemessung des Sterbegeldes (§ 41 BAT-O) und des Übergangsgeldes (§ 63 BAT-O) zu berücksichtigen.

(4) Die Programmiererzulage ist auch im Rahmen der Zuwendung nach dem Tarifvertrag über eine Zuwendung für Angestellte nicht zusatzversorgungspflichtig.

§ 6 Konkurrenzvorschriften. Neben der Technikerzulage steht die Programmiererzulage nicht zu.

§ 7 Inkrafttreten, Laufzeit. Dieser Tarifvertrag tritt am 1. Juli 1991 in Kraft. Er kann mit einer Frist von einem Monat zum Schluß eines Kalendermonats, frühestens zum 31. Dezember 2005, schriftlich gekündigt werden.

8. Tarifvertrag über Zulagen an Angestellte (TV Zulagen Ang-O)

vom 8. Mai 1991

Zuletzt geändert durch Änderungs-TV vom 31. 1. 2003

Zwischen der Bundesrepublik Deutschland, vertreten durch den Bundesminister des Innern, der Tarifgemeinschaft deutscher Länder, vertreten durch die Vorsitzende des Vorstandes, einerseits und *(der vertragschließenden Gewerkschaft)* andererseits wird für die Angestellten, die unter den BAT-O fallen, folgendes vereinbart:

§ 1 Anwendung der Zulagentarifverträge. (1) Die nachfolgend genannten Tarifverträge finden in ihrer jeweils geltenden Fassung Anwendung mit der Maßgabe, daß die Zulagen
– in der Zeit vom 1. Januar 2003 bis 31. Dezember 2003 in Höhe von 91,0 v. H.)
– ab 1. Mai 2004 in Höhe von 92,5 v. H.
der im Tarifgebiet West jeweils zustehenden Beträge zu zahlen sind:

1. Tarifvertrag über die Gewährung von Zulagen gem. § 33 Abs. 1 Buchst. c BAT vom 11. Januar 1962; die Tabelle der Zulagen nach § 1 Abs. 1 und § 2 Abs. 1 ist diesem Tarifvertrag als Anlage beigefügt;
2. Tarifvertrag über Zulagen an Angestellte vom 17. Mai 1982;
3. Für den Bereich des Landes Berlin: Tarifvertrag betreffend Wechselschicht- und Schichtzulagen für Angestellte des Landes Berlin vom 1. Juli 1981;
4. Für den Bereich des Bundes und für die Länder Brandenburg, Sachsen, Sachsen-Anhalt und Thüringen: Tarifvertrag über Zulagen an Angestellte bei obersten Bundesbehörden oder bei obersten Landesbehörden vom 4. November 1971;
5. Für den Bereich des Bundes: Tarifvertrag über Zulagen an Angestellte bei den Sicherheitsdiensten des Bundes vom 21. Juni 1977;
6. Für den Bereich der Tarifgemeinschaft deutscher Länder: Tarifvertrag über Zulagen an Angestellte bei den Sicherheitsdiensten der Länder vom 9. Februar 1978;
7. Für den Bereich des Bundes: Tarifvertrag über eine Zulage für Angestellte beim Bundesamt für Sicherheit in der Informationstechnik vom 14. Dezember 1990.

(2) Wird einer der in Absatz 1 genannten Tarifverträge gekündigt, gilt dies auch für seine Anwendung nach Absatz 1.

§ 2 Inkrafttreten, Laufzeit. Dieser Tarifvertrag tritt am 1. Juli 1991 in Kraft. Er kann mit einer Frist von einem Monat zum Schluß eines Kalendermonats, frühestens zum 31. Januar 2005, schriftlich gekündigt werden.

Zulagentarifvertrag (Bund, Länder) § 2, Anl. 1 **TV Zulagen Ang-O 8**

**Anlage 1
zum TV Zulagen Ang-O**

§ 1 Zulagen in Monatsbeträgen. Zulagen in Monatsbeträgen erhalten:

	ab 1. Januar 2003 der Betrag von Euro	ab 1. Januar 2004 der Betrag von Euro
1. Angestellte, die in unterirdischen Anlagen – mit Ausnahme von Kelleranlagen – mit unzureichender Entlüftung oder in fensterlosen überirdischen Betonbunkern mit unzureichender Entlüftung arbeiten	6,98	7,09
2. Angestellte, die Desinfektionsarbeiten – mit Ausnahme der Schädlingsbekämpfung – ausüben	9,31	9,46
3. Angestellte, die bei Arbeiten mit gesundheitsschädigenden, ätzenden oder giftigen Stoffen der Einwirkung dieser Stoffe ausgesetzt sind, wenn sie im Kalendermonat durchschnittlich mindestens $1/4$ der regelmäßigen Arbeitszeit in Räumen oder mindestens $1/3$ der regelmäßigen Arbeitszeit im Freien dieser Einwirkung ausgesetzt sind	11,63	11,82
4. Angestellte, die Versuchstiere in wissenschaftlichen Anstalten, Lehr-, Versuchs- oder Untersuchungsanstalten pflegen, wenn sie bei der Pflege der Tiere mit diesen in unmittelbare Berührung kommen	11,63	11,82
5. Pflegepersonen in psychiatrischen Krankenhäusern (Heil- und Pflegeanstalten) oder psychiatrischen Kliniken, Abteilungen oder Stationen, Pflegepersonen in neurologischen Kliniken, Abteilungen oder Stationen, die ständig geisteskranke Patienten pflegen, Angestellte in psychiatrischen oder neurologischen Krankenhäusern, Kliniken oder Abteilungen, die im EEG-Dienst oder in der Röntgendiagnostik ständig mit geisteskranken Patienten Umgang haben, Angestellte der Krankengymnastik, die überwiegend mit geisteskranken Patienten Umgang haben,		

	ab 1. Januar 2003 der Betrag von Euro	ab 1. Januar 2004 der Betrag von Euro
sonstige Angestellte, die ständig mit geisteskranken Patienten zu arbeitstherapeutischen Zwecken zusammenarbeiten oder sie hierbei beaufsichtigen	13,96	14,19
6. Angestellte, die in großen Behandlungsbecken (nicht in Badewannen) Unterwassermassagen oder Unterwasserbehandlungen ausführen, wenn sie im Kalendermonat durchschnittlich mindestens ¼ der regelmäßigen Arbeitszeit mit diesen Arbeiten beschäftigt sind	9,31	9,46
7. Angestellte als Sektionsgehilfen in der Human- oder Tiermedizin	13,96	14,19
8. Angestellte, die in Leichenschauhäusern oder in Einrichtungen, die die Aufgaben von Leichenschauhäusern zu erfüllen haben, Leichen versorgen und herrichten	11,63	11,82
9. Angestellte, die in Kühlhäusern, Kühlräumen oder Kühlwagen im Kalendermonat durchschnittlich arbeitstäglich mindestens zwei Stunden arbeiten – sind den Angestellten Arbeiter unterstellt, so richten sich die Voraussetzungen für die Gewährung der Zulage nach den jeweils für die Arbeiter geltenden Vorschriften –	11,63	1,82
10. Angestellte, die in Tropenkammern mit einer Temperatur von über 40 °C im Kalendermonat durchschnittlich arbeitstäglich mindestens zwei Stunden arbeiten – sind den Angestellten Arbeiter unterstellt, so richten sich die Voraussetzungen für die Gewährung der Zulage nach den jeweils für die Arbeiter geltenden Vorschriften –	13,96	14,19
11. Tierpfleger in zoologischen Gärten, die gefährliche Tiere pflegen	11,63	11,82
12. Angestellte, die in unterirdischen Abwasserkanälen im Kalendermonat durchschnittlich mindestens ¼ der regelmäßigen Arbeitszeit arbeiten	9,31	9,46
13. Angestellte im kommunalen Dienst, die ständig Blitzschutzanlagen zu überprüfen haben	11,63	11,82

Zulagentarifvertrag (Bund, Länder) Anl. 1 TV Zulagen Ang-O 8

	ab 1. Januar 2003 der Betrag von Euro	ab 1. Januar 2004 der Betrag von Euro
14. Angestellte mit Arbeiten in Prüfständen von Motoren für Kettenfahrzeuge oder Schiffe sowie bei Belastungsproben für Panzermotoren	11,63	11,82
15. Angestellte mit Prüfungs- oder Kontrollarbeiten an Propellerflugzeugen oder auf Flugzeugmotorenprüfständen bei laufendem Motor	16,29	16,56
16. Angestellte mit Prüfungs- oder Kontrollarbeiten an Flugzeugen oder in Prüfständen bei laufendem Düsentriebwerk	23,26	23,64

§ 2 Zulagen in Tagesbeträgen. Zulagen in Tagesbeträgen erhalten:

1. Angestellte, zu deren regelmäßigen Aufgaben das Besteigen von Masten in Höhe von mindestens 10 m über Dach bzw. mindestens 20 m über dem Erdboden gehört	0,93	0,94
2. Angestellte des Eichdienstes, die Hochtanks in einer Höhe von mindestens 20 m über dem Erdboden ohne feste Einrüstung vermessen	0,93	0,94
3. Angestellte in der Brückenunterhaltung, die Brückenkonstruktionen in einer Höhe von mindestens 20 m über dem Erdboden oder der Wasserfläche ohne feste Einrüstung überwachen	0,93	0,94
4. Angestellte, die Schleusentore von mindestens 15 m Höhe ohne ausreichende Sicherungsvorrichtung durch Einsteigen in die Tore überprüfen oder unter Einsteigen den Ein- und Ausbau solcher Tore überwachen	0,93	0,94

II. Auszubildendentarifverträge

13. Manteltarifvertrag für Auszubildende (Mantel-TV Azubi-O)

Vom 5. März 1991

Geändert durch Änderungs-TV vom 31. 1. 2003

Zwischen der Bundesrepublik Deutschland, vertreten durch den Bundesminister des Innern, der Tarifgemeinschaft deutscher Länder, vertreten durch den Vorsitzenden des Vorstandes, der Vereinigung der kommunalen Arbeitgeberverbände, vertreten durch den Vorstand, einerseits und den Gewerkschaften[1] andererseits wird folgender Tarifvertrag geschlossen:

§ 1 Geltungsbereich. (1) Dieser Tarifvertrag gilt für Personen, die
a) in Verwaltungen und Betrieben, deren Angestellte unter den Geltungsbereich des BAT-O vom 10. Dezember 1990 fallen, als angestelltenrentenversicherungspflichtige Auszubildende,
b) in Verwaltungen und Betrieben, deren Arbeiter unter den Geltungsbereich des MTArb-O oder des BMT-G-O vom 10. Dezember 1990 fallen, als arbeiterrentenversicherungspflichtige Auszubildende
in einem staatlich anerkannten oder als staatlich anerkannt geltenden Ausbildungsberuf ausgebildet werden.

(2) Dieser Tarifvertrag gilt nicht für
a) Schüler, Praktikanten, Volontäre sowie Personen, die für eine Ausbildung im Beamtenverhältnis vorbereitet werden (z. B. Verwaltungspraktikanten, Verwaltungslehrlinge),
b) Auszubildende, die in Ausbildungsberufen der Landwirtschaft, des Weinbaues oder der Forstwirtschaft ausgebildet werden, es sei denn, dass die Arbeiter der ausbildenden Verwaltung oder des ausbildenden Betriebes unter einen der in Abs. 1 Buchst. b genannten Tarifverträge fallen,
c) körperlich, geistig oder seelisch behinderten Personen, die aus fürsorgerischen Gründen in besonderen Ausbildungswerkstätten ausgebildet werden, sowie für Personen, die in Ausbildungs- oder Berufsförderungswerkstätten oder beschützenden Werkstätten von Heimen oder von Jugendstrafvollzugsanstalten ausgebildet werden.

Protokollerklärung zu Absatz 2:
Zu den Schülern im Sinne des Buchstaben a gehören z. B. auch Schüler in der Krankenpflegehilfe und in der Krankenpflege, Schüler für den Beruf des Logopäden, des Audiometristen, des Orthoptisten.

§ 2 Berufsausbildungsvertrag. (1) Vor Beginn des Berufsausbildungsverhältnisses ist ein schriftlicher Berufsausbildungsvertrag zu schließen, der mindestens Angaben enthält über

---

[1] Inhaltsgleiche Tarifverträge wurden abgeschlossen mit ver.di und dbb-tarifunion.

a) Art, sachliche und zeitliche Gliederung sowie Ziel der Berufsausbildung, insbesondere die Berufstätigkeit, für die ausgebildet werden soll,
b) Beginn und Dauer der Berufsausbildung,
c) Ausbildungsmaßnahmen außerhalb der Ausbildungsstätte,
d) Dauer der regelmäßigen täglichen Ausbildungszeit,
e) Dauer der Probezeit,
f) Zahlung und Höhe der Ausbildungsvergütung,
g) Dauer des Erholungsurlaubs,
h) Voraussetzungen, unter denen der Berufsausbildungsvertrag gekündigt werden kann.

Sieht die Ausbildungsordnung eine Stufenausbildung (§ 26 des Berufsausbildungsgesetzes, § 26 der Handwerksordnung) vor, kann der Berufsausbildungsvertrag für mehrere Stufen geschlossen werden, wenn in der Verwaltung oder in dem Betrieb des Ausbildenden die entsprechende Ausbildung möglich ist und für diese ein Bedürfnis besteht.

(2) Die Probezeit beträgt drei Monate.

(3) Im übrigen gelten für den Abschluß des Berufsausbildungsvertrages die Vorschriften des Berufsbildungsgesetzes.

Protokollerklärung zu Absatz 1 Buchst. a:

Für die sachliche und zeitliche Gliederung der Berufsausbildung ist nach den Grundsätzen des Ständigen Ausschusses des Bundesinstituts für Berufsbildung zu verfahren.

§ 3 Ärztliche Untersuchungen. (1) Der Auszubildende hat auf Verlangen des Ausbildenden vor seiner Einstellung seine körperliche Eignung (Gesundheits- und Entwicklungsstand, körperliche Beschaffenheit und Arbeitsfähigkeit) durch das Zeugnis eines vom Ausbildenden bestimmten Arztes nachzuweisen.

(2) Der Ausbildende kann den Auszubildenden bei gegebener Veranlassung ärztlich untersuchen lassen. Von der Befugnis darf nicht willkürlich Gebrauch gemacht werden.

(3) Der Ausbildende hat den Auszubildenden, der besonderen Ansteckungsgefahren ausgesetzt, in einem gesundheitsgefährdenden Betrieb beschäftigt oder mit der Zubereitung von Speisen beauftragt ist, in regelmäßigen Zeitabständen ärztlich untersuchen zu lassen.

(4) Die Kosten der Untersuchungen trägt der Ausbildende. Das Ergebnis der ärztlichen Untersuchung ist dem Auszubildenden auf seinen Antrag bekanntzugeben.

Protokollerklärung zu Absatz 1:

Bei den unter das Jugendarbeitsschutzgesetz fallenden Auszubildenden ist die Untersuchung – sofern der Auszubildende nicht bereits eine von einem anderen Arzt ausgestellte Bescheinigung nach § 32 Abs. 1 des Jugendarbeitsschutzgesetzes vorgelegt hat – so durchzuführen, daß sie zugleich den Anforderungen der Untersuchung nach § 32 Abs. 1 des Jugendarbeitsschutzgesetzes entspricht.

§ 4 Schweigepflicht. (1) Der Auszubildende hat über Angelegenheiten der Verwaltung und des Betriebes, deren Geheimhaltung durch gesetzliche Vorschriften vorgesehen oder auf Weisung des Ausbildenden angeordnet ist, Verschwiegenheit zu bewahren.

(2) Ohne Genehmigung des Ausbildenden darf der Auszubildende von Schriftstücken, Zeichnungen oder bildlichen Darstellungen, von chemischen Stoffen oder Werkstoffen, von Herstellungsverfahren, von Maschinenteilen oder anderen geformten Körpern zu außerdienstlichen Zwecken weder sich noch einem anderen Kenntnis, Abschriften, Ab- oder Nachbildungen verschaffen.

(3) Der Auszubildende hat auf Verlangen des Ausbildenden Schriftstücke, Zeichnungen, bildliche Darstellungen usw. sowie Aufzeichnungen über Vorgänge der Verwaltung oder des Betriebes herauszugeben.

(4) Der Auszubildende hat auch nach Beendigung des Berufsausbildungsverhältnisses über Angelegenheiten, die der Schweigepflicht unterliegen, Verschwiegenheit zu bewahren.

(5) Der Schweigepflicht unterliegen die Auszubildenden bezüglich der sie persönlich betreffenden Vorgänge nicht, es sei denn, daß deren Geheimhaltung durch Gesetz oder allgemeine dienstliche Anordnung vorgeschrieben ist.

§ 5 Personalakten. (1) Der Auszubildende hat das Recht auf Einsicht in seine vollständigen Personalakten. Das Recht kann auch durch einen gesetzlichen Vertreter oder durch einen hierzu schriftlich Bevollmächtigten ausgeübt werden. Die Vollmacht ist zu den Personalakten zu nehmen. Der Ausbildende kann einen Bevollmächtigten zurückweisen, wenn es aus dienstlichen oder betrieblichen Gründen geboten ist.

(2) Der Auszubildende muß über Beschwerden und Behauptungen tatsächlicher Art, die für ihn ungünstig sind oder ihm nachteilig werden können, vor Aufnahme in die Personalakten gehört werden. Seine Äußerung ist zu den Personalakten zu nehmen.

(3) Beurteilungen sind dem Auszubildenden unverzüglich bekanntzugeben. Die Bekanntgabe ist aktenkundig zu machen.

Protokollerklärung zu Absatz 1:
Das Recht der Akteneinsicht schließt das Recht ein, Abschriften bzw. Ablichtungen aus den Personalakten zu fertigen.

§ 6 Wöchentliche und tägliche Ausbildungszeit. (1) Die durchschnittliche regelmäßige wöchentliche Ausbildungszeit und die tägliche Ausbildungszeit der Auszubildenden, die nicht unter das Jugendarbeitsschutzgesetz fallen, richten sich nach den für die Angestellten bzw. die Arbeiter des Ausbildenden maßgebenden Vorschriften über die Arbeitszeit.

(2) Wird das Führen von Berichtsheften (Ausbildungsnachweisen) verlangt, ist dem Auszubildenden dazu Gelegenheit während der Ausbildungszeit zu geben.

(3) An Tagen, an denen der Auszubildende an einem theoretischen betrieblichen Unterricht von mindestens 270 tatsächlichen Unterrichtsminuten teilnimmt, darf er nicht zur praktischen Ausbildung herangezogen werden.

(4) Der Auszubildende darf an Sonn- und Wochenfeiertagen und in der Nacht zur Ausbildung nur herangezogen werden, wenn dies nach dem Ausbildungszweck erforderlich ist.

§ 6a. *(nicht belegt)*

§ 7 Mehrarbeit und Akkordarbeit. (1) Auszubildende dürfen nicht zu Mehrarbeit herangezogen werden. § 21 des Jugendarbeitsschutzgesetzes und § 10 Abs. 3 des Berufsbildungsgesetzes bleiben unberührt.

(2) *(gestrichen)*

(3) Auszubildende dürfen nicht mit Akkordarbeit beschäftigt werden.

§ 7a Fernbleiben von der Ausbildung. Der Auszubildende darf nur mit vorheriger Zustimmung des Ausbildenden der Ausbildung fernbleiben. Kann die Zustimmung den Umständen nach nicht vorher eingeholt werden, ist sie unverzüglich zu beantragen. Bei nicht genehmigtem Fernbleiben besteht kein Anspruch auf Bezüge.

§ 8 Ausbildungsvergütung. (1) Über die Höhe der Ausbildungsvergütung wird ein besonderer Tarifvertrag (Ausbildungsvergütungstarifvertrag) geschlossen. In diesem wird auch vereinbart, welche Beträge für Unterkunft und Verpflegung anzurechnen sind.

(2) Die monatliche Ausbildungsvergütung ist am letzten Tag eines jeden Monats (Zahltag) für den laufenden Monat auf ein von dem Auszubildenden eingerichtetes Girokonto im Inland zu zahlen. Sie ist so rechtzeitig zu überweisen, daß der Auszubildende am Zahltag über sie verfügen kann. Fällt der Zahltag auf einen Samstag oder auf einen Wochenfeiertag, gilt der vorhergehende Werktag, fällt er auf einen Sonntag, gilt der zweite vorhergehende Werktag als Zahltag. Die Kosten der Übermittlung der Bezüge mit Ausnahme der Kosten für die Gutschrift auf dem Konto des Empfängers trägt der Ausbildende, die Kontoeinrichtungs-, Kontoführungs- oder Buchungsgebühren trägt der Empfänger.

(3) Besteht der Anspruch auf Ausbildungsvergütung nicht für alle Tage eines Kalendermonats, wird bei der Berechnung der Vergütung für einzelne Tage der Monat zu 30 Tagen gerechnet. Besteht für einzelne Stunden kein Anspruch, wird für jede nicht geleistete Ausbildungsstunde die Ausbildungsvergütung um $1/_{174}$ vermindert.

(4) Dem Auszubildenden, der am Zahltag beurlaubt ist, werden auf Antrag die Ausbildungsvergütung für den laufenden Monat und ein Abschlag in Höhe der für die Urlaubstage des folgenden Monats zustehenden Ausbildungsvergütung vor Beginn des Urlaubs gezahlt.

Protokollnotiz zu Absatz 2 Satz 1:

Die Umstellung des Zahltages vom 15. auf den letzten Tag jeden Monats kann nur im Monat Dezember eines Jahres beginnen; die Zuwendung sollte bereits im Umstellungsjahr am letzten Tag des Monats November gezahlt werden.

§ 9 Ausbildungsvergütung in besonderen Fällen. (1) Ist wegen des Besuchs einer weiterführenden oder einer berufsbildenden Schule oder wegen einer Berufsausbildung in einer sonstigen Einrichtung die Ausbildungszeit verkürzt, gilt für die Höhe der Ausbildungsvergütung der Zeitraum, um den die Ausbildungszeit verkürzt wird, als abgeleistete Ausbildungszeit.

(2) Wird die Ausbildungszeit gemäß § 23 Abs. 1 Unterabs. 3 dieses Tarifvertrages, § 29 Abs. 3 des Berufsbildungsgesetzes oder § 27a Abs. 3 der Hand-

werksordnung verlängert, wird während des Zeitraums der Verlängerung die Ausbildungsvergütung des letzten regelmäßigen Ausbildungsabschnittes unter Berücksichtigung des jeweils geltenden Ausbildungsvergütungstarifvertrages gezahlt.

(3) Kann der Auszubildende ohne eigenes Verschulden die Abschlußprüfung erst nach beendeter Ausbildungszeit ablegen, wird er auf sein Verlangen bis zum Zeitpunkt der Prüfung beschäftigt.

Bis zur Ablegung der Abschlußprüfung erhält er die Ausbildungsvergütung des letzten regelmäßigen Ausbildungsabschnittes unter Berücksichtigung des jeweils geltenden Ausbildungsvergütungstarifvertrages, bei Bestehen der Prüfung darüber hinaus rückwirkend von dem Zeitpunkt an, an dem das Ausbildungsverhältnis geendet hat, den Unterschiedsbetrag zwischen der ihm gezahlten Ausbildungsvergütung und der seiner Tätigkeit entsprechenden Angestelltenvergütung bzw. dem seiner Tätigkeit entsprechenden Lohn.

§ 10 Entschädigung bei Dienstreisen, Abordnungen, Dienstgängen und Ausbildungsfahrten. (1) Bei Dienstreisen, Abordnungen, Dienstgängen und Reisen zur Ablegung der in den Ausbildungsordnungen vorgeschriebenen Prüfungen erhält der Auszubildende eine Entschädigung in entsprechender Anwendung der für die entsprechenden Beamten des Ausbildenden geltenden Reisekostenbestimmungen in der jeweiligen Fassung unter Zugrundelegung der niedrigsten Reisekostenstufe. Bei Reisen zur Teilnahme am Unterricht, an Vorträgen, an Arbeitsgemeinschaften oder an Übungen zum Zwecke der Ausbildung sowie bei Reisen in den Fällen des § 16 Satz 2 werden die notwendigen Fahrkosten bis zur Höhe der Kosten der Fahrkarte der jeweils niedrigsten Klasse des billigsten regelmäßig verkehrenden Beförderungsmittels (im Eisenbahnverkehr ohne Zuschläge) erstattet; Möglichkeiten zur Erlangung von Fahrpreisermäßigungen (Schülerfahrkarten oder Fahrkarten für Berufstätige) sind auszunutzen. Bei Reisen zur Teilnahme am Unterricht an einer auswärtigen Berufsschule werden dem Auszubildenden Fahrkosten in der in Satz 2 genannten Höhe insoweit erstattet, als sie monatlich 6 v. H. der Ausbildungsvergütung eines Auszubildenden im ersten Ausbildungsjahr, übersteigen. Satz 3 gilt nicht, soweit die Fahrkosten nach landesrechtlichen Vorschriften von einer Körperschaft des öffentlichen Rechts getragen werden. In den Fällen der Sätze 3 und 4 werden Beträge von weniger als 1,53 Euro nicht ausgezahlt.

(2) Verlängert sich bei vorübergehender Beschäftigung an einer anderen Arbeitsstelle innerhalb des Beschäftigungsortes (politische Gemeinde) der Weg des Auszubildenden zur Arbeitsstelle um mehr als vier Kilometer, werden die Bestimmungen über Dienstgänge angewandt. Dies gilt nicht, wenn die vorübergehende Beschäftigung im Rahmen des Ausbildungsplanes erfolgt.

(3) Regelungen, die in den bei dem Ausbildenden geltenden Manteltarifverträgen für Angestellte und Arbeiter zu den Tarifvorschriften über die Entschädigungen bei Dienstreisen, Abordnungen und Dienstgängen vereinbart sind, z.B. die Regelungen über Wegegelder und Zehrgelder nach Abschnitt B Nr. 11 Abs. 2 und 4 SR 2a MTArb-O, Aufwandsentschädigung nach § 32 Abs. 2 BMT-G-O oder vergleichbare Entschädigungen unter anderer Bezeichnung nach Abschnitt A Nr. 12 Abs. 1 Buchst. c Nrn. 1 und 3 SR 2d MTArb-O, sind auf Auszubildende entsprechend anzuwenden.

Protokollerklärung zu Absatz 1:
Beschäftigt der Ausbildende keine Beamten, sind die für die Angestellten bzw. für die Arbeiter geltenden Bestimmungen des Ausbildenden entsprechend anzuwenden.

§ 11 Krankenbezüge. (1) Bei unverschuldeter Arbeitsunfähigkeit erhält der Auszubildende bis zur Dauer von sechs Wochen Krankenbezüge in Höhe der Ausbildungsvergütung.

Bei der jeweils ersten Arbeitsunfähigkeit, die durch einen bei dem Ausbildenden erlittenen Arbeitsunfall oder durch eine bei dem Ausbildenden zugezogene Berufskrankheit verursacht ist, erhält der Auszubildende nach Ablauf des nach Unterabs. 1 maßgebenden Zeitraumes bis zum Ende der 26. Woche seit dem Beginn der Arbeitsunfähigkeit als Krankenbezüge einen Krankengeldzuschuß in Höhe des Unterschiedsbetrages zwischen den tatsächlichen Barleistungen des Sozialversicherungsträgers und der Netto-Ausbildungsvergütung, wenn der zuständige Unfallversicherungsträger den Arbeitsunfall oder die Berufskrankheit anerkennt.

Im übrigen gelten § 37 Abs. 1 und 2, § 37a und § 38 BAT-O bzw. die vergleichbaren Vorschriften für Arbeiter entsprechend.

(2) Kann der Auszubildende während der Zeit, für welche die Ausbildungsvergütung nach Abs. 1 fortzuzahlen ist, aus berechtigtem Grund Unterkunft und Verpflegung nicht in Anspruch nehmen, entfällt für die Zeit der Nichtinanspruchnahme die Kürzung nach § 8 Abs. 1 Satz 2.

Für die Dauer der Unterbringung des Auszubildenden in einem Krankenhaus entfällt der Anspruch auf Unterkunft und Verpflegung.

§ 12. *(nicht besetzt)*

§ 13 Fortzahlung der Ausbildungsvergütung bei Freistellung, bei Verhinderung oder Ausfall der Ausbildung. (1) Dem Auszubildenden ist die Ausbildungsvergütung fortzuzahlen
a) für die Zeit der Freistellung
   aa) zur Teilnahme am Berufsschulunterricht, an Ausbildungsmaßnahmen außerhalb der Ausbildungsstätte und an Prüfungen,
   bb) vor Prüfungen (§ 16),
b) bis zur Dauer von sechs Wochen, wenn er
   aa) sich für die Berufsausbildung bereithält, diese aber ausfällt,
   bb) aus einem anderen als dem in § 11 geregelten, in seiner Person liegenden Grund unverschuldet verhindert ist, seine Pflichten aus dem Berufsausbildungsverhältnis zu erfüllen.

Im übrigen gelten bei Verhinderung oder Ausfall der Ausbildung die Vorschriften der §§ 52, 52a BAT-O bzw. §§ 33, 35 MTArb-O und der §§ 29, 31 BMT-G-O entsprechend.

(2) § 11 Abs. 2 Unterabs. 1 gilt entsprechend.

§ 14 Erholungsurlaub. (1) Der Auszubildende erhält in jedem Urlaubsjahr einen Erholungsurlaub unter Fortzahlung der Bezüge, die er erhalten hätte, wenn er als Auszubildender tätig gewesen wäre.

§ 11 Abs. 2 Unterabs. 1 gilt entsprechend.

(2) Der Erholungsurlaub richtet sich bei den in § 1 Abs. 1 Buchst. a genannten Auszubildenden nach den für gleichaltrige Angestellte der niedrigsten Urlaubsstufe, bei den in § 1 Abs. 1 Buchst. b genannten Auszubildenden nach den für gleichaltrige Arbeiter jeweils maßgebenden Vorschriften.

(3) Der Erholungsurlaub ist nach Möglichkeit zusammenhängend während der Berufsschulferien zu erteilen.

(4) Der Auszubildende darf während des Erholungsurlaubs nicht gegen Entgelt arbeiten.

§ 15 Familienheimfahrten. (1) Für Familienheimfahrten vom Ort der Ausbildungsstätte zum Wohnort der Eltern, des Erziehungsberechtigten oder des Ehegatten und zurück werden dem Auszubildenden monatlich einmal die notwendigen Fahrkosten bis zur Höhe der Kosten der Fahrkarte der jeweils niedrigsten Klasse des billigsten regelmäßig verkehrenden Beförderungsmittels (im Eisenbahnverkehr ohne Zuschläge) – für Familienheimfahrten in das Ausland höchstens die entsprechenden Kosten für die Fahrt bis zum inländischen Grenzort – erstattet, wenn der Wohnort der Eltern, der Erziehungsberechtigten oder des Ehegatten so weit vom Ort der Ausbildungsstätte entfernt ist, daß der Auszubildende nicht täglich zum Wohnort zurückkehren kann und daher außerhalb wohnen muß. Möglichkeiten zur Erlangung von Fahrpreisermäßigungen (Schülerfahrkarten oder Fahrkarten für Berufstätige) sind auszunutzen.

(2) Der Auszubildende erhält bei einer Entfernung des Wohnortes der Eltern, des Erziehungsberechtigten oder des Ehegatten vom Ort der Ausbildungsstätte für die Familienheimfahrten
  von mehr als 100 km bis 300 km zwei Ausbildungstage
  von mehr als 300 km bis drei Ausbildungstage
Urlaub im Vierteljahr unter Fortzahlung der Ausbildungsvergütung. Bei besonders ungünstigen Reiseverbindungen kann der Auszubildende für einen weiteren Ausbildungstag im Vierteljahr beurlaubt werden. Ausbildungstage sind alle Kalendertage, an denen der Auszubildende nach dem Ausbildungsplan auszubilden wäre.

§ 16 Freistellung vor Prüfungen. Dem Auszubildenden ist vor der in den Ausbildungsordnungen vorgeschriebenen Abschlußprüfung an fünf Ausbildungstagen, bei der Sechstagewoche an sechs Ausbildungstagen Gelegenheit zu geben, sich ohne Bindung an die planmäßige Ausbildung auf die Prüfung vorzubereiten. Der Anspruch nach Satz 1 verkürzt sich um die Zeit, für die die Auszubildenden zur Vorbereitung auf die Abschlußprüfung besonders zusammengefaßt werden; der Auszubildende erhält jedoch mindestens zwei freie Ausbildungstage.

§ 17 Prüfungen. (1) Der Auszubildende ist rechtzeitig zur Prüfung anzumelden.

(2) Sobald dem Ausbildenden der Prüfungstermin bekanntgeworden ist, hat er ihn dem Auszubildenden unverzüglich mitzuteilen.

§ 18 Vermögenswirksame Leistungen, Urlaubsgeld, Zuwendung. Der Auszubildende erhält nach Maßgabe besonderer Tarifverträge vermögenswirksame Leistungen, ein jährliches Urlaubsgeld und eine jährliche Zuwendung.

§ 19 Zusätzliche Alters- und Hinterbliebenenversorgung. Die Versicherung zum Zwecke einer zusätzlichen Alters- und Hinterbliebenenversorgung wird durch besonderen Tarifvertrag geregelt.

§ 20. *(nicht besetzt)*

§ 21 Schutzkleidung, Ausbildungsmittel. (1) Soweit das Tragen von Schutzkleidung gesetzlich vorgeschrieben oder angeordnet ist, wird sie unentgeltlich geliefert und bleibt Eigentum des Ausbildenden. Als Schutzkleidung sind die Kleidungsstücke anzusehen, die bei bestimmten Tätigkeiten an bestimmten Arbeitsplätzen anstelle oder über der sonstigen Kleidung zum Schutz des Auszubildenden gegen Witterungsunbilden und andere gesundheitliche Gefahren oder außergewöhnliche Beschmutzung getragen werden müssen. Die Schutzkleidung muß geeignet und ausreichend sein.

(2) Der Ausbildende hat dem Auszubildenden kostenlos die Ausbildungsmittel, insbesondere Werkzeuge und Werkstoffe zur Verfügung zu stellen, die zur Berufsausbildung und zum Ablegen von Zwischen- und Abschlußprüfungen, auch soweit solche nach Beendigung des Berufsausbildungsverhältnisses stattfinden, erforderlich sind.

§ 22 Mitteilungspflicht und Weiterarbeit. (1) Beabsichtigt der Ausbildende, den Auszubildenden nach Abschluß der Berufsausbildung in ein Arbeitsverhältnis zu übernehmen, hat er dies dem Auszubildenden drei Monate vor dem voraussichtlichen Ende der Ausbildungszeit schriftlich mitzuteilen. In der Mitteilung kann der Ausbildende die Übernahme vom Ergebnis der Abschlußprüfung abhängig machen. Innerhalb von vier Wochen nach Zugang der Mitteilung hat der Auszubildende schriftlich zu erklären, ob er in ein Arbeitsverhältnis zu dem Ausbildenden zu treten beabsichtigt.

Beabsichtigt der Ausbildende keine Übernahme in ein Arbeitsverhältnis, hat er dies dem Auszubildenden drei Monate vor dem voraussichtlichen Ende der Ausbildungszeit schriftlich mitzuteilen.

(2) Wird der Auszubildende im Anschluß an das Berufsausbildungsverhältnis beschäftigt, ohne daß hierüber ausdrücklich etwas vereinbart worden ist, gilt ein Arbeitsverhältnis auf unbestimmte Zeit als begründet. § 9 Abs. 3 bleibt unberührt.

§ 23 Beendigung des Berufsausbildungsverhältnisses. (1) Das Berufsausbildungsverhältnis endet mit Ablauf der Ausbildungszeit.

Besteht der Auszubildende vor Ablauf der Ausbildungszeit die Abschlußprüfung, endet das Berufsausbildungsverhältnis mit Bestehen der Prüfung.

Besteht der Auszubildende die Abschlußprüfung nicht, verlängert sich das Berufsausbildungsverhältnis auf sein Verlangen bis zur nächstmöglichen Wiederholungsprüfung, höchstens um ein Jahr.

(2) Während der ersten drei Monate (Probezeit) kann das Berufsausbildungsverhältnis jederzeit ohne Einhalten einer Kündigungsfrist gekündigt werden.

(3) Nach der Probezeit kann das Berufsausbildungsverhältnis nur gekündigt werden
a) aus einem wichtigen Grund ohne Einhalten einer Kündigungsfrist,
b) vom Auszubildenden mit einer Kündigungsfrist von vier Wochen, wenn er die Berufsausbildung aufgeben oder sich für eine andere Berufstätigkeit ausbilden lassen will.

Eine Kündigung aus einem wichtigen Grund ist unwirksam, wenn die ihr zugrunde liegenden Tatsachen dem zur Kündigung Berechtigten länger als zwei Wochen bekannt sind. Ist ein vorgesehenes Güteverfahren vor einer außergerichtlichen Stelle eingeleitet, wird bis zu dessen Beendigung der Lauf dieser Frist gehemmt.

(4) Die Kündigung muß schriftlich und in den Fällen des Absatzes 3 Unterabs. 1 unter Angabe der Kündigungsgründe erfolgen.

(5) Die Tarifvertragsparteien wirken darauf hin, daß Auszubildende nach erfolgreich bestandener Abschlußprüfung für mindestens zwölf Monate in ein Arbeitsverhältnis übernommen werden, soweit nicht personen- oder verhaltensbedingte Gründe entgegenstehen. Satz 1 gilt nicht, soweit die Verwaltung bzw. der Betrieb über Bedarf ausgebildet hat.
Dieser Abs. tritt mit Ablauf des 31. Januar 2005 außer Kraft.

§ 24 Schadensersatz bei vorzeitiger Beendigung des Berufsausbildungsverhältnisses. Wird das Berufsausbildungsverhältnis nach der Probezeit vorzeitig gelöst, kann der Ausbildende oder der Auszubildende Schadensersatz verlangen, wenn der andere den Grund für die Auflösung zu vertreten hat. Dies gilt nicht im Falle des § 23 Abs. 3 Unterabs. 1 Buchst. b.

§ 25 Zeugnis. (1) Der Ausbildende hat dem Auszubildenden bei Beendigung des Berufsausbildungsverhältnisses ein Zeugnis auszustellen. Hat der Ausbildende die Berufsausbildung nicht selbst durchgeführt, soll auch der Ausbilder das Zeugnis unterschreiben.

(2) Das Zeugnis muß Angaben enthalten über Art, Dauer und Ziel der Berufsausbildung sowie über die erworbenen Fertigkeiten und Kenntnisse des Auszubildenden. Auf Verlangen des Auszubildenden sind auch Angaben über Führung, Leistung und besondere fachliche Fähigkeiten aufzunehmen.

§ 26 Ausschlußfrist. Ansprüche aus dem Berufsausbildungsverhältnis verfallen, wenn sie nicht innerhalb einer Ausschlußfrist von sechs Monaten nach Fälligkeit vom Auszubildenden oder vom Ausbildenden schriftlich geltend gemacht werden, soweit tarifvertraglich nichts anderes bestimmt ist.
Für denselben Sachverhalt reicht die einmalige Geltendmachung des Anspruchs aus, um die Ausschlußfrist auch für später fällig werdende Leistungen unwirksam zu machen.

§ 27 Inkrafttreten, Laufzeit. (1) Dieser Tarifvertrag tritt mit Wirkung vom 1. Januar 1991 in Kraft; abweichend hiervon treten

a) § 6 Abs. 1, § 6a, § 8, § 9, § 11, § 12 und § 13 am 1. April 1991 und
b) § 10 und § 15 am 1. Juli 1991
in Kraft. Nach dem Einigungsvertrag fortgeltende, von diesem Tarifvertrag abweichende Bestimmungen sind vom 1. Januar 1991 bzw. 1. April 1991 an nicht mehr anzuwenden; mit Ablauf des 30. Juni 1991 treten sie außer Kraft.

(2) Dieser Tarifvertrag kann mit einer Frist von drei Monaten zum Ende eines Kalenderhalbjahres schriftlich gekündigt werden.

13 a. Ausbildungsvergütungstarifvertrag Nr. 7 für Auszubildende (Ost)

vom 31. Januar 2003

Zwischen der Bundesrepublik Deutschland, vertreten durch das Bundesministerium des Innern, der Tarifgemeinschaft deutscher Länder, vertreten durch den Vorsitzenden des Vorstandes, der Vereinigung der kommunalen Arbeitgeberverbände, vertreten durch den Vorstand, einerseits und den Gewerkschaften[1] andererseits wird gemäß § 8 Abs. 1 Mantel-TV Azubi-O vom 5. März 1991 folgendes vereinbart:

§ 1 Einmalzahlungen. (1) Die Auszubildenden erhalten im Monat März 2003 eine Einmalzahlung in entsprechender Anwendung des § 2 des Vergütungstarifvertrages Nr. 7 zum BAT-O (Bund/TdL bzw. VKA) vom 31. Januar 2003.

(2) Die Auszubildenden erhalten im Monat November 2004 eine Einmalzahlung in entsprechender Anwendung des § 2 des Vergütungstarifvertrages Nr. 7 zum BAT-O (Bund/TdL bzw. VKA) vom 31. Januar 2003 mit der Maßgabe, dass an die Stelle des Betrages von 46,25 € der Betrag von 27,75 € tritt.

§ 2 Ausbildungsvergütung. (1) Die monatliche Ausbildungsvergütungen betragen
a) vom 1. Januar bis 31. Dezember 2003　　　　　　　　　　　91,0 v. H.
b) vom 1. Januar 2004 an　　　　　　　　　　　　　　　　　　　92,5 v. H.
der nach dem jeweiligen Ausbildungsvergütungstarifvertrag für Auszubildende im Tarifgebiet West geltenden Beträge.

(2) Die monatliche Ausbildungsvergütung beträgt
a) vom 1. Januar bis 31. Dezember 2003
　im ersten Ausbildungsjahr　　　　　　　　　　　　　　　　　550,71 Euro,
　im zweiten Ausbildungsjahr　　　　　　　　　　　　　　　　594,25 Euro,
　im dritten Ausbildungsjahr　　　　　　　　　　　　　　　　 634,20 Euro,
　im vierten Ausbildungsjahr　　　　　　　　　　　　　　　　 689,63 Euro,
b) vom 1. April bis 30. April 2004
　im ersten Ausbildungsjahr　　　　　　　　　　　　　　　　　565,39 Euro,
　im zweiten Ausbildungsjahr　　　　　　　　　　　　　　　　610,08 Euro,
　im dritten Ausbildungsjahr　　　　　　　　　　　　　　　　 651,10 Euro,
　im vierten Ausbildungsjahr　　　　　　　　　　　　　　　　 708,00 Euro,
c) vom 1. Mai 2004 an
　im ersten Ausbildungsjahr　　　　　　　　　　　　　　　　　571,04 Euro,
　im zweiten Ausbildungsjahr　　　　　　　　　　　　　　　　616,19 Euro,
　im dritten Ausbildungsjahr　　　　　　　　　　　　　　　　 657,61 Euro,
　im vierten Ausbildungsjahr　　　　　　　　　　　　　　　　 715,08 Euro.

---

[1] Inhaltsgleiche Tarifverträge wurden abgeschlossen mit ver.di und dbb-tarifunion.

(3) Für die Feststellung des nach Abs. 2 und nach § 3 Abs. 2 maßgebenden Ausbildungsjahres gelten bei einer Stufenausbildung (§ 26 des Berufsbildungsgesetzes, § 26 der Handwerksordnung) die einzelnen Stufen als Bestandteile eines einheitlichen Berufsausbildungsverhältnisses, und zwar auch dann, wenn sich die Ausbildung der weiteren Stufe nicht unmittelbar an die der vorhergehenden angeschlossen hat.

Hat das Berufsausbildungsverhältnis im Laufe eines Kalendermonats begonnen, erhält der Auszubildende die nach Abs. 2 zustehende höhere Ausbildungsvergütung jeweils vom Beginn des Kalendermonats an, in dem das vorhergehende Ausbildungsjahr geendet hat. Satz 1 dieses Unterabsatzes gilt in den Fällen des § 3 Abs. 2 entsprechend.

§ 3 Zulagen, Zuschläge. (1) Dem angestelltenrentenversicherungspflichtigen Auszubildenden (§ 1 Abs. 1 Buchst. a Mantel-TV Azubi-O) können bei Vorliegen der geforderten Voraussetzungen 50 v.H. der Zulagen gewährt werden, die für Angestellte gemäß § 33 Abs. 1 Buchst. c i.V.m. Abs. 6 BAT-O jeweils vereinbart sind.

(2) Dem arbeiterrentenversicherungspflichtigen Auszubildenden (§ 1 Abs. 1 Buchst. b Mantel-TV Azubi-O), der im Rahmen seiner Ausbildung in erheblichem Umfang mit Arbeiten gemäß § 29 MTArb-O/§ 23 BMT-G-O beschäftigt wird, kann im zweiten bis vierten Ausbildungsjahr ein monatlicher Pauschalzuschlag gezahlt werden, der
a) vom 1. Januar bis 31. Dezember 2003 9,31 Euro,
b) vom 1. Januar 2004 an 9,46 Euro
beträgt.

§ 4 Unterkunft und Verpflegung. A. Für den Bereich des Bundes und der Tarifgemeinschaft deutscher Länder. (1) Gewährt der Ausbildende Unterkunft und Verpflegung, wird die Ausbildungsvergütung monatlich
a) vom 1. Januar bis 31. Dezember 2003 um 122,72 Euro,
b) vom 1. Januar bis 30. April 2004 um 126,00 Euro,
c) vom 1. Mai 2004 an um 127,25 Euro
gekürzt.

(2) Gewährt der Ausbildende nur Unterkunft, wird die Ausbildungsvergütung monatlich
a) vom 1. Januar bis 31. Dezember 2003 um 31,50 Euro,
b) vom 1. Januar bis 30. April 2004 um 32,35 Euro,
c) vom 1. Mai 2004 an um 32,67 Euro
gewährt er nur Verpflegung, wird die Ausbildungsvergütung monatlich
a) vom 1. Januar bis 31. Dezember 2003 um 91,22 Euro,
b) vom 1. Januar bis 30. April 2004 um 93,65 Euro,
c) vom 1. Mai 2004 an um 94,58 Euro
gekürzt.

Protokollnotiz zu Abschnitt A:
Vom Inkrafttreten des Ausbildungsvergütungstarifvertrages Nr. 22 für Auszubildende im Tarifgebiet West an werden die Beträge für Unterkunft und Verpflegung entsprechend § 2 Abs. 1 neu festgelegt.

Ausbildungsvergütung (Ost) §§ 5, 6 13a

B. Für den Bereich der Vereinigung der kommunalen Arbeitgeberverbände. Eine dem Auszubildenden gewährte Unterkunft und Verpflegung wird mit dem nach der jeweiligen Sachbezugsverordnung geltenden Wert auf die Ausbildungsvergütung angerechnet. Es müssen jedoch mindestens 40 v. H. der Bruttoausbildungsvergütung gezahlt werden.

§ 5 Ausnahmen vom Geltungsbereich. Dieser Tarifvertrag wird nicht angewendet auf Auszubildende, die spätestens mit Ablauf des 9. Januar 2003 aus ihrem Verschulden oder auf eigenen Wunsch aus dem Ausbildungsverhältnis ausgeschieden sind. Dies gilt auf Antrag nicht für Auszubildende, die in unmittelbarem Anschluss an das auf eigenen Wunsch beendete Ausbildungsverhältnis wieder in den öffentlichen Dienst eingetreten sind.

Öffentlicher Dienst im Sinne des Unterabsatzes 1 Satz 2 ist eine Beschäftigung
a) beim Bund, bei einem Land, bei einer Gemeinde, bei einem Gemeindeverband oder bei einem sonstigen Mitglied eines Arbeitgeberverbandes, der der Vereinigung der kommunalen Arbeitgeberverbände (VkA) oder der Tarifgemeinschaft deutscher Länder (TdL) angehört,
b) bei einer Körperschaft, Anstalt oder Stiftung des öffentlichen Rechts, die den BAT-O, den MTArb-O, den BMT-G-O, den BAT, den MTArb, den BMT-G oder einen Tarifvertrag wesentlich gleichen Inhalts anwendet.

§ 6 In-Kraft-Treten, Laufzeit. Dieser Tarifvertrag tritt mit Wirkung vom 1. Januar 2003 in Kraft. Er kann mit einer Frist von einem Monat zum Schluss eines Kalendermonats, frühestens zum 31. Januar 2005, schriftlich gekündigt werden.

14. Tarifvertrag über eine Zuwendung für Auszubildende (TV Zuwendung Azubi-O)

Vom 5. März 1991

Geändert durch Änderungs-TV vom 31. 1. 2003

Zwischen der Bundesrepublik Deutschland, vertreten durch den Bundesminister des Innern, der Tarifgemeinschaft deutscher Länder, vertreten durch den Vorsitzenden des Vorstandes, der Vereinigung der kommunalen Arbeitgeberverbände, vertreten durch den Vorstand, einerseits und den Gewerkschaften[1] andererseits wird für die unter den Geltungsbereich des Mantel-TV Azubi-O vom 5. März 1991 fallenden Auszubildenden folgendes vereinbart:

§ 1 Anspruchsvoraussetzungen. (1) Der Auszubildende erhält in jedem Kalenderjahr eine Zuwendung, wenn er

1. am 1. Dezember seit dem 1. Oktober ununterbrochen bei demselben Ausbildenden im Ausbildungsverhältnis steht

und

2. nicht in der Zeit bis einschließlich 31. März des folgenden Kalenderjahres aus seinem Verschulden oder auf eigenen Wunsch ausscheidet.

(2) Der Auszubildende, dessen Ausbildungsverhältnis spätestens mit Ablauf des 30. November endet und der mindestens vom Beginn des Kalenderjahres an ununterbrochen in einem Ausbildungsverhältnis zu demselben Ausbildenden gestanden hat, erhält eine Zuwendung, wenn er im unmittelbaren Anschluß an das Ausbildungsverhältnis in ein Rechtsverhältnis zu einem anderen Arbeitgeber des öffentlichen Dienstes übertritt und der Ausbildende das Ausscheiden aus diesem Grunde billigt. Absatz 1 gilt nicht.

(3) Hat der Auszubildende im Falle des Absatzes 1 Nr. 2 die Zuwendung erhalten, hat er sie in voller Höhe zurückzuzahlen.

Protokollerklärungen:

1. Die Voraussetzung des Absatzes 1 Nr. 1 ist auch dann erfüllt, wenn der Auszubildende seit dem 1. Oktober bei demselben Ausbildenden in einem anderen Rechtsverhältnis gestanden hat, an das sich das Ausbildungsverhältnis ohne Unterbrechung angeschlossen hat.

2. Für die Begriffe „öffentlicher Dienst" und „unmittelbarer Anschluß" gelten die Protokollerklärungen Nrn. 2 und 3 zu § 1 des TV Zuwendung Ang-O vom 10. Dezember 1990 entsprechend.

§ 2 Höhe der Zuwendung. (1) Die Zuwendung beträgt – unbeschadet des Absatzes 2 – 75 v.H. der Vergütung, die dem Auszubildenden zugestanden hätte, wenn er während des ganzen Monats Oktober Erholungsurlaub gehabt hätte.

---

[1] Inhaltsgleiche Tarifverträge wurden abgeschlossen mit ver.di und dbb-tarifunion.

Zuwendung Azubi **§ 2 Zuwendung Azubi-O 14**

Für den Auszubildenden, dessen Ausbildungsverhältnis später als am 1. Oktober begonnen hat, tritt an die Stelle des Monats Oktober der erste volle Kalendermonat des Ausbildungsverhältnisses.
Für den Auszubildenden, der unter § 1 Abs. 2 fällt und der im Monat Oktober nicht im Ausbildungsverhältnis gestanden hat, tritt an die Stelle des Monats Oktober der letzte volle Kalendermonat, in dem das Ausbildungsverhältnis vor dem Monat Oktober bestanden hat.

(2) Hat der Auszubildende nicht während des ganzen Kalenderjahres Bezüge von demselben Ausbildenden aus dem Ausbildungsverhältnis oder aus einem anderen Rechtsverhältnis, an das sich das Ausbildungsverhältnis ohne Unterbrechung angeschlossen hat, erhalten, vermindert sich die Zuwendung um ein Zwölftel für jeden Kalendermonat, für den er keine Bezüge erhalten hat. Die Verminderung unterbleibt für die Kalendermonate,
a) für die der Auszubildende keine Bezüge erhalten hat wegen der
  aa) Ableistung von Grundwehrdienst oder Zivildienst, wenn er vor dem 1. Dezember entlassen worden ist und nach der Entlassung die Ausbildung unverzüglich wieder aufgenommen hat,
  bb) Beschäftigungsverbote nach § 3 Abs. 2 und § 6 Abs. 1 des Mutterschutzgesetzes,
  cc) Inanspruchnahme des Erziehungsurlaubs nach dem Bundeserziehungsgeldgesetz bis zur Vollendung des zwölften Lebensmonats des Kindes, wenn am Tage vor Antritt des Erziehungsurlaubs Anspruch auf Bezüge oder auf Zuschuß zum Mutterschaftsgeld bestanden hat,
b) in denen dem Auszubildenden nur wegen der Höhe der Barleistungen des Sozialversicherungsträgers Krankengeldzuschuß nicht gezahlt worden ist.

(3) Der sich nach den Absätzen 1 und 2 ergebende Betrag der Zuwendung erhöht sich um 25,56 € für jedes Kind, für das dem Auszubildenden für den Monat Oktober bzw. für den nach Absatz 1 Unterabs. 2 oder 3 maßgebenden Kalendermonat Kindergeld nach dem Einkommensteuergesetz (EStG) oder nach dem Bundeskindergeldgesetz (BKGG) zugestanden hat oder ohne Berücksichtigung des § 64 oder des § 65 EStG oder des § 3 oder des § 4 BKGG zugestanden hätte. § 29 Abschn. B Abs. 6 Satz 1 und Abs. 7 BAT-O ist entsprechend anzuwenden.

(4) Hat der Auszubildende nach § 1 Abs. 2 dieses Tarifvertrages oder entsprechenden Vorschriften eines anderen Tarifvertrages bereits eine Zuwendung erhalten und erwirbt er für dasselbe Kalenderjahr einen weiteren Anspruch auf Zuwendung, vermindert sich diese Zuwendung um ein Zwölftel für jeden Kalendermonat, für den die Zuwendung nach § 1 Abs. 2 dieses Tarifvertrages oder entsprechenden Vorschriften eines anderen Tarifvertrags gezahlt worden ist. Der Erhöhungsbetrag wird für das nach Absatz 3 zu berücksichtigende Kind in jedem Kalenderjahr nur einmal gezahlt.

Protokollerklärungen:

1. Wegen der am 11. März 1994, am 20. Juni 1996 und am 2. April 1998, am 27. Februar 1999, vom 13. Juni 2000 und am 9. Januar 2003 vereinbarten Festschreibung der Zuwendung beträgt abweichend von Absatz 1 Unterabs. 1 der Bemessungssatz für die Zuwendung vom 1. Januar bis 31. Dezember 2003 63,66 v. H., vom 1. Januar 2004 bis 30. April 2004 63,03 v. H., und vom 1. Mai 2004 an 62,41 v. H.

Der vorstehende Bemessungssatz ändert sich jeweils von dem Zeitpunkt an, von dem an vor dem 1. Februar 2005 die Ausbildungsvergütungen der Auszubildenden im Tarifgebiet West allgemein erhöht werden, nach den Grundsätzen, die seiner Berechnung zugrunde liegen.

2. *Bei Anwendung des Absatzes 3 sind Kinder, für die dem Auszubildenden aufgrund des Rechts der Europäischen Gemeinschaften oder aufgrund zwischenstaatlicher Abkommen in Verbindung mit dem EStG oder mit dem BKGG Kindergeld zusteht oder ohne Berücksichtigung des § 64 oder des § 65 EStG oder des § 3 oder des § 4 BKGG oder entsprechender Vorschriften zustehen würde, zu berücksichtigen.*

§ 3 Anrechnung von Leistungen. Wird aufgrund anderer Bestimmungen oder Verträge oder aufgrund betrieblicher Übung oder aus einem sonstigen Grunde eine der Zuwendung der Art nach vergleichbare Leistung gezahlt, so wird diese Leistung auf die Zuwendung nach diesem Tarifvertrag angerechnet. Satz 1 gilt auch für eine Zuwendung aus einer Beschäftigung während des Erziehungsurlaubs nach dem Bundeserziehungsgeldgesetz.

§ 4 Zahlung der Zuwendung. (1) Die Zuwendung soll spätestens am 1. Dezember gezahlt werden.

(2) In den Fällen des § 1 Abs. 2 soll die Zuwendung bei Beendigung des Ausbildungsverhältnisses gezahlt werden.

§ 5 Aufhebung von Bestimmungen. Die bisherigen Regelungen über jährlich oder mehrmals jährlich zu zahlende Prämien, zusätzliche Belohnungen oder Vergütungen, Treuezulagen und -prämien, Jahresendprämien, Leistungsprämien und vergleichbare Leistungen (z. B. nach der Ordnung über die Planung und Verwendung des Prämienfonds und des Kultur- und Sozialfonds in den Staatsorganen, der Verordnung über eine jährliche zusätzliche Vergütung für die Mitarbeiter in Einrichtungen des Gesundheits- und Sozialwesens, des Rahmenkollektivvertrages über die Arbeits- und Lohnbedingungen für die Mitarbeiter in Einrichtungen der Volksbildung und kommunalen Einrichtungen der Berufsbildung usw.) treten mit Ablauf des 31. März 1991 außer Kraft.

§ 6 Inkrafttreten, Laufzeit. (1) Dieser Tarifvertrag tritt am 1. April 1991, § 2 Abs. 3 Satz 2 jedoch am 1. Juli 1991 in Kraft.

(2) Er kann frühestens zum 31. Dezember 1992, im übrigen zum 30. Juni eines jeden Jahres, schriftlich gekündigt werden.

15. Tarifvertrag über ein Urlaubsgeld für Auszubildende (TV Urlaubsgeld Azubi-O)

Vom 5. März 1991

Zuletzt geändert durch TV vom 1. 2. 1996

Zwischen der Bundesrepublik Deutschland, vertreten durch den Bundesminister des Innern, der Tarifgemeinschaft deutscher Länder, vertreten durch die Vorsitzende des Vorstandes, der Vereinigung der kommunalen Arbeitgeberverbände, vertreten durch den Vorstand, einerseits und den Gewerkschaften[1] andererseits wird für die unter den Geltungsbereich des Mantel-TV Azubi-O vom 5. März 1991 fallenden Auszubildenden folgendes vereinbart:

§ 1 Anspruchsvoraussetzungen. (1) Der Auszubildende erhält in jedem Kalenderjahr ein Urlaubsgeld, wenn er

1. am 1. Juli im Ausbildungsverhältnis steht
2. seit dem 1. Januar ununterbrochen als Auszubildender, Angestellter, Arbeiter, Beamter, Soldat auf Zeit, Berufssoldat, Praktikant, Schülerin/Schüler in der Krankenpflege, Kinderkrankenpflege oder Krankenpflegehilfe oder Hebammenschülerin/Schüler in der Entbindungspflege im öffentlichen Dienst gestanden hat
und
3. mindestens für einen Teil des Monats Juli Anspruch auf Ausbildungsvergütung hat.

Ist die Voraussetzung des Unterabsatzes 1 Nr. 3 nur wegen Ablaufs der Frist für die Fortzahlung der Ausbildungsvergütung bei Arbeitsunfähigkeit, wegen des Bezugs von Mutterschaftsgeld oder wegen der Inanspruchnahme des Erziehungsurlaubs nach dem Bundeserziehungsgeldgesetz nicht erfüllt, genügt es, wenn ein Anspruch auf Bezüge für mindestens drei volle Kalendermonate des ersten Kalenderhalbjahres bestanden hat.

Ist nur wegen des Bezugs von Mutterschaftsgeld oder wegen der Inanspruchnahme des Erziehungsurlaubs nach dem Bundeserziehungsgeldgesetz auch die Voraussetzung des Unterabsatzes 2 nicht erfüllt, ist dies unschädlich, wenn die Ausbildung im unmittelbaren Anschluß an den Ablauf der Schutzfristen bzw. an den Erziehungsurlaub – oder lediglich wegen Arbeitsunfähigkeit oder Erholungsurlaubs später als am ersten Ausbildungstag nach Ablauf der Schutzfristen bzw. des Erziehungsurlaubs – in diesem Kalenderjahr wieder aufgenommen wird.

(2) Das Urlaubsgeld ist nicht zusatzversorgungspflichtig und bei der Bemessung sonstiger Leistungen nicht zu berücksichtigen.

Protokollerklärungen:

1. Auszubildende und Praktikanten im Sinne des Absatzes 1 Unterabs. 1 Nr. 2 sind nur Personen, deren Rechtsverhältnis durch Tarifvertrag geregelt ist.

---

[1] Inhaltsgleiche Tarifverträge wurden vereinbart mit ver.di und dbb-tarifunion.

2. Das Ausbildungs- oder sonstige Rechtsverhältnis im Sinne des Absatzes 1 Unterabs. 1 Nr. 2 gilt auch dann als am 1. Januar begründet, wenn es wegen des gesetzlichen Feiertags erst am 1. Arbeitstag nach dem 1. Januar begründet worden ist.
3. Öffentlicher Dienst im Sinne des Absatzes 1 Unterabs. 1 Nr. 2 ist eine Beschäftigung
   a) beim Bund, bei einem Land, bei einer Gemeinde, bei einem Gemeindeverband oder bei einem sonstigen Mitglied eines Arbeitgeberverbandes, der der Vereinigung der kommunalen Arbeitgeberverbände angehört,
   b) bei einer Körperschaft, Stiftung oder Anstalt des öffentlichen Rechts, die den BAT, den BAT-O oder einen Tarifvertrag wesentlich gleichen Inhalts anwendet.
4. Eine Unterbrechung im Sinne des Absatzes 1 Unterabs. 1 Nr. 2 liegt vor, wenn zwischen den Rechtsverhältnissen im Sinne dieser Vorschrift ein oder mehrere Werktage – mit Ausnahme allgemein arbeitsfreier Werktage – liegen, an denen das Ausbildungsverhältnis oder das andere Rechtsverhältnis nicht bestand. Es ist jedoch unschädlich, wenn der Auszubildende in dem zwischen diesen Rechtsverhältnissen liegenden gesamten Zeitraum arbeitsunfähig krank war oder die Zeit zur Ausführung seines Umzugs an einen anderen Ort benötigt hat.

Übergangsvorschrift zu Absatz 1 Unterabs. 2 und 3:

Die Vorschriften gelten auch für die Fälle des Bezugs von Wochengeld nach § 244 AGB und der Freistellung von der Arbeit nach dem Wochenurlaub gemäß § 246 AGB.

§ 2 Höhe des Urlaubsgeldes. Das Urlaubsgeld beträgt 500 DM.

§ 3 Anrechnung von Leistungen. Wird dem Auszubildenden aufgrund örtlicher oder betrieblicher Regelung, aufgrund betrieblicher Übung, nach dem Ausbildungsvertrag oder aus einem sonstigen Grunde ein Urlaubsgeld oder eine ihrer Art nach entsprechende Leistung vom Ausbildenden oder aus Mitteln des Ausbildenden gewährt, ist der dem Auszubildenden zustehende Betrag auf das Urlaubsgeld nach diesem Tarifvertrag anzurechnen. Satz 1 gilt auch für ein Urlaubsgeld aus einer Beschäftigung während des Erziehungsurlaubs nach dem Bundeserziehungsgeldgesetz.

§ 4 Auszahlung. (1) Das Urlaubsgeld wird mit den Bezügen für den Monat Juli ausgezahlt.
In den Fällen des § 1 Abs. 1 Unterabs. 3 wird das Urlaubsgeld mit den ersten Bezügen nach Wiederaufnahme der Ausbildung ausgezahlt.

(2) Ist das Urlaubsgeld gezahlt worden, obwohl es nicht zustand, ist es in voller Höhe zurückzuzahlen.

§ 5 Inkrafttreten, Laufzeit. Dieser Tarifvertrag tritt am 1. April 1991 in Kraft. Er kann mit einer Frist von einem Monat zum Schluß eines Kalendermonats schriftlich gekündigt werden.

16. Tarifvertrag über vermögenswirksame Leistungen an Auszubildende (TV VL Azubi-O)

Vom 8. Mai 1991

Zuletzt geändert durch TV vom 1. 2. 1996

Zwischen der Bundesrepublik Deutschland, vertreten durch den Bundesminister des Innern, der Tarifgemeinschaft deutscher Länder, vertreten durch die Vorsitzende des Vorstandes, der Vereinigung der kommunalen Arbeitgeberverbände, vertreten durch den Vorstand, einerseits und den Gewerkschaften[1] andererseits wird folgendes vereinbart:

§ 1 Geltungsbereich. Dieser Tarifvertrag gilt für Personen, die unter den Geltungsbereich des
a) Manteltarifvertrages für Auszubildende (Mantel-TV Azubi-O) vom 5. März 1991,
b) Tarifvertrages zur Regelung der Rechtsverhältnisse der Schülerinnen/Schüler, die nach Maßgabe des Krankenpflegegesetzes oder des Hebammengesetzes ausgebildet werden (Mantel-TV-Schü-O) vom 5. März 1991,
c) Tarifvertrages zur Regelung der Rechtsverhältnisse der Ärzte/Ärztinnen im Praktikum (Mantel-TV AiP-O) vom 5. März 1991,
d) Tarifvertrages über die Regelungen der Arbeitsbedingungen der Praktikantinnen/Praktikanten (TV Prakt-O) vom 5. März 1991
fallen.

§ 2 Voraussetzungen und Höhe der vermögenswirksamen Leistungen. (1) Die in § 1 genannten Personen (anspruchsberechtigte Personen) erhalten monatlich eine vermögenswirksame Leistung im Sinne des Vermögensbildungsgesetzes.

(2) Die vermögenswirksame Leistung beträgt monatlich 6,65 Euro. Nichtvollbeschäftigte Ärzte im Praktikum und nichtvollbeschäftigte Praktikanten erhalten von dem Betrag nach Satz 1 den Teil, der dem Maß der mit ihnen vereinbarten durchschnittlichen regelmäßigen wöchentlichen Zeit der Tätigkeit bzw. Arbeitszeit entspricht.

Für die Anwendung der Sätze 1 und 2 sind die Verhältnisse am Ersten des jeweiligen Kalendermonats maßgebend. Wenn das Rechtsverhältnis nach dem Ersten eines Kalendermonats begründet wird, ist für diesen Monat der Tag des Beginns des Rechtsverhältnisses maßgebend.

(3) Die vermögenswirksame Leistung wird nur für Kalendermonate gewährt, für die der anspruchsberechtigten Person Ausbildungsvergütung/Entgelt, Urlaubsvergütung/Urlaubsentgelt oder Krankengeldzuschuß zusteht. Für Zeiten, für die Krankengeldzuschuß zusteht, ist die vermögenswirksame Leistung Teil des Krankengeldzuschusses.

(4) Die vermögenswirksame Leistung nach diesem Tarifvertrag ist nicht zusatzversorgungspflichtig.

---

[1] Inhaltsgleiche Tarifverträge wurden abgeschlossen mit ver.di und dbb-tarifunion.

§ 3 Mitteilung der Anlageart. Die anspruchsberechtigte Person teilt dem Träger der Ausbildung schriftlich die Art der gewählten Anlage mit und gibt hierbei, soweit dies nach der Art der Anlage erforderlich ist, das Unternehmen oder Institut mit der Nummer des Kontos an, auf das die Leistung eingezahlt werden soll.

§ 4 Entstehung und Fälligkeit des Anspruchs. (1) Der Anspruch auf die vermögenswirksame Leistung entsteht frühestens für den Kalendermonat, in dem die anspruchsberechtigte Person dem Träger der Ausbildung die nach § 3 erforderlichen Angaben mitteilt, und für die beiden vorangegangenen Kalendermonate desselben Kalenderjahres. Die Ansprüche werden erstmals am Letzten des zweiten auf die Mitteilung folgenden Kalendermonats fällig.

(2) Der Anspruch entsteht nicht für einen Kalendermonat, für den der anspruchsberechtigten Person von seinem oder einem anderen Träger der Ausbildung, Arbeitgeber oder Dienstherrn eine vermögenswirksame Leistung aus diesem oder aus einem früher begründeten Rechtsverhältnis erbracht wird. Dies gilt nicht, wenn der Anspruch mit einem gegen einen anderen Träger der Ausbildung, Arbeitgeber oder Dienstherrn bestehenden Anspruch auf eine vermögenswirksame Leistung von weniger als 13 DM zusammentrifft.

§ 5 Änderung der vermögenswirksamen Anlage. (1) Die anspruchsberechtigte Person kann während des Kalenderjahres die Art der vermögenswirksamen Anlage nach diesem Tarifvertrag und das Unternehmen oder Institut, bei dem sie erfolgen soll, nur mit Zustimmung des Trägers der Ausbildung wechseln.

(2) Für die vermögenswirksame Leistung nach diesem Tarifvertrag und die vermögenswirksame Anlage von Teilen der Ausbildungsvergütung/des Entgelts nach § 11 Abs. 1 des Vermögensbildungsgesetzes soll die anspruchsberechtigte Person möglichst dieselbe Anlageart und dasselbe Unternehmen oder Institut wählen.

(3) Die Änderung einer schon bestehenden Vereinbarung nach § 11 Abs. 1 des Vermögensbildungsgesetzes bedarf nicht der Zustimmung des Trägers der Ausbildung, wenn die anspruchsberechtigte Person diese Änderung aus Anlaß der Gewährung der erstmaligen vermögenswirksamen Leistung nach diesem Tarifvertrag verlangt.

(4) In den Fällen der Absätze 1 und 3 gilt § 3 Abs. 1 Satz 2 entsprechend.

§ 6 Nachweis bei Anlage nach § 2 Abs. 1 Nr. 5 des Vermögensbildungsgesetzes. Bei einer vermögenswirksamen Anlage nach § 2 Abs. 1 Nr. 5 des Vermögensbildungsgesetzes hat die anspruchsberechtigte Person ihrem Träger der Ausbildung die zweckentsprechende Verwendung der vermögenswirksamen Leistungen auf Verlangen nachzuweisen; das Auslaufen der Entschuldigung hat er unverzüglich anzuzeigen.

§ 7 Inkrafttreten, Laufzeit. Dieser Tarifvertrag tritt am 1. Juli 1991 in Kraft. Er kann mit einer Frist von einem Monat zum Schluß eines Kalendermonats schriftlich gekündigt werden.

III. Weitere Tarifverträge

17. Tarifvertrag zur sozialen Absicherung

Vom 6. Juli 1992

Änderungs-TV vom 31. 1. 2003

Zwischen der Bundesrepublik Deutschland, vertreten durch den Bundesminister des Innern, der Tarifgemeinschaft deutscher Länder, vertreten durch den Vorsitzenden des Vorstandes, der Vereinigung der kommunalen Arbeitgeberverbände, vertreten durch den Vorstand, einerseits und den Gewerkschaften[1] andererseits wird für die unter den BAT-O, BAT-Ostdeutsche Sparkassen, MTArb-O, BMT-G-O und TV Arbeiter-Ostdeutsche Sparkassen fallenden Arbeitnehmer folgendes vereinbart:

Vorbemerkungen: Die Tarifvertragsparteien sind sich darüber einig, daß bei erforderlichen Umstrukturierungen die Sicherung von Beschäftigungsmöglichkeiten sowie die Qualifizierung der Arbeitnehmer unter Nutzung aller bestehenden Möglichkeiten Vorrang hat gegenüber Entlassungen und den damit verbundenen Maßnahmen zur sozialverträglichen Abfederung.

Soweit trotz der Zielsetzung ein weiterer Arbeitsplatzabbau im Rahmen der Umstrukturierung unvermeidlich ist, gilt folgendes:

§ 1 Anderweitige Beschäftigung. (1) Vor Abschluß eines Tarifvertrages nach § 3 Abs. 1 hat der Arbeitgeber zu prüfen, ob die in Betracht kommenden Arbeitnehmer auf einem anderen gleichwertigen Arbeitsplatz vorrangig an demselben Ort im Umfang ihrer bisherigen Arbeitszeit weiter beschäftigt werden können.

Ein Arbeitsplatz ist gleichwertig, wenn sich durch die neue Tätigkeit die bisherige Eingruppierung bzw. Einreihung nicht ändert.

(2) Steht ein Arbeitsplatz im Sinne des Absatzes 1 nicht zur Verfügung, soll sich der Arbeitgeber um einen gleichwertigen Arbeitsplatz im Umfang der bisherigen Arbeitszeit bei einem anderen Arbeitgeber des öffentlichen Dienstes oder bei einem anderen Arbeitgeber im Sinne des § 29 Abschn. B Abs. 7 BAT-O an demselben Ort bemühen.

(3) Steht ein Arbeitsplatz nach Absatz 1 oder Absatz 2 nicht zur Verfügung, soll der Arbeitgeber auch einen niedriger bewerteten Arbeitsplatz anbieten. Nimmt der Arbeitnehmer einen solchen Arbeitsplatz an, kann für die Dauer eines Jahres keine Herabsetzung der Arbeitszeit gegen den Willen des Arbeitnehmers erfolgen; für den gleichen Zeitraum besteht Kündigungsschutz für eine betriebsbedingte Beendigungskündigung.

Protokollnotiz zu Absatz 2:

Öffentlicher Dienst im Sinne des Absatzes 2 ist eine Beschäftigung
a) beim Bund, bei einem Land, bei einer Gemeinde oder bei einem Gemeindeverband oder bei einem sonstigen Mitglied eines Arbeitgeberverbandes, der der Vereinigung der kommunalen Arbeitgeberverbände (VKA) angehört,

---

[1] Inhaltsgleiche Tarifverträge wurden abgeschlossen mit ver.di und dbb-tarifunion.

b) bei einer Körperschaft, Anstalt oder Stiftung des öffentlichen Rechts, die den BAT-O, den BAT oder einen Tarifvertrag wesentlich gleichen Inhalts anwendet.

§ 2 Fortbildung, Umschulung. (1) Wird ein Arbeitnehmer, für den ein bezirklicher Tarifvertrag im Sinne des § 3 Abs. 1 gilt oder ohne einen Wechsel des Arbeitsplatzes nach § 1 gegolten hätte, für eine Tätigkeit bei demselben Arbeitgeber in einem anderen, nicht von § 3 Abs. 1 betroffenen Bereich fortgebildet oder umgeschult, ist er für die zur Fortbildung oder Umschulung erforderliche Zeit, längstens für zwölf Monate, von der Arbeit freizustellen. Während der Freistellung ist die Vergütung (§ 26 BAT-O/BAT-Ostdeutsche Sparkassen) bzw. der Monatstabellenlohn zuzüglich des Sozialzuschlags (§ 21 Abs. 3, § 41 MTArb-O, § 67 Nr. 26a, § 33 BMT-G-O) fortzuzahlen. Die Kosten der Fortbildung oder Umschulung trägt der Arbeitgeber, soweit kein anderer Kostenträger zuständig ist.

(2) Setzt der Arbeitnehmer nach der Fortbildung oder Umschulung aus einem von ihm zu vertretenden Grunde das Arbeitsverhältnis nicht für mindestens einen der Dauer der Fortbildung oder Umschulung entsprechenden Zeitraum fort, ist der Arbeitgeber berechtigt, das nach Absatz 1 Satz 2 gezahlte Entgelt und die Kosten der Fortbildung oder Umschulung zurückzufordern.

§ 3 Besondere regelmäßige Arbeitszeit. (1) Zur Vermeidung von betriebsbedingten Kündigungen und damit zur Sicherung der Arbeitsplätze kann bis zum 31. Dezember 2007 durch bezirklichen Tarifvertrag die regelmäßige wöchentliche Arbeitszeit (§ 15 Abs. 1 bis 4 BAT-O/BAT-Ostdeutsche Sparkassen/MTArb-O und die Sonderregelungen hierzu bzw. § 14 Abs. 1 bis 4 BMT-G-O und die Sondervereinbarungen hierzu) für höchstens drei Jahre, längstens bis zum 31. Dezember 2010, nach Maßgabe der Absätze 2 bis 5 herabgesetzt werden. Die Nachwirkung nach § 4 Abs. 5 des Tarifvertragsgesetzes ist für die bezirklichen Tarifverträge ausgeschlossen.

Die bezirklichen Tarifverträge können vorsehen, daß bei Arbeitnehmern, denen eine Herabsetzung der regelmäßigen wöchentlichen Arbeitszeit aus sozialen Gründen billigerweise nicht zuzumuten ist, auf eine Herabsetzung der Arbeitszeit ganz oder teilweise verzichtet werden kann.

(2) Bei einer Herabsetzung der Arbeitszeit auf bis zu 80 v.H. der regelmäßigen wöchentlichen Arbeitszeit kann ein Teillohnausgleich vereinbart werden.

Wird die Arbeitszeit in begründeten Fällen auf unter 80 bis zu 75 v.H. der regelmäßigen wöchentlichen Arbeitszeit herabgesetzt, ist für diese zusätzliche Herabsetzung ein Teillohnausgleich zu vereinbaren.

(3) Arbeitnehmer, die im Zeitpunkt der Herabsetzung der Arbeitszeit bereits mit einer geringeren als der regelmäßigen wöchentlichen Arbeitszeit beschäftigt sind, werden von Absatz 1 nur dann erfaßt, wenn ihre bisherige Arbeitszeit oberhalb der herabgesetzten Arbeitszeit liegt.

(4) Der Arbeitgeber überprüft in angemessenen Zeitabständen, ob die nach Absatz 1 herabgesetzte Arbeitszeit ganz oder teilweise wieder heraufgesetzt werden kann.

Unterabsatz 1 gilt entsprechend, sobald sich die Möglichkeit von Neueinstellungen ergibt; das Interesse des Arbeitgebers an der Sicherung einer ausgewogenen Personalstruktur bleibt unberührt.

Tarifverträge **§ 4 TV Soziale Absicherung 17**

(5) Solange für den Arbeitnehmer eine herabgesetzte Arbeitszeit gilt, kann ihm nicht betriebsbedingt gekündigt werden.

(6) Die Absätze 1 bis 5 finden keine Anwendung auf Arbeitnehmer, deren wöchentliche Arbeitszeit aufgrund von vor dem 1. Mai 1998 getroffenen Regelungen bereits herabgesetzt worden ist oder noch herabgesetzt wird.

(7) Für die unter die SR 2 II BAT-O fallenden Lehrkräfte sowie für wissenschaftliche Angestellte an Hochschulen können abweichende Regelungen vereinbart werden.

§ 4 Abfindung. (1) Ein Arbeitnehmer, dessen Arbeitsverhältnis aus Gründen des Personalabbaus entweder gekündigt oder durch Auflösungsvertrag beendet wird, erhält eine Abfindung.

(2) Die Abfindung beträgt für jedes volle Jahr der Beschäftigungszeit (§ 19 BAT-O/BAT-Ostdeutsche Sparkassen ohne die nach der Übergangsvorschrift Nr. 3 hier zu berücksichtigten Zeiten bzw. die vergleichbaren, für die Arbeitnehmer geltenden Bestimmungen) ein Viertel der letzten Monatsvergütung (§ 26 BAT-O zuzüglich der allgemeinen Zulage) bzw. des letzten Monatstabellenlohnes (§ 21 Abs. 3 MTArb-O, § 20 Abs. 2 BMTK-G-O/BAT-Ostdeutsche Sparkassen ggf. zuzüglich des Sozialzuschlags), mindestens aber die Hälfte und höchstens das Fünffache dieser Vergütung bzw. dieses Lohnes.

Abweichend von Unterabsatz 1 kann, wenn das Arbeitsverhältnis durch Auflösungsvertrag beendet wird, die Abfindung auf bis zum Siebenfachen der in Unterabsatz 1 genannten Bezüge festgelegt werden.

(3) Der Anspruch auf Abfindung entsteht am Tag nach der Beendigung des Arbeitsverhältnisses. Hat der Arbeitgeber gekündigt, wird die Abfindung fällig, sobald endgültig feststeht, daß das Arbeitsverhältnis beendet ist (z. B. bei Verzicht auf Klage gegen die Kündigung oder bei Vorliegen einer rechtskräftigen Entscheidung).

(4) Neben der Abfindung steht Übergangsgeld nach tariflichen Vorschriften nicht zu.

Abfindungen nach tariflichen Vorschriften und nach Sozialplänen sowie Abfindungen, die im Rahmen eines Kündigungsschutzverfahrens vergleichsweise vereinbart oder nach Auflösungsantrag durch Urteil zugesprochen werden, sind auf die Abfindung nach diesem Tarifvertrag anzurechnen.

(5) Eine Abfindung steht nicht zu, wenn
a) die Kündigung aus einem vom Arbeitnehmer zu vertretenden Grund (z. B. Ablehnung eines anderen angebotenen Arbeitsplatzes, es sei denn, daß ihm die Annahme nach seinen Kenntnissen und Fähigkeiten billigerweise nicht zugemutet werden kann) erfolgt ist oder
b) der Arbeitnehmer im Einvernehmen mit dem Arbeitgeber ausgeschieden ist, weil er von einem anderen Arbeitgeber im Sinne des § 29 Abschn. B Abs. 7 BAT-O/BAT-Ostdeutsche Sparkassen/BAT übernommen wird.

(6) Tritt der Arbeitnehmer in ein Arbeitsverhältnis bei einem Arbeitgeber im Sinne des § 29 Abschn. B Abs. 7 BAT-O/BAT-Ostdeutsche Sparkassen/ BAT ein und ist die Zahl der zwischen der Beendigung des alten und der Begründung des neuen Arbeitsverhältnisses liegenden Kalendermonate geringer als die der Abfindung zugrunde liegende Anzahl von Bruchteilen der Monatsvergütung/des Monatslohnes (Absatz 2), verringert sich die Abfindung entsprechend. Überzahlte Beträge sind zurückzuzahlen.

(7) Absatz 6 gilt entsprechend, wenn innerhalb des gleichen Zeitraums ein Anspruch auf Rente aus der gesetzlichen Rentenversicherung entsteht.

§ 5 Inkrafttreten. Dieser Tarifvertrag tritt mit Wirkung vom 15. Juni 1992 in Kraft.

18. Tarifvertrag über die Versorgung der Arbeitnehmer des Bundes und der Länder sowie von Arbeitnehmern kommunaler Verwaltungen und Betriebe (Versorgungs-TV)

Vom 4. November 1966

Zuletzt geändert durch Änderungs-TV vom 5. 10. 2000

Abschnitt I. Geltungsbereich

§ 1 Geltungsbereich. (1) Dieser Tarifvertrag gilt für die Arbeitnehmer (Angestellte und Arbeiter), die unter den Geltungsbereich des
a) Bundes-Angestelltentarifvertrages (BAT),
b) Tarifvertrages zur Anpassung des Tarifrechts – Manteltarifliche Vorschriften – (BAT-O),
c) Tarifvertrages zur Anpassung des Tarifrechts – Manteltarifliche Vorschriften (BAT-Ostdeutsche Sparkassen),
d) Manteltarifvertrages für Arbeiterinnen und Arbeiter des Bundes und der Länder (MTArb),
e) Bundesmanteltarifvertrages für Arbeiter gemeindlicher Verwaltungen und Betriebe – BMT-G II –,
f) Tarifvertrages zur Anpassung des Tarifrechts für Arbeiter an den MTArb (MTArb-O),
g) Tarifvertrages zur Anpassung des Tarifrechts – Manteltarifliche Vorschriften für Arbeiter gemeindlicher Verwaltungen und Betriebe – (BMT-G-O),
h) Tarifvertrages über die Anwendung von Tarifverträgen auf Arbeiter (TV Arbeiter-Ostdeutsche Sparkassen),
i) Tarifvertrages über die Regelung der Rechtsverhältnisse der nicht vollbeschäftigten amtlichen Tierärzte und Fleischkontrolleure in öffentlichen Schlachthöfen und in Einfuhruntersuchungsstellen (TV Ang iöS),
j) Tarifvertrages über die Regelung der Rechtsverhältnisse der nicht vollbeschäftigten amtlichen Tierärzte und Fleischkontrolleure in öffentlichen Schlachthöfen und in Einfuhruntersuchungsstellen (TV Ang-O iöS),
k) Tarifvertrages Versorgungsbetriebe (TV-V),
l) Spartentarifvertrages Nahverkehrsbetriebe (TV-N NW)
fallen.

(2) Dieser Tarifvertrag gilt entsprechend für Personen, die unter den Geltungsbereich des
a) Manteltarifvertrages für Auszubildende,
b) Manteltarifvertrages für Auszubildende (Mantel-TV Azubi-O),
c) Manteltarifvertrages für Auszubildende (Mantel-TV Azubi-Ostdeutsche Sparkassen),
d) Tarifvertrages zur Regelung der Rechtsverhältnisse der Schülerinnen/Schüler, die nach Maßgabe des Krankenpflegegesetzes oder des Hebammengesetzes ausgebildet werden,

e) Tarifvertrages zur Regelung der Rechtsverhältnisse der Schülerinnen/ Schüler, die nach Maßgabe des Krankenpflegegesetzes oder des Hebammengesetzes ausgebildet werden (Mantel-TV Schü-O),
f) Tarifvertrages zur Regelung der Rechtsverhältnisse der Ärzte/Ärztinnen im Praktikum,
g) Tarifvertrages zur Regelung der Rechtsverhältnisse der Ärzte/Ärztinnen im Praktikum (Mantel-TV AiP-O)

fallen; er gilt nicht für die Schülerinnen/Schüler in der Krankenpflegehilfe.

(3) Für die Arbeitnehmer der Mitglieder der Arbeitgeberverbände, die der Vereinigung der kommunalen Arbeitgeberverbände (VKA) angehören, gilt dieser Tarifvertrag nur, wenn ihr Arbeitgeber an der Versorgungsanstalt des Bundes und der Länder (VBL) beteiligt ist.

(4) Dieser Tarifvertrag gilt nicht für die
a) Arbeitnehmer des Landes und der Stadtgemeinde Bremen bzw. der Mitglieder des kommunalen Arbeitgeberverbandes Bremen e. V., die unter den Geltungsbereich des Bremischen Zusatzversorgungsneuregelungsgesetzes vom 6. September 1983 fallen,
b) Arbeitnehmer der Freien und Hansestadt Hamburg, mit Ausnahme der Arbeitnehmer, die nach dem 31. Oktober 1995 im Landesbetrieb Krankenhäuser eingestellt werden,
c) Arbeitnehmer des Saarlandes.

Protokollnotiz zu Abs. 3:

Diese Vorschrift schließt nicht aus, daß ein Mitglied eines Mitgliedverbandes der Vereinigung der kommunalen Arbeitgeberverbände (VKA) sich nach Inkrafttreten dieses Tarifvertrages an der VBL beteiligt.

§ 2. *(weggefallen)*

§ 3. *(weggefallen)*

Abschnitt II. Gesamtversorgung

§ 4 Gesamtversorgung. (1) Der Arbeitgeber hat den Arbeitnehmer bei der VBL so zu versichern (Pflichtversicherung), daß der Pflichtversicherte eine Anwartschaft auf eine dynamische Versorgungsrente für sich und seine Hinterbliebenen im Rahmen einer Gesamtversorgung nach folgenden Grundsätzen erwerben kann:
a) Die Gesamtversorgung bemißt sich nach dem in einem dem Eintritt des Versicherungsfalles vorhergehenden Zeitraum bezogenen durchschnittlichen, in der Regel dynamisierten gesamtversorgungsfähigen Entgelt.
b) Die Gesamtversorgung beträgt nach Maßgabe der gesamtversorgungsfähigen Zeit für den Versicherten nach 40 Jahren in der Regel 75 v. H. des gesamtversorgungsfähigen Entgelts, sie beträgt für Witwen 60 v. H., für Halbwaisen 12 v. H. und für Vollwaisen 20 v. H. der Gesamtversorgung des Versicherten. Die Gesamtversorgung ist nach Maßgabe der gesamtversorgungsfähigen Zeit auf 45 v. H. bis 91,75 v. H. eines aus dem gesamtversorgungsfähigen Entgelt errechneten fiktiven Nettoarbeitsentgelts begrenzt.

Die Gesamtversorgung nicht vollbeschäftigter Arbeitnehmer wird in der Regel entsprechend dem Verhältnis der tatsächlichen Arbeitszeit zur tariflichen regelmäßigen durchschnittlichen wöchentlichen Arbeitszeit eines entsprechenden vollbeschäftigten Arbeitnehmers festgelegt.

c) Neben den Umlagemonaten bei der VBL werden die darüber hinausgehenden Beitragszeiten und beitragsfreien Zeiten in der gesetzlichen Rentenversicherung zur Hälfte als gesamtversorgungsfähige Zeit angerechnet; für vor dem 3. Oktober 1990 zurückgelegte Zeiten im Beitrittsgebiet sowie für Kindererziehungszeiten und für Zurechnungszeiten gelten Sonderregelungen.

d) Die Versorgungsrente beträgt monatlich mindestens 0,03125 v. H. der Summe der zusatzversorgungspflichtigen Entgelte des Versicherten und für Hinterbliebene die entsprechenden Vomhundertsätze (Buchstabe b).

(2) Die Tarifvertragsparteien verpflichten sich, vor späteren Änderungen von Vorschriften der Satzung der VBL, die das materielle Leistungsrecht oder die Finanzierungsvorschriften betreffen, Verhandlungen mit dem Ziele eines einheitlichen Vorgehens in den Organen der VBL aufzunehmen. Bei Einigung über die Änderung werden sich die Tarifvertragsparteien gemeinsam dafür einsetzen, daß das Verhandlungsergebnis in die Satzung der VBL übernommen wird.

Protokollnotiz zu Abs. 1:

Die Versorgungsrenten bleiben, vorbehaltlich einer ablösenden Einigung, in der Zeit vom 1. Januar 2002 bis 31. Dezember 2003 in der am 1. April 2000 maßgebenden Höhe unverändert; bei Eintritt des Versicherungsfalls ab 1. Januar 2002 werden die Versorgungsrenten auf der Grundlage des am 1. April 1999 geltenden Rentenversicherungsbeitrages und der am 1. Januar 1999 maßgebenden Steuertabelle berechnet; der so berechnete Betrag bleibt bis zum 31. Dezember 2003 unverändert.

Abschnitt III. Pflicht zur Versicherung bei der VBL

§ 5 Pflicht zur Versicherung bei der VBL. (1) Der Arbeitnehmer ist bei der VBL nach Maßgabe der Satzung und ihrer Ausführungsbestimmungen zu versichern, wenn er

a) das 17. Lebensjahr vollendet hat,
b) vom Beginn der Pflicht zur Versicherung an bis zur Vollendung des 65. Lebensjahres die Wartezeit nach der Satzung der VBL (Wartezeit) erfüllen kann, wobei frühere Versicherungszeiten, die auf die Wartezeit angerechnet werden, zu berücksichtigen sind.

(2) Der Arbeitnehmer, der in regelmäßiger Wiederkehr für eine jahreszeitlich begrenzte Tätigkeit als Saisonarbeitnehmer befristet beschäftigt wird, ist erst vom zweiten Beschäftigungsjahr an zu versichern.

(3) Der Angestellte, der unter den Geltungsbereich eines der in § 1 Abs. 1 Buchst. i und j genannten Tarifverträge fällt, ist zu versichern, wenn er mehr als geringfügig im Sinne des § 8 SGB IV – ohne Berücksichtigung des § 8 Abs. 2 Satz 1 SGB IV – beschäftigt ist.

§ 6 Ausnahmen von der Pflicht zur Versicherung. (1) Der für nicht mehr als zwölf Monate eingestellte Arbeitnehmer ist nicht zu versichern, es sei

denn, daß er bis zum Beginn des Arbeitsverhältnisses Versicherter, Versorgungsrentenberechtigter oder Versicherungsrentenberechtigter der VBL oder einer Zusatzversorgungseinrichtung, von der seine Versicherung zur VBL übergeleitet wird, gewesen ist. Wird das Arbeitsverhältnis über zwölf Monate hinaus verlängert oder fortgesetzt, ist der Arbeitnehmer vom Beginn des Arbeitsverhältnisses an zu versichern.
Satz 1 gilt nicht für den Saisonarbeitnehmer.

(2) Nicht zu versichern ist ferner ein Arbeitnehmer, der
a) eine Anwartschaft oder einen Anspruch auf lebenslängliche Versorgung nach beamten- oder soldatenrechtlichen Vorschriften oder Grundsätzen oder entsprechenden kirchenrechtlichen Regelungen mindestens in Höhe der beamtenrechtlichen Mindestversorgungsbezüge hat und dem Hinterbliebenenversorgung gewährleistet ist oder
b) nach einer Ruhelohnordnung oder einer entsprechenden Bestimmung eine Anwartschaft oder einen Anspruch auf Ruhegeld oder Ruhelohn hat und dem Hinterbliebenenversorgung gewährleistet ist oder
c) für das von diesem Tarifvertrag erfaßte Arbeitsverhältnis aufgrund gesetzlicher, tariflicher oder vertraglicher Vorschrift einer anderen Zusatzversorgungseinrichtung (Versorgungsanstalt der deutschen Bühnen, Versorgungsanstalt der deutschen Kulturorchester, Bahnversicherungsanstalt Abteilung B oder eine gleichartige Versorgungseinrichtung) angehören muß oder
d) in der gesetzlichen Rentenversicherung aufgrund des § 21 Abs. 2 höherversichert bleibt oder dessen Lebensversicherung aufgrund des § 24 Abs. 2 oder des § 25 b fortgeführt wird oder
e) *(weggefallen)*
f) aufgrund Tarifvertrages, Arbeitsvertrages, der Satzung der VBL oder der Satzung einer Zusatzversorgungseinrichtung, von der Versicherungen zur VBL übergeleitet werden, von der Pflicht zur Versicherung befreit worden ist oder
g) *(weggefallen)*
h) das 65. Lebensjahr vollendet hat, es sei denn, daß er von seinem Arbeitgeber über das 65. Lebensjahr hinaus weiterbeschäftigt wird, weil die Wartezeit (§ 5 Abs. 1 Buchst. b) nicht erfüllt ist oder
i) nach § 5 Abs. 3 oder § 230 Abs. 4 SGB VI versicherungsfrei ist oder
k) bei der Versorgungsanstalt der deutschen Bühnen oder der Versorgungsanstalt der deutschen Kulturorchester freiwillig weiterversichert ist, und zwar auch dann, wenn diese freiwillige Weiterversicherung später als drei Monate nach dem Beginn des Arbeitsverhältnisses endet oder
l) Rente wegen Alters nach §§ 36 bis 40 SGB VI als Vollrente erhält oder erhalten hat oder bei dem der Versicherungsfall nach § 39 Abs. 2 der Satzung der VBL oder einer entsprechenden Vorschrift der Satzung einer Zusatzversorgungseinrichtung, von der Versicherungen zur VBL übergeleitet werden, eingetreten ist, oder
m) Übergangsversorgung aufgrund der Nr. 6 SR 2n oder der Nr. 4 SR 2x BAT oder der Nr. 2 SR 2 m des Abschnitts B der Anlage 2 zum MTArb bezieht,
n) mit Rücksicht auf seine Zugehörigkeit zu einem ausländischen System der sozialen Sicherung nicht der Pflichtversicherung in der gesetzlichen Rentenversicherung unterliegt und sich dort auch nicht freiwillig versichert hat,

o) seine Rentenanwartschaften aus der gesetzlichen Rentenversicherung oder einem sonstigen Alterssicherungssystem im Sinne der §§ 14, 15 auf ein Versorgungssystem der Europäischen Gemeinschaften oder ein Versorgungssystem einer Europäischen Einrichtung (z. B. Europäisches Patentamt, Europäisches Hochschulinstitut, Eurocontrol) übertragen hat.

(3) Abs. 2 Buchst. a und b gilt nicht für den Arbeitnehmer, der nur Anspruch auf Witwen-(Witwer-) oder Waisengeld hat.

(4) Auf seinen beim Arbeitgeber schriftlich zu stellenden Antrag ist ein Arbeitnehmer, solange er Mitglied des Versorgungswerks der Presse ist, nicht zu versichern.

Protokollnotiz zu Abs. 2 Buchst. c:

Zwischen den Tarifvertragsparteien besteht Einvernehmen, daß die Arbeiter
a) der Wasser- und Schiffahrtsverwaltung des Bundes,
b) der Häfen- und Schiffahrtsverwaltung des Landes Niedersachsen und der Wasserwirtschaftsverwaltungen der Länder
weiterhin bei der Bahnversicherungsanstalt Abteilung B versichert bleiben, soweit die Bahnversicherungsanstalt Abteilung B als Versicherungsträger bestimmt ist.

§ 7 Beginn und Ende der Pflicht zur Versicherung. (1) Die Pflicht zur Versicherung beginnt mit dem Tage, an dem ihre Voraussetzungen erfüllt sind, bei einem vor Vollendung des 17. Lebensjahres eingestellten Arbeitnehmer mit dem Ersten des Monats, in den der Geburtstag fällt, frühestens jedoch mit dem Beginn des Arbeitsverhältnisses.

(2) Die Pflicht zur Versicherung endet mit dem Zeitpunkt, an dem ihre Voraussetzungen entfallen. Bei Vollendung des 65. Lebensjahres endet sie jedoch mit dem Ende des Monats, in dem der Arbeitnehmer das 65. Lebensjahr vollendet. Wird der Arbeitnehmer über das 65. Lebensjahr hinaus weiterbeschäftigt, weil die Wartezeit (§ 5 Abs. 1 Buchst. b) nicht erfüllt ist, endet die Pflicht zur Versicherung jedoch erst mit der Beendigung des Arbeitsverhältnisses.

(3) Stellt der Arbeitnehmer spätestens 15 Monate nach dem Beginn der Pflicht zur Versicherung einen Antrag nach § 6 Abs. 4, gilt die Pflicht zur Versicherung als nicht entstanden. Stellt er den Antrag nach Ablauf der Frist des Satzes 1, endet die Pflicht zur Versicherung mit dem Ende des Monats, in dem er den Antrag gestellt hat.

§ 8 Aufwendungen für die Pflichtversicherung bei der VBL. (1) Der Arbeitgeber hat eine monatliche Umlage in Höhe des nach § 76 der Satzung der VBL festgesetzten Satzes des zusatzversorgungspflichtigen Entgelts (Abs. 5) des Arbeitnehmers einschließlich des vom Arbeitnehmer zu zahlenden Beitrags an die VBL abzuführen. Bis zu einem Umlagesatzes von 5,2 v. H. trägt der Arbeitgeber die Umlage allein, der darüber hinausgehende Finanzierungsbedarf wird zur Hälfte vom Arbeitgeber durch eine Umlage und zur Hälfte vom Arbeitnehmer durch einen Beitrag getragen. Den Beitrag des Arbeitnehmers behält der Arbeitgeber vom Arbeitsentgelt ein.

(2) *(weggefallen)*

(3) Ist der Arbeitnehmer in der gesetzlichen Rentenversicherung nicht pflichtversichert, ist eine zusätzliche Umlage (Erhöhungsbetrag) in Höhe des

Betrages zu entrichten, der – ohne Berücksichtigung der Aufwendungen des Arbeitgebers für eine Zukunftssicherung des Arbeitnehmers – als Beitrag zur gesetzlichen Rentenversicherung zu zahlen wäre, wenn der Arbeitnehmer dort pflichtversichert wäre.
Der Erhöhungsbetrag vermindert sich um das Doppelte des Zuschusses des Arbeitgebers zum Beitrag bzw. des Arbeitgeberanteils am Beitrag zu einer
a) freiwilligen Versicherung in der gesetzlichen Rentenversicherung,
b) Lebensversicherung und
c) Versicherung bei einer berufsständischen Versorgungseinrichtung im Sinne des § 6 Abs. 1 Nr. 1 SGB VI,
höchstens jedoch um den zu diesen bezuschußten Versicherungen insgesamt gezahlten Beitrag.
Ein Erhöhungsbetrag von weniger als 20,– DM monatlich ist nicht zu zahlen.
Der Erhöhungsbetrag ist vom Arbeitgeber und vom Arbeitnehmer je zur Hälfte zu tragen (Arbeitgeberanteil, Arbeitnehmeranteil). Der Arbeitgeber ist berechtigt, den Arbeitnehmeranteil vom Arbeitsentgelt einzubehalten. Der Arbeitnehmeranteil ist in dem Zeitpunkt fällig, in dem das zusatzversorgungspflichtige Entgelt dem Arbeitnehmer zufließt. Der Arbeitgeberanteil ist nicht zu zahlen, wenn der Arbeitgeber einen Beitragsanteil nach § 172 Abs. 1 SGB VI zu entrichten hat.

(4) Übersteigt das monatliche zusatzversorgungspflichtige Entgelt (Abs. 5) die Summe aus Endgrundvergütung und Ortszuschlag eines kinderlos verheirateten Angestellten der Vergütungsgruppe I BAT (VKA) bzw. – im Beitrittsgebiet – BAT-O (VKA) – jährlich einmal einschließlich der Zuwendung, wenn der Arbeitnehmer eine zusatzversorgungspflichtige Zuwendung erhält –, ist eine zusätzliche Umlage in Höhe von 9 v. H. des übersteigenden Betrages zu entrichten. Die zusätzliche Umlage trägt der Arbeitgeber.

(5) Zusatzversorgungspflichtiges Entgelt ist, soweit nachstehend nichts anderes bestimmt ist, der entsprechend den Bestimmungen über die Beitragsentrichtung in der gesetzlichen Rentenversicherung zeitlich zugeordnete steuerpflichtige Arbeitslohn. Wäre nach Satz 1 eine einmalige Zahlung einem Kalendermonat zuzuordnen, für den keine Umlage für laufendes zusatzversorgungspflichtiges Entgelt zu zahlen ist, ist die einmalige Zahlung dem letzten vorangegangenen Kalendermonat zuzuordnen, für den Umlage entrichtet worden ist.
Kein zusatzversorgungspflichtiges Entgelt sind
a) bei einer Verwendung im Ausland diejenigen Bestandteile des Arbeitsentgelts, die wegen dieser Verwendung über das für eine gleichwertige Tätigkeit im Inland zustehende Arbeitsentgelt hinaus gezahlt werden,
b) Bestandteile des Arbeitsentgelts, die auf einer Verweisung auf beamtenrechtliche Vorschriften beruhen, soweit die beamtenrechtlichen Bezüge nicht ruhegehaltfähig sind, sowie Bestandteile des Arbeitsentgelts, die durch Tarifvertrag, Betriebsvereinbarung oder Arbeitsvertrag ausdrücklich als nicht zusatzversorgungspflichtig (gesamtversorgungsfähig) bezeichnet sind,
c) Aufwendungen des Arbeitgebers für eine Zukunftssicherung des Arbeitnehmers,
d) Krankengeldzuschüsse,

Versorgungstarifvertrag § 8 **Vers-TV 18**

e) einmalige Zahlungen (z. B. Zuwendungen, Urlaubsabgeltungen), die aus Anlaß der Beendigung, des Eintritts des Ruhens oder nach der Beendigung des Arbeitsverhältnisses gezahlt werden,
e_1) einmalige Zahlungen (z. b. Zuwendungen) insoweit, als bei ihrer Berechnung Zeiten berücksichtigt sind, für die keine Umlagen für laufendes zusatzversorgungspflichtiges Entgelt zu entrichten sind,
f) Jubiläumszuwendungen,
g) Sachbezüge, die während eines Zeitraumes gewährt werden, für den kein laufendes zusatzversorgungspflichtiges Entgelt zusteht,
h) geldwerte Vorteile, die steuerlich als Arbeitslohn gelten,
i) geldliche Nebenleistungen wie Ersatz von Werbungskosten (z. B. Aufwendungen für Werkzeuge, Berufskleidung, Fortbildung) sowie Zuschüsse z. B. zu Fahr-, Heizungs-, Wohnungs-, Essens-, Kontoführungskosten,
k) Mietbeiträge an Arbeitnehmer mit Anspruch auf Trennungsgeld (Trennungsentschädigung),
l) Schulbeihilfen,
m) einmalige Zuwendungen anläßlich des Erwerbs eines Diploms einer Verwaltungs- oder Wirtschaftsakademie,
n) Prämien im Rahmen des behördlichen oder betrieblichen Vorschlagswesens,
o) Erfindervergütungen,
p) Kassenverlustentschädigungen (Mankogelder, Fehlgeldentschädigungen),
q) Sprachenzulagen im Bundesdienst,
r) Zuschläge für Sonntags-, Feiertags- und Nachtarbeit,
s) Einkünfte, die aus ärztlichen Liquidationserlösen zufließen,
t) einmalige Unfallentschädigungen,
u) Aufwandsentschädigungen; reisekostenähnliche Entschädigungen (z. B. Ausbleibezulage, Auswärtszulage); Entgelte aus Nebentätigkeiten; Tantiemen, Provisionen, Abschlußprämien und entsprechende Leistungen; einmalige und sonstige nicht laufend monatlich gezahlte über- oder außertarifliche Leistungen.

Kein zusatzversorgungspflichtiges Entgelt ist ferner der Teil des steuerpflichtigen Arbeitslohnes, der nach Anwendung des Satzes 3 das jeweilige Gehalt (Grundgehalt und Familienzuschlag) – jährlich einmal einschließlich der Sonderzuwendung, wenn der Arbeitnehmer eine zusatzversorgungspflichtige Zuwendung erhält – eines kinderlos verheirateten Bundesbeamten der Besoldungsgruppe B 11 BBesG – im Beitrittsgebiet in Verbindung mit der 2. BesÜV – übersteigt; hierbei sind Grundgehalt und Familienzuschlag nach dem Stand des Monats Dezember des Vorjahres zugrunde zu legen.

Hat der Arbeitnehmer für einen Kalendermonat oder für einen Teil eines Kalendermonats Anspruch auf Krankengeldzuschuß – auch wenn dieser wegen der Höhe der Barleistungen des Sozialversicherungsträgers nicht gezahlt wird –, gilt für diesen Kalendermonat als zusatzversorgungspflichtiges Entgelt der Urlaubslohn (zuzüglich eines etwaigen Sozialzuschlags) bzw. die Urlaubsvergütung für die Tage, für die der Arbeitnehmer Anspruch auf Lohn, Vergütung, Urlaubslohn, Urlaubsvergütung oder Krankenbezüge hat. In diesem Kalendermonat geleistete einmalige Zahlungen sind neben dem Urlaubslohn bzw. der Urlaubsvergütung nach Maßgabe der Sätze 1 bis 3 zusatzversorgungspflichtiges Entgelt.

Für den Arbeitnehmer, der zur Übernahme von Aufgaben der Entwicklungshilfe im Sinne des § 1 Entwicklungshelfergesetz vom 18. Juni 1969 in der jeweils geltenden Fassung ohne Arbeitsentgelt beurlaubt ist, hat der Arbeitgeber für die Zeit der Beurlaubung Umlagen an die VBL abzuführen, wenn der Träger der Entwicklungshilfe die Umlagen erstattet. Für die Bemessung der Umlagen gilt als zusatzversorgungspflichtiges Entgelt das Entgelt, von dem nach § 166 Abs. 1 Nr. 4 SGB VI die Beiträge für die gesetzliche Rentenversicherung zu berechnen sind. Der Arbeitnehmer gilt als vollbeschäftigt.

(6) Als im Sinne des § 43 Abs. 1 Satz 4 der Satzung der VBL für Arbeitsleistungen außerhalb der regelmäßigen Arbeitszeit gezahlt gelten die Teile des zusatzversorgungspflichtigen Entgelts, die gezahlt worden sind
a) für Überstunden (einschließlich des Zeitzuschlags für Überstunden),
b) für sonstige Arbeitsleistungen, für die das Entgelt für Überstunden gezahlt worden ist,
c) für Arbeitsbereitschaft außerhalb der regelmäßigen Arbeitszeit und für Bereitschaftsdienst,
d) für Rufbereitschaft (einschließlich der Teile des zusatzversorgungspflichtigen Entgelts, die für die Heranziehung zur Arbeitsleistung gezahlt worden sind),
auch soweit diese Teile des zusatzversorgungspflichtigen Entgelts pauschaliert gezahlt worden sind.

Bei einem Arbeitnehmer, mit dem arbeitsvertraglich eine geringere als die tarifvertragliche durchschnittliche regelmäßige wöchentliche Arbeitszeit vereinbart ist, gelten als für Arbeitsleistungen außerhalb der regelmäßigen Arbeitszeit gezahlt auch die Teile des zusatzversorgungspflichtigen Entgelts, die für Arbeitsstunden gezahlt worden sind, die über die arbeitsvertraglich vereinbarte durchschnittliche regelmäßige wöchentliche Arbeitszeit hinaus geleistet worden sind.

Als nicht für Arbeitsleistungen außerhalb der regelmäßigen Arbeitszeit gezahlte Teile des zusatzversorgungspflichtigen Entgelts gelten auch in den Fällen der Sätze 1 und 2 die Zulagen/Zuschläge für die Abgeltung von Arbeitserschwernissen (z.B. Schmutz-, Gefahren- und Erschwerniszuschläge), für Schicht- und Wechselschichtarbeit, für besondere Funktionen sowie die zusatzversorgungspflichtigen Zeitzuschläge (mit Ausnahme des Zeitzuschlags für Überstunden) und die Theaterbetriebszulagen/-zuschläge.

(7) Der Arbeitgeber hat dem Arbeitnehmer nach Ablauf eines jeden Kalenderjahres sowie beim Ende der Pflichtversicherung einen Nachweis über das zusatzversorgungspflichtige Entgelt, den Beitrag des Arbeitnehmers nach Abs. 1, die gezahlten Erhöhungsbeträge und die Umlagemonate nach dem jeweiligen Formblatt der VBL auszuhändigen.

Protokollnotiz zu Abs. 1:

Die Regelung über den Beitrag des Arbeitnehmers gilt auch für die bei der Bahnversicherungsanstalt Abteilung B versicherten Arbeitnehmer (Protokollnotiz zu § 6 Abs. 2 Buchst. c) für jede Umlagesatzerhöhung oberhalb von 5,2 v. H.

Protokollnotiz zu Abs. 5 Satz 3 Buchst. e:

Die Teilzuwendung, die dem Arbeitnehmer, der mit Billigung seines bisherigen Arbeitgebers zu einem anderen Arbeitgeber des öffentlichen Dienstes übertritt, der an der VBL oder an einer Zusatzversorgungseinrichtung, zu der die VBL Versicherungen überleitet, beteiligt ist, gezahlt wird, ist zusatzversorgungspflichtiges Entgelt.

§ 9 Nachversicherung auf Grund des Betriebsrentengesetzes. (1) Ist ein Arbeitnehmer nach § 18 Abs. 6 des Gesetzes zur Verbesserung der betrieblichen Altersversorgung (Betriebsrentengesetz) nachzuversichern, sind Umlagen für die Zeit vom 1. Januar 1967 an, Erhöhungsbeträge für die Zeit nach dem 31. Dezember 1977 sowie Pflichtbeiträge einschließlich der Erhöhungsbeträge für die Zeit vor dem 1. Januar 1978 zur VBL für den entsprechenden Zeitraum in der Höhe nachzuentrichten, in der sie zu entrichten gewesen wären, wenn Pflicht zur Versicherung bestanden hätte; § 18 Abs. 8 des Betriebsrentengesetzes bleibt unberührt. Für die Zeit vor dem 1. Januar 1967 beträgt der Beitrag 6,9 v. H. des sozialversicherungspflichtigen Entgelts, soweit dieses 420,– DM wöchentlich oder 1820,– DM monatlich nicht überschritten hat.

(2) Ist die Nachentrichtung der Beträge im Sinne des Absatzes 1 Satz 1 aufgeschoben (§ 18 Abs. 6 Satz 4 Betriebsrentengesetz), hat der Arbeitgeber dem Arbeitnehmer eine Bescheinigung über die nachzuentrichtenden Beträge, die ihrer Bemessung zugrunde zu legenden Arbeitsentgelte und Zeiten auszustellen. Eine Abschrift dieser Bescheinigung ist der VBL zu übersenden.

§ 10 Überleitung der Versicherung. (1) Der Arbeitnehmer, der bei einer Zusatzversorgungseinrichtung versichert ist, von der die Versicherung zur VBL übergeleitet wird, ist verpflichtet, die Überleitung der Versicherung zur VBL zu beantragen, es sei denn, daß bei der anderen Zusatzversorgungseinrichtung Pflicht zur Versicherung besteht oder auch bei Überleitung der Versicherung eine Pflicht zur Versicherung bei der VBL nicht entstünde. Das gleiche gilt für den Arbeitnehmer, der gegen eine in Satz 1 genannte Zusatzversorgungseinrichtung Anspruch auf Rente hat, und zwar auch dann, wenn diese Zusatzversorgungseinrichtung die Rente weiter gewährt.

(2) Wird ein Arbeitnehmer, der bei der VBL versichert ist, Arbeiter bei der Wasser- und Schiffahrtsverwaltung des Bundes oder bei der Häfen- und Schiffahrtsverwaltung des Landes Niedersachsen oder bei der Wasserwirtschaftsverwaltung eines Landes und wird er bei der Bahnversicherungsanstalt Abteilung B versicherungspflichtig, so ist er verpflichtet, die Überleitung der Versicherung von der VBL auf die Bahnversicherungsanstalt Abteilung B zu beantragen.

§ 11 Versteuerung der Umlage. Die nach § 8 Abs. 1 und 4 zu zahlende Umlage hat der Arbeitgeber bis zu einem Betrag von monatlich 175,– DM pauschal zu versteuern, solange die Pauschalversteuerung rechtlich möglich ist.

Protokollnotiz:

Für den Fall, daß die pauschal versteuerte Umlage über den am 1. Januar 1990 geltenden Umfang hinaus in der Sozialversicherung beitragspflichtig werden sollte, werden die Tarifvertragsparteien unverzüglich Verhandlungen aufnehmen mit dem Ziel, ein dem Zweck der Pauschalversteuerung entsprechendes Ergebnis zu erreichen.

Abschnitt IV

§ 12. *(weggefallen)*

Abschnitt V. Zuschuß des Arbeitgebers zur freiwilligen Versicherung in der gesetzlichen Rentenversicherung und zu einer anderen Zukunftssicherung eines bei der VBL pflichtversicherten Arbeitnehmers

§ 13 Freiwillige Versicherung in der gesetzlichen Rentenversicherung. (1) Der bei der VBL pflichtversicherte Angestellte, der nach § 231 Abs. 1 SGB VI von der Versicherungspflicht in der gesetzlichen Rentenversicherung befreit ist, hat sich vorbehaltlich der §§ 14 bis 15a für jeden Kalendermonat, für den ihm Vergütung, Urlaubsvergütung oder Krankenbezüge zustehen, freiwillig in der gesetzlichen Rentenversicherung zu versichern. Als Beitrag zur freiwilligen Versicherung ist der Betrag zu entrichten, der als Beitrag zur gesetzlichen Rentenversicherung zu zahlen wäre, wenn der Angestellte dort pflichtversichert wäre. Als Beitrag ist jedoch mindestens der Betrag zu zahlen, der als Mindestbeitrag für die freiwillige Versicherung in der gesetzlichen Rentenversicherung jeweils festgelegt ist. Der Arbeitgeber trägt die Hälfte des Beitrags.

(2) Der Arbeitgeber behält den vom Angestellten zu tragenden Teil des Beitrags von dessen Bezügen ein und führt den Beitrag nach der Verordnung über die Zahlung von Beiträgen zur gesetzlichen Rentenversicherung ab.

(3) Abs. 1 gilt nicht, solange der Angestellte einen Zuschuß nach § 14 oder § 15 erhält.

§ 14 Lebensversicherung. (1) Der bei der VBL pflichtversicherte Angestellte, der nach § 231 Abs. 1 Satz 2 Nr. 1 oder § 231a SGB VI von der Versicherungspflicht in der gesetzlichen Rentenversicherung befreit ist und der für sich und seine Hinterbliebenen einen Lebensversicherungsvertrag abgeschlossen hat, erhält auf seinen Antrag für die Zeit, für die ihm Vergütung, Urlaubsvergütung oder Krankenbezüge zustehen, einen Zuschuß in Höhe der Hälfte des Beitrags zu dieser Versicherung. Er erhält jedoch nicht mehr als den Betrag, den der Arbeitgeber bei einer freiwilligen Versicherung des Angestellten nach § 13 zu tragen hätte.

(2) Der Zuschuß nach Abs. 1 wird nicht gewährt, wenn der Angestellte über die Lebensversicherung ohne vorherige Zustimmung des Arbeitgebers durch Abtretung oder Verpfändung verfügt.

Protokollnotiz zu Abs. 1:

Der Zuschuß wird bis zu der in Abs. 1 Satz 2 bestimmten Höhe auch dann gewährt, wenn im Beitrag zur Lebensversicherung Mehrbeträge für Versicherungsleistungen bei Eintritt der Berufsunfähigkeit oder Erwerbsunfähigkeit enthalten sind.

§ 15 Versorgungseinrichtungen im Sinne des § 6 Abs. 1 Nr. 1 SGB VI. (1) Für den bei der VBL pflichtversicherten Angestellten, der als Mitglied einer berufsständischen Versorgungseinrichtung von der Versicherungspflicht in der gesetzlichen Rentenversicherung befreit ist, richtet sich die Beteiligung des Arbeitgebers am Beitrag zur berufsständischen Versorgungseinrichtung nach § 172 Abs. 2 SGB VI.

(2) Solange eine Leistung nach Abs. 1 gewährt wird, ist § 14 nicht anzuwenden.

§ 15a Ergänzende freiwillige Versicherung in der gesetzlichen Rentenversicherung. Erreicht die Leistung des Arbeitgebers nach § 14 oder § 15 nicht den Betrag, den der Arbeitgeber bei einer freiwilligen Versicherung nach § 13 zu entrichten hätte, erhält der Angestellte auf Antrag einen Zuschuß zu dem Beitrag zu einer freiwilligen Versicherung in der gesetzlichen Rentenversicherung in Höhe des Differenzbetrages, höchstens jedoch in Höhe der Hälfte des Beitrages. § 13 Abs. 2 gilt entsprechend.

Abschnitt VI. Zuschuß des Arbeitgebers zu einer Zukunftssicherung eines bei der VBL nicht pflichtversicherten Arbeitnehmers

§§ 16, 17. *(weggefallen)*

§ 18 Versorgungswerk der Presse. Der nach § 6 Abs. 4 bei der VBL nicht pflichtversicherte Angestellte, der nach § 231 Abs. 1 Satz 2 Nr. 1 SGB VI von der Versicherungspflicht in der gesetzlichen Rentenversicherung befreit ist, kann auf seinen Antrag für die Zeit, für die er ohne die Befreiung nach § 6 Abs. 4 bei der VBL zu versichern wäre und für die ihm Vergütung, Urlaubsvergütung oder Krankenbezüge zustehen, einen Zuschuß zu seinen Beiträgen zu seiner Versicherung im Versorgungswerk der Presse erhalten.

Der Zuschuß beträgt die Hälfte des monatlichen Beitrags, jedoch nicht mehr als den Betrag, den der Arbeitgeber bei einer freiwilligen Versicherung des Angestellten nach § 13 zu tragen hätte.

§ 19. *(weggefallen)*

Abschnitt VII. Übergangs- und Schlußvorschriften

§ 20 Beschränkung des Geltungsbereichs. Die §§ 21, 23 bis 25a gelten nicht im Beitrittsgebiet.

§ 21 Höherversicherte. (1) Der am Tage vor dem Inkrafttreten dieses Tarifvertrages im Arbeitsverhältnis stehende Arbeitnehmer, dessen Arbeitsverhältnis am Tage des Inkrafttretens dieses Tarifvertrages fortbesteht und dessen zusätzliche Alters- und Hinterbliebenenversorgung bisher im Wege der Höherversicherung durchgeführt worden ist, ist auf seinen Antrag beim Vorliegen der sonstigen Voraussetzungen bei der VBL zu versichern. Der Antrag bedarf der Schriftform und kann nur bis zum Ablauf des 31. Januar 1967 bei dem Arbeitgeber gestellt werden. Die Pflicht zur Versicherung bei der VBL beginnt mit dem Tage des Inkrafttretens dieses Tarifvertrages.

(2) Der Arbeitnehmer, der den Antrag nach Abs. 1 nicht stellt, bleibt mit folgenden Maßgaben in der Höherversicherung:

1. Für den in der gesetzlichen Rentenversicherung pflichtversicherten Arbeitnehmer ist für die Höherversicherung der Beitrag zu entrichten, der 6,5 v. H. seines der Beitragsberechnung in der gesetzlichen Rentenversicherung zugrunde liegenden monatlichen Arbeitsentgelts entspricht. Unberücksichtigt bleibt dabei das Arbeitsentgelt, soweit es 2000,– DM übersteigt. Als Beitrag ist jedoch mindestens der Betrag zu zahlen, der als Mindestbeitrag für die Höherversicherung in der gesetzlichen Rentenversicherung jeweils festgelegt ist.
2. Der Arbeitgeber trägt für die Zeit, für die der Arbeitnehmer Arbeitsentgelt erhält, einen Beitragsanteil
a) von zwei Dritteln des Beitrages nach Nummer 1 Sätze 1 bis 3, höchstens jedoch 80,– DM, und
b) daneben von 1,5 v. H. des der Beitragsberechnung in der gesetzlichen Rentenversicherung zugrunde liegenden Arbeitsentgelts; dabei bleibt die Beitragsbemessungsgrenze unberücksichtigt.

Die Beitragsanteile des Arbeitgebers dürfen den nach Nummer 1 Sätze 1 bis 3 zu zahlenden Beitrag nicht übersteigen.

§ 13 Abs. 2 gilt entsprechend.

(3) Der Arbeitgeber zahlt dem Arbeitnehmer, der bis 31. Dezember 1997 höherversichert war, ab 1. Januar 1998 zur Verwendung für eine zusätzliche Alters- und Hinterbliebenenversorgung den Betrag, der sich bei Fortsetzung der Höherversicherung nach Absatz 2 ergeben hätte.

§ 22. *(weggefallen)*

§ 23 Von der Pflichtversicherung Befreite. (1) Der am Tage vor dem Inkrafttreten dieses Tarifvertrages im Arbeitsverhältnis stehende Arbeitnehmer, dessen Arbeitsverhältnis am Tage des Inkrafttretens dieses Tarifvertrages fortbesteht und der nach der am Tage vor dem Inkrafttreten dieses Tarifvertrages zwischen seinem Arbeitgeber und der VBL bestehenden Beteiligungsvereinbarung nicht zu versichern war, ist weiterhin nicht zu versichern. Beim Vorliegen der sonstigen Voraussetzungen ist er auf seinen Antrag bei der VBL zu versichern. Der Antrag bedarf der Schriftform und kann nur bis zum Ablauf des 31. März 1967 bei dem Arbeitgeber gestellt werden. Die Pflicht zur Versicherung bei der VBL beginnt mit dem Ersten des auf den Antragsmonat folgenden Monats. Der in Satz 1 genannte Arbeitnehmer ist beim Vorliegen der sonstigen Voraussetzungen zu versichern, wenn sich die bisherigen Bedingungen des Arbeitsverhältnisses so ändern, daß nach der am Tage vor dem Inkrafttreten dieses Tarifvertrages geltenden Beteiligungsvereinbarung die Pflicht zur Versicherung eingetreten wäre.

(2) Abs. 1 gilt entsprechend für den Arbeitnehmer, der am Tage vor dem Inkrafttreten dieses Tarifvertrages auf Grund des § 23 der bis zum Inkrafttreten dieses Tarifvertrages geltenden Satzung der VBL oder auf Grund entsprechender früherer Satzungsvorschriften von der Pflicht zur Versicherung befreit gewesen ist.

§ 24 Lebensversicherung an Stelle der Pflichtversicherung bei der VBL. (1) Der am Tage vor dem Inkrafttreten dieses Tarifvertrages im Arbeitsverhältnis stehende Arbeitnehmer einer kommunalen Verwaltung oder eines kommunalen Betriebes, dessen Arbeitsverhältnis am Tage des Inkrafttretens dieses Tarifvertrages fortbesteht und dessen zusätzliche Alters- und Hinterbliebenenversorgung bisher im Wege der Versicherung bei einem Lebensversicherungsunternehmen durchgeführt worden ist, ist auf seinen Antrag beim Vorliegen der sonstigen Voraussetzungen bei der VBL zu versichern. Der Antrag bedarf der Schriftform und kann nur bis zum Ablauf des 31. Januar 1967 bei dem Arbeitgeber gestellt werden. Die Pflicht zur Versicherung bei der VBL beginnt mit dem Tage des Inkrafttretens dieses Tarifvertrages.

(2) Der Arbeitnehmer, der den Antrag nach Abs. 1 nicht stellt, hat die Lebensversicherung mindestens zu den bisherigen Bedingungen fortzuführen. Der Arbeitgeber hat sich nach den am Tage vor dem Inkrafttreten dieses Tarifvertrages bestehenden Vereinbarungen an den Beiträgen zur Lebensversicherung zu beteiligen.

Daneben hat der Arbeitgeber für die Zeit, für die der Arbeitnehmer Arbeitsentgelt erhält, einen zusätzlichen Beitragsanteil in Höhe von 1,5 v. H. des der Beitragsberechnung in der gesetzlichen Rentenversicherung zugrunde liegenden Arbeitsentgelts zu entrichten; dabei bleibt die Beitragsbemessungsgrenze unberücksichtigt. Die Beitragsanteile des Arbeitgebers dürfen den insgesamt zu zahlenden Beitrag nicht übersteigen.

§ 25 Fortführung der Pflichtversicherung. Der am Tage vor dem Inkrafttreten dieses Tarifvertrages bei der VBL pflichtversicherte Arbeitnehmer, dessen Arbeitsverhältnis am Tage des Inkrafttretens fortbesteht und der die Voraussetzungen der Pflicht zur Versicherung nach diesem Tarifvertrag nicht erfüllt, ist solange bei der VBL zu versichern, wie das Arbeitsverhältnis besteht und mindestens die am Tage vor dem Inkrafttreten dieses Tarifvertrages für die Pflicht zur Versicherung maßgebenden Voraussetzungen bestehen bleiben.

§ 25 a Fristen. (1) Für die Arbeitnehmer eines Arbeitgebers, der nach dem 31. Dezember 1966 Mitglied eines Mitgliedverbandes der Vereinigung der kommunalen Arbeitgeberverbände geworden ist oder wird, tritt an die Stelle der in §§ 21 Abs. 1, 23 Abs. 1 und 24 Abs. 1 genannten Zeitpunkte der 31. Dezember 1969 oder ein Zeitpunkt, der sechs Monate nach dem Beginn der Mitgliedschaft liegt. Wird ein Arbeitnehmer, der bisher weder bei der VBL noch bei einer Zusatzversorgungseinrichtung, von der die Versicherung zur VBL übergeleitet wird, pflichtversichert gewesen ist, im Rahmen von Maßnahmen der Gebietsreform oder der Verwaltungsreform von einem an der VBL beteiligten Arbeitgeber übernommen, tritt an die Stelle der in §§ 21 Abs. 1 und 24 Abs. 1 genannten Zeitpunkte ein Zeitpunkt, der sechs Monate nach der Übernahme liegt.

(2) Beantragt der Arbeitnehmer die Versicherung bei der VBL, hat er Arbeitgeberzuschüsse zu den Beiträgen zur Höherversicherung in der gesetzlichen Rentenversicherung oder zu einer Lebensversicherung, die ihm für Zeiten gewährt worden sind, für die die Pflicht zur Versicherung bei der VBL entsteht, dem Arbeitgeber zu erstatten.

§ 25 b Lebensversicherung im Beitrittsgebiet anstelle der Pflichtversicherung bei der VBL. Der bei einem Arbeitgeber im Beitrittsgebiet im Arbeitsverhältnis stehende Arbeitnehmer, für den vor dem 4. Mai 1995 unter Beteiligung des Arbeitgebers ein Lebensversicherungsvertrag abgeschlossen oder ein Bezugsrecht aus einem Gruppenversicherungsvertrag begründet worden ist, ist nur zu versichern, wenn er dies unter Verzicht auf die damit zusammenhängenden Leistungen des Arbeitgebers beantragt.

Der Antrag bedarf der Schriftform und kann nur bis zum 31. Januar 1997 gestellt werden.

§ 25 c Fristen im Beitrittsgebiet. Für die Arbeitnehmer eines Arbeitgebers im Beitrittsgebiet, der nach dem 31. Dezember 1996 Mitglied eines Mitgliedverbandes der Vereinigung der kommunalen Arbeitgeberverbände (VKA) wird, tritt an die Stelle des in § 25 b Satz 2 genannten Zeitpunkts ein Zeitpunkt, der sechs Monate nach dem Beginn der Mitgliedschaft liegt. Entsprechendes gilt für die Arbeitnehmer eines anderen Arbeitgebers, dessen Bindung an diesen Tarifvertrag erst nach dem 1. Januar 1997 eintritt.

§ 26 Inkrafttreten. (1) Dieser Tarifvertrag tritt am 1. Januar 1967 in Kraft.

(2) Er kann jederzeit schriftlich gekündigt werden.

18 a. Tarifvertrag über die betriebliche Altersversorgung der Beschäftigten des öffentlichen Dienstes (Tarifvertrag Altersversorgung – ATV)

vom 1. März 2002

Zwischen der Bundesrepublik Deutschland, vertreten durch das Bundesministerium des Innern, der Tarifgemeinschaft deutscher Länder, vertreten durch den Vorsitzenden des Vorstandes, der Vereinigung der kommunalen Arbeitgeberverbände, vertreten durch den Vorstand, und den Gewerkschaften andererseits wird folgender Tarifvertrag geschlossen:[1]

Präambel. Die Tarifvertragsparteien haben sich – auch in Ausfüllung des Beschlusses des Bundesverfassungsgerichts vom 22. März 2000 (1 BvR 1136/96) – am 13. November 2001 auf eine grundlegende Reform der Zusatzversorgung des öffentlichen Dienstes geeinigt, um deren Zukunftsfähigkeit zu sichern; der Altersvorsorgeplan 2001 vom 13. November 2001 ist zugleich Geschäftsgrundlage dieses Tarifvertrages.

Das bisherige Gesamtversorgungssystem wird mit Ablauf des 31. Dezember 2000 geschlossen und durch ein Punktemodell ersetzt, in dem entsprechend den nachfolgenden Regelungen diejenigen Leistungen zugesagt werden, die sich ergeben würden, wenn eine Gesamt-Beitragsleistung von vier v. H. des zusatzversorgungspflichtigen Entgelts vollständig in ein kapitalgedecktes System eingezahlt würde. Das Jahr 2001 wird im Rahmen des Übergangsrechts berücksichtigt.

Bei den Zusatzversorgungseinrichtungen kann als Leistung der betriebliche Altersversorgung auch eine zusätzliche kapitalgedeckte Altersvorsorge durch eigene Beiträge unter Inanspruchnahme der steuerlichen Förderung durchgeführt werden.

Erster Teil. Punktemodell

Abschnitt I. Geltungsbereich

§ 1 Geltungsbereich. Dieser Tarifvertrag gilt für Arbeitnehmerinnen/Arbeitnehmer und Auszubildende (Beschäftigte), die unter den Geltungsbereich der in der Anlage 1 aufgeführten Tarifverträge des öffentlichen Dienstes fallen und deren Arbeitgeber bei der Versorgungsanstalt des Bundes und der Länder (VBL) Beteiligter oder bei der Ruhegehalts- und Zusatzversorgungskasse des Saarlandes (ZVK-Saar) Mitglied ist.

---

[1] Inhaltsgleiche Tarifverträge wurden geschlossen mit ver.di und dbb-tarifunion.

Abschnitt II. Versicherung bei der Zusatzversorgungseinrichtung

§ 2 Pflichtversicherung. (1) Die Beschäftigten sind vorbehaltlich der Absätze 2 und 3 mit dem Beginn des Beschäftigungsverhältnisses bei der öffentlichen Zusatzversorgungseinrichtung, bei der ihr Arbeitgeber Mitglied/Beteiligter ist, zu versichern, wenn sie das 17. Lebensjahr vollendet haben und vom Beginn der Versicherung bis zur Vollendung des 65. Lebensjahres die Wartezeit (§ 6) erfüllen können, wobei frühere Versicherungszeiten, die auf die Wartezeit angerechnet werden, zu berücksichtigen sind.

Die Pflicht zur Versicherung endet mit der Beendigung des Beschäftigungsverhältnisses.

(2) Beschäftigte mit einer wissenschaftlichen Tätigkeit an Hochschulen oder Forschungseinrichtungen, die für ein befristetes Arbeitsverhältnis eingestellt werden, in dem sie wegen der Dauer der Befristung die Wartezeit nach § 6 Abs. 1 nicht erfüllen können und die bisher keine Pflichtversicherungszeiten in der Zusatzversorgung haben, sind auf ihren schriftlichen Antrag vom Arbeitgeber von der Pflicht zur Versicherung zu befreien. Der Antrag ist innerhalb von zwei Monaten nach Beginn des Arbeitsverhältnisses zu stellen. Zugunsten der nach Satz 1 von der Pflichtversicherung befreiten Beschäftigten werden Versorgungsanwartschaften auf eine freiwillige Versicherung (entsprechend § 26 Abs. 3 Satz 1) mit Beiträgen in Höhe der auf den Arbeitgeber entfallenden Aufwendungen für die Pflichtversicherung, einschließlich eines eventuellen Arbeitnehmerbeitrags nach § 37a Abs. 2, höchstens jedoch mit vier v. H. des zusatzversorgungspflichtigen Entgelts begründet. Wird das Arbeitsverhältnis im Sinne des Satzes 1 verlängert oder fortgesetzt, beginnt die Pflichtversicherung anstelle der freiwilligen Versicherung mit dem Ersten des Monats, in dem die Verlängerung oder Fortsetzung des Arbeitsverhältnisses über fünf Jahre hinaus vereinbart wurde. Eine rückwirkende Pflichtversicherung von Beginn des Arbeitsverhältnisses an ist ausgeschlossen.

(3) Von der Pflicht zur Versicherung ausgenommen sind die von der Anlage 2 erfassten Beschäftigten.

§ 3 Beitragsfreie Versicherung. (1) Die Versicherung bleibt als beitragsfreie Versicherung bestehen, wenn das Beschäftigungsverhältnis endet.

(2) Die beitragsfreie Versicherung endet bei Eintritt des Versicherungsfalles, Überleitung der Versicherung auf eine andere Zusatzversorgungseinrichtung, Tod, Erlöschen der Anwartschaft oder bei Beginn einer erneuten Pflichtversicherung.

§ 4 Überleitung der Versicherung. (1) Die Beschäftigten, die bei einer anderen Zusatzversorgungseinrichtung versichert sind, von der die Versicherung übergeleitet wird, sind verpflichtet, die Überleitung der Versicherung auf die für ihren Arbeitgeber zuständige Zusatzversorgungseinrichtung zu beantragen, es sei denn, dass bei der anderen Zusatzversorgungseinrichtung Pflicht zur Versicherung besteht oder auch bei Überleitung der Versicherung keine Pflicht zur Versicherung bei der für ihren Arbeitgeber zuständigen Zusatzversorgungseinrichtung entstünde. Das Gleiche gilt für die Beschäftigten,

Tarifvertrag Altersversorgung §§ 5–7 ATV 18a

die gegen eine in Satz 1 genannte Zusatzversorgungseinrichtung Anspruch auf Rente haben und zwar auch dann, wenn diese Zusatzversorgungseinrichtung die Rente weiter gewährt.

(2) Werden Beschäftigte als Arbeiterinnen/Arbeiter der Wasser- und Schifffahrtsverwaltung des Bundes oder bei der Häfen- und Schifffahrtsverwaltung des Landes Niedersachsen oder bei der Wasserwirtschaftsverwaltung eines Landes eingestellt und bei der Bahnversicherungsanstalt Abteilung B versicherungspflichtig, sind sie verpflichtet, die Überleitung der Versicherung von der für ihren bisherigen Arbeitgeber zuständigen Zusatzversorgungseinrichtung auf die Bahnversicherungsanstalt Abteilung B zu beantragen, wenn ein entsprechendes Überleitungsabkommen besteht.

Abschnitt III. Betriebsrente

§ 5 Versicherungsfall und Rentenbeginn. Der Versicherungsfall tritt am Ersten des Monats ein, von dem an der Anspruch auf gesetzliche Rente wegen Alters als Vollrente bzw. wegen teilweiser oder voller Erwerbsminderung besteht. Der Anspruch ist durch Bescheid des Trägers der gesetzlichen Rentenversicherung nachzuweisen.

Den in der gesetzlichen Rentenversicherung Pflichtversicherten, bei denen der Versicherungsfall nach Satz 1 eingetreten ist und die die Wartezeit nach § 6 erfüllt haben, wird auf ihren schriftlichen Antrag von der Zusatzversorgungseinrichtung eine Betriebsrente gezahlt. Die Betriebsrente beginnt – vorbehaltlich des § 12 – mit dem Beginn der Rente aus der gesetzlichen Rentenversicherung.

§ 6 Wartezeit. (1) Betriebsrenten werden erst nach Erfüllung der Wartezeit von 60 Kalendermonaten gewährt. Dabei wird jeder Kalendermonat berücksichtigt, für den mindestens für einen Tag Aufwendungen für die Pflichtversicherung nach §§ 16, 18 erbracht wurden. Bis zum 31. Dezember 2000 nach dem bisherigen Recht der Zusatzversorgung als Umlagemonat zu berücksichtigende Zeiten zählen für die Erfüllung der Wartezeit. Für die Erfüllung der Wartezeit werden Versicherungsverhältnisse bei Zusatzversorgungseinrichtungen nach § 2 Abs. 1 zusammengerechnet.

(2) Die Wartezeit gilt als erfüllt, wenn der Versicherungsfall durch einen Arbeitsunfall eingetreten ist, der im Zusammenhang mit dem die Pflicht zur Versicherung begründenden Arbeitsverhältnis steht oder wenn die/der Versicherte infolge eines solchen Arbeitsunfalls gestorben ist. Ob ein Arbeitsunfall vorgelegen hat, ist durch Bescheid des Trägers der gesetzlichen Unfallversicherung nachzuweisen.

(3) In den Fällen des § 7 Abs. 5 des Gesetzes über die Rechtsverhältnisse der Mitglieder des Deutschen Bundestages und entsprechender gesetzlicher Vorschriften werden Zeiten einer nach dem Beginn der Pflichtversicherung liegenden Mitgliedschaft im Deutschen Bundestag, im Europäischen Parlament oder in dem Parlament eines Landes auf die Wartezeit angerechnet.

§ 7 Höhe der Betriebsrente. (1) Die monatliche Betriebsrente errechnet sich aus der Summe der bis zum Beginn der Betriebsrente (§ 5 Satz 4) erworbenen Versorgungspunkte (§ 8), multipliziert mit dem Messbetrag von vier Euro.

(2) Die Betriebsrente wegen teilweiser Erwerbsminderung beträgt die Hälfte der Betriebsrente, die sich nach Abs. 1 bei voller Erwerbsminderung ergeben würde.

(3) Die Betriebsrente mindert sich für jeden Monat, für den der Zugangsfaktor nach § 77 SGB VI herabgesetzt ist, um 0,3 v.H., höchstens jedoch um insgesamt 10,8 v.H.

§ 8 Versorgungspunkte. (1) Versorgungspunkte ergeben sich
a) für das zusatzversorgungspflichtige Entgelt (§ 15),
b) für soziale Komponenten (§ 9) und
c) als Bonuspunkte (§ 19).

Die Versorgungspunkte nach Satz 1 Buchst. a und b werden jeweils zum Ende des Kalenderjahres bzw. zum Zeitpunkt der Beendigung des Arbeitsverhältnisses festgestellt und dem Versorgungskonto gutgeschrieben; die Feststellung und Gutschrift der Bonuspunkte erfolgt zum Ende des folgenden Kalenderjahres. Versorgungspunkte werden jeweils auf zwei Nachkommastellen unter gemeinüblicher Rundung berechnet.

(2) Die Anzahl der Versorgungspunkte für ein Kalenderjahr nach Abs. 1 Satz 1 Buchst. a ergibt sich aus dem Verhältnis eines Zwölftels des zusatzversorgungspflichtigen Jahresentgelts zum Referenzentgelt von 1000 Euro, multipliziert mit dem Altersfaktor (Abs. 3); dies entspricht einer Beitragsleistung von vier v.H. des zusatzversorgungspflichtigen Entgelts. Bei einer vor dem 1. Januar 2003 vereinbarten Altersteilzeit auf der Grundlage des Altersteilzeitgesetzes werden die Versorgungspunkte nach Satz 1 mit dem 1,8-fachen berücksichtigt, soweit sie nicht auf Entgelten beruhen, die in voller Höhe zustehen.

(3) Der Altersfaktor beinhaltet eine jährliche Verzinsung von 3,25 v.H. während der Anwartschaftsphase und von 5,25 v.H. während des Rentenbezuges und richtet sich nach der folgenden Tabelle; dabei gilt als Alter die Differenz zwischen dem jeweiligen Kalenderjahr und dem Geburtsjahr:

Alter	Altersfaktor	Alter	Altersfaktor	Alter	Altersfaktor	Alter	Altersfaktor
17	3,1	29	2,1	41	1,5	53	1,0
18	3,0	30	2,0	42	1,4	54	1,0
19	2,9	31	2,0	43	1,4	55	1,0
20	2,8	32	1,9	44	1,3	56	1,0
21	2,7	33	1,9	45	1,3	57	0,9
22	2,6	34	1,8	46	1,3	58	0,9
23	2,5	35	1,7	47	1,2	59	0,9
24	2,4	36	1,7	48	1,2	60	0,9
25	2,4	37	1,6	49	1,2	61	0,9
26	2,3	38	1,6	50	1,1	62	0,8
27	2,2	39	1,6	51	1,1	63	0,8
28	2,2	40	1,5	52	1,1	64 und älter	0,8

Protokollnotiz zu Abs. 2 Satz 2:
Wird aufgrund einer Einzelregelung ein Beitrag an die gesetzliche Rentenversicherung gezahlt, der den Mindestbeitrag nach § 3 Abs. 1 Nr. 1 Buchst. b des Altersteilzeitgesetzes übersteigt, ist das zusatzversorgungspflichtige Entgelt so zu erhöhen, dass sich nach Anwendung von Abs. 2 Satz 2 so viele Versorgungspunkte ergeben, wie dies dem über den gesetzlichen Mindestbeitrag erhöhten Beitrag zur gesetzlichen Rentenversicherung entspricht.

§ 9 Soziale Komponenten. (1) Für jeden vollen Kalendermonat, in dem das Arbeitsverhältnis wegen einer Elternzeit nach § 15 des Bundeserziehungsgeldgesetzes ruht, werden für jedes Kind, für das ein Anspruch auf Elternzeit besteht, die Versorgungspunkte berücksichtigt, die sich bei einem zusatzversorgungspflichtigen Entgelt von 500 Euro in diesem Monat ergeben würden. Es werden je Kind höchstens 36 Kalendermonate berücksichtigt; Zeiten nach § 6 Abs. 1 MuSchG werden den Zeiten nach Satz 1 gleichgestellt. Bestehen andere zusatzversorgungspflichtige Arbeitsverhältnisse im Sinne des Satzes 1, bestimmt die/der Pflichtversicherte, für welches Arbeitsverhältnis die Versorgungspunkte nach Satz 1 berücksichtigt werden.

(2) Bei Eintritt des Versicherungsfalles wegen teilweiser oder voller Erwerbsminderung zur Vollendung des 60. Lebensjahres werden Pflichtversicherten für jeweils zwölf volle, bis zur Vollendung des 60. Lebensjahres fehlende Kalendermonate so viele Versorgungspunkte hinzugerechnet, wie dies dem Verhältnis von durchschnittlichem monatlichem zusatzversorgungspflichtigem Entgelt der letzten drei Kalenderjahr vor Eintritt des Versicherungsfalles zum Referenzentgelt entspricht; bei Berechnung des durchschnittlichen Entgelts werden Monate ohne zusatzversorgungspflichtiges Entgelt nicht berücksichtigt. Ist in diesem Zeitraum kein zusatzversorgungspflichtiges Entgelt angefallen, ist für die Berechnung nach Satz 1 das Entgelt zugrunde zu legen, das sich als durchschnittliches monatliches zusatzversorgungspflichtiges Entgelt im Kalenderjahr vor dem Rentenbeginn ergeben hätte.

(3) Bei Beschäftigten, die am 1. Januar 2002 bereits 20 Jahre pflichtversichert sind, werden für jedes volle Kalenderjahr der Pflichtversicherung bis zum 31. Dezember 2001 mindestens 1,84 Versorgungspunkte berücksichtigt. Bei Beschäftigten, deren Gesamtbeschäftigungsquotient am 31. Dezember 2001 kleiner als 1,0 ist, gilt Satz 1 entsprechend mit der Maßgabe, dass der Faktor 1,84 mit dem am 31. Dezember 2001 maßgebenden Gesamtbeschäftigungsquotienten multipliziert wird.

§ 10 Betriebsrente für Hinterbliebene. (1) Stirbt eine Versicherte/ein Versicherter, die/der die Wartezeit (§ 6) erfüllt hat, oder eine Betriebsrentenberechtigte/ein Betriebsrentenberechtigter, hat die hinterbliebene Ehegattin/ der hinterbliebene Ehegatte Anspruch auf eine kleine oder große Betriebsrente für Witwen/Witwer, wenn und solange ein Anspruch auf Witwen-/ Witwerrente aus der gesetzlichen Rentenversicherung besteht oder bestehen würde, sofern kein Rentensplitting unter Ehegatten durchgeführt worden wäre. Art (kleine/große Betriebsrenten für Witwen/ Witwer), Höhe (der nach Ablauf des Sterbevierteljahres maßgebende Rentenartfaktor nach § 67 Nrn. 5 und 6 und § 255 Abs. 1 SGB VI) und Dauer des Anspruchs richten sich – soweit keine abweichenden Regelungen getroffen sind – nach den entsprechenden Bestimmungen der gesetzlichen Rentenversicherung. Bemessungsgrundlage der Betriebsrenten für Hinterbliebene ist jeweils die Betriebsrente, die die Verstorbene/der Verstorbene bezogen hat oder hätte beanspruchen können, wenn sie/er im Zeitpunkt ihres/seines Todes wegen voller Erwerbsminderung ausgeschieden wäre. Die ehelichen oder diesen gesetzlich gleichgestellten Kinder der/des Verstorbenen haben entsprechend den Sätzen 1 bis 3 Anspruch auf Betriebsrente für Voll- oder Halbwaisen.

Der Anspruch ist durch Bescheid des Trägers der gesetzlichen Rentenversicherung nachzuweisen.

(2) Anspruch auf Betriebsrente für Witwen/Witwer besteht nicht, wenn die Ehe mit der/dem Verstorbenen weniger als zwölf Monate gedauert hat, es sei denn, dass nach den besonderen Umständen des Falles die Annahme nicht gerechtfertigt ist, dass es der alleinige oder überwiegende Zweck der Heirat war, der Witwe/dem Witwer eine Betriebsrente zu verschaffen.

(3) Betriebsrenten für Witwen/Witwer und Waisen dürfen zusammen den Betrag der ihrer Berechnung zugrunde liegenden Betriebsrente nicht übersteigen. Ergeben die Hinterbliebenenrenten in der Summe einen höheren Betrag, werden sie anteilig gekürzt. Erlischt eine der anteilig gekürzten Hinterbliebenenrenten, erhöhen sich die verbleibenden Hinterbliebenenrenten vom Beginn des folgenden Monats entsprechend, jedoch höchstens bis zum vollen Betrag der Betriebsrente der/des Verstorbenen.

§ 11 Anpassung und Neuberechnung. (1) Die Betriebsrenten werden, beginnend ab dem Jahr 2002, zum 1. Juli eines jeden Jahres um 1,0 v. H. dynamisiert.

(2) Die Betriebsrente ist neu zu berechnen, wenn bei einer/einem Betriebsrentenberechtigten ein neuer Versicherungsfall eintritt und seit der Festsetzung der Betriebsrente aufgrund des früheren Versicherungsfalles zusätzliche Versorgungspunkte zu berücksichtigen sind.

Durch die Neuberechnung wird die bisherige Betriebsrente um den Betrag erhöht, der sich als Betriebsrente aufgrund der neu zu berücksichtigenden Versorgungspunkte ergibt; für diese zusätzlichen Versorgungspunkte wird der Abschlagsfaktor nach § 7 Abs. 3 gesondert festgestellt.

Wird aus einer Betriebsrente wegen teilweiser Erwerbsminderung eine Betriebsrente wegen voller Erwerbsminderung oder wegen Alters, wird die bisher nach § 7 Abs. 2 zur Hälfte gezahlte Betriebsrente voll gezahlt. Wird aus einer Betriebsrente wegen voller Erwerbsminderung eine Betriebsrente wegen teilweiser Erwerbsminderung, wird die bisher gezahlte Betriebsrente entsprechend § 7 Abs. 2 zur Hälfte gezahlt. Die Sätze 1 und 2 sind entsprechend anzuwenden, wenn zusätzliche Versorgungspunkte zu berücksichtigen sind.

Bei Neuberechnung der Betriebsrente sind Versorgungspunkte nach § 9 Abs. 2, die aufgrund des früheren Versicherungsfalls berücksichtigt wurden, nur noch insoweit anzurechnen, als sie die zusätzlichen Versorgungspunkte – ohne Bonuspunkte nach § 19 – aus einer Pflichtversicherung übersteigen oder soweit in dem nach § 9 Abs. 2 maßgebenden Zeitraum keine Pflichtversicherung mehr bestanden hat.

Für Hinterbliebene gelten die Sätze 2 und 4 entsprechend.

§ 12 Nichtzahlung und Ruhen. Die Betriebsrente wird von dem Zeitpunkt an nicht gezahlt, von dem an die Rente wegen Alters aus der gesetzlichen Rentenversicherung nach § 100 Abs. 3 Satz 1 in Verbindung mit § 34

Abs. 2 SGB VI endet. Die Betriebsrente ist auf Antrag vom Ersten des Monats an wieder zu zahlen, für den der/dem Rentenberechtigten die Rente wegen Alters aus der gesetzlichen Rentenversicherung wieder geleistet wird.

Wird die Altersrente der gesetzlichen Rentenversicherung nach Eintritt des Versicherungsfalls (§ 5) als Teilrente gezahlt, wird die Betriebsrente nur in Höhe eines entsprechenden Anteils gezahlt.

(2) Ist der Versicherungsfall wegen voller oder teilweiser Erwerbsminderung eingetreten und wird die Rente aus der gesetzlichen Rentenversicherung wegen Hinzuverdienstes nicht oder nur zu einem Anteil gezahlt, wird auch die Betriebsrente nicht oder nur in Höhe eines entsprechenden Anteils gezahlt.

(3) Die Betriebsrente ruht, solange die Rente aus der gesetzlichen Rentenversicherung ganz oder teilweise versagt wird.

(4) Die Betriebsrente ruht ferner, solange die/der Berechtigte ihren/seinen Wohnsitz oder dauernden Aufenthalt außerhalb eines Mitgliedstaates der Europäischen Union hat und trotz Aufforderung der Zusatzversorgungseinrichtung keine Empfangsbevollmächtigte/keinen Empfangsbevollmächtigten im Inland bestellt.

(5) Die Betriebsrente ruht ferner in Höhe des Betrages des für die Zeit nach dem Beginn der Betriebsrente gezahlten Krankengeldes aus der gesetzlichen Krankenversicherung, soweit dieses nicht nach § 96a Abs. 3 SGB VI auf eine Rente wegen teilweiser Erwerbsminderung anzurechnen oder bei einer Rente wegen voller Erwerbsminderung bzw. wegen Alters als Vollrente dem Träger der Krankenversicherung zu erstatten ist.

(6) Für Hinterbliebene gelten die Vorschriften der gesetzlichen Rentenversicherung über das Zusammentreffen von Rente und Einkommen entsprechend mit der Maßgabe, dass eventuelle Freibeträge sowie das Einkommen, das auf die Rente aus der gesetzlichen Rentenversicherung angerechnet wird, unberücksichtigt bleiben.

§ 13 Erlöschen. (1) Der Anspruch auf Betriebsrente erlischt mit dem Ablauf des Monats,
a) in dem die/der Betriebsrentenberechtigte gestorben ist oder
b) für den Rente nach § 43 bzw. § 240 SGB VI letztmals gezahlt worden ist oder
c) der dem Monat vorangeht, von dessen Beginn an die Zusatzversorgungseinrichtung, zu der die Versicherung übergeleitet worden ist, zur Zahlung der Betriebsrente verpflichtet ist.

(2) Der Anspruch auf Betriebsrente für Witwen/Witwer erlischt im Übrigen mit dem Ablauf des Monats, in dem die Witwe/der Witwer geheiratet hat. Für das Wiederaufleben der Betriebsrente für Witwen-/Witwer gilt § 46 Abs. 3 SGB VI entsprechend.

(3) Der Anspruch auf Betriebsrente erlischt ferner unbeschadet des Satzes 2 mit Ablauf des Monats, in dem die Entscheidung eines deutschen Gerichts rechtskräftig geworden ist, durch die die/der Betriebsrentenberechtigte
a) wegen einer vorsätzlichen Tat zu einer Freiheitsstrafe von mindestens zwei Jahren oder
b) wegen einer vorsätzlichen Tat, die nach den Vorschriften über Friedensverrat, Hochverrat, Gefährdung des demokratischen Rechtsstaates oder

Landesverrat und Gefährdung der äußeren Sicherheit strafbar ist, zu einer Freiheitsstrafe von mindestens sechs Monaten verurteilt worden ist. Es ist eine Beitragserstattung nach § 24 durchzuführen.

Abschnitt IV. Beschäftigte, die in der gesetzlichen Rentenversicherung nicht versichert sind

§ 14 Sonderregelungen für Beschäftigte, die in der gesetzlichen Rentenversicherung nicht versichert sind. Für Beschäftigte, die in der gesetzlichen Rentenversicherung nicht versichert sind, gelten die §§ 2 bis 13 entsprechend. Soweit auf Regelungen des Rechts der gesetzlichen Rentenversicherung Bezug genommen wird, ist die jeweilige Regelung so entsprechend anzuwenden, wie dies bei unterstellter Versicherung in der gesetzlichen Rentenversicherung der Fall wäre. Bei Anwendung des § 5 sind dabei anstelle der Versicherungszeiten in der gesetzlichen Rentenversicherung die Pflichtversicherungszeiten in der Zusatzversorgung zu berücksichtigen.

Die teilweise oder volle Erwerbsminderung ist durch einen von der Zusatzversorgungseinrichtung zu bestimmenden Facharzt nachzuweisen. Die Betriebsrente ruht, solange sich die Betriebsrentenberechtigten trotz Verlangens der Zusatzversorgungseinrichtung innerhalb einer von dieser zu setzenden Frist nicht fachärztlich untersuchen lassen oder das Ergebnis der Untersuchung der Zusatzversorgungseinrichtung nicht vorlegen. Der Anspruch auf Betriebsrente erlischt mit Ablauf des Monats, der auf den Monat folgt, in dem der/dem Berechtigten die Entscheidung der Zusatzversorgungseinrichtung über das Erlöschen des Anspruchs wegen Wegfalls der Erwerbsminderung zugegangen ist.

Abschnitt V. Finanzierung

§ 15 Finanzierungsgrundsätze und zusatzversorgungspflichtiges Entgelt. (1) Die Finanzierung der Pflichtversicherung wird von den Zusatzversorgungseinrichtungen eigenständig geregelt. Nach den Möglichkeiten der einzelnen Zusatzversorgungseinrichtungen kann die Umlagefinanzierung schrittweise durch eine kapitalgedeckte Finanzierung abgelöst werden (Kombinationsmodell).

(2) Zusatzversorgungspflichtiges Entgelt ist, soweit sich aus Anlage 3 nichts anderes ergibt, der steuerpflichtige Arbeitslohn. Wird Altersteilzeit nach dem 31. Dezember 2002 vereinbart, ist – unter Berücksichtigung des Satzes 1 – zusatzversorgungspflichtiges Entgelt während des Altersteilzeitverhältnisses das 1,8fache der zur Hälfte zustehenden Bezüge nach § 4 TV ATZ zuzüglich derjenigen Bezüge, die in voller Höhe zustehen.

(3) Durch landesbezirklichen Tarifvertrag kann für Mitglieder/Beteiligte einer Zusatzversorgungseinrichtung, die sich in einer wirtschaftlichen Notlage befinden, für die Pflichtversicherung geregelt werden, dass für die Zusage von Leistungen für die Dauer von bis zu drei Jahren bis zu einer Mindesthöhe von zwei v. H. von der nach § 8 Abs. 2 zugesagten Leistung abgewichen werden kann. Entsprechend der Verminderung der Leistungszusage für die bei dem Mitglied/Beteiligten beschäftigten Pflichtversicherten reduziert sich für die Mitglieder/Beteiligten insoweit die zu tragende Umlagebelastung bzw. der zu zahlende Beitrag an die Zusatzversorgungseinrichtung. Die Feststellung der

Tarifvertrag Altersversorgung §§ 16–18 ATV 18a

wirtschaftlichen Notlage wird durch eine paritätisch besetzte Kommission der betroffenen Tarifvertragsparteien getroffen. Die Regelung kann durch landesbezirklichen Tarifvertrag über die in Satz 1 genannte Dauer verlängert werden.

Protokollnotiz zu Abs. 2 Satz 2:
Wird aufgrund einer Einzelregelung ein Beitrag an die gesetzliche Rentenversicherung gezahlt, der den Mindestbeitrag nach § 3 Abs. 1 Nr. 1 Buchst. b des Altersteilzeitgesetzes übersteigt, ist das zusatzversorgungspflichtige Entgelt nach Abs. 2 Satz 2 entsprechend zu erhöhen.

§ 16 Umlagen. (1) Von der Zusatzversorgungseinrichtung festgesetzte monatliche Umlagen in Höhe eines bestimmten Vomhundertsatzes des zusatzversorgungspflichtigen Entgelts der Beschäftigten (Umlagesatz) führt der Arbeitgeber – ggf. einschließlich des von der/dem Beschäftigten zu tragenden Umlage-Beitrags – an die Zusatzversorgungseinrichtung ab. Die Umlage-Beiträge der Beschäftigten behält der Arbeitgeber von deren Arbeitsentgelt ein. Bei Pflichtversicherten bleiben die am 1. November 2001 geltenden Vomhundertsätze für die Erhebung der Umlage-Beiträge bei der jeweiligen Zusatzversorgungseinrichtung maßgebend, soweit sich nicht aus § 37 oder § 37a etwas anderes ergibt.

(2) Der Arbeitgeber hat die auf ihn entfallende Umlage bis zu einem Betrag von monatlich 89,48 Euro pauschal zu versteuern, solange die Pauschalversteuerung rechtlich möglich ist und soweit sich aus § 37 nicht etwas anderes ergibt.

(3) Die auf die Umlage entfallenden Pflichtversicherungszeiten und die daraus erworbenen Versorgungspunkte sind von der Zusatzversorgungseinrichtung auf einem personenbezogenen Versorgungskonto zu führen (Versorgungskonto I); umfasst sind auch Aufwendungen und Auszahlungen. Das Weitere regelt die Satzung der Zusatzversorgungseinrichtung.

Protokollnotiz:
Für den Fall, dass die pauschal versteuerte Umlage über den am 1. Januar 2001 geltenden Umfang hinaus in der Sozialversicherung beitragspflichtig werden sollte, werden die Tarifvertragsparteien unverzüglich Verhandlungen aufnehmen mit dem Ziel, ein dem Zweck der Pauschalversteuerung entsprechendes Ergebnis zu erreichen.

§ 17 Sanierungsgelder. (1) Zur Deckung des infolge der Schließung des Gesamtversorgungssystems und des Wechsels vom Gesamtversorgungssystem zum Punktemodell zusätzlichen Finanzbedarfs, der über die am 1. November 2001 jeweils geltende Umlage hinausgeht, erhebt die Zusatzversorgungseinrichtung vom Arbeitgeber Sanierungsgelder. Diese Sanierungsgelder sind kein steuerpflichtiger Arbeitslohn.

(2) Sanierungsgelder kommen nicht in Betracht, wenn der am 1. November 2001 jeweils gültige Umlagesatz weniger als vier v.H. des zusatzversorgungspflichtigen Entgelts betragen hat.

§ 18 Beiträge im Kapitaldeckungsverfahren. (1) Soweit die Zusatzversorgungseinrichtung für die Pflichtversicherung Beiträge im Kapitaldeckungsverfahren von höchstens vier v.H. des zusatzversorgungspflichtigen Entgelts erhebt, trägt diese der Arbeitgeber, soweit sich aus § 37a nichts anderes ergibt.

(2) Die Beiträge im Sinne des Absatzes 1 einschließlich der darauf entfallenden Erträge sind von der Zusatzversorgungseinrichtung auf einem gesonderten personenbezogenen Versorgungskonto getrennt von den sonstigen Einnahmen zu führen (Versorgungskonto II).

(3) Die Einnahmen und Ausgaben einschließlich der Kapitalanlagen sind gesondert zu führen und zu verwalten.

§ 19 Bonuspunkte. (1) Die Zusatzversorgungseinrichtung stellt jährlich bis zum Jahresende für das vorangegangene Geschäftsjahr fest, in welchem Umfang aus verbleibenden Überschüssen (Abs. 2) Bonuspunkte (§ 8 Abs. 1 Satz 1 Buchst. c) vergeben werden können. Bonuspunkte nach Satz 1 kommen in Betracht für die am Ende des laufenden Geschäftsjahres Pflichtversicherten sowie für die zum gleichen Zeitpunkt beitragsfrei Versicherten, die eine Wartezeit von 120 Umlage-/Beitragsmonaten erfüllt haben. Über die Vergabe von Bonuspunkten entscheidet das zuständige Gremium der Zusatzversorgungseinrichtung auf Vorschlag des Verantwortlichen Aktuars der Zusatzversorgungseinrichtung. Grundlage für die Feststellung und Entscheidung ist eine auf anerkannten versicherungsmathematischen Grundsätzen (Anlage 4) beruhende und durch den Verantwortlichen Aktuar erstellte fiktive versicherungstechnische Bilanz für die Verpflichtungen gegenüber den Pflichtversicherten und den beitragsfrei Versicherten mit erfüllter Wartezeit von 120 Umlage-/Beitragsmonaten. Soweit eine Kapitaldeckung vorhanden ist, werden dabei die tatsächlich erzielten Kapitalerträge veranschlagt. Soweit keine Kapitaldeckung vorhanden ist, wird die durchschnittliche laufende Verzinsung der zehn nach der Bilanzsumme größten Pensionskassen gemäß dem zum Zeitpunkt der Fertigstellung der Bilanz nach Satz 4 jeweils aktuellen Geschäftsbericht des Bundesaufsichtsamtes für das Versicherungswesen bzw. der Nachfolgebehörde zugrunde gelegt. Beschäftigte, deren Arbeitsverhältnis in Folge von Witterungseinflüssen oder wegen anderer Naturereignisse nach besonderen tariflichen Vorschriften geendet hat und die bei Wiederaufnahme der Arbeit Anspruch auf Wiedereinstellung haben, sowie Saisonbeschäftigte, die bei Beginn der nächsten Saison voraussichtlich wieder eingestellt werden, gelten als Pflichtversicherte im Sinne des Satzes 2.

(2) Ergibt die fiktive versicherungstechnische Bilanz einen Überschuss, wird dieser Überschuss um den Aufwand für soziale Komponenten nach § 9 und um die Verwaltungskosten der Zusatzversorgungseinrichtung vermindert und nach Maßgabe des Absatzes 1 verwendet; soweit keine Kapitaldeckung vorhanden ist, werden für die fiktive Verzinsung nach Abs. 1 Satz 6 als Verwaltungskosten zwei v. H. dieser fiktiven Zinserträge berücksichtigt. Ergibt die versicherungstechnische Bilanz eine Unterdeckung, wird diese vorgetragen. Einzelheiten werden in den Ausführungsbestimmungen zur Satzung der Zusatzversorgungseinrichtung geregelt.

Abschnitt VI. Verfahren

§ 20 Pflichten der Versicherten und der Betriebsrentenberechtigten.
(1) Der Zusatzversorgungseinrichtung sind alle für die Prüfung des Anspruchs auf Betriebsrente notwendigen Angaben zu machen und die erforderlichen Nachweise beizubringen.

Tarifvertrag Altersversorgung §§ 21, 22 ATV 18a

(2) Kommen Betriebsrentenberechtigte der Verpflichtung nach Abs. 1 nicht nach, kann die Betriebsrente zurückbehalten werden.

(3) Vereinbarungen mit Dritten über die Abtretung, Verpfändung oder Beleihung eines Anspruchs auf Betriebsrente sind vorbehaltlich zwingender gesetzlicher Vorschriften gegenüber dem Arbeitgeber und der Zusatzversorgungseinrichtung unwirksam.

(4) Ist der Versicherungsfall durch ein Verhalten Dritter verursacht worden, sind Schadensersatzansprüche, soweit rechtlich zulässig, bis zur Höhe des Brutto-Betrages der Betriebsrente an die Zusatzversorgungseinrichtung abzutreten; soweit die Abtretung nicht erfolgt oder die zur Durchsetzung des Anspruchs erforderlichen Nachweise nicht vorgelegt werden, kann die Betriebsrente zurückbehalten werden.

(5) Ohne Rechtsgrund gezahlte Betriebsrenten sind in Höhe ihrer Brutto-Beträge zurückzuzahlen. Haben Versicherte oder Betriebsrentenberechtigte ihre Pflichten nach Abs. 1 verletzt, können sie sich nicht auf den Wegfall der Bereicherung berufen.

§ 21 Versicherungsnachweise. (1) Pflichtversicherte erhalten jeweils nach Ablauf des Kalenderjahres bzw. bei Beendigung der Pflichtversicherung einen Nachweis über ihre bisher insgesamt erworbene Anwartschaft auf Betriebsrente wegen Alters nach § 7. Dabei ist neben der Anwartschaft auch die Zahl der Versorgungspunkte und der Messbetrag anzugeben. Im Falle der Kapitaldeckung sind zusätzlich die steuerrechtlich vorgeschriebenen Angaben zu beachten. Der Nachweis ist mit einem Hinweis auf die Ausschlussfrist nach Abs. 2 zu versehen. Wird der Nachweis im Zusammenhang mit der Beendigung der Pflichtversicherung erbracht, ist er um den Hinweis zu ergänzen, dass die aufgrund der Pflichtversicherung erworbene Anwartschaft bis zum erneuten Beginn der Pflichtversicherung bzw. bis zum Eintritt des Versicherungsfalles nicht dynamisiert wird, wenn die Wartezeit von 120 Umlage-/Beitragsmonaten nicht erfüllt ist. Das Weitere regelt die Satzung der Zusatzversorgungseinrichtung.

(2) Die Beschäftigten können nur innerhalb einer Ausschlussfrist von sechs Monaten nach Zugang des Nachweises nach Abs. 1 gegenüber ihrem Arbeitgeber schriftlich beanstanden, dass die vom Arbeitgeber zu entrichtenden Beiträge oder die zu meldenden Entgelte nicht oder nicht vollständig an die Zusatzversorgungseinrichtung abgeführt oder gemeldet wurden. Beanstandungen in Bezug auf die ausgewiesenen Bonuspunkte sind innerhalb der Ausschlussfrist des Satzes 1 schriftlich unmittelbar gegenüber der Zusatzversorgungseinrichtung zu erheben.

§ 22 Zahlung und Abfindung. (1) Die Betriebsrenten werden monatlich im Voraus auf ein Girokonto der Betriebsrentenberechtigten innerhalb eines Mitgliedstaates der Europäischen Union überwiesen. Die Kosten der Überweisung auf ein Konto im Inland, mit Ausnahme der Kosten für die Gutschrift, trägt die Zusatzversorgungseinrichtung.

Besteht der Betriebsrentenanspruch nicht für einen vollen Kalendermonat, wird der Teil gezahlt, der auf den Anspruchszeitraum entfällt.

(2) Die Satzung der Zusatzversorgungseinrichtung kann vorsehen, dass Betriebsrenten, die einen Monatsbetrag von bis zu 30 Euro nicht überschreiten,

abgefunden werden. Darüber hinaus kann die Abfindung der Betriebsrente ermöglicht werden, wenn die Kosten der Übermittlung der Betriebsrenten unverhältnismäßig hoch sind.

§ 23 Ausschlussfristen. Der Anspruch auf Betriebsrente für einen Zeitraum, der mehr als zwei Jahre vor dem Ersten des Monats liegt, in dem der Antrag bei der Zusatzversorgungseinrichtung eingegangen ist, kann nicht mehr geltend gemacht werden (Ausschlussfrist). Dem Antrag steht eine Mitteilung der/des Berechtigten gleich, die zu einem höheren Anspruch führt. Die Beanstandung, die mitgeteilte laufende monatliche Betriebsrente, eine Rentennachzahlung, eine Abfindung, eine Beitragserstattung oder eine Rückzahlung sei nicht oder nicht in der mitgeteilten Höhe ausgezahlt worden, ist nur schriftlich und innerhalb einer Ausschlussfrist von einem Jahr zulässig; die Frist beginnt bei laufenden Betriebsrenten mit dem Ersten des Monats, für den die Betriebsrente zu zahlen ist, im Übrigen mit dem Zugang der Mitteilung über die entsprechende Leistung.

Auf die Ausschlussfrist ist in der Mitteilung über die Leistung hinzuweisen.

§ 24 Beitragserstattung. (1) Die beitragsfrei Versicherten, die die Wartezeit (§ 6) nicht erfüllt haben, können bis zur Vollendung ihres 67. Lebensjahres die Erstattung der von ihnen getragenen Beiträge beantragen. Der Antrag auf Beitragserstattung gilt für alle von den Versicherten selbst getragenen Beiträge und kann nicht widerrufen werden. Rechte aus der Versicherung für Zeiten, für die Beiträge erstattet werden, erlöschen mit der Antragstellung. Die Beiträge werden ohne Zinsen erstattet.

(2) Sterben Versicherte nach Antragstellung, aber vor Beitragserstattung, gehen die Ansprüche auf die Hinterbliebenen über, die betriebsrentenberechtigt sind. Mit der Zahlung an einen der Hinterbliebenen erlischt der Anspruch der übrigen Berechtigten gegen die Zusatzversorgungseinrichtung.

(3) Beiträge im Sinne dieser Vorschrift sind
a) die für die Zeit vor dem 1. Januar 1978 entrichteten Pflichtbeiträge einschließlich der Beschäftigtenanteile an den Erhöhungsbeträgen,
b) die für die Zeit nach dem 31. Dezember 1977 entrichteten Beschäftigtenanteile an den Erhöhungsbeträge,
c) die für die Zeit nach dem 31. Dezember 1998 entrichteten Umlage-Beiträge der Beschäftigten.

Abschnitt VII. Zuschüsse des Arbeitgebers zu anderen Zukunftssicherungssystemen

§ 25 Zuschüsse des Arbeitgebers zu anderen Zukunftssicherungssystemen. (1) Für Beschäftigte, die als Mitglieder einer berufsständischen Versicherung von der Versicherung in der gesetzlichen Rentenversicherung befreit sind, richtet sich die Beteiligung des Arbeitgebers am Beitrag zur berufsständischen Versorgungseinrichtung nach § 172 Abs. 2 SGB VI.

Pflichtversicherte, die nach § 231 Abs. 1 oder § 231a SGB VI von der Versicherungspflicht in der gesetzlichen Rentenversicherung befreit und freiwillig in der gesetzlichen Rentenversicherung versichert sind oder die für sich und ihre Hinterbliebenen eine (befreiende) Lebensversicherung abgeschlossen haben oder die freiwillig im Versorgungswerk der Presse versichert sind, erhalten von ihrem Arbeitgeber auf schriftlichen Antrag für jeden Kalendermonat, für den ihnen Vergütung, Urlaubsvergütung oder Krankenbezüge zustehen, einen Zuschuss in Höhe der Hälfte des Betrages, der zu zahlen wäre, wenn sie in der gesetzlichen Rentenversicherung versichert wären, höchstens jedoch die Hälfte des Beitrages.

Beschäftigte, die freiwilliges Mitglied des Versorgungswerkes der Presse sind und die antragsgemäß (Anlage 2 Satz 2) von der Pflicht zur Versicherung in einer Zusatzversorgungseinrichtung befreit wurden, erhalten auf ihren

Antrag für die Zeit, für die ohne die Befreiung die Pflicht zur Versicherung bestünde und für die ihnen Vergütung, Urlaubsvergütung oder Krankenbezüge zustehen, einen zweckgebundenen Zuschuss zu ihren Beiträgen zur Versicherung im Versorgungswerk der Presse. Der Zuschuss beträgt die Hälfte des Beitrages, höchstens jedoch vier v. H. des zusatzversorgungspflichtigen Entgelts.

Die Zuschüsse nach den Sätzen 1 und 2 dürfen insgesamt den Betrag nicht übersteigen, den der Arbeitgeber zu zahlen hätte, wenn die Beschäftigten in der gesetzlichen Rentenversicherung pflichtversichert wären.

(2) Im Falle der freiwilligen Versicherung in der gesetzlichen Rentenversicherung behält der Arbeitgeber den von den Beschäftigten zu tragenden Teil des Beitrages von deren Bezüge ein und führt den Beitrag nach der Verordnung über die Zahlung von Beiträgen zur gesetzlichen Rentenversicherung ab.

(3) Verfügen die Beschäftigten ohne vorherige Zustimmung des Arbeitgebers durch Abtretung und Verpfändung über ihre Lebensversicherung oder über die sich aus dem Zuschuss nach Abs. 1 Satz 3 ergebende Anwartschaft, wird der Zuschuss nach Abs. 1 Satz 2 bzw. Satz 3 nicht gewährt. Der Zuschuss wird bis zu der in Abs. 1 bestimmten Höhe auch gewährt, wenn im Beitrag Mehrbeträge für Versicherungsleistungen bei Eintritt der vollen oder teilweisen Erwerbsminderung enthalten sind.

Zweiter Teil. Freiwillige Versicherung

§ 26 Freiwillige Versicherung. (1) Den Pflichtversicherten wird die Möglichkeit eröffnet, durch Entrichtung eigener Beiträge unter Inanspruchnahme der steuerlichen Förderung (Sonderausgabenabzug, Zulage) bei der Zusatzversorgungseinrichtung nach deren Satzungsvorschriften eine zusätzliche kapitalgedeckte Altersvorsorge im Rahmen der betrieblichen Altersversorgung aufzubauen. Nach Beendigung der Pflichtversicherung kann die freiwillige Versicherung – unabhängig davon, ob eine steuerliche Förderung möglich ist – längstens bis zum Eintritt des Versicherungsfalles (§ 5) fortgesetzt werden. Die Fortsetzung ist innerhalb einer Ausschlussfrist von drei Monaten nach Beendigung der Pflichtversicherung zu beantragen.

(2) Die eigenen Beiträge der Pflichtversicherten zur freiwilligen Versicherung werden entsprechend deren schriftlicher Ermächtigung vom Arbeitgeber aus dem Arbeitsentgelt an die Zusatzversorgungseinrichtung abgeführt. Der Arbeitgeber schuldet auch in Anbetracht von Abs. 5 keine eigenen Beiträge.

(3) Die freiwillige Versicherung kann in Anlehnung an das Punktemodell erfolgen. Wahlweise kann sie auch durch fondsgebundene Rentenversiche-

rung erfolgen, sofern die Zusatzversorgungseinrichtung Entsprechendes anbietet. Unbeschadet etwaiger von der Zusatzversorgungseinrichtung übernommener Zinsgarantien, haftet der Arbeitgeber nach § 1 Abs. 2 Nr. 2 BetrAVG nur für den Erhalt der eingezahlten Beiträge, soweit sie nicht rechnungsmäßig für einen biometrischen Risikoausgleich verbraucht werden.

Das Nähere regelt die Satzung der Zusatzversorgungseinrichtung.

(4) Die Beschäftigten behalten ihre Anwartschaft, wenn ihr Arbeitsverhältnis vor Eintritt des Versicherungsfalles (§ 5) endet. Eine Abfindung ist ausgeschlossen. Eine Erstattung von Beiträgen kann die Satzung der Zusatzversorgungseinrichtung zulassen. Die Beschäftigten können jedoch verlangen, dass der Barwert ihrer Anwartschaft auf eine andere Zusatzversorgungseinrichtung, auf die die bisherige Pflichtversicherung nach § 4 übergeleitet wird, oder auf ein Versorgungssystem einer überstaatlichen Einrichtung, mit der ein entsprechendes Abkommen besteht, zu übertragen ist, wenn die Versorgungszusage des neuen Arbeitgebers eine dem übertragenen Barwert wertmäßig entsprechende Zusage auf lebenslange Altersvorsorge umfasst. Besteht bei einem Arbeitgeberwechsel die Pflichtversicherung bei der Zusatzversorgungseinrichtung fort, kann verlangt werden, dass die Versorgungszusage des neuen Arbeitgebers eine dem Barwert der bisherigen Anwartschaften wertmäßig entsprechende Zusage auf lebenslange Altersvorsorge umfasst. Das Verlangen ist nur innerhalb einer Ausschlussfrist von sechs Monaten nach Beendigung des Arbeitsverhältnisses möglich. Mit der Versorgungszusage durch den neuen Arbeitgeber erlischt die Verpflichtung des früheren Arbeitgebers.

(5) Der Arbeitgeber kann zu einer freiwilligen Versicherung der Beschäftigten eigene Beiträge außerhalb einer Entgeltumwandlung leisten; Absätze 2 bis 4 gelten entsprechend.

Protokollnotiz zu Abs. 1:

Arbeiterinnen/Arbeiter, die nach Satz 3 der Anlage 2 bei der Bahnversicherungsanstalt Abteilung B versichert bleiben und die sonst bei der VBL pflichtversichert wären, können die freiwillige Versicherung bei der VBL entsprechend § 26 durchführen.

§ 27 Verfahren. (1) Die Zusatzversorgungseinrichtung hat die Beiträge, die im Rahmen der freiwilligen Versicherung entrichtet werden, einschließlich der Erträge auf einem gesonderten personenbezogenen Versicherungskonto getrennt von den sonstigen Einnahmen zu führen; umfasst sind auch Aufwendungen und Auszahlungen.

(2) Die freiwillige Versicherung wird in einem eigenen Abrechnungsverband geführt. Die Einnahmen und Ausgaben einschließlich der Kapitalanlagen sind gesondert zu führen und zu verwalten.

(3) Die freiwillig Versicherten erhalten jeweils nach Ablauf des Kalenderjahres sowie bei Beendigung der freiwilligen Versicherung einen Nachweis mit den steuerlich vorgeschriebenen Angaben bzw. soweit keine steuerliche Förderung möglich ist, über die Höhe der geleisteten Beiträge sowie über Art und Umfang der bisher erworbenen Anwartschaften. Eine unterbliebene oder nicht vollständige Abführung der Beiträge an die Zusatzversorgungseinrichtung kann nur innerhalb einer Ausschlussfrist von sechs Monaten nach Zugang des Nachweises beanstandet werden. Im Übrigen gelten die §§ 20, 21 und 22 Abs. 1 entsprechend.

Dritter Teil. Übergangs- und Schlussvorschriften

Abschnitt I. Übergangsregelungen zur Versicherungspflicht

§ 28 Höherversicherte. Die Beschäftigten, deren zusätzliche Alters- und Hinterbliebenenversorgung im Wege der Höherversicherung bis 31. Dezember 1997 durchgeführt wurde, sind weiterhin nicht zu versichern. Der Arbeitgeber zahlt einen Zuschuss zur Verwendung für eine zusätzliche Alters- und Hinterbliebenenversorgung von 66,47 Euro monatlich.

§ 29 Von der Pflichtversicherung Befreite. (1) Beschäftigte, die am 31. Dezember 1966 im Arbeitsverhältnis gestanden haben, nach der zwischen ihrem Arbeitgeber und der Zusatzversorgungseinrichtung bestehenden Mitgliedschafts-/Beteiligungsvereinbarung nicht zu versichern waren und die keinen Antrag auf Versicherung bei dem Arbeitgeber gestellt haben, bleiben weiterhin von der Pflicht zur Versicherung befreit.

(2) Beschäftigte, deren zusätzliche Alters- und Hinterbliebenenversorgung im Wege der Versicherung bei einem Lebensversicherungsunternehmen durchgeführt worden ist und die keinen Antrag auf Versicherung nach einem der in § 40 Abs. 3 aufgeführten Tarifverträge gestellt haben, sind – entsprechend den bis zum In-Kraft-Treten dieses Tarifvertrages geltenden Regelungen – weiterhin nicht bei der Zusatzversorgungseinrichtung zu versichern.

Abschnitt II. Übergangsregelungen für die Rentenberechtigten

§ 30 Am 31. Dezember 2001 Versorgungsrentenberechtigte. (1) Die Versorgungsrenten, die sich ohne Berücksichtigung von Nichtzahlungs- und Ruhensregelungen ergeben, und die Ausgleichsbeträge nach dem bis zum 31. Dezember 2000 geltenden Zusatzversorgungsrecht werden für die am 31. Dezember 2001 Versorgungsrentenberechtigten und versorgungsrentenberechtigten Hinterbliebenen zum 31. Dezember 2001 festgestellt.

(2) Die nach Abs. 1 festgestellten Versorgungsrenten werden vorbehaltlich des Satzes 3 als Besitzstandsrenten weitergezahlt und entsprechend § 11 Abs. 1 dynamisiert. Die abbaubaren Ausgleichsbeträge werden jeweils in Höhe des Dynamisierungsgewinns abgebaut; die nicht abbaubaren Ausgleichsbeträge werden nicht dynamisiert. Die am Tag vor In-Kraft-Treten dieses Tarifvertrages geltenden Regelungen über die Nichtzahlung und das Ruhen sind entsprechend anzuwenden.

(3) Es gelten folgende Maßgaben:
a) Für Neuberechnungen gilt § 11 Abs. 2 mit der Maßgabe, dass zusätzliche Versorgungspunkte nach Satz 2 zu berücksichtigen sind. Soweit noch Zeiten vor dem 1. Januar 2002 zu berücksichtigen sind, wird eine Startgutschrift entsprechend den §§ 32 bis 34 berechnet; übersteigt der hiernach festgestellte Betrag den Betrag, der sich als Versorgungsrente am 31. Dezember 2001 ergeben hat bzw. ohne Nichtzahlungs- und Ruhensregelungen ergeben hätte, wird die Differenz durch den Messbetrag geteilt und dem Versorgungskonto (§ 8 Abs. 1) als Startgutschrift gutgeschrieben.
b) § 10 Abs. 3 und die §§ 12 bis 14 sowie 20 bis 23 gelten entsprechend.

c) Hat die Versorgungsrente vor dem 1. Januar 2002 geendet und besteht die Möglichkeit einer erneuten Rentengewährung, ist die Versorgungsrente, die sich unter Außerachtlassung von Nichtzahlungs- und Ruhensregelungen und ohne Berücksichtigung eines Ausgleichsbetrages (Abs. 1) am 31. Dezember 2001 ergeben hätte, durch den Messbetrag zu teilen und als Startgutschrift auf dem Versorgungskonto (§ 8 Abs. 1) gutzuschreiben; im Übrigen gelten in diesen Fällen die Vorschriften des Punktemodells. Satz 1 gilt entsprechend, wenn der Versicherungsfall vor dem 1. Januar 2002 eingetreten ist, die Versorgungsrente jedoch erst nach dem 1. Januar 2002 beginnen würde.

(4) Stirbt eine unter Abs. 1 fallende Versorgungsrentenberechtigte/ein unter Abs. 1 fallender Versorgungsrentenberechtigter, gelten die Vorschriften des Punktemodells für Hinterbliebene entsprechend.

(5) Die Absätze 1 bis 4 gelten für Rentenberechtigte entsprechend, deren Rente aus der Zusatzversorgung am 1. Januar 2002 beginnt.

§ 31 Am 31. Dezember 2001 Versicherungsberechtigte. (1) Für Versicherungsrentenberechtigte und versicherungsrentenberechtigte Hinterbliebene, deren Versicherungsrente spätestens am 31. Dezember 2001 begonnen hat, wird die am 31. Dezember 2001 maßgebende Versicherungsrente festgestellt.

(2) Die nach Abs. 1 festgestellten Versicherungsrenten werden als Besitzstandsrenten weitergezahlt und entsprechend § 11 Abs. 1 dynamisiert.

(3) § 30 Abs. 3 bis 5 gilt entsprechend.

(4) Die Absätze 1 bis 3 gelten für Leistungen nach der am Tag vor In-Kraft-Treten dieses Tarifvertrages geltenden Sonderregelung für Arbeitnehmer im Beitrittsgebiet (§ 105b VBL-Satzung) und für Betriebsrenten nach § 18 BetrAVG, die spätestens am 31. Dezember 2001 begonnen haben, entsprechend.

Abschnitt III. Übergangsregelungen für Anwartschaften der Versicherten

§ 32 Grundsätze. (1) Für die Versicherten werden die Anwartschaften (Startgutschriften) nach dem am 31. Dezember 2000 geltenden Recht der Zusatzversorgung entsprechend den §§ 33 und 34 ermittelt. Die Anwartschaften nach Satz 1 werden ohne Berücksichtigung der Altersfaktoren in Versorgungspunkte umgerechnet, indem der Anwartschaftsbetrag durch den Messbetrag von vier Euro geteilt wird; sie werden dem Versorgungskonto (§ 8 Abs. 1) ebenfalls gutgeschrieben. Eine Verzinsung findet vorbehaltlich des § 19 Abs. 1 nicht statt.

(2) Das Jahr 2001 wird entsprechend dem Altersvorsorgeplan 2001 berücksichtigt; dies gilt auch für im Jahr 2001 eingetretene Rentenfälle. Ist der Versicherungsfall der teilweisen oder vollen Erwerbsminderung im Jahr 2001 eingetreten, gilt Satz 1 mit der Maßgabe, dass die zusatzversorgungsrechtliche Umsetzung der Neuregelungen im gesetzlichen Erwerbsminderungsrecht aus der 39. Änderung der Satzung der VBL vom 19. Oktober 2001 oder der Änderung der Satzung der ZVK-Saar vom 10. Dezember 2001 zu berücksichtigen ist.

Tarifvertrag Altersversorgung § 33 ATV 18 a

(3) Soweit in den §§ 33, 34 und 39 auf Vorschriften des bis zum 31. Dezember 2000 geltenden Satzungsrechts verwiesen wird, erfolgt dies durch Benennung der bisherigen Regelung in der VBL-Satzung mit dem Zusatz „a. F."; für den Bereich der ZVK-Saar gelten die entsprechenden Vorschriften ihrer Satzung in der bis zum 31. Dezember 2000 geltenden Fassung.

(4) Für die Berechnung der Anwartschaften sind, soweit jeweils erforderlich, die Rechengrößen (Entgelt, Gesamtbeschäftigungsquotient, Steuertabelle, Sozialversicherungsbeiträge, Familienstand u. a. vom 31. Dezember 2001 maßgebend; soweit gesamtversorgungsfähiges Entgelt zu berücksichtigen ist, ergibt sich dieses aus den entsprechenden Kalenderjahren vor dem 1. Januar 2002, dabei bleibt die Dynamisierung zum 1. Januar 2002 unberücksichtigt. Für die Rentenberechnung nach § 18 Abs. 2 BetrAVG ist das am 31. Dezember 2001 geltende Rentenrecht maßgebend (Anlage 4 Nr. 5 Satz 2).

(5) Beanstandungen gegen die mitgeteilte Startgutschrift sind innerhalb einer Ausschlussfrist von sechs Monaten nach Zugang des Nachweises der Zusatzversorgungseinrichtung schriftlich unmittelbar gegenüber der Zusatzversorgungseinrichtung zu erheben. Auf die Ausschlussfrist ist in dem Nachweis hinzuweisen.

§ 33 Höhe der Anwartschaften für am 31. Dezember 2001 schon und am 1. Januar 2002 noch Pflichtversicherte. (1) Die Anwartschaften der am 31. Dezember 2001 schon und am 1. Januar 2002 noch Pflichtversicherten berechnen sich nach § 18 Abs. 2 BetrAVG, soweit sich aus Abs. 2 nichts anderes ergibt. Satz 1 gilt entsprechend für Beschäftigte, die nach den am 31. Dezember 2000 geltenden Vorschriften der Zusatzversorgungseinrichtung als pflichtversichert gelten.

(2) Für Beschäftige im Tarifgebiet West bzw. für bei der VBL versicherte Beschäftigte, für die der Umlagesatz des Abrechnungsverbandes West maßgeblich ist (§ 76 Abs. 4 Satz 3 VBL-Satzung a. F.) oder die Pflichtversicherungszeiten in der Zusatzversorgung vor dem 1. Januar 1997 haben, und die am 1. Januar 2002 das 55. Lebensjahr vollendet haben (rentennahe Jahrgänge), ist Ausgangswert für die bis zum 31. Dezember 2001 in der Zusatzversorgung (Gesamtversorgung) erworbene Anwartschaft die Versorgungsrente, die sich unter Beachtung der Maßgaben des § 32, insbesondere unter Berücksichtigung der Mindestgesamtversorgung (§ 41 Abs. 4 VBL-Satzung a. F.) und des § 44 a VBL-Satzung a. F., für die Berechtigte/den Berechtigten bei Eintritt des Versicherungsfalles am 31. Dezember 2001, frühestens jedoch zum Zeitpunkt der Vollendung des 63. Lebensjahres ergeben würde. Von diesem Ausgangswert ist der Betrag abzuziehen, den die Versicherten aus dem Punktemodell bis zur Vollendung des 63. Lebensjahres vor Berücksichtigung des Abschlages noch erwerben könnten, wenn für sie zusatzversorgungspflichtige Entgelte in Höhe des gesamtversorgungsfähigen Entgelts gezahlt würden. Sind am 31. Dezember 2001 die Voraussetzungen für die Berücksichtigung des § 98 Abs. 5 VBL-Satzung a. F. erfüllt, berechnet sich der Versorgungsvomhundertsatz nach dieser Vorschrift mit der Maßgabe, dass nach § 98 Abs. 5 Satz 2 VBL-Satzung a. F. abzuziehende Monate die Monate sind, die zwischen dem 31. Dezember 1991 und dem Ersten des Monats liegen, der auf die Vollendung des 63. Lebensjahres folgt. Die Sätze 1 bis 3 gelten für Beschäftigte, die am 31. Dezember 2001 das 52. Lebensjahr vollendet haben und eine Rente für schwerbehinderte Menschen beanspruchen könnten, wenn sie zu diesem

209

Zeitpunkt bereits das 60. Lebensjahr vollendet hätten, entsprechend mit der Maßgabe, dass an die Stelle des 63. Lebensjahres das entsprechende, für sie individuell frühestmögliche Eintrittsalter in die abschlagsfreie Rente für schwerbehinderte Menschen maßgeblich ist. Werden in den Fällen des Satzes 4 die Voraussetzungen für die Mindestgesamtversorgung zwischen dem Zeitpunkt der Hochrechnung nach Satz 4 und der Vollendung des 63. Lebensjahres erfüllt, erfolgt die Berechnung der Anwartschaft abweichend von Satz 4 bezogen auf den Zeitpunkt, zu dem die Voraussetzungen der Mindestgesamtversorgung erfüllt wären.

(3) Für Beschäftigte im Tarifgebiet West bzw. für bei der VBL versicherte Beschäftigte, für die der Umlagesatz des Abrechnungsverbandes West maßgeblich ist (§ 76 Abs. 4 Satz 3 VBL-Satzung a. F.) oder die Pflichtversicherungszeiten in der Zusatzversorgung vor dem 1. Januar 1997 haben, und die vor dem 14. November 2001 Altersteilzeit oder einen Vorruhestand vereinbart haben, gilt Abs. 2 mit folgenden Maßgaben:
a) an die Stelle des 63. Lebensjahres tritt das vereinbarte Ende des Alterteilzeitarbeitsverhältnisses bzw. in den Fällen des Vorruhestandes das Alter, zu dem nach der Vorruhestandsvereinbarung die Rente beginnen würde.
b) Der anzurechnende Bezug nach Abs. 2 Satz 2 wird in den Fällen, in denen die Mindestgesamtversorgung nach dem bis zum 31. Dezember 2000 geltenden Zusatzversorgungsrecht maßgeblich gewesen wäre, um die Abschläge vermindert, die sich zu dem Zeitpunkt, auf den die Startgutschrift hochgerechnet wird, voraussichtlich ergeben werden; diese Abschläge sind der Zusatzversorgungseinrichtung vom Beschäftigten in geeigneter Weise nachzuweisen. Die Startgutschrift ist in den Fällen des Satzes 1 um den Betrag der sich zum Zeitpunkt der Hochrechnung nach Satz 1 voraussichtlich ergebenden Abschläge gemäß § 7 Abs. 3 zu erhöhen.

(3 a) Pflichtversicherte, bei denen der Versicherungsfall der vollen Erwerbsminderung vor dem 1. Januar 2007 eingetreten ist, deren Startgutschrift nach Abs. 1 berechnet wurde und die am 31. Dezember 2001
a) das 47. Lebensjahr vollendet sowie
b) mindestens 120 Umlagemonate zurückgelegt hatten,
erhalten in Abweichung von dem üblichen Verfahren eine zusätzliche Startgutschrift in Höhe des Betrages, um den die Startgutschrift nach Abs. 2 die Startgutschrift nach Abs. 1 übersteigt; bei Berechnung der Startgutschrift nach Abs. 2 sind die Maßgaben der Sätze 2 und 3 zu beachten. Die Berechnung erfolgt bezogen auf die Vollendung des 63. Lebensjahres. Als anzurechnender Bezug wird die tatsächliche, entsprechend Abs. 4 auf das vollendete 63. Lebensjahr hochgerechnete gesetzliche Rente zugrunde gelegt. Die sich nach den Sätzen 1 bis 3 ergebende zusätzliche Startgutschrift gilt bei Anwendung des § 19 als soziale Komponente im Sinne des § 9.

(4) Für die Berechnung der Startgutschrift nach Abs. 2 ist die Rentenauskunft des gesetzlichen Rentenversicherungsträgers zum Stichtag 31. Dezember 2001 nach Durchführung einer Kontenklärung maßgebend. Die Pflichtversicherten haben, sofern sie nicht bereits über eine Rentenauskunft aus dem Jahr 2001 verfügen, bis zum 30. September 2002 eine Rentenauskunft zu beantragen und diese unverzüglich der zuständigen Zusatzversorgungseinrichtung zu übersenden. Sofern die Rentenauskunft aus von den Pflichtversicherten zu vertretenden Gründen bis zum 31. Dezember 2003 nicht beigebracht wird, wird die Startgutschrift nach Abs. 1 berechnet. Bei Vorliegen be-

Tarifvertrag Altersversorgung §§ 34, 35 ATV 18a

sonderer Gründe kann die Zusatzversorgungseinrichtung eine angemessene Fristverlängerung gewähren. Soweit bis zum 31. Dezember 2002 bereits ein bestands- oder rechtskräftiger Rentenbescheid der gesetzlichen Rentenversicherung vorliegt, ist – abweichend von Satz 1 – dieser Grundlage für die Berechnung nach Abs. 2.

(5) Für die Zeit bis zur Vollendung des 63. Lebensjahres werden Entgeltpunkte in Höhe des jährlichen Durchschnitts der in dem Zeitraum vom 1. Januar 1999 bis 31. Dezember 2001 tatsächlich aus Beitragszeiten erworbenen Entgeltpunkte in Ansatz gebracht. Bei Pflichtversicherten, die nicht in der gesetzlichen Rentenversicherung versichert sind, wird der anzurechnende Bezug nach der bisher geltenden Regelung berücksichtigt; Zuschüsse werden in Höhe des jährlichen Durchschnitts der in der Zeit vom 1. Januar 1999 bis 31. Dezember 2001 tatsächlich gemeldeten Zuschüsse in Ansatz gebracht. Ist in den Jahren 1999 bis 2001 kein zusatzversorgungspflichtiges Entgelt bezogen worden, ist gesamtversorgungsfähiges Entgelt das zusatzversorgungspflichtige Entgelt, das sich ergeben hätte, wenn für den gesamten Monat Dezember 2001 eine Beschäftigung vorgelegen hätte. Sind in den Jahren 1999 bis 2001 keine Entgeltpunkte erworben worden, ist für die Ermittlung der Entgeltpunkte das rentenversicherungspflichtige Entgelt maßgebend, das im Monat Dezember 2001 bezogen worden wäre, wenn während des gesamten Monats eine Beschäftigung vorgelegen hätte; für die Ermittlung der Zuschüsse gilt dies entsprechend.

(6) Für die Berechnung der Startgutschrift nach Abs. 1 und 2 haben die Pflichtversicherten bis zum 31. Dezember 2002 ihrem Arbeitgeber den Familienstand am 31. Dezember 2001 (§ 41 Abs. 2 c Satz 1 Buchst. a und b VBL-Satzung a. F.) mitzuteilen. Der Arbeitgeber hat die Daten an die Zusatzversorgungseinrichtung zu melden.

(7) Für die Dynamisierung der Anwartschaften gilt § 19.

§ 34 Höhe der Anwartschaften für am 1. Januar 2002 beitragsfrei Versicherte. (1) Die Startgutschriften der am 1. Januar 2002 beitragsfrei Versicherten werden nach der am 31. Dezember 2001 geltenden Versicherungsrentenberechnung ermittelt. Für die Dynamisierung der Anwartschaften gilt § 19.

(2) Für Beschäftigte, für die § 105 b VBL-Satzung a. F. gilt, findet Abs. 1 mit der Maßgabe Anwendung, dass die Startgutschriften nur nach § 44 VBL-Satzung a. F. berechnet werden und dass der Berechnung das Entgelt zugrunde zu legen ist, das bei Pflichtversicherung in den letzten fünf Jahren vor Beendigung des Arbeitsverhältnisses zusatzversorgungspflichtig gewesen wäre. Für Beschäftigte nach Satz 1 gilt die Wartezeit als erfüllt.

(3) Für die freiwillig Weiterversicherten gilt Abs. 1 entsprechend.

Abschnitt IV. Schlussvorschriften

§ 35 Sterbegeld. Sterbegeld wird bei Fortgeltung des bisherigen Rechts Anspruchsberechtigten unter Berücksichtigung des am 31. Dezember 2001 maßgebenden Gesamtbeschäftigungsquotienten in folgender Höhe gezahlt für Sterbefälle
im Jahr 2002   1535 Euro,
im Jahr 2003   1500 Euro,

im Jahr 2004 1200 Euro,
im Jahr 2005   900 Euro,
im Jahr 2006   600 Euro,
im Jahr 2007   300 Euro.
Ab dem Jahr 2008 entfällt das Sterbegeld.

§ 36 Sonderregelungen für die Jahre 2001/2001.
(1) Anstelle von § 2 Abs. 2 und des Satzes 1 der Anlage 2 finden bis zum 31. Dezember 2002 der § 5 Abs. 3 und § 6 Abs. 1 bis 3 Versorgungs-TV sowie § 4 Abs. 1 und § 5 Abs. 1 bis 3 VersTV-Saar weiterhin Anwendung.

(2) Soweit bis zum 31. Dezember 2002 zusatzversorgungspflichtiges Entgelt entsprechend § 8 Versorgungs-TV oder § 7 VersTV-Saar gemeldet wurde, hat es dabei sein Bewenden.

(3) Soweit bis zum 31. Dezember 2002 Beiträge im Sinne des § 25 entsprechend den Vorschriften des Versorgungs-TV oder des VersTV-Saar gezahlt wurden, hat es dabei sein Bewenden.

§ 37 Sonderregelungen für die VBL.
(1) Zu § 16 Abs. 1: Bei Pflichtversicherten, deren zusatzversorgungspflichtiges Entgelt sich nach einem für das Tarifgebiet West geltenden Tarifvertrag bemisst und für die der Umlagesatz des Abrechnungsverbandes West maßgebend ist, beträgt der Umlage-Beitrag ab 1. Januar 2002 1,41 v.H. des zusatzversorgungspflichtigen Entgelts.

(2) Zu § 16 Abs. 2: Bei Pflichtversicherten, deren zusatzversorgungspflichtiges Entgelt sich nach einem für das Tarifgebiet West geltenden Tarifvertrag bemisst und für die der Umlagesatz des Abrechnungsverbandes West maßgebend ist, gilt anstelle des in § 16 Abs. 2 genannten Betrages ein Betrag von 92,03 Euro.

(3) Zu § 17: Die Sanierungsgelder nach § 17 werden im Abrechnungsverband West nach dem Verhältnis der Entgeltsumme aller Pflichtversicherten zuzüglich der neunfachen Rentensumme aller Renten zu den entsprechenden Werten, die einem Arbeitgeberverband oder einem Arbeitgeber zurechenbar sind, erhoben. Die Satzung regelt die Grundsätze der Zuordnung von Beteiligten zu den jeweiligen Arbeitgebergruppen entsprechend dem Altersvorsorgeplan 2001 und dem Beschluss des Verwaltungsrates vom 1. Februar 2002.

(4) Zu § 26 Abs. 3: Die VBL hat die für die sonstigen Pensionskassen geltenden Regelungen des § 54 Abs. 2 und 3 VAG in Verbindung mit der Anlageverordnung, der §§ 54b, 66 VAG einschließlich der nach § 65 VAG erlassenen Deckungsrückstellungsverordnung zu beachten, soweit sich aufsichtsrechtlich nichts anderes ergibt.

§ 37a Sonderregelungen für das Tarifgebiet Ost.
(1) Bei Pflichtversicherten, für die der Umlagesatz des Abrechnungsverbandes Ost der VBL maßgebend ist, beträgt der Umlagesatz des Abrechnungsverbandes Ost der VBL maßgebend ist, beträgt der Arbeitnehmerbeitrag zur Pflichtversicherung ab 1. Januar 2003 0,2 v.H. und ab 1. Januar 2004 0,5 v.H. des zusatzversorgungspflichtigen Entgelts. Für jeden Prozentpunkt, um den der allgemeine Bemessungssatz Ost über den Bemessungssatz von 92,5 v.H. angehoben wird, erhöht sich zeitgleich der Arbeitnehmerbeitrag um 0,2 Prozentpunkte. Soweit die Anhebung des Bemessungssatzes Ost nicht in vollen Prozentpunkten erfolgt, erhöht sich der Arbeitnehmerbeitrag anteilig. Im Zeitpunkt des Errei-

Tarifvertrag Altersversorgung §§ 38, 39 ATV 18a

chens eines Bemessungssatzes Ost von 97 v. H. steigt der Arbeitnehmerbeitrag auf den Höchstsatz von 2 v. H.

(2) In den Fällen der freiwilligen Versicherung aufgrund von § 2 Abs. 2 wird ein entsprechender Arbeitnehmerbeitrag zur freiwilligen Versicherung erhoben; § 16 Abs. 1 Satz 2 gilt entsprechend.

(3) Der Zuschuss nach § 25 Abs. 1 Satz 4 wird für Beschäftigte im Tarifgebiet Ost um den Betrag gemindert, der sich ohne die Befreiung von der Pflichtversicherung als Arbeitnehmerbeitrag nach Abs. 1 ergeben würde.

§ 38 Sonderregelung für die VKA. Zu § 29 Abs. 2: Beschäftigte, deren zusätzliche Altersvorsorge bei einem Lebensversicherungsunternehmen durchgeführt worden ist, sind auf ihren schriftlichen Antrag beim Vorliegen der sonstigen Voraussetzungen bei der Zusatzversorgungseinrichtung zu versichern. Der Antrag kann nur bis zum Ablauf von sechs Monaten nach dem Beginn der Mitgliedschaft des Arbeitgebers bei einem Mitgliedverband der Vereinigung der kommunalen Arbeitgeberverbände gestellt werden. Beschäftigte, die den Antrag nach Satz 1 nicht stellen, haben die Lebensversicherung mindestens zu den bisherigen Bedingungen fortzuführen. Der Arbeitgeber hat sich nach den am Tage vor dem Beitritt des Arbeitgebers zu einem Mitgliedverband der Vereinigung der kommunalen Arbeitgeberverbände bestehenden Vereinbarungen an den Beiträgen zur Lebensversicherung zu beteiligen. Daneben hat der Arbeitgeber für die Zeit, für die die Beschäftigten Arbeitsentgelt erhalten, einen zusätzlichen Beitragsanteil in Höhe von 1,5 v. H. des der Beitragsberechnung in der gesetzlichen Rentenversicherung zugrunde liegenden Arbeitsentgelts zu entrichten; dabei bleibt die Beitragsbemessungsgrenze unberücksichtigt. Die Beitragsanteile des Arbeitgebers dürfen den insgesamt zu zahlenden Beitrag nicht übersteigen.

§ 39 Sonderregelungen für das zusatzversorgungspflichtige Entgelt.
(1) Für den Bereich des Bundes und der TdL gilt für pflichtversicherte Beschäftigte und in den Fällen des § 2 Folgendes: Soweit das monatliche zusatzversorgungspflichtige Entgelt die Summe aus Endgrundvergütung und Familienzuschlag einer/eines kinderlos verheirateten Angestellten der Vergütungsgruppe I BAT bzw. BAT-O – jährlich einmal einschließlich der Zuwendung, wenn die/der Beschäftigte eine zusatzversorgungspflichtige Zuwendung erhält – übersteigt, hat der Arbeitgeber für Beschäftigte, für die dem Grunde nach keine zusätzliche Umlage nach Abs. 2 zu entrichten ist, ab 1. Januar 2002 im Rahmen der freiwilligen Versicherung nach § 26 Abs. 3 Satz 1 einen Beitrag von acht v. H. des übersteigenden Betrages an die Zusatzversorgungseinrichtung zu zahlen.

(2) Für Beschäftigte, für die für Dezember 2001 schon und für Januar 2002 noch eine zusätzliche Umlage nach § 29 Abs. 4 VBL-Satzung a. F. gezahlt wurde, gilt Folgendes: Soweit das monatliche zusatzversorgungspflichtige Entgelt die Summe aus Endgrundvergütung und Familienzuschlag einer/eines kinderlos verheirateten Angestellten der Vergütungsgruppe I BAT (VKA) bzw. BAT-O (VKA) – jährlich einmal einschließlich der Zuwendung, wenn die/der Beschäftigte eine zusatzversorgungspflichtige Zuwendung erhält – übersteigt, ist in diesem Arbeitsverhältnis zusätzlich eine Umlage in Höhe von neun v. H. des übersteigenden Betrages vom Arbeitgeber zu zahlen. Die sich daraus ergebenden Versorgungspunkte sind zu verdreifachen.

Protokollnotiz:

Bei Beschäftigung im Tarifgebiet Ost, für die der Umlagesatz des Abrechnungsverbandes West der VBL maßgeblich ist, sind bei Erhebung des Beitrags nach Abs. 1 und der zusätzlichen Umlage nach Abs. 2 die jeweiligen Beträge für das Tarifgebiet West zu berücksichtigen.

§ 40 In-Kraft-Treten. (1) Dieser Tarifvertrag tritt mit Wirkung vom 1. Januar 2001 in Kraft. Abweichend von Satz 1 tritt § 2 Abs. 2 am 1. Januar 2003 mit der Maßgabe in Kraft, dass er nur für nach dem 31. Dezember 2002 begründete Arbeitsverhältnisse Anwendung findet.

(2) Dieser Tarifvertrag kann jederzeit schriftlich gekündigt werden. Unabhängig von Satz 1 kann § 11 Abs. 1 gesondert ohne Einhaltung einer

Frist jederzeit schriftlich gekündigt werden. Die Kündigung nach Satz 1 oder 2 kann jedoch frühestens zum 31. Dezember 2007 erfolgen.

(3) Mit dem In-Kraft-Treten dieses Tarifvertrages treten – unbeschadet des § 36 – außer Kraft der
a) Tarifvertrag über die Versorgung der Arbeitnehmer des Bundes und der Länder sowie von Arbeitnehmern kommunaler Verwaltungen und Betriebe (Versorgungs-TV) vom 4. November 1966,
b) Tarifvertrag über die Versorgung der Arbeitnehmer des Saarlandes und der Mitglieder des Kommunalen Arbeitgeberverbandes e.V. Saar (VersTV-Saar) vom 15. November 1966.

(4) Soweit vorstehend keine Regelung getroffen ist, findet der als Anlage 5 beigefügte Altersvorsorgeplan 2001 vom 13. November 2001 mit seinen Anlagen Anwendung (einschließlich des Ausschlusses der Entgeltumwandlung und der Verhandlungszusage nach 1.3).

Anlage 1
Geltungsbereich

Tarifverträge im Sinne des § 1 sind der
1. Bundes-Angestelltentarifvertrag (BAT),
2. Tarifvertrag zur Anpassung des Tarifrechts – Manteltarifliche Vorschriften – (BAT-O),
3. Tarifvertrag zur Anpassung des Tarifrechts – Manteltarifliche Vorschriften – (BAT-Ostdeutsche Sparkassen),
4. Manteltarifvertrag für Arbeiterinnen und Arbeiter des Bundes und der Länder (MTArb),
5. Bundesmanteltarifvertrag für Arbeiter gemeindlicher Verwaltungen und Betriebe – BMT-G II –,
6. Tarifvertrag zur Anpassung des Tarifrechts für Arbeiter an den MT-Arb-O),
7. Tarifvertrag zur Anpassung des Tarifrechts – Manteltarifliche Vorschriften für Arbeiter gemeindlicher Verwaltungen und Betriebe – (BMT-G-O),
8. Tarifvertrag über die Anwendung von Tarifverträgen auf Arbeiter (TV Arbeiter-Ostdeutsche Sparkassen),

Tarifvertrag Altersversorgung **Anl. 2 ATV 18 a**

9. Tarifvertrag über die Regelung der Rechtsverhältnisse der nicht vollbeschäftigten amtlichen Tierärzte und Fleischkontrolleure in öffentlichen Schlachthöfen und in Einfuhruntersuchungsstellen (TV Ang iöS),
10. Tarifvertrag über die Regelung der Rechtsverhältnisse der nicht vollbeschäftigten amtlichen Tierärzte und Fleischkontrolleure in öffentlichen Schlachthöfen und in Einfuhruntersuchungsstellen (TV Ang-O iöS),
11. Tarifvertrag Versorgungsbetriebe (TV-V),
12. Spartentarifvertrag Nahverkehrsbetriebe eines Arbeitgeberverbandes, der der Vereinigung der kommunalen Arbeitgeberverbände angehört, soweit die Anwendung des öffentlichen Zusatzversorgungsrechts dort geregelt ist,
13. Manteltarifvertrag für Auszubildende,
14. Manteltarifvertrag für Auszubildende (Mantel-TV Azubi-O),
15. Manteltarifvertrag für Auszubildende (Mantel-TV Azubi-Ostdeutsche Sparkassen),
16. Tarifvertrag zur Regelung der Rechtsverhältnisse der Schülerinnen/ Schüler, die nach Maßgabe des Krankenpflegegesetzes oder des Hebammengesetzes ausgebildet werden,
17. Tarifvertrag zur Regelung der Rechtsverhältnisse der Schülerinnen/ Schüler, die nach Maßgabe des Krankenpflegegesetzes oder des Hebammengesetzes ausgebildet werden (Mantel-TV Schü-O),
18. Tarifvertrag zur Regelung der Rechtsverhältnisse der Ärzte/Ärztinnen im Praktikum,
19. Tarifvertrag zur Regelung der Rechtsverhältnisses der Ärzte/Ärztinnen im Praktikum (Mantel-TV AiP-O),
20. Tarifvertrag für die Arbeitnehmer/Innen des Wasserwirtschaft in Nordrhein-Westfalen.

Dieser Tarifvertrag gilt nicht für die Beschäftigten
a) des Landes und der Stadtgemeinde Bremen bzw. der Mitglieder des kommunalen Arbeitgeberverbandes Bremen e.V., die unter den Geltungsbereich des Bremischen Ruhelohngesetzes vom 22. Dezember 1998 fallen,
b) der Freien und Hansestadt Hamburg,
c) der Mitglieder der Arbeitsrechtlichen Vereinigung Hamburg e.V.

Anlage 2
Ausnahmen von der Versicherungspflicht

Von der Pflicht zur Versicherung sind Beschäftigte ausgenommen, die
1. nach einer aufgrund einer im Zeitpunkt des Beginns der Mitgliedschaft/ Beteiligung bestehenden Ruhelohnordnung oder einer entsprechenden Bestimmung eine Anwartschaft oder einen Anspruch auf Ruhelohn haben und denen Hinterbliebenenversorgung gewährleistet ist,
2. eine Anwartschaft oder einen Anspruch auf lebenslängliche Versorgung nach beamten- oder soldatenrechtlichen Vorschriften oder Grundsätzen oder entsprechenden kirchenrechtlichen Regelungen mindestens in Höhe der beamtenrechtlichen Mindestversorgungsbezüge haben und denen Hinterbliebenenversorgung gewährleistet ist,

3. aufgrund Tarifvertrages, Arbeitsvertrages, der Satzung der Zusatzversorgungseinrichtung oder der Satzung einer Zusatzversorgungseinrichtung, von der Versicherungen übergeleitet werden, von der Versicherungspflicht befreit worden sind,
4. für das bei dem Beteiligten bestehende Arbeitsverhältnis aufgrund gesetzlicher, tariflicher oder vertraglicher Vorschrift einer anderen Zusatzversorgungseinrichtung (Versorgungsanstalt der deutschen Bühnen, Versorgungsanstalt der deutschen Kulturorchester, Bahnversicherungsanstalt Abteilung B oder eine gleichartige Versorgungseinrichtung) angehören müssen,
5. bei der Versorgungsanstalt der deutschen Bühnen oder der Versorgungsanstalt der deutschen Kulturorchester freiwillig weiterversichert sind, und zwar auch dann, wenn diese freiwilligen Weiterversicherungen später als drei Monate nach dem Beginn des Arbeitsverhältnisses enden,
6. Rente wegen Alters nach §§ 35 bis 40 bzw. §§ 236 bis 238 SGB VI als Vollrente erhalten oder erhalten haben oder wenn der Versicherungsfall der Betriebsrente wegen Alters (§ 5) bei einer Zusatzversorgungseinrichtung, von der Überleitungen (§ 4) erfolgen, eingetreten ist,
7. Anspruch auf Übergangsversorgung aufgrund der Nr. 6 der Sonderregelungen 2n oder der Nr. 4 der Sonderregelungen 2x zum Bundes-Angestelltentarifvertrag oder aufgrund der Nr. 2 der Sonderregelungen 2 m des Abschnitts B der Anlage 2 zum Manteltarifvertrag für Arbeiterinnen und Arbeiter des Bundes und der Länder (MTArb) haben oder
8. im Sinne des § 8 Abs. 1 Nr. 2 SGB IV geringfügig beschäftigt sind.

Auf ihren beim Arbeitgeber schriftlich zu stellenden Antrag sind Beschäftigte, solange sie freiwilliges Mitglied des Versorgungswerks der Presse sind, nicht zu versichern; wird der Antrag spätestens zwölf Monate nach Beginn der Pflicht zur Versicherung gestellt, gilt die Pflichtversicherung als nicht entstanden.

Zwischen den Tarifvertragsparteien besteht Einvernehmen, dass die Arbeiterinnen und Arbeiter
a) der Wasser- und Schifffahrtsverwaltung des Bundes,
b) der Häfen- und Schifffahrtsverwaltung des Landes Niedersachsen und der Wasserwirtschaftsverwaltungen der Länder
weiterhin bei der Bahnversicherungsanstalt Abteilung B versichert bleiben, soweit die Bahnversicherungsanstalt Abteilung B als Versicherungsträger bestimmt ist.

Anlage 3
Ausnahmen vom und Sonderregelungen zum zusatzversorgungspflichtigen Entgelt

Kein zusatzversorgungspflichtiges Entgelt im Sinne des § 15 Abs. 2 sind
1. Bestandteile des Arbeitsentgelts, die durch Tarifvertrag, Betriebsvereinbarung oder Arbeitsvertrag ausdrücklich als nicht zusatzversorgungspflichtig bezeichnet sind,
2. Bestandteile des Arbeitsentgelts, die auf einer Verweisung auf beamtenrechtliche Vorschriften beruhen, soweit die beamtenrechtlichen Bezüge nicht ruhegehaltfähig sind,

Tarifvertrag Altersversorgung **Anl. 3 ATV 18 a**

3. Aufwandsentschädigungen; reisekostenähnliche Entschädigungen (z. B. Ausbleibezulage, Auswärtszulage),
4. geldliche Nebenleistungen wie Ersatz von Werbungskosten (z. B. Aufwendungen für Werkzeuge, Berufskleidung, Fortbildung) sowie Zuchüsse z. B. zu Fahr-, Heizungs-, Wohnungs-, Essens-, Kontoführungskosten, Schul- und Sprachenbeihilfen, Mietbeiträge, Kassenverlustentschädigungen (Mankogelder, Fehlgeldentschädigungen),
5. Leistungszulagen, Leistungsprämien sowie erfolgsabhängige Entgelte (z. B. Tantiemen, Provisionen, Abschlussprämien und entsprechende Leistungen, Prämien für Verbesserungsvorschläge, Erfindervergütungen),
6. einmalige und sonstige nicht laufend monatlich gezahlte über- oder außertarifliche Leistungen,
7. Entgelte aus Nebentätigkeiten einschließlich Einkünfte, die aus ärztlichen Liquidationserlösen zufließen,
8. Krankengeldzuschüsse,
9. Jubiläumszuwendungen,
10. Aufwendungen des Arbeitgebers für eine Zukunftssicherung der Beschäftigten,
11. geldwerte Vorteile/Sachbezüge, soweit derartige Leistungen nicht anstelle von Entgelt für Zeiträume gezahlt werden, für die laufendes zusatzversorgungspflichtiges Entgelt zusteht,
12. Zuschläge für Sonntags-, Feiertags- und Nachtarbeit,
13. einmalige Zahlungen (z. B. Urlaubsabgeltungen, Abfindungen), die aus Anlass der Beendigung, des Eintritts des Ruhens oder nach der Beendigung des Arbeitsverhältnisses gezahlt werden, mit Ausnahme der Zuwendung,
14. einmalige Zahlungen (z. B. Zuwendungen) insoweit, als bei ihrer Berechnung Zeiten berücksichtigt sind, für die keine Umlagen für laufendes zusatzversorgungspflichtiges Entgelt zu entrichten sind,
15. einmalige Unfallentschädigungen,
16. bei einer Verwendung im Ausland diejenigen Bestandteile des Arbeitsentgelts, die wegen dieser Verwendung über das für eine gleichwertige Tätigkeit im Inland zustehende Arbeitsentgelt hinaus gezahlt werden.

Kein zusatzversorgungspflichtiges Entgelt ist ferner der Teil des steuerpflichtigen Arbeitsentgelts, der nach Anwendung des Satzes 1 den 2,5fachen Wert der monatlichen Beitragsbemessungsgrenze in der gesetzlichen Rentenversicherung (West bzw. Ost) übersteigt; wenn eine zusatzversorgungspflichtige Zuwendung gezahlt wird, ist der vorgenannte Wert jährlich einmal im Monat der Zuwendung zu verdoppeln.

Haben Beschäftigte für einen Kalendermonat oder für einen Teil eines Kalendermonats Anspruch auf Krankengeldzuschuss – auch wenn dieser wegen der Höhe der Barleistungen des Sozialversicherungsträgers nicht gezahlt wird –, gilt für diesen Kalendermonat als zusatzversorgungspflichtiges Entgelt der Urlaubslohn (zuzüglich eines etwaigen Sozialzuschlages) bzw. die Urlaubsvergütung für die Tage, für die Anspruch auf Lohn, Vergütung, Urlaubslohn, Urlaubsvergütung oder Krankenbezüge besteht. In diesem Kalendermonat geleistete einmalige Zahlungen sind neben dem Urlaubslohn bzw. der Urlaubsvergütung nach Maßgabe der Sätze 1 und 2 zusatzversorgungspflichtiges Entgelt.

Für Beschäftigte, die zur Übernahme von Aufgaben der Entwicklungshilfe im Sinne des § 1 Entwicklungshelfergesetz vom 18. Juni 1969 in der jeweils geltenden Fassung ohne Arbeitsentgelt beurlaubt sind, hat der Arbeitgeber für die Zeit der Beurlaubung Umlagen an die Zusatzversorgungseinrichtung abzuführen, wenn der Träger der Entwicklungshilfe die Umlagen erstattet. Für die Bemessung der Umlagen gilt als zusatzversorgungspflichtiges Entgelt das Entgelt, von dem nach § 166 Abs. 1 Nr. 4 SGB VI die Beiträge für die gesetzliche Rentenversicherung zu berechnen sind.

Für Beschäftigte, die eine Ausgleichszahlung nach Maßgabe des § 11 des Tarifvertrages über sozialverträgliche Begleitmaßnahmen im Zusammenhang mit der Umgestaltung der Bundeswehr vom 18. Juli 2001 erhalten, ist zusatzversorgungspflichtiges Entgelt das der Bemessung dieser Ausgleichszahlung zugrunde liegende unverminderte Einkommen im Sinne des vorgenannten Tarifvertrages.

19. Tarifvertrag zur Regelung der Altersteilzeitarbeit (TV ATZ)

vom 5. Mai 1998

zuletzt geändert durch Änderungs-TV vom 30. 6. 2000

Zwischen der Bundesrepublik Deutschland, vertreten durch den Bundesminister des Innern, der Tarifgemeinschaft deutscher Länder, vertreten durch den Vorsitzer des Vorstandes, der Vereinigung der kommunalen Arbeitgeberverbände, vertreten durch den Vorstand, einerseits und den Gewerkschaften andererseits wird folgendes vereinbart:

Präambel. Die Tarifvertragparteien wollen mit Hilfe dieses Tarifvertrages älteren Beschäftigten einen gleitenden Übergang vom Erwerbsleben in den Ruhestand ermöglichen und dadurch vorrangig Auszubildenden und Arbeitslosen Beschäftigungsmöglichkeiten eröffnen.

§ 1 Geltungsbereich. Dieser Tarifvertrag gilt für die Arbeitnehmer (Angestellte, Arbeiter und Arbeiterinnen), die unter den Geltungsbereich des
a) Bundes-Angestelltentarifvertrages (BAT),
b) Tarifvertrages zur Anpassung des Tarifrechts – Manteltarifliche Vorschriften – (BAT-O),
c) Tarifvertrages zur Anpassung des Tarifrechts – Manteltarifliche Vorschriften – (BAT-Ostdeutsche Sparkassen),
d) Manteltarifvertrages für Arbeiterinnen und Arbeiter des Bundes und der Länder (MTArb),
e) Bundesmanteltarifvertrages für Arbeiter gemeindlicher Verwaltungen und Betriebe – BMT-G II –,
f) Tarifvertrages zur Anpassung des Tarifrechts für Arbeiter an den MTArb (MTArb-O),
g) Tarifvertrages zur Anpassung des Tarifrechts – Manteltarifliche Vorschriften für Arbeiter gemeindlicher Verwaltungen und Betriebe – (BMT-G-O),
h) Tarifvertrages über die Anwendung von Tarifverträgen auf Arbeiter (TV Arbeiter-Ostdeutsche Sparkassen)
fallen.

§ 2 Voraussetzungen der Altersteilzeitarbeit. (1) Der Arbeitgeber kann mit Arbeitnehmern, die
a) das 55. Lebensjahr vollendet haben,
b) eine Beschäftigungszeit (z. B. § 19 BAT/BAT-O) von fünf Jahren vollendet haben und
c) innerhalb der letzten fünf Jahre vor Beginn der Altersteilzeitarbeit mindestens 1080 Kalendertage in einer versicherungspflichtigen Beschäftigung nach dem Dritten Buch Sozialgesetzbuch gestanden haben,
die Änderung des Arbeitsverhältnisses in ein Altersteilzeitarbeitsverhältnis auf der Grundlage des Altersteilzeitgesetzes vereinbaren; das Altersteilzeitarbeitsverhältnis muss ein versicherungspflichtiges Beschäftigungsverhältnis im Sinne des Dritten Buches Sozialgesetzbuch sein.

(2) Arbeitnehmer, die das 60. Lebensjahr vollendet haben und die übrigen Voraussetzungen des Absatzes 1 erfüllen, haben Anspruch auf Vereinbarung eines Altersteilzeitarbeitsverhältnisses. Der Arbeitnehmer hat den Arbeitgeber drei Monate vor dem geplanten Beginn des Altersteilzeitarbeitsverhältnisses über die Geltendmachung des Anspruchs zu informieren; von dem Fristerfordernis kann einvernehmlich abgewichen werden.

(3) Der Arbeitgeber kann die Vereinbarung eines Altersteilzeitarbeitsverhältnisses ablehnen, soweit dringende dienstliche bzw. betriebliche Gründe entgegenstehen.

(4) Das Altersteilzeitarbeitsverhältnis soll mindestens für die Dauer von zwei Jahren vereinbart werden. Es muß vor dem 1. Januar 2010 beginnen.

§ 3 Reduzierung und Verteilung der Arbeitszeit. (1) Die durchschnittliche wöchentliche Arbeitszeit während des Altersteilzeitarbeitsverhältnisses beträgt die Hälfte der bisherigen wöchentlichen Arbeitszeit.

Als bisherige wöchentliche Arbeitszeit ist die wöchentliche Arbeitszeit zugrundezulegen, die mit dem Arbeitnehmer vor dem Übergang in die Altersteilzeitarbeit vereinbart war. Zugrundezulegen ist höchstens die Arbeitszeit, die im Durchschnitt der letzten 24 Monate vor dem Übergang in die Altersteilzeitarbeit vereinbart war. Bei der Ermittlung der durchschnittlichen Arbeitszeit nach Satz 2 dieses Unterabsatzes bleiben Arbeitszeiten, die die tarifliche regelmäßige wöchentliche Arbeitszeit überschritten haben, außer Betracht. Die ermittelte durchschnittliche Arbeitszeit kann auf die nächste volle Stunde gerundet werden.

(2) Die während der Gesamtdauer des Altersteilzeitarbeitsverhältnisses zu leistende Arbeit kann so verteilt werden, daß sie
a) in der ersten Hälfte des Altersteilzeitarbeitsverhältnisses geleistet und der Arbeitnehmer anschließend von der Arbeit unter Fortzahlung der Bezüge nach Maßgabe der §§ 4 und 5 freigestellt wird (Blockmodell) oder
b) durchgehend geleistet wird (Teilzeitmodell).

(3) Der Arbeitnehmer kann vom Arbeitgeber verlangen, daß sein Wunsch nach einer bestimmten Verteilung der Arbeitszeit mit dem Ziel einer einvernehmlichen Regelung erörtert wird.

Protokollerklärungen zu Absatz 1:
1. *Für die unter die Pauschallohn-Tarifverträge des Bundes und der Länder fallenden Kraftfahrer gilt für die Anwendung dieses Tarifvertrages die den Pauschalgruppen zugrunde liegende Arbeitszeit als regelmäßige Arbeitszeit. Im Bereich der Vereinigung der kommunalen Arbeitgeberverbände gilt Satz 1 für tarifvertragliche Regelungen für Kraftfahrer entsprechend.*
2. *Für Arbeitnehmer mit verlängerter regelmäßiger Arbeitszeit nach Nr. 5 Abs. 5 SR 2e I BAT/BAT-O und Nr. 7 Abs. 3 SR 2a des Abschnitts A der Anlage 2 MTArb/Nr. 8 Abs. 4 SR 2a des Abschnitts A der Anlage 2 MTArb-O und entsprechenden Sonderregelungen gilt für die Anwendung dieses Tarifvertrages die dienstplanmäßig zu leistende Arbeitszeit als regelmäßige Arbeitszeit.*

Protokollerklärung zu Absatz 2:
Für Arbeitnehmer mit verlängerter regelmäßiger Arbeitszeit und für Kraftfahrer im Sinne der Pauschallohn-Tarifverträge des Bundes und der Länder ist Altersteilzeitarbeit

Altersteilzeitarbeit **§§ 4, 5 TV ATZ 19**

nur im Blockmodell möglich. Im Bereich der Vereinigung der kommunalen Arbeitgeberverbände gilt Satz 1 für tarifvertragliche Regelungen für Kraftfahrer entsprechend.

§ 4 Höhe der Bezüge. (1) Der Arbeitnehmer erhält als Bezüge die sich für entsprechende Teilzeitkräfte bei Anwendung der tariflichen Vorschriften (z. B. § 34 BAT/BAT-O) ergebenden Beträge mit der Maßgabe, daß die Bezügebestandteile, die üblicherweise in die Berechnung des Aufschlags zur Urlaubsvergütung/Zuschlags zum Urlaubslohn einfließen, sowie Wechselschicht- und Schichtzulagen entsprechend dem Umfang der tatsächlich geleisteten Tätigkeit berücksichtigt werden.

(2) Als Bezüge im Sinne des Absatzes 1 gelten auch Einmalzahlungen (z. B. Zuwendung, Urlaubsgeld, Jubiläumszuwendung) und vermögenswirksame Leistungen.

Protokollerklärung zu Absatz 1:

Die im Blockmodell über die regelmäßige wöchentliche Arbeitszeit hinaus geleisteten Arbeitsstunden gelten bei Vorliegen der übrigen tariflichen Voraussetzungen als Überstunden.

§ 5 Aufstockungsleistungen. (1) Die dem Arbeitnehmer nach § 4 zustehenden Bezüge zuzüglich des darauf entfallenden sozialversicherungspflichtigen Teils der vom Arbeitgeber zu tragenden Umlage zur Zusatzversorgungseinrichtung werden um 20 v. H. dieser Bezüge aufgestockt (Aufstockungsbetrag). Bei der Berechnung des Aufstockungsbetrages bleiben steuerfreie Bezügebestandteile, Entgelte für Mehrarbeits- und Überstunden, Bereitschaftsdienste und Rufbereitschaften sowie für Arbeitsbereitschaften (§ 18 Abs. 1 Unterabs. 2 MTArb/MTArb-O bzw. § 67 Nr. 10 BMT-G/BMT-G-O) unberücksichtigt; diese werden, soweit sie nicht unter Absatz 2 Unterabs. 2 und 3 fallen, neben dem Aufstockungsbetrag gezahlt.

(2) Der Aufstockungsbetrag muß so hoch sein, daß der Arbeitnehmer 83 v. H. des Nettobetrages des bisherigen Arbeitsentgelts erhält (Mindestnettobetrag). Als bisheriges Arbeitsentgelt ist anzusetzen das gesamte, dem Grunde nach beitragspflichtige Arbeitsentgelt, das der Arbeitnehmer für eine Arbeitsleistung bei bisheriger wöchentlicher Arbeitszeit (§ 3 Abs. 1 Unterabs. 2) zu beanspruchen hätte; der sozialversicherungspflichtige Teil der vom Arbeitgeber zu tragenden Umlage zur Zusatzversorgungseinrichtung bleibt unberücksichtigt. Leistungen im Sinne des Absatzes 1 Satz 2 werden bei Anwendung der Sätze 1 und 2 nur nach Maßgabe der folgenden Unterabsätze 2 bis 5 berücksichtigt.

Dem bisherigen Arbeitsentgelt nach Unterabsatz 1 Satz 2 zuzurechnen sind Entgelte für Bereitschaftsdienst und Rufbereitschaft – letztere jedoch ohne Entgelte für angefallene Arbeit einschließlich einer etwaigen Wegezeit –, die ohne Reduzierung der Arbeitszeit zugestanden hätten; in diesen Fällen sind die tatsächlich zustehenden Entgelte abweichend von Absatz 1 Satz 2 letzter Halbsatz in die Berechnung des aufzustockenden Nettobetrages einzubeziehen. Die Regelungen zu Bereitschaftsdienst und Rufbereitschaft in Satz 1 dieses Unterabsatzes gelten bei Arbeitern für die Arbeitsbereitschaft nach § 18 Abs. 1 Unterabs. 2 MTArb/MTArb-O bzw. § 67 Nr. 10 BMT-G/BMT-G-O entsprechend.

19 TV ATZ § 5 Altersteilzeitarbeit

Haben dem Arbeitnehmer, der die Altersteilzeitarbeit im Blockmodell leistet, seit mindestens zwei Jahren vor Beginn des Altersteilzeitarbeitsverhältnisses ununterbrochen Pauschalen für Überstunden (z. B. nach § 35 Abs. 4 BAT/BAT-O) zugestanden, werden diese der Bemessungsgrundlage nach Unterabsatz 1 Satz 2 in der Höhe zugerechnet, die ohne die Reduzierung der Arbeitszeit maßgebend gewesen wäre; in diesem Fall sind in der Arbeitsphase die tatsächlich zustehenden Pauschalen abweichend von Absatz 1 Satz 2 letzter Halbsatz in die Berechnung des aufzustockenden Nettobetrages einzubeziehen.

Bei Kraftfahrern, die unter die Pauschallohn-Tarifverträge des Bundes und der Länder fallen, ist als bisheriges Arbeitsentgelt im Sinne des Unterabsatzes 1 Satz 2 in der Freistellungsphase der Lohn aus der Pauschalgruppe anzusetzen, die mindestens während der Hälfte der Dauer der Arbeitsphase maßgebend war. Im Bereich der Vereinigung der kommunalen Arbeitgeberverbände gilt Satz 1 für tarifvertragliche Regelungen für Kraftfahrer entsprechend.

Für Arbeitnehmer mit verlängerter regelmäßiger Arbeitszeit nach Nr. 5 Abs. 5 SR 2e I BAT/BAT-O und Nr. 7 Abs. 3 SR 2a des Abschnitts A der Anlage 2 MTArb/Nr. 8 Abs. 4 SR 2a des Abschnitts A der Anlage 2 MT-Arb-O und entsprechenden Sonderregelungen ist als bisheriges Arbeitsentgelt im Sinne des Unterabsatzes 1 Satz 2 in der Freistellungsphase die Vergütung bzw. der Lohn aus derjenigen Stundenzahl anzusetzen, die während der Arbeitsphase, längstens während der letzten 48 Kalendermonate, als dienstplanmäßige Arbeitszeit durchschnittlich geleistet wurde.

(3) Für die Berechnung des Mindestnettobetrages nach Absatz 2 ist die Rechtsverordnung nach § 15 Satz 1 Nr. 1 des Altersteilzeitgesetzes zugrunde zu legen. Sofern das bei bisheriger Arbeitszeit zustehende Arbeitsentgelt nach Absatz 2 Unterabs. 1 Satz 2 das höchste in dieser Rechtsverordnung ausgewiesene Arbeitsentgelt übersteigt, sind für die Berechnung des Mindestnettobetrages diejenigen gesetzlichen Abzüge anzusetzen, die bei Arbeitnehmern gewöhnlich anfallen (§ 3 Abs. 1 Nr. 1 Buchst. a des Altersteilzeitgesetzes).

(4) Neben den vom Arbeitgeber zu tragenden Sozialversicherungsbeiträgen für die nach § 4 zustehenden Bezüge entrichtet der Arbeitgeber gemäß § 3 Abs. 1 Nr. 1 Buchst. b des Altersteilzeitgesetzes zusätzlich Beiträge zur gesetzlichen Rentenversicherung für den Unterschiedsbetrag zwischen den nach § 4 zustehenden Bezügen einerseits und 90 v. H. des Arbeitsentgelts im Sinne des Absatzes 2 zuzüglich des sozialversicherungspflichtigen Teils der vom Arbeitgeber zu tragenden Umlage zur Zusatzversorgungseinrichtung, höchstens aber der Beitragsbemessungsgrenze, andererseits.

(5) Ist der Angestellte von der Versicherungspflicht in der gesetzlichen Rentenversicherung befreit, erhöht sich der Zuschuß des Arbeitgebers zu einer anderen Zukunftssicherung um den Betrag, den der Arbeitgeber nach Absatz 4 bei Versicherungspflicht in der gesetzlichen Rentenversicherung zu entrichten hätte.

(6) Die Regelungen der Absätze 1 bis 5 gelten auch in den Fällen, in denen eine aufgrund dieses Tarifvertrages geschlossene Vereinbarung eine Verteilung der Arbeitsleistung (§ 3 Abs. 2) vorsieht, die sich auf einen Zeitraum von mehr als sechs Jahren erstreckt.

(7) Arbeitnehmer, die nach Inanspruchnahme der Altersteilzeit eine Rentenkürzung wegen einer vorzeitigen Inanspruchnahme der Rente zu erwarten

haben, erhalten für je 0,3 v. H. Rentenminderung eine Abfindung in Höhe von 5 v. H. der Vergütung (§ 26 BAT/BAT-O/BAT-Ostdeutsche Sparkassen) und der in Monatsbeträgen festgelegten Zulagen bzw. des Monatsregellohnes (§ 21 Abs. 4 MTArb/MTArb-O) ggf. zuzüglich des Sozialzuschlags bzw. des Monatsgrundlohnes (§ 67 Nr. 26 b BMT-G/BMT-G-O) und der ständigen Lohnzuschläge, die bzw. der dem Arbeitnehmer im letzten Monat vor dem Ende des Altersteilzeitarbeitsverhältnisses zugestanden hätte, wenn er mit der bisherigen wöchentlichen Arbeitszeit (§ 3 Abs. 1 Unterabs. 2) beschäftigt gewesen wäre. Die Abfindung wird zum Ende des Altersteilzeitarbeitsverhältnisses gezahlt.

Protokollerklärung zu Absatz 2:

Beim Blockmodell können in der Freistellungsphase die in die Bemessungsgrundlage nach Absatz 2 eingehenden, nicht regelmäßig zustehenden Bezügebestandteile (z. B. Erschwerniszuschläge) mit dem für die Arbeitsphase errechneten Durchschnittsbetrag angesetzt werden; dabei werden Krankheits- und Urlaubszeiten nicht berücksichtigt. Allgemeine Bezügeerhöhungen sind zu berücksichtigen, soweit die zugrunde liegenden Bezügebestandteile ebenfalls an allgemeinen Bezügeerhöhungen teilnehmen.

§ 6 Nebentätigkeit. Der Arbeitnehmer darf während des Altersteilzeitarbeitsverhältnisses keine Beschäftigungen oder selbständigen Tätigkeiten ausüben, die die Geringfügigkeitsgrenze des § 8 SGB IV überschreiten, es sei denn, diese Beschäftigungen oder selbständigen Tätigkeiten sind bereits innerhalb der letzten fünf Jahre vor Beginn des Altersteilzeitarbeitsverhältnisses ständig ausgeübt worden. Bestehende tarifliche Regelungen über Nebentätigkeiten bleiben unberührt.

§ 7 Urlaub. Für den Arbeitnehmer, der im Rahmen der Altersteilzeit im Blockmodell (§ 3 Abs. 2 Buchst. a) beschäftigt wird, besteht kein Urlaubsanspruch für die Zeit der Freistellung von der Arbeit. Im Kalenderjahr des Übergangs von der Beschäftigung zur Freistellung hat der Arbeitnehmer für jeden vollen Beschäftigungsmonat Anspruch auf ein Zwölftel des Jahresurlaubs.

§ 8 Nichtbestehen bzw. Ruhen der Aufstockungsleistungen. (1) In den Fällen krankheitsbedingter Arbeitsunfähigkeit besteht der Anspruch auf die Aufstockungsleistungen (§ 5) längstens für die Dauer der Entgeltfortzahlung (z. B. § 37 Abs. 2 BAT/BAT-O), der Anspruch auf die Aufstockungsleistungen nach § 5 Abs. 1 und 2 darüber hinaus längstens bis zum Ablauf der Fristen für die Zahlung von Krankenbezügen (Entgeltfortzahlung und Krankengeldzuschuß). Für die Zeit nach Ablauf der Entgeltfortzahlung wird der Aufstockungsbetrag in Höhe des kalendertäglichen Durchschnitts des nach § 5 Abs. 1 und 2 in den letzten drei abgerechneten Kalendermonaten maßgebenden Aufstockungsbetrages gezahlt; Einmalzahlungen bleiben unberücksichtigt.

Im Falle des Bezugs von Krankengeld (§§ 44 ff. SGB V), Versorgungskrankengeld (§§ 16 ff. BVG), Verletztengeld (§§ 45 ff. SGB VII), Übergangsgeld (§§ 49 ff. SGB VII) oder Krankentagegeld von einem privaten Krankenversicherungsunternehmen tritt der Arbeitnehmer für den nach Unterabsatz 1 maßgebenden Zeitraum seine gegen die Bundesanstalt für Arbeit bestehenden

Ansprüche auf Altersteilzeitleistungen (§ 10 Abs. 2 des Altersteilzeitgesetzes) an den Arbeitgeber ab.

(2) Ist der Arbeitnehmer, der die Altersteilzeit im Blockmodell ableistet, während der Arbeitsphase über den Zeitraum der Entgeltfortzahlung (z. B. § 37 Abs. 2 BAT/BAT-O) hinaus arbeitsunfähig erkrankt, verlängert sich die Arbeitsphase um die Hälfte des den Entgeltfortzahlungszeitraum übersteigenden Zeitraums der Arbeitsunfähigkeit; in dem gleichen Umfang verkürzt sich die Freistellungsphase.

(3) Der Anspruch auf die Aufstockungsleistungen ruht während der Zeit, in der der Arbeitnehmer eine unzulässige Beschäftigung oder selbständige Tätigkeit im Sinne des § 6 ausübt oder über die Altersteilzeitarbeit hinaus Mehrarbeit und Überstunden leistet, die den Umfang der Geringfügigkeitsgrenze des § 8 SGB IV überschreiten. Hat der Anspruch auf die Aufstockungsleistungen mindestens 150 Tage geruht, erlischt er; mehrere Ruhenszeiträume werden zusammengerechnet.

Protokollerklärung:

Wenn der Arbeitnehmer infolge Krankheit den Anspruch auf eine Rente nach Altersteilzeitarbeit nicht zum arbeitsvertraglich festgelegten Zeitpunkt erreicht, verhandeln die Arbeitsvertragsparteien über eine interessengerechte Vertragsanpassung.

§ 9 Ende des Arbeitsverhältnisses. (1) Das Arbeitsverhältnis endet zu dem in der Altersteilzeitvereinbarung festgelegten Zeitpunkt.

(2) Das Arbeitsverhältnis endet unbeschadet der sonstigen tariflichen Beendigungstatbestände (z. B. §§ 53 bis 60 BAT/BAT-O)
a) mit Ablauf des Kalendermonats vor dem Kalendermonat, für den der Arbeitnehmer eine Rente wegen Alters oder, wenn er von der Versicherungspflicht in der gesetzlichen Rentenversicherung befreit ist, eine vergleichbare Leistung einer Versicherungs- oder Versorgungseinrichtung oder eines Versicherungsunternehmens beanspruchen kann; dies gilt nicht für Renten, die vor dem für den Versicherten maßgebenden Rentenalter in Anspruch genommen werden können oder
b) mit Beginn des Kalendermonats, für den der Arbeitnehmer eine Rente wegen Alters, eine Knappschaftsausgleichsleistung, eine ähnliche Leistung öffentlich-rechtlicher Art oder, wenn er von der Versicherungspflicht in der gesetzlichen Rentenversicherung befreit ist, eine vergleichbare Leistung einer Versicherungs- oder Versorgungseinrichtung oder eines Versicherungsunternehmens bezieht.

(3) Endet bei einem Arbeitnehmer, der im Rahmen der Altersteilzeit nach dem Blockmodell (§ 3 Abs. 2 Buchst. a) beschäftigt wird, das Arbeitsverhältnis vorzeitig, hat er Anspruch auf eine etwaige Differenz zwischen den nach den §§ 4 und 5 erhaltenen Bezügen und Aufstockungsleistungen und den Bezügen für den Zeitraum seiner tatsächlichen Beschäftigung, die er ohne Eintritt in die Altersteilzeit erzielt hätte. Bei Tod des Arbeitnehmers steht dieser Anspruch seinen Erben zu.

Protokollerklärung zu Absatz 2 Buchst. a:

Das Arbeitsverhältnis einer Arbeitnehmerin endet nicht, solange die Inanspruchnahme einer Leistung im Sinne des Absatzes 2 Buchst. a zum Ruhen der Versorgungsrente nach § 41 Abs. 7 VersTV-G, § 65 Abs. 7 VBL-Satzung führen würde.

§ 10 Mitwirkungspflicht. (1) Der Arbeitnehmer hat Änderungen der ihn betreffenden Verhältnisse, die für den Anspruch auf Aufstockungsleistungen erheblich sind, dem Arbeitgeber unverzüglich mitzuteilen.

(2) Der Arbeitnehmer hat dem Arbeitgeber zu Unrecht gezahlte Leistungen, die die im Altersteilzeitgesetz vorgesehenen Leistungen übersteigen, zu erstatten, wenn er die unrechtmäßige Zahlung dadurch bewirkt hat, daß er Mitwirkungspflichten nach Absatz 1 verletzt hat.

§ 11 Inkrafttreten, Geltungsdauer. Dieser Tarifvertrag tritt mit Wirkung vom 1. Mai 1998 in Kraft. Vor dem 26. Juni 1997 abgeschlossene Vereinbarungen über den Eintritt in ein Altersteilzeitarbeitsverhältnis bleiben unberührt.

IV. Rechtsvorschriften

20. Vertrag zwischen der Bundesrepublik Deutschland und der Deutschen Demokratischen Republik über die Herstellung der Einheit Deutschlands – Einigungsvertrag –

Vom 31. August 1990

(BGBl. II S. 1140)

Auszug

Abschnitt III

Bundesrecht tritt in dem in Artikel 3 des Vertrages genannten Gebiet mit folgenden Maßgaben in Kraft:

1. Rechtsverhältnisse der Arbeitnehmer im öffentlichen Dienst

(1) Für die beim Wirksamwerden des Beitritts in der öffentlichen Verwaltung der Deutschen Demokratischen Republik einschließlich des Teils von Berlin, in dem das Grundgesetz bisher nicht galt, beschäftigten Arbeitnehmer gelten die am Tage vor dem Wirksamwerden des Beitritts für sie geltenden Arbeitsbedingungen mit den Maßgaben dieses Vertrages, insbesondere der Absätze 2 bis 7, fort. Diesen Maßgaben entgegenstehende oder abweichende Regelungen sind nicht anzuwenden. Die für den öffentlichen Dienst im übrigen Bundesgebiet bestehenden Arbeitsbedingungen gelten erst, wenn und soweit die Tarifvertragsparteien dies vereinbaren.[1]

(2) Soweit Einrichtungen nach Artikel 13 Abs. 2 des Vertrages ganz oder teilweise auf den Bund überführt werden, bestehen die Arbeitsverhältnisse der dort beschäftigten Arbeitnehmer nach Absatz 1 zum Bund; Entsprechendes gilt bei Überführung auf bundesunmittelbare Körperschaften, Anstalten und Stiftungen des öffentlichen Rechts. Die Arbeitsverhältnisse der übrigen Arbeitnehmer ruhen vom Tage des Wirksamwerdens des Beitritts[2] an. Während des Ruhens des Arbeitsverhältnisses nach Satz 2 hat der Arbeitnehmer Anspruch auf ein monatliches Wartegeld in Höhe von 70 vom Hundert des durchschnittlichen monatlichen Arbeitsentgelts der letzten sechs Monate; einmalige oder Sonderzahlungen werden hierbei nicht berücksichtigt. Der Arbeitgeber fördert in Zusammenarbeit mit der Arbeitsverwaltung die für eine Weiterver-

---

[1] Kann entfallen, sobald zwischen den Tarifvertragsparteien eine entsprechende Vereinbarung getroffen ist.
[2] Ist eine Entscheidung nach Artikel 13 Abs. 2 bis zum Tage des Wirksamwerdens des Beitritts nicht möglich, kann bestimmt werden, daß der nach Satz 2 maßgebende Zeitpunkt um bis zu drei Monate hinausgeschoben wird. Bis zu diesem Zeitpunkt gilt Satz 1.

wendung gegebenenfalls erforderlichen Fortbildungs- oder Umschulungsmaßnahmen. Wird der Arbeitnehmer nicht innerhalb von sechs Monaten, gegebenenfalls in einem anderen Verwaltungsbereich, weiterverwendet, endet das Arbeitsverhältnis mit Ablauf dieser Frist; hat der Arbeitnehmer am Tag des Wirksamwerdens des Beitritts das 50. Lebensjahr vollendet, beträgt die Frist neun Monate. Während der Ruhenszeit anderweitig erzieltes Erwerbseinkommen oder Lohnersatzleistungen sind auf das monatliche Wartegeld anzurechnen, soweit die Summe aus diesen Einnahmen und dem Wartegeld die Bemessungsgrundlage des Wartegeldes übersteigt. Unabhängig von Satz 1 und Satz 5 endet das Arbeitsverhältnis mit Erreichen des Rentenalters.

(3) Absatz 2 gilt entsprechend für die Arbeitnehmer bei Einrichtungen, die Aufgaben der Länder, des Landes Berlin für den Teil, in dem das Grundgesetz bisher nicht galt, oder Gemeinschaftsaufgaben nach Artikel 91 b des Grundgesetzes wahrnehmen.

(4) Die ordentliche Kündigung eines Arbeitsverhältnisses in der öffentlichen Verwaltung ist auch zulässig, wenn

1. der Arbeitnehmer wegen mangelnder fachlicher Qualifikation oder persönlicher Eignung den Anforderungen nicht entspricht oder
2. der Arbeitnehmer wegen mangelnden Bedarfs nicht mehr verwendbar ist oder
3. die bisherige Beschäftigungsstelle ersatzlos aufgelöst wird oder bei Verschmelzung, Eingliederung oder wesentlicher Änderung des Aufbaues der Beschäftigungsstelle die bisherige oder eine anderweitige Verwendung nicht mehr möglich ist.

Soweit kein Wartegeld gewährt wurde, kann in den Fällen der Nummern 2 und 3 ein Übergangsgeld gewährt werden, das nach Höhe und Dauer dem monatlichen Wartegeld nach Absatz 2 entspricht. Absatz 2 Satz 6 gilt entsprechend. Die Kündigungsfristen bestimmen sich nach § 55 des Arbeitsgesetzbuches der Deutschen Demokratischen Republik vom 16. Juni 1977 (GBl. I Nr. 18 S. 185), zuletzt geändert durch Gesetz zur Änderung und Ergänzung des Arbeitsgesetzbuches vom 22. Juni 1990 (GBl. I Nr. 35 S. 371). Die Maßgabe in Anlage II Kapitel XIX Sachgebiet B Abschnitt III Nummer 2 Buchstabe b gilt für entsprechende Regelungen bei Entlassungen im Bereich des Ministeriums des Innern und der Zollverwaltung entsprechend. Dieser Absatz tritt nach Ablauf von zwei Jahren nach dem Wirksamwerden des Beitritts außer Kraft.

(5) Ein wichtiger Grund für eine außerordentliche Kündigung ist insbesondere dann gegeben, wenn der Arbeitnehmer

1. gegen die Grundsätze der Menschlichkeit oder Rechtsstaatlichkeit verstoßen hat, insbesondere die im Internationalen Pakt über bürgerliche und politische Rechte vom 19. Dezember 1966 gewährleisteten Menschenrechte oder die in der Allgemeinen Erklärung der Menschenrechte vom 10. Dezember 1948 enthaltenen Grundsätze verletzt hat oder
2. für das frühere Ministerium für Staatssicherheit/Amt für nationale Sicherheit tätig war

und deshalb ein Festhalten am Arbeitsverhältnis unzumutbar erscheint.

(6) Die Kündigung nach den Absätzen 4 und 5 kann auch in den Fällen der Absätze 2 und 3 ausgesprochen werden.

(7) Für Richter und Staatsanwälte gelten die besonderen Vorschriften nach Kapitel III Sachgebiet A Abschnitt III Nr. 2.

Sachverzeichnis

Die fetten Ziffern bezeichnen die Tarifverträge bzw. Gesetze,
die mageren deren Paragraphen

Abkömmlinge, Anspruch auf Sterbegeld **1** 41
Abordnung aus dienstlichen oder betrieblichen Gründen **1** 12; Lohnzahlung bei – Trennungsgeld **1** 42
Abordnungen, Entschädigung bei – **13** 10
Adoptivkinder, Anspruch auf Sterbegeld **1** 41
Absicherung, soziale **17**
Akkordarbeit, Auszubildende **13** 7
Allgemeine Arbeitsbedingungen 1 6 ff.
Allgemeine Pflichten 1 8
Allgemeiner Geltungsbereich 1 1
Altersgrenze, Beendigung des Arbeitsverhältnisses bei Erreichen der – **1** 60; Weiterbeschäftigung nach Erreichen der Altersgrenze **1** 60
Altersteilzeit 19; Voraussetzungen **19** 1; Reduzierung und Verteilung der Arbeitszeit **19** 3
Altersversorgung, Tarifvertrag über die betriebliche **18 a**
Angestellte, Tarifvertrag über ein Urlaubsgeld **3;** Tarifvertrag über eine Zulage an – **7, 8;** Tarifvertrag über eine Zuwendung für – **2;** Tarifvertrag über vermögenswirksame Leistungen an – **6;** Vergütungstarifvertrag für Bund und Länder **5;** Vergütungstarifvertrag für VKA **4**
Angestelltentarifvertrag (Bund, Länder, Gemeinden) **1**
Anrechnung von Leistungen 2 3, **3** 3
Anspruchsvoraussetzungen, Urlaubsgeld für Angestellte **3** 1
Anzeigepflicht bei Arbeitsunfähigkeit **1** 18
Arbeit, nichtdienstplanmäßige – **1** 15
Arbeitsausfall, Fortzahlung der Vergütung bei – in besonderen Fällen **1** 52a; Lohnfortzahlung bei – in besonderen Fällen
Arbeitsbefreiung, Gewährung von – **1** 52; Gewährung von – nach Überstunden **1** 17
Arbeitsbereitschaft 1 15
Arbeitsunfähigkeit, Anzeige der – **1** 18: Fortzahlung der Ausbildungsvergütung bei – **13** 11
Arbeitsunfall, Ausgleichszulage bei – **1** 56
Arbeitsverhältnis, Ausschlußfrist für Ansprüche aus dem – Beendigung des – **1** 53 ff.

Arbeitsversäumnis 1 18
Arbeitsvertrag; Nebenabreden im – **1** 4; Schriftform für – **1** 4
Arbeitszeit 1 15 ff.; an Samstagen und Vorfesttagen **1** 16
Ärzte, Ausnahme vom Geltungsbereich des BAT für leitende – **1** 3 i; Sonderregelungen für – in Anstalten und Heimen **1** 2 b
Ärztliche Untersuchungen 1 7
Auflösungsvertrag 1 58, **9** 56
Ausbildung, Fernbleiben von der – **13** 7 a
Ausbildungsfahrten, Entschädigung bei – **13** 10
Ausbildungsmittel 13 21
Ausbildungsreisen, Reisekostenvergütung **1** 42
Ausbildungsvergütung 13 8; Fortzahlung der – bei Arbeitsunfähigkeit **13** 11; Fortzahlung der – bei Freistellung, Verhinderung u. Ausfall **13** 13; Höhe der – **13 a** 1
Ausbildungszeit, Kürzung der – durch freie Tage **13** 6a; wöchentliche und tägliche – **13** 6
Ausgleichszulage bei Arbeitsunfall und Berufskrankheit **1** 56
Auslandsdienststellen, Ausnahme vom Geltungsbereich des BAT für Angestellte in – **1** 3 b
Ausschlußfrist für Ansprüche aus dem Arbeitsverhältnis **1** 70
Außerordentliche Kündigung 1 54
Auszahlung des Urlaubsgeldes **3** 4; der Zuwendung **2** 4
Auszubildende, ärztliche Untersuchungen **13** 3; Höhe der Ausbildungsvergütung **13 a** 1; Familienheimfahrten **13** 15; Manteltarifvertrag für – **13;** Mitteilungspflicht und Weiterarbeit **13** 22; Prüfungen **13** 17; Schweigepflicht **13** 4; Urlaubsgeld (Tarifvertrag) **15;** Vergütungstarifvertrag für – **13 a;** Zeugnis **13** 25; Zuwendung (Tarifvertrag) **14**

Beamtenrechtliche Vorschriften, Anwendung von – **1** 69
Beendigung des Arbeitsverhältnisses 1 53 ff.; durch außerordentliche Kündigung **1** 54; infolge verminderter Erwerbsfähigkeit **1** 59; durch Erreichen der Altersgrenze **1** 60; Erteilen einer Arbeitsbe-

Sachverzeichnis

Fette Ziffern = Tarifverträge/Gesetze

scheinigung bei – **1** 61; durch ordentliche Kündigung **1** 53; durch Vereinbarung **1** 58; Weiterbeschäftigung nach Erreichen der Altersgrenze **1** 60; Zeugnis **1** 61
Belohnung 1 10
Berufsausbildungsverhältnis, Beendigung des – **13** 23; vorzeitige Beendigung des – **13** 23
Berufsausbildungsvertrag 13 2
Berufskrankheit, Ausgleichszulage bei – **1** 56
Berufsunfähigkeit, s. Erwerbsfähigkeit
Bewährungsaufstieg 1 23 a
Bezüge, Berechnung und Auszahlung der – **1** 36

Dienstgang, Reisekostenvergütung für – **1** 42
Dienstgänge, Entschädigung bei – **13** 10
Dienstkleidung 1 67
Dienstplanmäßige Arbeitsstunden 1 15
Dienstreisen, Arbeitszeit bei – als Überstunden **1** 17; Reisekostenvergütung für – **1** 42
Dienstwohnung 1 65

Ehrenamt, Arbeitsbefreiung zur Ausübung eines öffentlichen – **1** 52
Eingruppierung 1 22, 22 ff.; in besonderen Fällen **1** 23
Einigungsvertrag 20
Einstellung, Reisekostenvergütung bei der – **1** 42; Umzugskostenvergütung bei der – **1** 44
Einstellungsuntersuchung 1 7
Eintägige Dienstreise, Berechnung der Arbeitszeit **1** 17
Erholungsurlaub 1 47 ff., **13** 14; Dauer des – **1** 48
Erkrankung, Arbeitsbefreiung bei – **1** 52
Erlöschen von Ansprüchen **1** 70
Erreichen der Altersgrenze, Beendigung des Arbeitsverhältnisses durch – **1** 60
Erwerbsfähigkeit, verminderte, Beendigung des Arbeitsverhältnisses **1** 59

Fahrkosten, Erstattung der Auslagen für – **1** 42
Fahrkostenvergütung für Fahrten zwischen Wohnung und Arbeitsplatz **1** 42
Fallgruppenaufstieg 1 23
Familienheimfahrten 13 15
Feiertage, nicht dienstplanmäßige Arbeit an – **1** 16 a
Fortbildungsreisen, Erstattung der Auslagen für – **1** 42
Fortzahlung der Vergütung bei Arbeitsausfall in besonderen Fällen **1** 52 a

Freistellung von der Arbeit **1** 15 a; vor Prüfungen **13** 16

Gaststätten, Ausnahme vom Geltungsbereich des BAT für Angestellte in – **1** 3
Gaswerke, Sonderregelungen für Angestellte in – **1** 3
Geburt, Arbeitsbefreiung bei – **1** 52
Geheimhaltung 1 9
Geldabfindung bei Urlaubsabgeltung; bei Urlaubsgeld **1** 51
Gelöbnis 1 6
Gesamtvergütungen 4 3, **5** 3
Geschenke 1 10
Grundvergütung 1 27; der Angestellten zwischen 18 und 21 bzw. 23 Jahren **1** 28
Grundvergütungen 4 2, **5** 2

Haftung 1 14
Hausmeister, Sonderregelungen für Angestellte als – **1** 2
Heilanstalten, Sonderregelungen für Angestellte in – **1** 2
Heilkur, Sonderurlaub für – **1** 50
Heime, Sonderregelungen für Angestellte in Anstalten an – **1** 2; Sonderregelungen für Ärzte und Zahnärzte in – **1** 2

Inkrafttreten des BAT-O **1** 74

Kleidung, Dienst- **1** 67; Schutz- **1** 66
Krankenbezüge 1 37; bei Schadensersatzansprüchen gegen Dritte **1** 38
Krankheit, Arbeitsbefreiung bei ansteckender – **1** 52; Untersuchungspflicht bei ansteckender – **1** 7
Kündigung 1 53 ff.; außerordentliche; ordentliche – **9** 57; Schriftform der – **1** 57
Kur, Sonderurlaub **1** 50

Landwirtschaft, Sonderregelung für Angestellte in – **1** 2
Laufzeit des BAT-O **1** 74
Lebensaltersstufen/Stufen, Vorgewährung von – **1** 27
Leistungen, Anrechnung von – **2** 3, **3** 3

Manteltarifvertrag, Auszubildende **13**
Mehrarbeit, Auszubildende **13** 7
Meister, Zulage für – **7** 4 a

Nachtarbeit, nichtdienstplanmäßige Arbeit **1** 16, **9** 17; Zusatzurlaub für – **1** 48 a
Nachtdienstentschädigung 1 16 a
Nebenabreden zum Arbeitsvertrag **1** 4
Nebentätigkeit 1 11
Nichtdienstplanmäßige Arbeit 1 16 a

Magere Ziffern = Paragraphen

Sachverzeichnis

Ordentliche Kündigung 1 53
Ortszuschlag 1 29, **4** 4, **5** 4

Personalakten, Auszubildende **13** 5; Recht auf Einsicht **1** 13
Probezeit 1 5
Programmiererzulage 7 4
Prüfung, Arbeitsbefreiung der – **1** 52; Freistellung vor – **13** 16

Regelmäßige Arbeitszeit 1 15
Reisekostenvergütung 1 42
Rufbereitschaft 10 16

Sachleistungen, Gewährung von – **1** 68
Samstage, Arbeitszeit an – **1** 16
Schadenshaftung s. *Haftung*
Schichtarbeit, Zusatzurlaub für – **1** 48 a
Schichtzulage 1 33 a
Schriftform für Arbeitsvertrag **1** 44; der Kündigung **1** 57; für Nebenabreden **1** 4
Schutzkleidung 13 21; Tragen von – **1** 66
Schweigepflicht 1 9, **13** 4
Sonderregelungen für Angestellte **1** 2
Sonderurlaub; für Kur- und Heilverfahren **1** 50
Sonn- und Feiertage, besondere Entschädigung bei Dienstreisen an – **1** 43
Sonntage, Arbeitszeit an – **1** 15, 16 a
Sozialbezüge 1 37 ff.
Soziale Absicherung **17**
Sterbegeld 1 41
Stundenvergütungen 4 5, **5** 5

Technikerzulage 7 3; Konkurrenzvorschrift **7** 6
Teilzeitbeschäftigung 1 15 b
Tod, Arbeitsbefreiung bei Todesfällen **1** 52; Sterbegeld **1** 41
Trennungsentschädigung 1 44

Übergangsgeld 1 62 ff.; Auszahlung des – **1** 64; Bemessung des – **1** 63; Voraussetzungen für die Zahlung des – **1** 62
Überleitung 4 6, **5** 6
Überstunden 1 17
Überstundenvergütung 1 35
Umzug, Arbeitsbefreiung bei – **1** 52
Umzugskostenvergütung 1 44
Urlaub 1 47 ff.; Auszubildende **13** 14
Urlaubsabgeltung 1 51
Urlaubsgeld 13 18; für Angestellte **3** 1 ff.; Anspruchsvoraussetzungen **3** 1; Auszahlung des – **3** 4; für Auszubildende **15** 1 ff.; Höhe des – **3** 2

Vereinigung der kommunalen Arbeitgeberverbände, Anwendung beamtenrechtlicher Vorschriften im Bereich der – **1** 69
Vergütung 1 26 ff.; Bestandteile der – **1** 26; Nichtvollbeschäftigte **1** 34
Vergütungstarifvertrag für Angestellte **4**, **5**; für Auszubildende **13** a
Verjährung 17 194 ff.
Vermögenswirksame Leistungen 13 18; Änderung der vermögenswirksamen Anlage **5** 4; Entstehung und Fälligkeit **6** 3; Mitteilung der Anlageart **6** 2; Tarifvertrag über – an Angestellte **6**; Voraussetzungen und Höhe **6** 1
Versetzung 1 12; Arbeitsbefreiung bei Umzügen anläßlich einer – **1** 52
Versorgungstarifvertrag 18
Vorübergehende Ausübung einer höherwertigen Tätigkeit 1 24
Vorweggewährung von Lebensaltersstufen/Stufen 1 27

Wahlrecht, Arbeitsbefreiung für die Ausübung des – **1** 52
Wechselschichtarbeit 1 15; bei Leistungsminderung; Zusatzurlaub für – **1** 48 a
Wechselschichtzulage 1 33 a
Weiterbeschäftigung über die Altersgrenze **1** 60
Werkdienstwohnung 1 65
Wohnung, Fahrten zwischen – und Arbeitsstelle **1** 42
Wohnungswechsel, Arbeitsbefreiung bei – **1** 52

Zeitzuschläge 1 35
Zeugnis 13 25
Zeugnisse, Ausstellen von – **1** 61
Zulage, Allgemeine – **7** 2; für Meister **7** 4 a; Programmierer- **7** 4; Tarifvertrag über – an Angestellte **8**; Techniker- **7** 3
Zulagen 1 33; Auszubildende **13** a 2; Tarifvertrag über – an Angestellte **7**
Zulagentarifverträge, Anwendung der – **8** 1
Zusatzurlaub 1 49; bei Arbeit unter gesundheitlichen Gefahren; für Wechselschicht-, Schicht- und Nachtarbeit **1** 48 a
Zusätzliche Alters- und Hinterbliebenenversorgung 1 46, **13** 19
Zuschläge, Auszubildende **13** a 2
Zuweisung 1 12
Zuwendung für Angestellte **2** 1 ff.; Anspruchsvoraussetzungen **2** 1; Auszahlung der – **2** 4; für Auszubildende **14** 1 ff.; Höhe der – **2** 2
Zuwendungen 13 18

Buchanzeigen

Beruf und Karriere: Die richtigen Bücher für Ihren Erfolg

Arbeitsrecht

Der Start in den Beruf

Bundes-Angestelltentarifvertrag
VergütungsTV
AltersteilzeitarbeitTV
BundespersonalVG
BeihilfeV

15. Auflage
2003

Beck-Texte im dtv

BAT · Bundes-Angestelltentarifvertrag

mit Vergütungstarifverträgen, Versorgungs-Tarifverträgen und anderen Tarifverträgen, BundespersonalvertretungsG mit Wahlordnung, Beihilfevorschriften.

Textausgabe.
15.A. 2003. 318 S.
€ 6,50. dtv 5553

Neu im Oktober 2003

BAT-O · Bundes-Angestelltentarifvertrag – Ost

Tarifverträge für Angestellte, Arbeiter und Auszubildende.

Textausgabe.
10.A. 2003. 252 S.
€ 8,–. dtv 5565

Neu im Oktober 2003

Nasemann
Richtig bewerben

Praktische Hinweise für die Stellensuche, Inhalt und Form der Bewerbung, alle Rechtsfragen zu Vorstellungsgespräch und Einstellungstest.

5.A. 2002. 129 S.
€ 7,–. dtv 50608

Schabert/Lattke
Der Bewerbungsratgeber

Praktische Tipps für Wiedereinsteiger und Absolventen.

1.A. 2001. 145 S.
€ 8,50. dtv 50856

Göpfert
Argumentative Bewerbung

Tipps für die Stellensuche, Bewerbung und Vorstellung.
Anschauliche Beschreibungen und Beispiele, Formulierungsvorschläge und praxisnahe Tipps helfen ein individuelles Bewerbungskonzept zu entwikkeln und in allen Phasen der Bewerbung überzeugend zu argumentieren.

5.A. 2002. 190 S.
€ 9,–. dtv 5818